高世瑜 著

唐代妇女生活

插图本

中国工人出版社

目 录

引言   001

唐代妇女社会面貌概说
——一个非凡女性引起的思考

妇女阶层与群体

宫廷妇女   017
  入　宫   017
  宫闱制度   023
  后　妃   029
  宫　人   037

皇族妇女（公主附郡、县主）   046
  封爵与食封制度   047
  生活与权势   050
  婚姻与家庭   053

贵族、宦门妇女	060
外命妇制度	061
贵族妇女	066
宦门妇女	071
平民妇女	075
农妇织女	075
其他劳动妇女	083
商贾妇女	085
娼妓、优伶	089
宫妓、教坊妓	091
官 妓	097
市 妓	104
妓女品评与社会风尚	117
优伶、艺人	119
姬妾、家妓	122
媵 妾	123
姬侍、家妓	128
奴 婢	134
官 婢	135
私 婢	138

宗教职业妇女	152
女尼、女冠	152
女　巫	167

妇女生活与习俗

婚姻、情爱与性	174
妇女婚姻状况	174
情爱与性风俗	207

家庭生活与伦理	223
家庭结构与妇女财产权	223
家庭角色与地位	228
家务劳动与持家之道	249

生育观念与风俗	253
祈子风俗与胎教观念	253
生产习俗及避孕	257

岁时礼俗与娱乐活动	262
岁时节日礼俗	262
娱乐竞技活动	272

服饰与妆饰	277
服　饰	277
妆　饰	292
发式与首饰	301

妇女教育与女教著述

女教"圣人"与著述	312
女教著述的繁盛	313
《女孝经》与《女论语》	315
教育形式与内容	322
教育形式	322
教育目的与内容	327

妇女社会活动

政治活动	336
女皇帝武则天与宫廷妇女参政	336
和蕃公主及其历史作用	360
民间妇女的政治、军事活动	367

社交与结社 375
社交活动 375
妇女结社 381
妇女拜仪 383

宗教信仰与活动 385
佛教信仰与活动 385
道教信仰与活动 393
其他宗教迷信活动 398

妇女才华与业绩

妇女与文学 402
薛涛与娼妓诗人 404
女冠诗人李冶、鱼玄机 408
宫廷才女 412
民间才女 416

妇女与艺术 422
歌舞、音乐 422
杂　技 434
书法、绘画 436

妇女与科技	440
科　学	440
织绣技艺	442

唐人的女性观

两重女性观	446
歧视与侮辱	446
尊重与同情	452

道德观与道德楷模	456
道德观、价值观	456
道德楷模与观念	459

审美观	467

附录　风流女冠鱼玄机传	476

引 言

不知是从渺茫幽冥的远古时代哪一天起,中华文明史上便结结实实地镌刻下四个大字——男尊女卑!从此,历史便几乎成了男性史。

我们的女性祖先一代一代默默地来了,又一代一代悄悄地离去,献出了她们的力量和智慧,带走了她们的痛苦与希望。除了几个后妃名媛、节妇烈女曾留下过几点雪泥鸿爪般的淡淡痕迹外,她们几如过眼烟云,转瞬便消逝得无影无踪。翻开洋洋大观的浩瀚史籍,篇篇章章都是须眉男儿的丰功伟业,史家们差不多把女性这卑微渺小的一群遗忘了。

然而,她们实在是不应该被遗忘的。她们的血汗滋润了古老的中华土地,她们的乳汁养育了无数英雄豪杰,她们的聪明才智也曾透过男尊女卑的厚雾在历史的天穹中放射出奇光异彩。她们应该在历史上占有她们的位置,她们更应该有她们自己的历史。

笔者愿为中华妇女史添上哪怕是笨拙的一笔,为她们中引人注目的一代——唐代妇女勾画一幅群像,献给我们的女性和男性读者。

唐代妇女是业绩卓著又独具特色的一个群体。她们中有诗人才女，有书画妙手，有乐舞名家，有绝技艺人，有能工巧匠，有驰骋沙场的巾帼英雄，有揭竿造反的草莽女杰，更出了一位威势赫赫、千古一人的女皇帝，当然还有着千千万万默默地创造着社会财富，尽着母亲、妻子职责的普通劳动者。在中国古代史册中大唐盛世那辉煌绚烂的一页上，有着她们不可磨灭的风采。

让我们尽力寻觅一下她们的踪迹，考察一下她们的生活，倾听一下她们的呼声，窥探一下她们的心灵吧！

唐代妇女社会面貌概说
——一个非凡女性引起的思考

唐代妇女中也许只有一个人从来不曾被人们遗忘过，那就是"前不见古人，后不见来者"的女皇帝武则天。无论是赞赏她也罢，憎恶她也罢，你都无法把她从历史上抹掉。那就让我们从她说起吧！

在中国古代，后妃执政原不是稀罕事。她们或者怀抱幼主，于帘内执掌朝纲；或者假手皇帝，在枕上左右政局。唐代之前，便有秦国宣太后，西汉吕后、王后，东汉邓后等六后，东晋庾后、褚后，北朝冯后、胡后，隋朝独孤后等；唐代之后，又有北宋刘后、曹后等五后，南宋杨后、谢后，明朝张后，清朝慈安、慈禧两太后等。她们莫不参决政事，甚至独揽朝纲，成为古代史上一群不戴皇冠的女性统治者。然而，尽管大权在握，她们却都不曾推开前台的傀儡，改变自己从属于皇帝的后妃身份。武则天是唯一的例外。只有她，公然从帘内走到帘外，冠冕堂皇地做了真正的女皇帝。唐人笔下一位"宜都内人"赞道：

> 古有女娲，亦不正是天子，佐伏羲理九州耳。后世娘姥，有越出房阃断天下事者，皆不得其正，多是辅昏主，不然抱小儿。独大家革天姓，改去钗钏，袭服冠冕，符瑞日

至，大臣不敢动，真天子也。[1]

这位"真天子"据说姿容很美，传说著名的龙门石窟卢舍那大佛就是仿照她的面容塑造的。14岁时，她被唐太宗召入宫中，立为才人，赐号"武媚"。太宗死后，她与众嫔妃一起被遣入佛寺削发为尼。不过，武媚早已与太子李治有了恋情。唐高宗李治即位后，在佛寺重会武则天，二人念及旧情，对泣不已。恰逢高宗王皇后欲夺萧妃之宠，于是武则天便被重召入宫做了妃嫔。这位素多智谋又兼通文史的女子，先是在后宫争宠中屡施手段，击败情敌，当上了皇后。后来高宗得病，她代行朝政，居然"处事皆称旨"，从此"政无大小，皆与闻之"，渐渐地竟是"天下大权，悉归中宫，黜陟杀生，决于其口"，天子只落得"拱手而已"[2]。唐高宗死后，她先后立过两个儿子做皇帝，旋即又废掉他们；最后终于迈出超越前古的一步，革唐为周，正式当上了开国皇帝，创造了中国政治史上的一个奇迹。

这个奇迹和它的创造者出现在唐代，是偶然的吗？或许有一点。试想：假如唐高宗没有在做太子时便与武则天相识相交，假如他后来把她遗忘在佛寺，而没有与之重修旧好并重召入宫，假如他身体健康，没有生病或不愿委政于皇后，又假如武则天不是这样一个有才干的女子，或者根本不曾萌发过做皇帝的念头，等等，那么很可能中国历史上就不会出现这样一位女皇帝。

---

1 李商隐：《宜都内人》，《全唐文》卷780。
2 《资治通鉴》卷200高宗显庆五年、卷201高宗麟德元年。

然而，进一步溯本求源，我们却又会发现，那些看似偶然的原因中，似乎又包含着一些并非完全偶然的因素。试想：为什么唐高宗能与父皇的妃妾相交有情？为什么他竟能将父皇的"未亡人"重召入宫并公然立为"母仪天下"的皇后？为什么武则天作为女性会具有那样的政治才干、文化修养和强悍、刚毅的性格？为什么她敢于冒天下之大不韪改国号称帝？又为什么她以史无前例的女皇身份临朝，满朝文武竟然为之所用，而没有被倾覆？凡此种种，归根结底，无一不与那个时代的社会风气相关。应该说，武则天这个女皇帝出现在唐朝，有着深刻的时代背景、深厚的社会基础，或者说，与整个妇女群的社会地位、面貌有着密不可分的关系。

下面让我们来观察一下唐代妇女所处特殊社会环境、文化氛围和由此形成的独特风貌。

自原始母系制度完成了它的历史使命，寿终正寝后，"男尊女卑"便成了古代社会的昭昭天理。恩格斯称这次历史变革是"女性的具有世界历史意义的失败"[1]。这个失败大概是"在劫难逃"，却又不免使人觉得有点可悲，因为它整整延续了数千年。从那时起，占人口一半的妇女就成了万劫不复的第二等人，再也没有能和另一半平等过！于是有了生男"弄璋"、生女"弄瓦"；于是有了"妇者，服也"，"妇人，伏于人也"；于是有了"唯女

---

1 恩格斯：《家庭、私有制和国家的起源》，《马克思恩格斯选集》第四卷，人民出版社，1972年。

子与小人为难养也"；于是有了"三从四德"；于是又有了"饿死事小，失节事大"……中国妇女就是在这样卑下、附庸的地位中生活了数千年。直至20世纪初，近代文明与民主革命的一束微弱光线投进她们的生活，这种状况才开始有了改变。

唐代近300年间的妇女正是这数千年来一直处于卑下地位的古代妇女中的一群。她们作为"第二性"、从属于男子的社会地位无异于任何一个时代；然而，她们又具有着不完全等同于其他时代妇女的独特风貌。先辈学者曾有人断言：将近三千年的封建社会对妇女的一贯要求不外是贞操、柔顺、服从，很少有什么例外。如有例外，那便是唐代的妇女[1]。有学者更进一步指出：唐代妇女受教育的机会较多，男女地位比较平等，社交比较公开，思想也比较自由[2]。这些判断是有一定事实根据的。或许可以说：唐代妇女是中国古代妇女中比较幸运的一群。因为，与其他朝代尤其是其后传统社会末世的妇女相比，她们的社会地位不那么卑贱，与男性的性别等差要小一些；她们所受的礼教束缚与压迫不那么严苛，还有着较多的自由。清人所辑博采史籍的《古今图书集成》从一个角度提供了一个形象的旁证，它所列"闺节""闺烈"两部中收录的烈女节妇，皇皇唐世不过51人，宋代增至267人，而明代竟达近36000人。这其中虽然有因时代远近不同及记载者观念变化所导致的繁简不一，但数字如此悬殊，也仍可

---

[1] 李思纯：《唐代妇女习尚考》，《江村十论》，上海人民出版社，1957年。
[2] 傅乐成：《唐人的生活》，《汉唐史论集》，台北联经出版事业公司，1977年。

以让我们约略感受到唐代妇女与后世妇女所受礼教熏染、戕害程度的差异。这正是唐代妇女的独特之处与幸运之处，而这种幸运正是那个时代所给予的。

唐代是怎样的一个时代？为什么能够给予她们这种幸运？这或者可以从两方面说起。

首先，300年的大唐帝国正值辉煌的古代盛世，维系男尊女卑社会的传统礼教还远没有发展到后来那么严酷的地步。作为专制主义的思想工具、以儒家为主体的纲常礼教，原本是随着统治者的需要一步步发展起来的。尽管在汉代它的独尊地位便得以确立，开始成为社会主导思想，但是它的影响和约束力却是逐步发展、强化的。统治者总是越到风雨飘摇、岌岌可危的末世，才越感到加强专制统治、禁锢人们身心的必要，才越有把人们的七情六欲连同女人的脚都管起来的紧迫感，儒家礼教也就随着他们这种感觉的日益强烈而愈加严苛、周密起来。从先秦到唐代之前，虽然各代都不断有人出来倡扬礼法、女教，大概统治者们还没有那么迫切的需要，所以对妇女的束缚还没有那么严重，妇女也还有着一定的权利、地位和自由。只是到了宋元以后，专制社会越来越成熟，统治者才越来越意识到束缚人和人性的必要，道学家们也才开始严格管教起妇女来；至明清末世，礼教越来越严格、完备、周密、苛酷，终于给妇女彻底套上枷锁、打入牢笼。而正值古代社会鼎盛时期的唐朝，曾经是那么繁荣、那么强盛，统治者有着充分的自信和力量，他们还没有严厉禁锢人们身心的危机感，所以在各方面都实行着比较开明、开放的政策，唐代社会于是以它特有的开放风气著称于古代。这种风气自然直接波及妇女生活,使得经历魏晋多元文化的冲击、尚比较松弛的传统礼教不仅没有强化发展,而且其影响与约束力还有所削弱、衰减。

另一个重要原因则在于,唐朝又是一个空前的民族融合、胡汉文化交融的大时代。在这个时代,少数民族尤其是西北游牧民族的文化习俗影响十分强烈,渗透到了社会生活各个领域,有力地冲击了中原汉族原有的礼教观念。唐朝统治集团便是这场"胡化"之风的重要源头。李氏皇族本身便有北方少数民族血统,其祖先世代居于陇西,长期与西北少数民族混居生活,又发迹于鲜卑族建立的北朝,而后直接传承北朝政权,所以在制度、习俗诸方面多沿袭北朝传统,受胡文化熏染很深。唐朝统一天下后,自然将这些北方少数民族风习裹挟到了中原社会。唐朝建立后,又先后征服多个周边政权,少数民族人口大量内迁,各民族间交往更为密切;同时与亚洲诸国及欧洲之间的国际交流也空前频繁起来。气魄宏大的唐朝对"蛮夷之邦"的文物风习是来者不拒,正如先辈学者所论:"李唐起自西陲,历事周隋,不唯政制多袭前代之旧,一切文物亦复不间华夷,兼收并蓄",更助长"胡化"之风日渐盛行;尤其是开元、天宝之际,"蕃将大盛,异族入居长安者多,于是长安胡化盛极一时"[1]。

当时,唐朝周边的少数民族,无论是鲜卑,还是突厥、契丹、吐谷浑、党项羌等等,都或多或少地保留着母系制度和原始

---

[1] 向达:《唐代长安与西域文明》,三联书店,1987年,第41页。

婚俗遗风，妇女地位较为尊崇，有的甚至女尊而男卑；婚姻与两性关系也较为自由，妇女所受拘束较少。比如：盛唐时少数民族边帅安禄山自称"胡人先母而后父"[1]，即以母亲为尊；有的民族更是"俗重妇人而轻丈夫"[2]。还有不少民族、国家保持着女性掌权的制度和习俗，回纥、突厥等民族都有女主执政传统，唐太宗谋求与北方民族和亲，也是考虑到"北狄风俗，多由内政"[3]；而日本、新罗、林邑、东女等国更实行着女王、女官制度。由于少数民族风气的影响，自北朝以来，北方妇女一直地位较高，有着主持门户和"主外"传统。北朝颜之推曾讲道："邺下风俗，专以妇持门户，争讼曲直，造请逢迎，车乘填街衢，绮罗盈府寺，代子求官，为夫诉屈。此乃恒、代之遗风乎？"[4]另外，北方少数民族大多是游牧民族，妇女们不同于中原汉民族的农妇织女，她们骑马放牧、挽弓狩猎，纵横驰骋于大漠荒原之上，自然地形成一种强悍、勇武、雄健之风。诗人笔下的幽州胡族妇女形象是："妇女马上笑，颜如赪玉盘。翻飞射鸟兽，花月醉雕鞍。"[5]一派豪放、英武之态！这些"夷狄之风"随着李唐王朝的建立和政策的开放而源源不绝涌进中原汉地，波及唐朝广阔疆域，强烈地冲击了原有的礼教桎梏。正如宋儒所论："唐源流出于夷狄，

---

1 《资治通鉴》卷215玄宗天宝六载。
2 《旧唐书·南蛮西南蛮·东女国》。
3 吴兢：《贞观政要》卷9《征伐》。
4 颜之推：《颜氏家训·治家第五》。
5 李白：《幽州胡马客歌》，《全唐诗》卷18。

故闺门失礼之事不以为异";"唐有天下……虽号治平,然亦有夷狄之风,三纲不正,无父子、君臣、夫妇";"上无教化,下无廉耻"[1]。

儒教的衰微、"胡风"的盛行等种种原因,使得唐朝形成了它特有的"闺门不肃"、礼教不兴的状况。这种状况虽为后世道学家所诟病,却给了生活在那个时代的妇女极大的幸运,使得她们所受压抑束缚较少,身心比较健康,因而形成了开朗、奔放、勇敢、活泼的精神面貌,以及独特的行止风格、思想观念。

历史画卷向我们展示着唐代妇女的鲜活风貌:

她们经常外出活动,抛头露面到郊外、市街、娱乐场所游玩。每年春季,她们可以和男人们一起到风光胜地野游踏青、赏玩美景,还常插挂红裙作帐篷,在郊外野餐。"簇锦攒花斗胜游,万人行处最风流""三月三日天气新,长安水边多丽人"[2]——唐诗生动描绘了仕女游春的情景。

她们可以公开或单独与异性结识交游,甚至同席共饮、戏谑谈笑,或者书信往来、诗词相赠,而不避嫌疑。对白居易名篇《琵琶行》所述商妇夜半与陌生男子并船交谈、为之弹奏琵琶一类事,宋人洪迈曾感叹道:"瓜田李下之嫌,唐人不讥也。"[3]

她们有着"胡服骑射"的爱好和风气,喜欢胡服戎装或女扮男装,跃马扬鞭、"露髻驰骋";还常常参加打球、射猎等活动。

---

[1] 《朱子语类》卷136、《河南程氏遗书》卷18、范祖禹:《唐鉴》卷11。
[2] 施肩吾:《少妇游春词》、杜甫:《丽人行》,《全唐诗》卷494、216。
[3] 洪迈:《容斋三笔》卷6。

"辇前才人带弓箭,白马嚼啮黄金勒。翻身向天仰射云,一箭正坠双飞翼。"[1]这些骑射女子是多么英姿勃勃!

她们性格勇敢、泼辣,敢爱敢恨、敢怒敢言,名教所倡导的柔顺、卑弱一类"美德",似乎与她们无缘。面对无人敢驯的烈马,武则天当众宣称:"妾能制之,然须三物,一铁鞭、二铁挝、三匕首。铁鞭击之不服,则以挝挝其首,又不服,则以匕首断其喉。"[2]活脱脱表现出唐代妇女特有的勇敢、强悍性格。

她们敢于主动追求爱情,贞节观念较为淡薄。未婚少女私结情好、已婚妇女另觅情侣之事屡见不鲜。不仅女皇拥有一群男宠,公主、贵妇也常有情人相伴。为人熟知的"西厢记""人面桃花""倩女离魂""柳毅传书"等诸多离经叛道的爱情故事都产生于唐代,也是一个极好的旁证。离婚、改嫁更为世间常态,唐朝公主们的再嫁甚至三嫁之事,使得后世道学家们摇头不已。敦煌离婚文书中甚至还有对于妻子再嫁的祝词:"愿妻娘子相离之后,重梳蝉鬓,美裙娥媚,巧逞窈窕之姿,选聘高官之主。解怨释结,更莫相憎。一别两宽,各生欢喜。"[3]对于妇女离婚再嫁的开明程度令人感叹。

她们在家庭中地位较高,"妇强夫弱、内刚外柔"现象颇为常见。唐朝前期上层社会夫人"悍妒"、丈夫"畏妻"竟成一代风气。伶人当着唐中宗的面唱道:"怕妇也是大好",还得到韦皇

---

1 杜甫:《哀江头》,《全唐诗》卷216。
2 《资治通鉴》卷206则天后久视元年。
3 《敦煌资料》第一辑《放妻书样文三件》,中华书局,1961年。

后赏赐；御史大夫裴谈不仅以惧内著称，还有一套妻子可畏的理论。以致有人总结称："大历以前，士大夫妻多妒悍者。"[1]也有人对耳闻目睹的妻子擅家现象痛心疾首地叹道："有家则妻擅其家，有国则妻据其国，有天下则妻指麾其天下。令一县则小君映帘，守一州则夫人并坐，论道经邦，奋庸熙载，则于飞对内殿，连理入都堂，粉黛判赏罚，裙襦执生杀矣。"[2]

那个时代还没有形成"女子无才便是德"的观念，上自宫廷妃嫔、贵妇仕女，下至小家碧玉、女尼女冠、姬妾娼优，读书习文、吟诗作赋蔚成风气，使唐代涌现出为数众多的一大群诗人才女。女道士鱼玄机观看新科进士题名时曾吟出"自恨罗衣掩诗句，举头空羡榜中名"[3]的豪诗，表达了女子才华不让须眉的自信和不能与男子同登金榜、一展雄才的深深遗憾。

如果以上种种还不能给读者一个鲜明印象的话，那么就请看一看唐人《虢国夫人游春图》等绘画、永泰公主墓等墓葬壁画以及大量的唐代女俑形象，你可以亲眼看到唐代妇女那胡服骑射的勃勃英姿、袒胸露乳的风流体态，从而强烈感受到开放的时代气息。正如她们没有被扭曲成三寸金莲的天足一样，她们的身心还没有完全被礼教桎梏压制成畸形，而更多地保持着自然和人性。她们的幸运也正在于此。

正是唐代世风和唐代妇女群为武则天称帝制造了氛围、铺垫

---

1 张鷟：《朝野佥载》卷4、孟棨：《本事诗·嘲戏第七》、段成式：《酉阳杂俎》前集卷8。
2 于义方：《黑心符》，丛书集成初编。
3 鱼玄机：《游崇真观南楼睹新及第题名处》，《全唐诗》卷804。

了台阶、提供了机遇,使她得以从唐太宗的妃妾转而变身为高宗的皇后,进而参决政事,得到了称帝机会;又使她敢于在临朝称制后进一步改国号称帝,并为社会、朝臣所接纳;同时也使她具有通古今、知权变的政治修养和刚毅、果敢的政治家素质,得以挟制高宗、驾驭群臣、镇压叛乱,从而坐稳了女皇宝座。日本学者就此论道:"在唐代社会之中,应该存在着可以包容女性上述行为的土壤与环境。因而,即使女性们掌权或弄权,这个社会却未必会出现激烈的反弹。"[1]

唐代妇女群托出了武则天这个天之骄女,而武则天当女皇,又不能不触动男尊女卑的传统观念,影响当时社会的妇女地位与风气。武则天不仅以登基称帝这惊天动地的一举向男尊女卑发起挑战,她掌握权力之后,还曾有意识地以各种方式提高妇女地位:她开创了皇后作为助祭,率领内外命妇参与历来只有男性执祭的南郊祭祀大礼;她以皇后身份邀请命妇与百官一起在宣政殿参加盛大宴会;她召见并宴请武氏亲族妇女,并封故乡80岁以上妇女为郡君;她对子女为父服丧三年,而父在仅为母服丧一年的传统礼制提出异议,首次颁行为父母共同服丧三年之制;她还大力褒扬古今才女,等等。这一切虽于改变整个社会男尊女卑的基本格局无补,但无疑会大大影响当时风气,使得妇女地位有所提升。

唐人李商隐有一篇很值得玩味的文字《宜都内人》,讲了这

---

1 (日)气贺泽保规:《绚烂的世界帝国:隋唐时代》,广西师范大学出版社,2014年。

样一段故事：武则天男宠过多，一位"宜都内人"婉转劝谏，对武则天讲了一番道理：古来一直女卑于男，只有陛下才做了真天子。但女为阴、男为阳，阳尊必会阴卑，阳消阴方可得志。男妾过多，势必阳胜阴微，天下便不能长久。所以应该屏去男妾，独立天下，"如是过万万岁，男子益削，女子益专，妾之愿在此"[1]。这位"宜都内人"从武则天称帝居然想到了有朝一日颠倒阴阳、翻转乾坤，造就一个"男削女专"的世界。这种想法不可谓不大胆。作者李商隐是中晚唐人士，距离武则天称帝已经百年有余，这段故事多半是作者杜撰。但作者杜撰出这样一篇寓言性的文字，表明武则天称帝确确实实触动了人们心目中习以为常的男尊女卑观念，使得人们能够对有史以来天经地义的男尊女卑提出异议。直到数百年后的明清之际，还有人对武则天"以女统男"，公卿们"以男事女"愤愤不已[2]，足见武则天称帝一事对传统观念的冲击是多么严重，影响是多么深远。

应该说，唐代的社会风气和妇女地位创造了女皇，而女皇又推动和助长了一代风气。以上所列举的唐代妇女开放、活跃的风貌与生活，谁又能说全无女皇的功劳在内呢？

---

1 《全唐文》卷780。
2 袁了凡、王凤洲：《纲鉴合编》卷22《唐朝总论》上。

妇女阶层与群体

漫漫长夜，蓬门贫女在织机前手不停梭，为官府催逼愁肠欲绝；后宫佳丽却在珊瑚枕上辗转反侧，为长门冷落而悲泣流泪。——同为女子，身份、地位不同，她们的生活、遭遇、感情、心理也就迥然不同。要了解唐代妇女，不能不先分别观察一下各个不同妇女阶层或群体的生活状况。

唐代妇女跨越近300年的历史时段，她们的总人数无法确切统计，但一个时期的人数我们可以做一大致估算：按照史载中的唐朝最高人口数字——天宝十三载（754）的52880488人计算，假设其中约有一半是女性的话，那么唐代妇女最多时曾达到过2600余万人。

这千千万万妇女分别属于不同的社会阶层，依照她们的身份、地位，以下大致划分为八个群体：（一）宫廷妇女；（二）皇族妇女（公主附郡、县主）；（三）贵族、宦门妇女；（四）平民妇女；（五）娼妓、优伶；（六）姬妾、家妓；（七）奴婢；（八）宗教职业妇女。需要说明的是，以上划分并非严格的社会分层，称谓也不见得准确，只是基于各群体成员身份、地位具有一定共性而已。

以下分别叙述各妇女群体的一般生活境遇及情感心理状况。

宫廷妇女

宫廷妇女并不是一个具有共同身份等级的群体。她们中既有至尊至贵的后妃,也有身份最为卑贱的官奴婢;然而,她们之间又并没有不可逾越的鸿沟,相互流动是十分常见的事。而且,她们的生活、活动也无法截然分开。故此合在一起讲述。

入 宫

杜甫曾有"先帝侍女八千人"之句,白居易又有"后宫佳丽三千人"之说,这并不是诗人的夸张,唐代宫廷妇女实际上要远远超过这个数字。唐太宗时,大臣上疏曾说道:"无用宫人,动有数万。"[1]《新唐书》则记载:"开元、天宝中,宫嫔大率至四万。"[2] 后者大概是唐代宫廷妇女的最高数字,那正是盛唐风流天子唐玄宗在位的时候。宋人洪迈说,其时是自汉朝以来,帝王妃妾人数最多的时代[3]。正好,那个时期妇女的总人口数上文已有估计——大约是2600多万,那么,宫廷妇女大约占全部妇女人

---

1 李百药:《请放宫人封事》,《全唐文》卷142。
2 《新唐书·宦者上》。
3 洪迈:《容斋五笔》卷3。

数的六百分之一,就是说,每600个妇女中便有一个进入宫廷。此后经历安史之乱,后宫嫔娥多有流散;后期国势日渐衰微,宫廷再也没有恢复到开元、天宝时期的盛景。唐人传奇《无双传》描写的是唐德宗泾原兵变前后的事,称其时有"宫嫔数千",人数显然大为减少。不过,直至唐末,江山残破、国事凋零,也仍然是"六宫贵贱不减万人"[1]。

这样惊人的数字,不知造成了多少旷夫怨女,难怪诗人感叹"天子好美女,夫妇不成双"[2]了。宫廷妇女人数众多也造成了朝廷巨大的资财浪费。德宗贞元年间,因民间饥馑,御膳费用减半,宫人月供粮米仍有1500石;宪宗号称俭德忧民,其时嫔御"一旬之中,资费盈万"[3]。这还是比较节俭的时期,后宫极盛时期花销之巨就更可以想象了。

这成千上万的女子来源于何方?又是怎样进入宫廷的呢?大致可以分为以下四种情况。

一是礼聘入宫。这一类女子大多出身显贵——她们或是皇室贵戚之女,如高宗王皇后、中宗赵皇后、肃宗张皇后等,都出身于贵戚之家;或是当朝权贵之女,如宪宗郭贵妃是尚父、汾阳王郭子仪的孙女;或是名门大族之后,如太宗杨妃是隋炀帝之女,玄宗柳婕妤是士族名门之女。皇室出于各种政治原因和魏晋以来的门阀观念,有意与她们的家族联姻,她们便被特别礼聘入宫。

---

1 《资治通鉴》卷273后唐庄宗同光三年。
2 曹邺:《捕鱼谣》,《全唐诗》卷592。
3 《旧唐书·德宗上》、苏鹗:《杜阳杂编》卷中。

此类女子中，也有少量是由于德、才、色闻名于宫中而被特别征聘的，她们出身不一定显贵，但也都是仕宦人家的女子。如唐太宗听说原隋朝通事舍人郑仁基之女有容色，欲聘为充华，后因已许嫁而作罢[1]；太宗徐贤妃与武则天也都出身官宦家庭，前者因才学出众被聘为才人，后者则是因为容貌美丽而受聘进宫。这一类女子因为是皇室特别礼聘，所以大多进宫后便被册封为有名位的妃嫔、女官，身份比较高贵。

二是采选入宫。这可能是宫廷妇女最大的一个来源。被采选者出身不一定高贵，但多是"良家女"，一般都是衣冠仕宦或士人家庭的女子。唐朝诸帝曾先后多次在民间普遍采选良家女。唐朝初建，尚书省便进奏说："近世掖庭之选，或微贱之族，礼训蔑闻（谓由侍儿及歌舞得进者）；或刑戮之家，忧怨所积（谓缘坐没入掖庭者）。请自今，后宫及东宫内职有阙，皆选良家有才行者充，以礼聘纳；其没官口及素微贱之人，皆不得补用。"唐太宗采纳了这个意见，并曾亲自"敕选良家女以实东宫"[2]。以后，各代皇帝在为后宫或太子、诸王选妃时，都很重视家世，常常要普选良家女，以免使"龙子龙孙"生于微贱之辈。唐玄宗曾为太子、诸王选"百官子女""九品官息女"进宫；又命"亟选人间女子颀长洁白五人"以赐太子[3]。唐文宗为太子选妃，欲"求汝、

1　王方庆：《魏郑公谏录》卷2。
2　《资治通鉴》卷195太宗贞观十三年、卷197太宗贞观十七年。
3　《选皇太子诸王妃敕》，《全唐文》卷35；《新唐书·十一宗诸子》；王谠：《唐语林》卷1。

郑间衣冠子女为新妇";也曾命令百官各自"举言十岁已来嫡女及妹、侄、孙女""朝臣家子女，悉令进名，中外为之不安"[1]。大批十几岁的"良家女"就是在这种采选中进入了宫廷。她们中少数有幸位列妃嫔，多数便成了无名位的宫女。这种采选来的良家女在宫廷妇女中所占比例不小。唐人传奇《长恨歌传》中曾说：唐玄宗时宫中"良家子千数"；《无双传》也说道："宫嫔选在掖庭，多是衣冠子女。"《千唐志斋》所藏宫人墓志记载墓主为"良家子"的比例很大，也证明了这一点。

不过，所谓严格选择良家子有才行者，主要是为太子、诸王册妃时才有这种考虑。事实上，各代皇帝采选并没有这么严格的规定，无论高门千金、小家碧玉还是娼优贱类，只要姿色、才艺出众，皆可采选进宫。唐玄宗曾经派遣"花鸟使"四处密采艳色，恐怕就未必讲究什么门第、才行了。另外，唐朝宫中还有教坊等机构，蓄养大批供皇家耳目之娱的宫妓，教坊也不时在民间选取歌儿舞女。宪宗时，教坊便"称密旨取良家士女及衣冠别第妓人"；武宗喜欢在教坊作乐，下诏命扬州监军"取解酒令妓女十人"进宫[2]。既是选取宫妓，也就只看色艺，而不在乎什么良家、才行了。

三是进献入宫。这一类女子各色人等都有，多半都是因美色或技艺而被献入宫廷。有的朝臣为了升迁，甚至自愿献妻女入

---

1 《选皇太子妃敕》，《全唐文》卷74；《唐语林》卷4。
2 《旧唐书·李绛传》《唐语林》卷3。

宫。秘书监郑普思因献女入宫，受到鄙夷并遭弹劾；崔湜更无耻，将美貌的妻子与二女一起献进太子宫，由此得为高官，有"进艳妇于春宫"之讥[1]。更多的是贵戚、大臣或藩镇节帅搜罗民间女子献入。顺宗时，升平公主一次"献女口五十"；敬宗时曾特地"诏公主、郡主并不得进女口"[2]，可见"进女口"已经成了风气。唐朝后期的藩帅入朝也多半要献女口，如昭宗时凤翔李茂贞来朝，献妓女30人，于頔还把自己的爱姬献入宫廷，韩弘等都曾进献过歌舞妓、女乐。这些献入的女口中有娼优，有私家的姬妾、家妓，也有一些小家女子在内。此外，还有异族、外国进献的女子，如远嫁回纥的太和公主曾进献马射女子7人，宫廷中有新罗等国所献美女、康居国所献胡旋舞女等。

四是罪没入宫。这部分人多是衣冠仕宦人家的女子，大多是因家中父兄、丈夫等亲属犯罪而被籍没入宫，也有少数是因个人犯罪而被没入的。"籍没"或称"配没"制度古来即有，唐代一仍其旧。唐律规定：犯谋反与大逆重罪的犯人家属，包括母、女、妻妾、子妻妾、姊妹及奴婢等都要籍没为官奴婢[3]。这些籍没的女子一部分成为官府奴婢；其中"工巧者入于掖庭"[4]，便成为宫婢。唐太宗曾说道："即日宫内，甚多配役之口，使其诞乳诸

---

1 《资治通鉴》卷208中宗神龙二年、《太平广记》卷240。
2 《旧唐书·敬宗纪》。
3 《唐律疏议》卷17《贼盗》。
4 《唐六典·尚书刑部·都官郎中》。

王,是非所宜。"¹著名才女上官婉儿便是因为祖父上官仪获罪而在襁褓中与母亲一起没入掖庭的。另如,太宗时庐江王的姬妾、高宗乳母卢氏、肃宗时蕃将阿布思之妻、德宗时宰相窦参姬妾,以及唐后期藩帅吴元济、李锜的妻女、婢妾等,都因丈夫、父亲或主人被诛而没入掖庭。也有因为个人犯罪或其他原因而被籍没入宫的,如武周时郎中裴珪妾赵氏因与人通奸被没入掖庭²,唐玄宗还曾下诏将百官们的外室——"别宅妇"没入宫中以示惩戒³,但此类显然不占多数。

罪没入宫的女子在宫廷妇女中为数不少。她们的身份是宫婢,虽然后来有因为各种机缘而得幸者,如上述高宗乳母卢氏后封一品燕国夫人;唐玄宗在罪没入宫的衣冠子女中挑了五人赐太子,其中吴氏因生贵子(代宗),被追尊为皇后;李锜婢郑氏为宪宗生子即宣宗,儿子登基后做了皇太后,但是总的说来,这一类女子地位最低下、身份最卑贱。

综合上述可见:礼聘、采选、进献、罪没是宫廷妇女进宫的四种主要方式。她们中既有名门贵族、衣冠仕宦之女,也有少数娼妓、优伶、婢妾等出身微贱的女子;除了罪没者比较特殊外,其余进宫的女子,或是由家世,或是由才行,或是由姿色,或是由技艺,这是被选入宫的几个主要条件。另外,除罪没者外,这些女子进宫时大多是十三四岁的妙龄少女。

---

1 王方庆:《魏郑公谏录》卷4。
2 张鷟:《朝野佥载》卷1。
3 《禁畜别宅妇人制》,《全唐文》卷21。

事实上，除了迫于皇权、身不由己之外，并没有多少女子甘愿用青春、自由去换取那渺茫的椒房之宠，也没有多少父母情愿把女儿送到骨肉隔绝的深宫之中。武则天虽是作为勋贵之女受到礼聘，但是临行前，母亲仍然恸泣不舍。权臣王承升妹因国色被聘入宫，但她"不恋宫室"，被德宗指为"穷相女子"，不得不放其归家[1]。至于民间采选更是一场灾难，采选之说一出，无论士庶、贵贱，全都人心惶惶，唐玄宗、唐文宗都为此而不得不罢选。元稹曾经形象地描绘了皇家采选民女的状况："花鸟使"们"满怀墨诏求嫔御……醉酗直入卿士家，闺闱不得偷回避。良人顾妾心死别，小女呼爷血垂泪。十中有一得更衣，九配深宫作宫婢。"[2]真正是一出生离死别的人间惨剧。

宫闱制度

内职制度

唐代是古代宫闱制度的成熟期。唐朝之前，各朝后宫中已有或繁或简的"内职"制度。《礼记·昏义》称："古者天子后立六宫、三夫人、九嫔、二十七世妇、八十一御妻，以听天下之内治。"后妃们作为天子妻妾，按照礼制，有着主持"内治"的职责。设立"内职"，一方面是用以区分等级贵贱，另一方面也使

---

1 《唐语林》卷6。
2 《上阳白发人》，《全唐诗》卷419。

其各有分工、各司其职。总体来看，隋唐以前，宫闱制度尚较为粗略。至隋炀帝时，他依循周礼，亲自厘定后宫制度，增置嫔妃、女官，并为之制定了嘉名。唐朝的宫闱制度基本沿袭隋制，只是有所变革，更趋完备，并为后世所沿袭。

根据《唐六典》及两唐书《职官志》《百官志》记载，唐代后宫"内职"已经明确分为"内官"与"宫官"两个体系。二者不仅有品级上的差异，还有一点本质区别——内官虽称为"官"，名分上应属妃嫔，也就是皇帝的妾，有配偶之义；而宫官只是管理宫中各种事务的职事官，并无皇帝配偶身份。所以，内官即嫔妃多以门第、色宠而选，而宫官往往以才干、德行而选。当然，这只是讲名分而已，事实上二者不可能泾渭分明，因为后宫妇女无论地位尊卑、执掌何事，其实都是皇帝的私产与姜婢，可以由皇帝随意使用与处置，正如主人与婢女的关系一样。

1. 内官

唐初武德年间参照隋制制定的"内官"（或"内命妇"）制度如下。

皇后以下立四妃——贵妃、淑妃、德妃、贤妃各一员，并为夫人，正一品。下为九嫔——昭仪、昭容、昭媛、修仪、修容、修媛、充仪、充容、充媛各一员，正二品。二十七世妇——婕妤九员，正三品；美人九员，正四品；才人九员，正五品。八十一御妻——宝林二十七员，正六品；御女二十七员，正七品；采女二十七员，正八品。总计122人。

其后又有改易，唐高宗龙朔二年（662）改易名号，但仅行用十来年，至咸亨二年（671）又恢复旧制。唐玄宗开元时改动较大，遵照周礼"三夫人"之说，将四妃改为三妃——惠妃、丽妃、华妃；又置六仪——淑仪、德仪、贤仪、顺仪、婉仪、芳仪各一员，正二品；美人四人，正三品；才人七人，正四品，等等。此次改制实施时间也不长，大概只是玄宗时期短暂实行过，故当时有武惠妃、赵丽妃、刘华妃等名号；但至其后期可能已有所改易，至少恢复了"贵妃"名号，所以才会有如此著名的杨贵妃。其子肃宗即位后，便恢复了武德旧制。

妃嫔们名义上各有所统，如："夫人佐后，坐而论妇礼者也，其于内则无所不统"；"六仪掌教九御四德，率其属以赞皇后之礼仪"；"美人掌率女官修祭祀、宾客之事"；"才人掌序燕寝，理丝枲，以献岁功"，不过多半是名义而已。

此外，太子东宫也有"内官"，设太子妃一人，以下有良娣二员，正三品；良媛六员，正四品；承徽十员，正五品；昭训十六员，正七品；奉仪二十四员，正九品。诸亲王正妃之下也有孺人等侧妃名位。[1]

2. 宫官

唐朝宫官制度也基本沿袭隋制，仅略有改动。

后宫中设六局——尚宫局、尚仪局、尚服局、尚食局、尚寝局、尚功局，分别管理宫中衣食住行等一应事务。六局首席女官

---

[1] 上见《旧唐书·职官三》，《新唐书·百官二》，两唐书《后妃传》，《唐六典》卷2《司封郎中》、卷12《内官》，《唐会要》卷3《内职》。以下出自两唐书《后妃传》者不注。

为尚宫、尚仪、尚服、尚食、尚寝、尚功，各二人，正五品。相当于外朝的六部尚书。尚宫局执掌导引中宫，并签署六局出纳文籍；尚仪局执掌礼仪起居；尚服局执掌服用采章；尚食局执掌供应膳馐；尚寝局执掌宴见、进御次序；尚功局执掌女功。

六局统领二十四司。尚宫领司记、司言、司簿、司闱；尚仪领司籍、司乐、司宾、司赞；尚服领司宝、司衣、司饰、司仗；尚食领司膳、司酝、司药、司饎；尚寝领司设、司舆、司苑、司灯；尚功领司制、司珍、司彩、司计。二十四司各二人，正六品。以下又有二十四典各二人，正七品；二十四掌各二人，正八品。

另设宫正（正五品）、司正（正六品）、典正（正七品），专掌戒令、纠禁、谪罚之事。此外还有阿监、肜史、女史等各种职务的女官。

这些宫官不同于内官，是有实际职事的。她们领导着宫人们，分别管理着出纳文籍、宣传启奏、宫人名簿、宫闱管钥、礼仪起居、经籍笔札、宴会赏赐、宾客朝见、衣服首饰、珍宝器物、烹饪酒醴、医方药物、园苑蔬果、帷帐灯火、裁缝纺绩、纠察赏罚等各项宫廷事务。从官名便可以看出，分工极为细致。

宫官既是职事官，也就不必讲究色、宠，只需挑选良家出身、才德兼备者充任。著名才女宋若昭便被任命为宫官之首的尚宫；裴光廷母厍狄氏有妇德之名，被武则天召入，封为女官御正[1]。

---

1 《新唐书·裴行俭传》。

宫官是宫人的上层，她们是后宫的各级官员。上层宫官有的品高位显、有权有势，不仅在宫中受尊重，甚至外廷朝官也逢迎她们，以图进取，有人因此得以干预外廷政事。不过，她们的身份终归还是皇家婢女。保傅告诉唐太宗的小弟舒王："尚宫品秩高者，见宜拜之。"舒王说："此我二哥家婢也，何用拜为？"[1]一语道破了宫官的身份。

除六局以外，宫中还设有内文学馆，选宫人中有文学者为学士，执掌教习妃嫔、宫人文化书算等。宋若昭便兼掌六宫文学，教习皇子、妃嫔、公主等，号称"宫师"。宫人廉女真善隶书，曾任宫中学士。宋人笔记载，唐末进士李茵遇到一位旧宫人，名云芳子，自称曾是"侍书家"[2]，想来也是因长于书法而任职的宫人。

供给与宫禁

内官、宫官以及宫女们，依其品级，可以得到一定的供给："唐法沿于周、隋，妃嫔、宫官，位有尊卑，亦随其品而给授，以供衣服铅粉之费。"[3]五代花蕊夫人《宫词》描写了孟蜀宫人领取月钱的情景："月头支给买花钱，满殿宫娥近数千。遇着唱名多不语，含羞急过御床前。"可以断定唐代也有类似制度，因为孟蜀多半是沿袭唐制。此外，玄宗时还曾封赐给父皇睿宗的

---

1 《旧唐书·高祖二十二子》。
2 李远：《观廉女真葬》，《全唐诗》卷519；孙光宪：《北梦琐言》卷9。
3 《旧唐书·王铁传》。

贵妃豆卢氏、贤妃王氏各食实封200户，即享受200封户所纳钱物，不过这出于"非常之命"[1]，应是极少的特例。妃嫔、宫女们主要还是依靠宫廷供给生活。

唐朝宫闱制度虽然趋于完备，但宫禁并十分不森严。尤其是唐前期，史载，中宗时"宫禁宽弛"，后宫嫔妃如上官婕妤等甚至在宫外建立府第，宫官们也时常"出入内外，往来宫掖"，结交朝臣外官。朝臣指陈朝政十失中便批评："先朝宫女，得自便居外，出入无禁，交通请谒，九失也。"[2]此外，唐前期还有女官随侍上朝、出内宣命制度。《唐六典》载："宫嫔司赞掌朝会赞相之事，凡朝，引客立于殿庭。"杜甫诗中也有"户外昭容紫袖垂，双瞻御座引朝仪"。宋人亲见唐代入阁图中有昭容位，故推断昭容上朝是当时制定的正式朝廷仪仗[3]。据史载，至唐末哀帝天祐二年（905）才废除这一制度：罢宫人宣传诏命及参随侍朝。次年下诏曰："宫嫔女职，本备内任……今后每遇延英坐朝日，只令小黄门祗候引从，宫人不得擅出内门。"[4]

唐朝宫廷的这种风气曾受到宋人批评："前代宫闱多不肃，宫人或与廷臣相见。"[5]宫闱不严的状况为后妃、宫人们参与外廷政事、结交朝臣提供了条件，同时也使得宫廷中男女关系较为自

---

1 《加贵妃豆卢氏等食实封制》，《全唐文》卷25。
2 上见《旧唐书·舆服志》；袁楚客：《规魏元忠书》，《全唐文》卷176；《资治通鉴》卷208中宗神龙二年。
3 赵翼：《陔余丛考》卷17《唐制升殿用宫女侍》。
4 《禁宫人擅出内门敕》，《全唐文》卷94。
5 周煇：《清波杂志》卷1。

由，往往绯闻迭出。

后　妃

她们是皇帝的妻妾，锦衣玉食、高贵尊荣；然而命运却最不稳定，她们可能一夜之间就从天堂跌到地狱里，甚至背上个"女祸"罪名，成了君主的替罪羊。

唐朝300年间所封后妃只有皇后、地位较高或生育贵子的妃嫔在史书上留下一些踪迹，其他大多湮没无闻了。两唐书《后妃传》总共记载了26位皇后、10位妃嫔，其余在史书上留下姓名的大约还有五六十人。这其中以唐高祖、唐玄宗两朝记载人数最多。开国皇帝唐高祖史称"好内"，唐玄宗时后宫最盛，这两朝所封妃嫔可能也确实最多。

册封与门第

唐朝皇帝在掖庭之选和后宫宠幸上，是不大在意出身尊卑贵贱的，但若要册封给她们名位便十分重视门第了。尤其是册立皇后，绝对要求门第高贵，必须"妙择天下令族"。像汉代那种以歌妓卫子夫、舞妓赵飞燕为皇后的事在唐代是彻底绝迹了。

册封后妃首先强调"地胄清华""轩冕之族"，其次才是德行。唐朝有记载的25位皇后中，除了死后追赠或儿子即位被尊为太后的有些例外，其余全部出身于当朝显贵或世代衣冠之家，其中有8位还是皇亲贵戚。即使皇帝本身不大在意，大臣们也会以门第为最有力的理由提出反对意见，使皇帝奈何不得。武则天的父亲早年曾是商人，但建唐后官居高位，不能算门户低微，反对立武则天为后的大臣们仍然攻击她"地实寒微"；而高宗力排众议立她为后时，又特别强调她"门著勋庸，地华缨黻"[1]。武宗王贤妃很受宠爱，武宗继位她出了大力，武宗要立她为后，大臣们以"无子，且家不素显，恐诒天下议"[2]为理由阻止，终究没有立成。可知皇帝也拗不过以门第立后这个原则。没有门第这个资本，即使是深得宠爱或早生贵子，也只有等死后被追赠或儿子登基才能获得尊位。唐朝皇后中仅有的四五位出身寒微者，如肃宗吴后是罪没的宫婢，宪宗郑后、穆宗萧后是侍女，她们都是儿子即位才被尊为太后的。

比起立后来，册立妃嫔稍微宽松一些，门第要求不那么严格。她们或因生子或因得宠而受册封，其中包括一些出身微贱者，如玄宗赵丽妃就是歌妓出身。不过，妃嫔的出身门第也很受重视，从唐朝册封婕妤、才人、美人以及诸王妃的诏令中可以看到，被封者大多出身名门，诏令也无一例外地强调她们"门袭钟鼎""门弥著姓"等。出身还会直接影响她们在宫廷中的地位、待遇，如太宗杨妃是隋炀帝之女，所以"地亲望高，中外所向"；玄宗柳婕妤是名门大族之后，玄宗"重其名家"[3]，格外礼遇。

在粉黛如云的后宫中，门第可以说是出人头地的第一个台阶。

---

1 《资治通鉴》卷203则天后光宅元年、卷200高宗永徽六年。
2 《新唐书·后妃传》。
3 《新唐书》太宗诸子、十一宗诸子。

生活与职事

后妃们的生活富贵奢侈，自有内库供给一切，另如上述，每月还有一定的"衣服铅粉之费"。初唐以后，国库日渐丰饶，后妃们生活也日渐奢侈。唐玄宗即位时，曾因为宫中风气奢靡而下令销毁宫中的珠宝锦绣，并关闭了专供宫中服用的织锦坊。可是没过多久，随着开元盛世来临，他也一改初衷，宫中生活日复奢华。玄宗对承恩妃嫔大量赏赐，王鉷每年进贡钱宝百亿万，专供玄宗赏赐内宠使用。而"三千宠爱在一身"的杨贵妃，就更加奢靡无度，宫中有 700 名工匠专门为她刺绣，还有数百工匠专门雕镂器物。贵妃喜欢吃荔枝，朝廷不惜耗费重金，使用驿马昼夜不停从蜀中运到长安。诗人杜牧曾讥讽道："一骑红尘妃子笑，无人知是荔枝来。"

后妃们的生活悠闲安逸，基本无所事事。按照内官制度，后妃们应该各有所统，掌管一定职事，如："坐而论妇礼"；"掌教九御四德，率其属以赞皇后之礼仪"；"掌率女官修祀、宾客之事"等。实际上，这些职事多半是形式，并没有多少实际工作可做，只是有时需要做做样子而已。比如：主持或参加例行的皇后亲蚕、六宫献茧等礼仪——这表示率天下妇女桑蚕事业之先。唐玄宗时，还曾命令她们亲自育蚕，"欲使之知女功"[1]，不过那些繁重的劳动自然会有身份卑微的宫女去做，不会真的劳累她们。另

---

[1] 《资治通鉴》卷 213 玄宗开元十五年。

外，还有祭祀、拜陵、宴宾一类礼仪有时也需要她们参加。

除了形式上的"公职"之外，她们生活的最大内容便是陪伴皇帝了。至于她们自己的生活，无非是想出各种娱乐游戏消遣时日、排解孤闷。"内庭嫔妃，每至春时，各于禁中结伴三人至五人，掷金钱为戏，盖孤闷无所遣也"；"每至秋时，宫中妃妾辈，皆以小金笼捉蟋蟀，闭于笼中，置之枕函畔，夜听其声"[1]。这正是她们悠闲无聊的生活与娱乐内容的一点写照。

命运与情感

富贵、荣显、悠闲、安逸——她们占尽了人世间的风光，在万千妇女中不能不说是幸运者；然而她们也有她们的不幸——她们的命运最不稳定，比一般民间妇女更无力把握自己的命运，因为它太容易受到政治风云的冲击，也因为它完全系于君王的一时恩宠上，而后宫争宠的残酷更是难以想象。

两唐书《后妃传》中有记载的36个后妃中竟有15个不得善终。其中两个死于后宫争宠，两个因战乱流落失踪，一个自杀殉葬，一个作为太后获罪于皇帝而死；其余9个全都死于政治斗争、宫廷政变，而这9个中有3个是因参与朝政而为政敌所杀，其余6个完全是政治斗争无辜的牺牲品。

对后妃们威胁最大的首先是严酷的政治权力斗争。她们往往会无缘无故地受到政治冲击和家族株连，甚至惨遭杀身之祸。这

---

[1] 王仁裕:《开元天宝遗事》卷上。

里，人们自然第一个就会想到杨贵妃。在复杂的政治斗争、权力角逐中，这个从未参与过朝政的女子，只是因为唐玄宗对她的迷恋和对她家族的宠幸，便成了迷惑君王、误国招祸的罪魁，惨遭缢杀，还背上了千古骂名，当了不折不扣的替罪羊。这种悲剧在唐代并非绝无仅有。中宗赵后在做王妃时，因为其母长公主与武则天有矛盾，被囚禁于内侍省，每天从窗口送进一些生食，又无人照看，数日之后卫士发现她竟早已死在里面，连尸体都腐烂了。睿宗做太子时，两位妃子窦氏、刘氏遭人诬陷，在同一天被秘密处死，尸体下落不明。肃宗做太子时的韦妃因为兄长获罪赐死，被迫离婚，从此做了禁中的尼姑，终生与青灯古佛为伴。代宗妃沈氏因安史之乱被掠，流落民间，不知所终。唐末黄巢入京，僖宗郭妃逃出宫廷，竟致乞食于京城[1]。昭宗何皇后下场更惨，在昭宗被朱温杀死后，也被捏造罪名缢死，成了改朝换代的牺牲品。

第二大威胁便是失宠或在后宫争宠中失败。事实上，很多后妃与皇帝是政治婚姻，原本就没有得到过皇帝的眷顾；有的靠姿色、技艺或曾与皇帝共患难而受到宠爱，一旦时过境迁、人老珠黄，也就难免色衰爱弛，在佳丽无数的后宫中很难保住自己的地位。王皇后与玄宗是患难夫妻，曾辅助玄宗发动政变，与丈夫一起度过危难，武惠妃得宠后，逐渐受到冷遇。她向皇帝哭诉当日患难与共之情，玄宗一时也受了感动，但终究还是被废为庶

---

[1] 王谠：《唐语林》卷7。

人。境遇好一点的或者保住了名位，但也从此长门冷落，半生忍受孤独寂寞。她们的命运有时甚至只系于君主的一时喜怒中。武宗曾经恼恨一个妃嫔，恰逢学士柳公权在座，武宗一时兴起，声称：如果得到学士一首诗，就放过她。柳公权立成一绝，武宗十分高兴，于是这个妃嫔算是逃脱了一场灾难[1]。不过，被废黜、被冷落恐怕还是不幸中之大幸，遭遇更坏的失宠者还有性命之虞。高宗王皇后与萧淑妃在与武则天争宠中一败涂地，这两个失败者便成了新皇后的阶下囚，被各赐200杖，截去手足，装到酒瓮中，终致惨死。

最后一个威胁便是皇帝大驾归西。这意味着作为附属品的后妃失去了一切地位与尊荣的靠山。只有一种例外，便是儿子做了皇帝，她们可以从妻以夫贵转为母以子贵，至少有儿子的妃嫔还可以保留一定地位。没有儿子的妃嫔们有的像武则天一样被送进佛寺削发为尼，更多的则是凄凉冷落，终老于深宫之中。即便是位尊为太后的，也要看新皇帝的脸色。宪宗郭后是尚父孙女，公主之女，穆宗之母，敬宗、文宗、武宗三宗祖母，人称是唐朝后妃中"贵极"者。但是唐宣宗即位以后，因为生母郑太后原是郭太后的侍女，素来有怨，便不加礼遇。郭太后郁郁不乐，登楼要自杀，宣宗听说十分恼怒，郭太后当夜暴亡，死因不言自明。唐代后妃中还有一个自杀殉葬的特例，就是武宗王贤妃。她原本是才人，能歌善舞，十分得宠。武宗病危之际，问她道："我死，

---

1 王定保：《唐摭言》卷13。

汝当如何？"答曰："愿从陛下于九泉。"武宗以巾授之，于是王才人自缢于帐下。宣宗即位，赠号"贤妃"，以嘉奖她的贤德与节操[1]。从史载的寥寥数语中，人们便不难体味这位"贤妃"被胁迫自尽的凄惨遭遇与绝望心情。

如果说由于前景莫测、命运多蹇而产生的不安心情是后妃们生活中一种常见的心态，那么，另一种时常缠绕着她们的情绪便是由于缺少感情慰藉、家庭温暖而深深感到的孤寂、凄凉与哀怨。可以说，她们是物质生活的富有者，又是感情生活的贫乏者。不必说失宠者，即使是得宠者，在成千上万个女子陪伴一个男人的宫廷中，她们也不可能得到持久、专一的爱情，不可能享受到正常的夫妻生活和骨肉团聚的天伦之乐；而那些长门冷落、团扇见弃的失宠者自然就更加凄苦。

唐玄宗时，由于妃嫔太多，难以选择"御幸"之人，便"使妃嫔辈争插艳花，帝亲捉粉蝶放之，随蝶所止幸之"；嫔妃们还常常"投金钱赌侍帝寝"[2]。这种风流游戏背后隐藏的别样痛苦是可以想象的。"长门闭定不求生，烧却头花卸却筝。病卧玉窗秋雨下，遥闻别院唤人声"；"早知雨露翻相误，只插荆钗嫁匹夫"；"珊瑚枕上千行泪，不是思君是恨君"[3]。唐诗中有大量宫怨、婕妤怨、长门怨、昭阳怨一类篇章，虽然多半是诗人模拟想象而作，但确确实实写出了后妃们的苦闷幽怨心情。不能把它们都看作是

---

1 《资治通鉴》卷248武宗会昌六年。或作"孟才人"。
2 王仁裕：《开元天宝遗事》卷上、下。
3 王建：《长门》、刘得仁：《长门怨》、李绅：《长门怨》，《全唐诗》卷301、545、483。

贵妇们的无病呻吟，这其中有着她们对宫中畸形夫妻生活的怨恨和对民间正常夫妻生活的向往。作为女性，她们的身心痛苦、她们的怨恨与向往是合乎常情的。

严酷的竞争

在时时处处潜伏着危险、灾祸的后宫中，懦弱者、无能者只能逆来顺受，听凭命运摆布；也有强者不甘于被人摆布，她们要用自己的力量掌控、改变自己的命运，进而把握别人的命运。这不只是由于身居高位而激发起的权力欲，也是特殊的生活环境迫使她们不得不投入一场激烈的"生存竞争"。武则天、中宗韦后、肃宗张后等都是其中的佼佼者。

有失宠的威胁，便有人想方设法固宠、夺宠。后妃中最残酷的一场夺宠斗争是在武则天与王皇后、萧淑妃之间进行的。王皇后无宠又无子，与正得宠的萧淑妃争风吃醋，她得知唐高宗与武则天的旧情后，便想方设法让已经削发为尼的武则天蓄发入宫，以夺萧妃之宠。武则天初入宫时，恭顺谦卑，然而一旦得宠，她便开始处心积虑对付这两个对手了。为了废掉王皇后，史载她不惜扼死亲生女儿以嫁祸于人。终于，武则天以心计、手段彻底打败了对手，得以立为皇后，王、萧二人则遭到悲惨下场。萧淑妃被处死前狠狠地诅咒：愿来生为猫，使武氏为鼠，生生世世扼其喉以报仇！以致此后武则天不许在宫中养猫。后宫竞争的惨烈令人毛骨悚然。这种竞争既不由王后、萧妃而起，也不能完全归咎于武则天，它正是后宫发展到极致的一夫多妻制的产物，政治与权力又使它发酵膨胀，使它的残酷、激烈远远超过了平民家庭中的妻妾之争。

皇帝一朝大驾归西，后妃们的身家性命与地位堪忧，于是便有人未雨绸缪、提前做打算。有儿子的自然要千方百计争立储君以图母以子贵，立储因而成为后妃之间常有的激烈竞争。唐玄宗本来已立赵丽妃之子为太子，武惠妃得宠后，便策划夺太子之位，立自己所生寿王；为了废黜太子，她设下圈套，说宫中有贼，召太子与二王披甲而来，然后向玄宗告三人谋反，太子与二王因此而被处死。没有儿子或儿子无望立储的后妃们便另谋出路，拉拢太子或其他皇子作为助力。高祖晚年所宠尹德妃、张婕妤等，她们或者无子，或者儿子年幼，很难与已成势力的几个长子相争；于是便与太子建成等互相拉拢、利用，帮助太子继位，以备高祖死后自身与子女命运之不测。

后妃们在表面上尊贵、悠闲的生活之下所从事的紧张活动，构成了她们生活中重要的另一面。她们的手段往往并不那么光明，但是如果我们看到政治风云与后宫角逐对她们的残酷无情，看到她们虽有母仪天下之尊，事实上却时时处在吉凶难测、自身难保的地位，也就不必过多责备她们为改变自己命运所做的挣扎与抗争。

宫　人

她们身居九重，似乎很尊贵，却只是皇家的贱婢；衣食无忧，似乎很幸福，却是人性受到严重摧残的人。

宫廷中除了少数有名位的妃嫔外，便是数以万计的普通宫人，唐代还有"宫女""宫娥""宫婢"之称。她们分布在长安的三大皇宫，东都洛阳大内、上阳两宫，以及各处离宫别馆、皇帝陵寝、诸亲王府。玄宗时，除皇宫外，"十王院"每院有400宫人，"百孙院"则每院三四十人，合计也有近万人。

劳作与生活

依照上述宫官制度，宫人分属六局、二十四司管辖、差遣。她们在宫官统领下，分别承担着宫中洒扫、园林、灯烛、仓库、图籍、烹饪、医药等一应劳动及粗细杂事。如：有的作为皇帝、后妃近侍，侍奉起居饮食；有的看守宫中门户，成为"户婢"；有的专做女红，缝纫织绣，供皇帝、后妃们穿用，并兼制军衣，等等。此外，唐代还有从官婢中选取并教授训练"女医"的制度，这些女医主要是为后宫嫔妃治病[1]，故也可列入宫婢之类（以下"官婢"一节将详述）。

劳作之余，正值青春年华的宫人们也自有苦中作乐之时。开元中，宫人们随玄宗出行，居于行宫——福昌宫，宫中以百余瓮贮水以供使用，临行前再将水倾倒出来。宫人们边劳动边取乐，数人共推一瓮，初时摇晃，然后齐呼叩击，谓之"斗瓮"。又浓注唇膏，然后将口唇印于幕竿上，她们走后，往往有好事者以口

---

[1] 仁井田陞：《唐令拾遗》医疾令第二十七，长春出版社，1989年。

唇印而取之¹。从这些零星记载的宫人行动中，不难看出她们的寂寞、无聊。

除了劳动、侍奉外，宫人的另一职能就是供皇帝们取乐。唐中宗让宫女们在宫中摆设市场卖东西，又让大臣们与她们交易，故意争吵，以寻开心。唐玄宗和杨贵妃为了寻欢作乐，让几百个宫妓、宦官，列成"风流阵"，用锦被当旗帜，互相打斗戏闹取乐²。皇帝一般对有名位的后妃们还有一定的尊重，对宫女们则可以任意轻薄戏耍。玄宗时，凡是宫人"进御"者，都在臂膀上印上"风月常新"四字，然后渍以桂红膏，水洗不褪色；穆宗在黑绡上写白字，白纱上写黑字，用它做成衣服，赐给"承幸"宫人，上面写的都是淫鄙之词，人称"诨衣"³。这些事看似风流，其实正是宫人被当作玩物的写照。

更不幸的是陪伴死人的"奉陵宫人""陵园妾"。唐朝制度规定："凡诸帝升遐，宫人无子者悉遣诣山陵，供奉朝夕，具盥栉、治衾枕，事死如事生。"⁴ 各代皇帝去世后，总会有一批无子宫人被遣送到皇帝陵园，侍奉死去的皇帝。除此之外，还有一部分是因为各种罪名被罚入陵园的，所谓"因谴得罪配陵来"。宣宗上台后因为恼恨穆宗，便把穆宗的宫人全部遣送各陵园。"山宫一

---

1 钱易：《南部新书》己。
2 王仁裕：《开元天宝遗事》卷下。
3 冯贽：《云仙杂记》卷5、7。
4 《资治通鉴》卷249 宣宗大中十二年胡三省注。

闭无开日，未死此身不令出"，这些"颜色如花命如叶"[1]的宫人就这样半生陪伴阴森、凄清的陵墓，直到有一天她们自己也走进坟墓。

当然，宫人们尽管有着种种不幸，但物质生活一般还是比较丰足的。研究者根据对《千唐志斋》所藏45方宫人墓志的统计，算出其平均寿命为61岁，远高于当时人的平均寿命，从而得出宫人平均寿命较长的结论[2]。虽然这或许有一定偶然性，但是相比于下层贫苦劳动妇女，她们的生活、老病有一定保障，至少衣食无忧，应该是毋庸置疑的。

悲苦身心

"三千宫女胭脂面，几个春来无泪痕。"[3]——自古以来，宫人便是妇女中人性最受摧残者，她们与宦官都是皇权制度的直接牺牲品，一个是身体被阉割，一个是人性被摧残。她们幽闭深宫，永别亲人，青春、红颜被葬送，爱情、天伦之乐被剥夺，生时孤苦，死后凄凉，使得很多有识之士为之伤感、叹息不已。

要了解她们的痛苦生活与心情，再也没有比白居易的《上阳白发人》更真实、更生动的了：

上阳人，红颜暗老白发新。绿衣监使守宫门，一闭上阳

---

1 白居易：《陵园妾》，《全唐诗》卷427。
2 宁志新：《从〈千唐志斋藏志〉看唐代宫人的命运》，《中国历史文物》2003年第3期。
3 白居易：《后宫词》，《全唐诗》卷442。

多少春。玄宗末岁初选入，入时十六今六十。同时采择百余人，零落年深残此身。忆昔吞悲别亲族，扶入车中不教哭。皆云入内便承恩，脸似芙蓉胸似玉。未容君王得见面，已被杨妃遥侧目。妒令潜配上阳宫，一生遂向空房宿。宿空房，秋夜长，夜长无寐天不明。耿耿残灯背壁影，萧萧暗雨打窗声。春日迟，日迟独坐天难暮。宫莺百啭愁厌闻，梁燕双栖老休妒。莺归燕去长悄然，春往秋来不记年。唯向深宫望明月，东西四五百回圆。今日宫中年最老，大家遥赐尚书号。小头鞋履窄衣裳，青黛点眉眉细长。外人不见见应笑，天宝末年时世妆。上阳人，苦最多，少亦苦，老亦苦，少苦老苦两如何。君不见昔时吕向美人赋，又不见今日上阳白发歌。

这一曲白发歌至今能催人为那些不幸女子洒下一掬同情之泪。

九重深宫锁住了宫人们的身体，但没有锁住她们年轻的心，她们忧怨哀伤，但仍然渴望着爱情和世间正常生活；今生已渺茫，她们只得将这种渴望和梦想寄托于来世。流传千古的红叶题诗故事就生动地反映了她们的心情。据说，唐玄宗时诗人顾况在宫中御沟流水里捡到一个大梧桐叶，上面有宫人题诗："一入深宫里，年年不见春。聊题一片叶，寄与有情人。"顾况和诗一首，又送入水中，后来玄宗得知，放出了不少宫女。还有一种传说：卢渥应举，在御沟中看见一片红叶，上书："流水何太急，深宫尽日闲。殷勤谢红叶，好去到人间。"后来宣宗放宫人，题诗宫人正好嫁给了卢渥[1]。这类传说很多,其说不一,但大同小异。与红叶题诗类似的,还有纩衣题诗的传说。一说开元时,宫中妇女为边军制作军衣,后来一个兵士在棉衣中得诗一首:"沙场征戍客,寒苦若为眠。战袍经手作,知落阿谁边。蓄意多添线,含情更着绵。今生已过也,结取后生缘。"唐玄宗查找出题诗的宫人,将她嫁给了那个兵士。一说唐僖宗时,边军兵士得到宫人缝在袍中的金锁一枚、诗一首[2]。这一类传说有很多传奇色彩,未必全部真实,但它真实反映了宫人们幽闭深宫的哀怨心情和对民间自由生活、爱情的向往与渴望。

宫人们生时孤苦,身后更加凄凉。她们老死深宫之后,便被埋在称作"宫人斜"的墓地中。唐人有多首咏叹"宫人斜"的诗篇:"云惨烟愁苑路斜,路傍丘冢尽宫娃";"未央墙西青草路,宫人斜里红妆墓"[3],为宫人们的身后凄凉伤感不已。留存于世的唐代宫人墓志为数不少,但许多没有详细姓氏、籍贯、家世,只书"不知何许人也",也足见她们在宫中的无足轻重与身世的孤凄。有的虽未终老深宫,命运却更吉凶难测:天子随意拿她们当作赐物,赏给功臣、将帅以及少数民族首领,她们的下场如何,就只能完全听凭命运的安排了。

寿终正寝总还是幸事,宫廷中政治、权力斗争波谲云诡,宫人们很容易被卷入旋涡中去;而她们身份卑贱,往往会遭受无

---

1 孟棨:《本事诗·情感第一》、范摅:《云溪友议》卷10。
2 《太平广记》卷274、计有功:《唐诗纪事》卷78。
3 孟迟:《宫人斜》,《全唐诗》卷557。

妄之灾。文宗因为听信杨贤妃诬陷，致太子暴死，事后又后悔了，他不怪自己昏庸，却责斥宫人张十十等："陷吾太子，皆尔曹也。"这些宫女便都被处死了[1]。宫人杜秋在穆宗时是皇子保姆，因为皇子受诬陷，她也被株连遣回乡里，老来饥贫交加、孤苦伶仃，杜牧等名士都深为同情，为之作《杜秋娘》诗悲叹她的命运。宫人不小心触犯皇帝更会遭杀身之祸。据载，文宗时有位宫妓郑中丞因为忤旨被赐死，棺木漂入河中，为人所救并娶为妻室，文宗得知，发了点慈悲，没有再惩处，这位宫人算是侥幸得了一条生路[2]。唐朝宫人中遭遇最悲惨的要算是宣宗时一位绝色宫女了。宣宗得到进献的一个美女，十分喜爱，数日之中赏赐无数。一天早上忽然闷闷不乐，说："明皇帝只一杨妃，天下至今未平，我岂敢忘！"于是将美人召来说："应留汝不得。"左右奏言说可以放还，宣宗却说："放还我必思之，可赐酖一杯。"[3]宣宗算是比较有见识的一个皇帝，对于宫人的性命却是如此残忍。懿宗爱女同昌公主死后，懿宗不顾宰相劝谏，将同昌公主乳母、保傅等一一殉葬。昭宗时，宦官谋反，将昭宗宠信的宫人尽行杀死，每每夜间杀人，天明则以10车载尸出宫[4]。凡此种种，一言以蔽之，宫人命如蝼蚁，任人践踏。

宫人即使侥幸生下"龙子"，也未必能改变卑贱地位。唐朝

1　《旧唐书·文宗二子》。
2　段安节：《乐府杂录·琵琶》。
3　王谠：《唐语林》卷7补遗，古典文学出版社，1957年。
4　《资治通鉴》卷262昭宗光化三年。

后宫极为重视出身门第，嫔妃们又会因妒忌而倚势倾轧，她们不仅不能母以子贵，反而可能子因母贱，并且无力保护自己的亲生骨肉。从记载看，无名宫人所生皇子大多不显贵，可能还有一些根本没有活下来。睿宗的次子是宫人柳氏所生，武则天认为这个孙儿出身太贱，不想养活，后来因为听了僧人的话，才让他活了下来。由此推想，可能还会有一些宫人所生皇子一生下来便被扼杀。

后宫的恶劣境遇、皇帝们的肆意折磨，也曾引起宫人中一些不堪忍受者的反抗。宣宗时，有位宫人意欲谋杀宣宗，但被宦官射杀，未能成功[1]。

拣放宫人

由于后宫人数众多、采选不止，使得宫中积怨、民间不满，而且耗费大量资财，因而宫人问题也频频引起社会和朝廷的关注。各朝都有人批评这一弊政，请求皇帝哀悯宫人的骨肉隔离之恨、幽闭怨旷之苦，减少后宫人数，拣放宫人："后宫之中，人数不少，离别之苦，颇感人心，怨旷之思，有干和气。伏冀酌量所要，矜放其余，使其亲戚如初，复得宫掖省费。"[2]

皇帝为了显示自己实施德政、不好声色；有时也为了节省宫廷费用，或者害怕后宫积怨太深，遭到"天谴"，所以每每下

---

[1] 《新唐书·宦者上》。
[2] 李绛：《李相国论事集》卷4。

诏释放宫人。自唐高祖后，几乎各代皇帝都有拣放宫人的记载，"唐自太宗、玄宗已来，每遇灾旱，多有拣放"[1]。如：太宗放宫女3000人；中宗出宫女3000人；玄宗为平息民间采选宫女的讹传，曾命令备牛车于宫门，亲自挑选后宫无用者以牛车载其还家；肃宗放宫女3000人；代宗时因雷击出宫女千人；顺宗出宫女300人、教坊女乐600人；文宗先后多次放宫女或3000余人、或500余人出宫。这些宫人出宫后有家者可以回家，可以嫁人，年老有病、无人收养者，多送入寺观安置，有时还给一些资财以作安家之用[2]。懿宗咸通六年（865），宫人沈氏等被放回家养亲，沈氏入宫58年，其父母已百岁，仍然健在，朝廷赐予金帛等物，并敕命本县放免科役[3]。

只是，如此放来放去，人数却仍然不少，直至唐末依旧是"六宫贵贱不减万人"。这是因为，皇帝一面放人，一面却又不断选入。如文宗时，一边"屡出宫女以配鳏夫"，同时教坊数月之中又"选试以百数"[4]。而且，放出的都是年老病弱、不堪使用的，她们青春已过，出宫后很难嫁人成家，大多晚景凄凉，许多人不得不以寺观作为归宿；而与此同时，一批批妙龄少女又被源源不断地送进宫去，等待红颜衰老、青春耗尽。因而这种仁政的意义也就微乎其微了。

1　白居易：《请拣放后宫内人》，《白香山集》卷41，文学古籍刊行社，1954年。
2　《放宫人诏》，《全唐文》卷42。
3　钱易：《南部新书》卷丁。
4　《资治通鉴》卷245文宗开成元年。

为缓解后宫积怨，皇家也曾采取过一些措施，定时让宫人们与亲人见面团聚，这算是唐朝皇帝的一点开明之处。高宗上元二年（675）下诏准许宫官们每年见一次亲属："妇人为宫官者，岁一见其亲。"大约是玄宗时期，每年上巳日准许亲属前来探望宫人们："每岁上巳日，许宫女于兴庆宫内大同殿前与骨肉相见，纵其问讯家眷，更相赠遗，一日之内，人有千万。有初到亲戚便相见者，有及暮而呼唤姓第不至者，涕泣而入。成岁如此。"[1] 这幅图景与探监相差无几，正是宫人作为宫廷这座高等牢狱囚犯的形象写照。

皇族妇女（公主附郡、县主）

皇室贵胄、帝子天姬，唐朝的公主们是妇女中血统最高贵、最有权势者，同时又是最恣肆放纵、不拘礼法者。

为人熟知的戏剧《打金枝》描写的就是唐朝公主的一段逸事：升平公主自恃是金枝玉叶，在公公寿诞之日不去祝寿，又对驸马郭暧骄横无礼，郭暧一怒之下打了公主。其父郭子仪绑子上殿请罪，幸好皇帝明理，没有加罪，使得公主夫妇和好如初。这段故事写的正是唐代宗的女儿升平公主，它不一定全部真实，但

---

[1] 尉迟偓：《中朝故事》卷上。

人物、情节却基本符合历史。它正是唐朝公主生活与婚姻的一个生动写照。

封爵与食封制度

唐代公主封爵、封邑制度大体沿袭汉制，基本比照诸王："汉家旧制，诸女皆封，仪服比于藩王，膏腴封其井赋。"[1]

唐朝的"外命妇"制度规定：皇姑封大长公主，皇姊妹封长公主，皇女封公主，皆为正一品；皇太子女封郡主，从一品；亲王女封县主，从二品。公主封号或以善地、或以嘉名："凡公主封，有以国名者，郧国、代国、霍国是也；有以郡名者，平阳、宜阳、东阳是也；有以美名者，太平、安乐、长宁是也。"[2] 郡主、县主也有封号，多使用地名，如新都郡主、义安郡主、文安县主、东光县主，等等。

《新唐书·诸帝公主》与《唐会要·公主》[3] 记载唐代公主共计212人。这其中不包括那些因为和亲特封为公主的宗室之女。郡主、县主就无法统计了。这些公主、郡主、县主都是李氏皇族之女，只有武则天时曾封过武姓之女和其女太平公主之女为县主。

公主的封号只是一种荣衔，并没有实际意义，她们与所封国、郡也没有什么关系。根据唐制，她们的实际利益、经济来源

---

1 《唐大诏令集》卷41《册华阳公主文》。
2 上见《新唐书·百官一》、《唐六典·尚书吏部·司封郎中》、《唐会要》卷6《公主》。
3 以下出此两书者不注。

依靠的是朝廷对于皇族亲贵实行的"食实封"制度。食实封即由国家封给皇族、贵族们一些农户,由封家收取封户的租调钱粮、布帛等,以供给生活。一般来说,公主出嫁之前在宫中生活,一切由宫廷供给,出嫁后便赐予封户以作衣食之资;不过,大约从唐玄宗时起,未出嫁的幼年公主也有赐给封户的。按照唐初的食封制度,公主食实封只有 300 户,长公主最高 600 户,封户大率以 7 丁为限,即家中不超过 7 个男丁。高宗、武周时,太平公主因为是高宗、武则天的独生女,深得宠爱,所以食封逾越常制,先增至 1200 户,后又增至 3000 户。中宗即位后,太平公主以功又增至 5000 户。中宗与韦后的两个女儿安乐、长宁公主则分别增至 3000 和 2500 户,宣城、宜城、宣安公主等也增至 2000 户。并特许长宁、安乐以 7000 户为上限,"虽水旱,亦不破损,免以正租庸充数"。这是公主食实封最多的时期。而且,公主封户"皆割上腴之田",太平、安乐公主"又取高赀多丁者,刻剥过苦,应充封户者甚于征役",以致"人多流亡"[1],成为当时一大弊政。到睿宗时,太平公主权重天下,封户增至一万,成为唐朝公主食封户最多的一个。

唐玄宗开元以前,由公主邑司与朝廷官吏一起为公主家收取封物;开元中改由朝廷统一收取,然后再拨付给她们。玄宗鉴于公主们封户太多,进行压缩,规定皇妹以 1000 户、皇女以 500 户为限。鉴于前朝太平、安乐公主等竞相选取"高赀多丁"

---

1 《唐会要》卷 5《诸王》、《资治通鉴》卷 209 中宗景龙三年。

的富户为封户，又规定封户必须在3丁之内。这大概是公主们收入较少的时期，以致不能"具车服"。左右认为太薄，玄宗不同意，声称要让她们"知俭啬"[1]。后来武惠妃专宠，其女咸宜公主封给1000户，其他公主因此也增至千户。此后大约便成了定制。到唐后期，实封渐成虚名，改由朝廷直接拨给封物。如德宗贞元六年"敕诸公主，每年各给封物七百段足，此依旧例"，可知此前已实行这一制度，即改为国家供给制了。

郡、县主出嫁后也有封户，如武则天时武姓县主都有封户，唐玄宗也赐给襄乐县主等各实封100户，只是不知道是否所有人都有。唐后期大概也转为国家供给，如贞元中规定：郡、县主夫婿如果停官，郡主每季给钱70千文，县主每季50千文，夫婿死也照此办理；后来又改为：无论夫婿是否为官，郡主每季给钱100贯文、县主70贯文。

公主出嫁后自立府第，还曾设置官署。中宗神龙二年（706）下诏："太平、长宁、安乐、宜城、新都、定安、金城公主并开府，置官署。"此时正是太平、安乐等公主势力膨胀之时。当时朝臣对此便有所批评，认为公主开府建僚、秩同亲王是混淆男女，"以女处男职"，指其为朝政十失之一[2]。此后究竟实施到何时，尚待考察。但公主邑司这一官署似长期存在，设有令、丞、录事、主簿等大小官员，专门负责公主家收取封物以及田园、仓

---

1 《资治通鉴》卷214 玄宗开元二十三年。
2 《资治通鉴》卷208 中宗神龙二年；袁楚客：《规魏元忠书》，《全唐文》卷176。

库、财务收入等事务。

生活与权势

根据上述制度，公主们主要依靠封物收入或朝廷供给生活，那么她们的生活境况如何呢？

以唐玄宗开元时期为例做一粗略统计。唐朝租庸调制规定：每丁每年交纳租粟2石，调绢、绫等2丈，绵3两。如果按公主们每人食实封千户，每户以3丁计算，那么她们每年大体可收入粟米6000石、绢等6000丈、绵9000两，应该足够过富足生活了。这个数字大约代表了各时期公主们收入的中上等水平。此前的中宗时期，太平公主她们的收入要远远超过这个数字，唐玄宗正是由于她们收入过多，才进行压缩的。而到唐后期，国家财政窘困，公主们的收入自然也要少得多。

这里说的只是正常收入，公主们还有其他经济来源：一是皇帝赏赐。同昌公主是唐懿宗爱女，出嫁时，懿宗倾宫中珍宝作为陪嫁，这种收入就无法计算价值了。二是巧取豪夺。得势的公主们常常成为大庄园主，她们或经营田园、碾硙，如太平、升平公主都曾于水渠设置私人碾硙，或放高利贷以谋利，或干脆依势强夺。太宗时，大臣们曾指责公主们放高利贷，求取十分之一的高利；太平公主等人对封户的过分榨取使得朝廷大臣都认为"刻剥过苦"[1]。

---

1 《旧唐书·高季辅传》。

这一类收入可能比封物收入还要多。这种风气使得"赐金之外，无恃宠以私求；食租之余，不与人以争利"[1]成为公主受人赞誉的美德。依靠这些合法收入与非法经营或掠夺，公主们大多过着富足甚至奢侈的生活。

这其中最为贵盛骄奢而又最横行霸道的要数武则天之女太平公主和中宗韦后之女安乐、长宁公主。太平依恃是武则天爱女，又对中宗、睿宗两朝都有拥立之功，不仅势倾天下，而且富埒帝王，政治权力、经济势力都成为公主之最。"田园遍于近甸，收市营造诸器玩，远至岭、蜀，输送者相属于路，居处奉养，拟于宫掖。"[2]陇右有牧马上万匹，家中珍奇宝物不计其数，侍女着绮罗者数百人。在失势被玄宗赐死后，抄没其家产，发现财宝如山，超过皇宫内库；厩牧羊马、田园息钱，数年收取不尽。安乐、长宁依恃中宗、韦后宠爱，恣意掠夺、挥霍。安乐公主强夺民田19里开凿定昆池，累石为山、引水为涧，又用珍石异宝装饰，穷天下之壮丽，超过宫廷禁苑。又拆毁百姓房屋大造府第，使得内库为之空耗。她派人收集奇禽异兽羽毛，织成百鸟毛裙，一条裙子就值钱一亿。洛州昭成寺有安乐所造百宝香炉，高三尺，开四门，上有绛桥勾栏，雕镂花草、飞禽、走兽、妓乐、麒麟、鸾凤、白鹤、飞仙等；并以真珠、琉璃、琥珀、珊瑚等装饰，用钱3万，"府库之钱，尽于是矣"[3]。长宁公主在两京广占民

---

1 吕温：《大唐故纪国大长公主墓志铭》，《全唐文》卷631。
2 《资治通鉴》卷209睿宗景云元年。
3 张鷟：《朝野佥载》卷3。

田营建宅第,一处宅第值钱20亿;东都一处宅第占地一坊,还有池沼300亩。两公主还纵容僮奴在外掠夺百姓子女为奴婢;又役使民力,大造佛寺,并争相度人以获钱财,出钱3万便可度为僧尼。她们的行为被当时朝廷大臣上书指斥为"竭人之力,费人之财,夺人之家"[1]。

　　此后的公主势力没有如此膨胀过,但是奢侈之风十分普遍。唐玄宗朝诸公主们争相进献水陆珍馐,"一盘之贵,盖中人十家之产"[2]。德宗贞元中,义阳、义章两公主各于其家墓地造祠堂120间,费钱数万[3]。同期,11位县主出嫁,有关部门预算每人给钱300万,还不包括衣服、首饰,仅一笼花首饰,就计钱70万;后德宗认为过于浪费,削减为3万,但将余下的60余万赐给县主们,以作他用[4]。公主中最以奢侈著称的要数懿宗爱女同昌公主。她依恃父亲之宠,挥霍无度,房屋门窗全用珍宝装饰,以金银作井栏、药臼、食柜、水槽、锅碗瓢盆,镂金作笊篱箕筐,水晶琉璃作床,五色玉器作器皿;此外还有连珠帐、却寒帘、鹧鸪枕、翡翠匣、火蚕绵、九玉钗、龙脑香等外国进贡的各种奇珍异宝。家中的珍馐美味,连贵族都不认识,公主却视如糟糠。她婚礼的奢侈排场被人认为是汉唐以来公主中所从未有过的。她去世后,

---

1　《资治通鉴》卷209中宗景龙二年、《旧唐书·文宗纪》。
2　郑处诲:《明皇杂录》补遗,《开元天宝遗事十种》,上海古籍出版社,1985年。
3　《旧唐书·李吉甫传》。
4　《旧唐书·德宗顺宗诸子·珍王諴传》。

将家中器物一同焚化，人们争相在灰中拣拾金银珠宝[1]。

由于公主们豪奢成风，又常在外横行不法，各朝皇帝也常感到烦恼，不得不加以限制。史载，高祖女长广公主"豪侈自肆"；德宗女义阳公主因"恣横不法"，被德宗幽于禁中；文宗力倡节俭，严禁公主们衣裙过宽、糜费钱财，一次在宴会上将衣裾宽大的延安公主当场遣回，同时罚驸马两月官俸[2]；穆宗女安康公主出家为道士，僖宗时因其"在外颇扰人"，下诏命其与永兴、天长、宁国、兴唐四公主回宫廷居住，大概其余四位公主行为也都有失检点。

婚姻与家庭

如同选立后妃一样，皇家为公主择婿也首重门第，强调"选婚华族"，其次才是人物本身。

唐朝前期，"王妃、主婿皆取当世勋贵名臣家，未尝尚山东旧族"[3]。公主们一是嫁皇室贵戚，以嫁皇帝外甥即长公主之子者最多，时人以帝甥尚主为"国家故事"，可见极为普遍。如太宗女巴陵公主嫁姑母平阳公主之子，高宗女太平公主嫁姑母城阳公主之子，玄宗女临晋公主嫁姑母代国公主之子等。也有嫁外戚者，如太宗女长乐公主嫁母亲长孙皇后外甥，兰陵公主嫁祖母窦

---

1 苏鹗：《杜阳杂编》卷下、《太平广记》卷237。
2 《旧唐书·后妃下》。
3 《新唐书·高俭传》。

太后族子，太平公主再嫁、三嫁都是母亲武氏家族之子，中宗女成安公主嫁韦后侄儿等。另外是嫁勋贵名臣子弟，如太宗女清河公主嫁勋臣程知节之子，临川公主嫁勋臣周范之子，襄城公主嫁宰相肖瑀之子，高阳公主嫁宰相房玄龄之子，城阳公主嫁宰相杜如晦之子，南平公主嫁宰相王珪之子等。皇帝以下嫁公主作为对于大臣的恩宠，女做王妃男尚主是勋贵家的殊荣。尚父郭子仪在上代宗的《谢男尚公主表》中说："臣本寒素，愧非阀阅……陛下……特收贱族，许以国姻……糜躯粉骨，不知所报。"既表达了对自己门第不高的惶愧，又有对许嫁公主的感恩[1]。唐朝公主婚姻中大概只有两个例外，即高宗萧淑妃的两个女儿义阳、宣城二公主。她们因为母亲被武则天治罪而幽困掖庭，40岁未嫁，太子李弘请求母亲让其下嫁，武后一怒之下，将其配给两个卫士为妻[2]。

唐中期以后，公主们虽然仍有不少嫁贵戚功臣之家，但选尚标准有了一些变化。一是开始看重文雅之士，这是因为社会上重文风气日盛，科举尤其是进士越来越为人所重。唐宪宗羡慕权德舆的女婿翰林学士独孤郁有美才，感叹道："德舆得婿郁，我反不及邪！"于是命令宰相选取公卿士大夫子弟中"文雅可居清贯者"，诸家多不愿，最后选到杜佑的孙子杜悰，宪宗很高兴，便将长女岐阳公主嫁给了他[3]。敬宗也命令每年在科举选人中为诸王

1　《全唐文》卷446。
2　《新唐书·孝敬皇帝弘传》。同书《诸帝公主传》记载有不同，暂存疑。
3　《资治通鉴》卷239宪宗元和九年。

女择婿。宣宗更重进士,特命宰相在进士中为公主择婿。二是由重门第显贵变为重门户清素、崇尚礼法的士族人家。这与德宗、宣宗等中后期皇帝钦慕山东士族的门第及家风礼法直接相关。宪宗命令县主要选有门阀者作匹配;宣宗则命令在士族中选人尚主,并将爱女万寿公主嫁给山东士族进士郑颢,广德公主嫁给其家世代以儒行著称的于琮。

此外,中唐以后,由于皇室衰微、藩镇势强,公主婚姻的政治因素比前期要加大许多,有不少公主下嫁藩镇将帅之子。这不是由于选尚标准的变化,而是政治形势迫使皇帝不得不以女儿来笼络藩帅,换取他们的忠实。如代宗女永乐公主许嫁魏博节度使田承嗣之子,德宗女嘉诚公主嫁藩帅田绪、新都公主嫁田华、义章公主嫁藩将张孝忠之子,宪宗女永昌公主嫁节度使于顿等。昭宗被李茂贞劫持至凤翔,李请求让其子娶平原公主,皇帝夫妇无奈,也只得应允。在公主婚姻中这是政治交易味最浓的一种,公主有时甚至近乎人质,因而恐怕也是最不幸的一种了。

尚主虽是极大荣耀,然而却没有多少人家愿意领受这份殊荣,"缙绅子弟皆怯于尚公主,盖以帝戚强盛"[1],避之唯恐不及,甚至还有因此而结怨的。太平公主许嫁薛绍后,薛家愁苦万分,薛绍兄长为此去请教族祖,族祖只能劝以"恭慎行之",又慨叹"不得不为之惧也"[2]。宣宗选驸马,"衣冠多避之",有人推荐了

---

[1] 尉迟偓:《中朝故事》卷上。
[2] 《资治通鉴》卷202高宗开耀元年。

进士王徽，王"闻之忧形于色"，向宰相哀求，才得以免婚[1]。而出身山东士族的郑颢本已准备与士族卢氏女成婚，却被宰相白敏中推荐，娶了万寿公主，因此而与白结怨，不断上表毁谤白敏中[2]。

人们将娶公主视为畏途，首先是惧怕政治斗争的牵连和帝王家的权势，唯恐无端招来祸事。唐朝民谚说："娶妇得公主，无事取官府。"[3] 道出了人们对尚主的顾忌。其次由于公主的特殊尊贵身份，下嫁之后，婆媳、夫妇之间尊卑颠倒，很难相处，更难求其尽孝道、妇道。甚至在婚礼中，公婆反倒要拜见儿媳而公主不必回礼。贞观中，南平公主出降宰相王珪之子，王珪为"成国家之美"，特与夫人就位而坐，令公主行拜见舅姑之礼，受到人们称赞。高宗显庆二年（657）才下令禁断此礼仪，诏称："公主出降、王妃作嫔，舅姑父母降礼答拜，此乃子道攸替、妇道不循，何以式序家邦，仪刑闺阃。"[4] 但是，这种表面文章恐怕难以真正改变公主在夫家的地位。

唐朝公主们的骄横无礼更是人们害怕尚主的重要缘由。公主中虽然间有"雅有礼度"者，如太宗女襄城公主"性孝睦"，太宗常令诸公主以其为楷模；宪宗女岐阳公主"卑委怡顺"，称为

---

[1] 《旧唐书·于休烈附于琮传》《旧唐书·王徽传》。
[2] 《资治通鉴》卷249宣宗大中五年。
[3] 《资治通鉴》卷202高宗开耀元年。
[4] 《唐大诏令集》卷42《公主王妃不许舅姑父母答拜诏》。

贤妇；宣宗女广德公主"闺门有礼"[1]，等等；但泼悍、骄纵、不守礼法者可能为数更多。她们自幼养尊处优，唐朝皇族礼教约束又不严，所以很容易养成骄悍、放纵的性格。宣宗本想将永福公主下嫁校书郎于琮，但一次与之一起吃饭，公主一时使性，竟当场把筷子折断了。宣宗慨叹道："性情如是，岂可为士大夫妻！"遂改将广德公主嫁给于琮[2]。

她们嫁到婆家，倚恃皇家权势，常常恣意行事，不把伦常礼法、闺训妇道放在眼里。公主们多是自营府第，不与公婆同居。上述襄城公主以孝睦有礼著称，有司要为她另建府第，公主以"妇事舅姑，如事父母，若居处不同，则定省多阙"为由，再三推辞，最终仅在旧宅改建而已。但这只是个别事例，公主们基本都是另建府邸，设置僚属官吏，自由生活，甚至不与驸马见面："公主自置群僚，以至庄宅库舆尽多主吏。宅中各有院落，聚会不同。公主多亲戚聚宴，或出盘游，驸马不得与之相见。凡出入间，婢仆不敢顾盼。公主则恣行所为，往往数朝不一相见。"[3] 太宗女高阳公主甚为骄恣，为促使丈夫房遗爱和兄长分家财，就诬告兄长有无礼举动，受到太宗斥责；她与丈夫外出打猎，见僧人辩机而生爱意，遂至其庐帐与之私通，赠送宝物钱财数以亿计，然后送两个女子给丈夫。中宗女宜城公主驸马有外宠一人，公主派人将其拿获后，割其耳鼻，剥其阴皮，蒙于驸马

---

1 《旧唐书·肖瑀传》、《资治通鉴》卷239宪宗元和九年、《旧唐书·于休烈传》。
2 《资治通鉴》卷249宣宗大中十三年。
3 尉迟偓：《中朝故事》卷上。

脸上；又截断驸马头发，让他在厅上判事，并集合众僚吏来看[1]。德宗女义阳公主因与驸马忿争，而被宪宗幽于禁中，当时有轻薄文士撰团雪、散雪曲讥讽，歌于酒席之上，宪宗大为恼怒，险些废掉进士科[2]。顺宗女襄阳公主"纵恣不法，常游行市里"，薛枢、薛浑、李元本与公主都有私情，公主每到情人薛浑家，竟然对其母行尊奉婆母之礼[3]。公主们这些所作所为正是当时礼教不兴的社会风气与皇家权势相结合的产物。在千百年来夫为妻纲的社会中，男子很难忍受这种"妻为夫纲"的家庭，自然更难容忍妻子的放纵和为所欲为，由此也就不难理解为何人们对于尚主避之如水火了。

唐中期以后，德宗等皇帝日益崇尚礼法，公主们的非礼行为常常使他们觉得脸上无光，所以开始注意用礼法约束她们。德宗命令废弃公主下嫁、舅姑反拜而公主不答的旧制，改行常人之礼，让公主们像寻常人家一样拜见舅姑尊长，并立为定制（上述高宗时已有类似诏命，可见百年间也没有真正废除此礼）。宣宗爱女万寿公主下嫁士族郑颢，宣宗特下诏书称："女人之德，雅合慎修，严奉舅姑，夙夜勤事，此妇之节也。先王制礼，贵贱同遵……万寿公主妇礼，宜依士庶。"并谆谆训诫：毋得轻夫族，毋得预时事，务必以太平、安乐之祸为戒。一次驸马弟弟病重，公主却去看戏，宣宗怒责道："我怪士大夫家不欲与我家为婚，良有以

---

1 张鷟：《朝野佥载》补辑，中华书局，1979年。
2 《旧唐书·王武俊附士平传》。
3 《旧唐书·李宝臣传附惟简传》。

也!"急命召公主回宫,狠狠训斥了一顿,遣回夫家。据说,自此以后,公主们都像山东士族一样守礼,不敢再任意胡为了[1]。宣宗又下诏限制公主们再嫁:"夫妇之际,教化之端……自今以后,其公主、县主有子而寡,不得复嫁。"在德宗、宣宗等对礼法的倡导和教训、约束下,公主们的行为与前期相比有所收敛,宪宗女岐阳公主、宣宗女广德公主等均以闺门有礼、动遵法度、卑委怡顺、无骄贵之气而被人称为"贤妇"。安平公主带驸马的宠姬入宫见驾,表现出了"不妒"之德,使得皇兄宣宗大为赞赏。

公主们虽贵为金枝玉叶,在夫家颐指气使、骄蛮无礼,事实上她们的婚姻和家庭生活多半并不幸福。因为她们的婚姻多半是政治交易,选尚首先考虑的是各种政治、门第因素,往往不重人才,自然更不会考虑她们个人的情感、好恶了。这就使得她们常常对婚姻、驸马并不满意。太宗女丹阳公主下嫁功臣武将薛万彻,公主嫌弃驸马"村气",数月不与之同席。太宗知道后,特设酒宴招待驸马,席上故意与之握槊赌刀并假装失败,将佩刀赏赐给薛,哄得公主高兴,才与之同车而归[2]。从对方角度说,驸马们多是畏于权势身不由己或为谋求功利而尚主,对公主并无好感,这自然更是公主婚姻和家庭不幸福的根源。上述戏剧《打金枝》所演绎的真实史事是:代宗女升平公土下嫁平定叛乱的功臣、汾阳王郭子仪之子郭暧,夫妇琴瑟不调,争吵中,驸马竟骂

---

1 《唐会要》卷6《公主·杂录》、《资治通鉴》卷248宣宗大中二年。
2 刘悚:《隋唐嘉话》卷中。

道:"倚乃父为天子耶？我父嫌天子不作！"公主恼怒啼哭，奔回宫中告状，代宗却悲哀泣下，告诉女儿驸马所言不虚。郭子仪绑子上殿请罪，代宗没有加罪，反而劝慰赏赐。郭痛责儿子数十杖，算是了结了这段尴尬事[1]。从这段史事正可见这种政治结合造成的公主婚姻、家庭生活的不幸与无奈，也可见唐后期由于皇权衰微、政局动荡造成的公主们在家庭中地位的低落。

婚姻不幸福、贞节观念淡薄与皇家帝子的权势三者结合，使得公主们放荡不羁、另觅情人成了极为普遍的现象，有的公主甚至有一群男宠。在两性关系上，她们成了妇女中最恣肆放纵的一群。此外，唐朝公主的再嫁现象也历来为人瞩目。这些将在"婚姻、情爱与性"一节详述。

贵族、宦门妇女

这一群体中既有富贵显赫的皇亲国戚、官僚贵族妇女，也包括那些不入显贵之流的中下层官宦人家的妇女。她们生活、地位差异很大，但在官、民分明的古代社会，她们同属于"官"，而不是"民"女。

---

1 赵璘:《因话录》卷1。

外命妇制度

封赠制度

按照唐朝的命妇制度，宫廷内的嫔妃等贵妇为"内命妇"，宫廷外的公主、诸王妃以下贵妇为"外命妇"。

外命妇封赠制度规定：外命妇分为六等，除公主等皇族之女封制上节已述外，还有：王、嗣王、郡王之母、妻为妃；文武官一品及国公母、妻为国夫人；三品以上母、妻为郡夫人；四品母、妻为郡君；五品母、妻为县君；勋官四品有封者，母、妻为乡君。品级则依据其丈夫、儿子的品级而定。母亲的邑号加"太"字。后妃等"内命妇"之母也有封号，最高为郡君；一品命妇之母为正四品郡君，二品之母为从四品郡君，三品、四品之母为正五品县君。凡不因夫、子而受封别加邑号者，夫人称某品夫人，郡君为某品郡君，县君、乡君也同样[1]。外命妇多以地名为号，因个人德行或功勋等受封者往往冠以忠、节等嘉名。

综上可知，外命妇大体包括四类人：一是皇族之女公主、郡主等；二是皇族亲王与五品以上高官之母、妻；三是"内命妇"即后妃之母；四是因个人德能而受封者。

外命妇中因丈夫、儿子官高位显或备受宠重而受封者占绝大多数，体现着母以子贵、妻以夫荣的原则。如：宰相牛仙客之妻

---

1 《旧唐书·职官二》《新唐书·百官一》。

封邠国夫人；宰相陆扆妻高氏先封渤海郡夫人，后进封燕国夫人；节度使安禄山二妻康氏、段氏皆封国夫人，其母与祖母也赐国夫人之号[1]；郑余庆等10名高官亡母同时追赠郡国太夫人；韩愈等29名高官亡母也是同时追赠郡国太夫人；翰林学士、兵部侍郎卢说妻先封博陵郡君，后进封博陵郡夫人；等等。下一级的如刺史李逊之母赠义封县太君，代州刺史傅瑶妻邱氏封吴兴县君，等等。唐后期藩镇节度使夫人也多受封为国、郡夫人，如凤翔节度使李茂贞妻刘氏封秦国夫人，后进封岐国夫人；魏博节度使罗宏信妻先封越国夫人，后进封燕国夫人等，不胜枚举。不仅母、妻，还有因功推及其他亲属的，如于邵亡姊因弟之功也赠陇西郡夫人[2]。

因夫、子贵显而册封命妇，原则上是只封正妻，不封妾媵。杜佑因受皇帝特别恩宠，诏封其妾为密国夫人，特上表称"臣妻早逝，男尚贱微，其母李氏本非主馈，从夫从子皆不合"，故辞谢之[3]。只有亲生子官至五品以上，又无嫡母，妾媵方可受封："凡庶子有五品以上官，皆封嫡母。无嫡母，封所生母。"[4]

因皇亲国戚而受封者也为数不少，如：武则天之母赠荣国夫人，姐封韩国夫人，甥女封魏国夫人；杨贵妃三姐妹封为韩国、虢国、秦国夫人；等等。皇帝乳母也有封为命妇者，如高宗

---

[1] 姚汝能：《安禄山事迹》卷上。
[2] 上见《全唐文》卷310、418、424、540、662、833诸册封命妇制书。
[3] 《全唐文》卷531。
[4] 《旧唐书·职官二》。

乳母卢氏封一品燕国夫人，中宗、睿宗乳母也都分别封为国、郡夫人。

还有少数是因本人立功或其他原因而受封的。如刺史邹保英妻奚氏抗击契丹立功，封诚节夫人；县令古玄应妻高氏抗击突厥立功，封徇忠县君[1]；武则天时还曾封赠家乡80岁以上妇女为郡君，等等。

命妇受封如同官员任命一样，朝廷要授予"告身"，即类似委任状的身份凭证。白居易有《妻初授邑号告身》诗："弘农旧县授新封，钿轴金泥诰一通……花笺印了排窠湿，锦幖装来耀手红。"[2] 描写了所赐告身装帧的精致、色泽的红艳。

一般命妇大概都是"虚封"，只有名位，没有封邑。但朝廷可能根据其品阶，给予一定俸料钱。《全唐文》收有唐玄宗《赐乳母窦氏俸料准三品诏》，就是命令按三品命妇标准供给乳母燕国夫人窦氏俸料钱。据宋人记载，宋代"戚里宗妇封郡国夫人、宗女封郡县主，皆有月俸钱米，春冬绢绵，其数甚多"[3]。唐朝大概也有类似制度。估计主要是供给宗室命妇，一般高官命妇可能无此待遇。另据唐人《刘宾客嘉话录》："湖南观察使有夫人脂粉钱者，自颜杲卿妻始之也。柳州刺史亦有此钱，是一军将为刺史妻致，不亦谬乎！"这种由官府供给高官贵妇脂粉钱，显然只是个别地区的现象，并未形成普遍的制度。

---

1 《旧唐书·列女传》。
2 《全唐诗》卷442。
3 洪迈:《容斋三笔》卷14。

朝会制度

命妇们有定期集体朝参太后、皇后制度,这是她们的一点公职,也可以算是一种官场社交。

唐朝的命妇朝会很兴盛。除了皇室亲贵妇女的定期进宫常参,如规定宗室妇女、诸王长女每月两次常参之外;每逢元日、冬至或太后寿辰等节庆之期,还有盛大的内外命妇集体朝贺太后或皇后礼仪。其时,百官母、妻等命妇们都要朝服盛妆,进宫朝贺太后、皇后,有时还要举行宴会。

命妇朝参太后礼仪唐前便已有之,但朝见皇后据说是始自武则天。《古今事物考》称:"百官命妇入朝皇后,自唐武后始。"《唐会要》记载:永徽五年(654)十一月,"武后初立,群臣、命妇朝皇后"[1]。唐人也说:《周礼》有命夫朝人主,命妇朝女君。自显庆已来,则天皇后始行此礼。"[2]

武后执政时期,不仅开创了命妇朝见皇后礼仪,也开创了命妇与百官一起参加朝会的制度。史载高宗永隆二年(681),皇帝要在宣政殿会见百官及命妇,有人进谏提出:"前殿正寝,非命妇宴会之地……望诏命妇会于别殿",高宗听从其言,遂将命妇们移往麟德殿[3]。可见命妇是与百官一起朝见帝、后并参加宴会的。此外,武则天还曾经率领内外命妇首次参加了朝廷的南郊祭祀大

---

1 《唐会要》卷26《命妇朝皇后》。下引不注。
2 《旧唐书·于休烈传》。
3 袁利贞:《谏于宣政殿会百官命妇疏》,《全唐文》卷164;刘肃:《大唐新语》卷2。

礼。肃宗时，张皇后在位，开始施行冬至日百官与命妇于光顺门一同朝见皇后之礼，也有大臣提出反对意见，其理由是，命妇"与百官杂处，殊为失礼"[1]，肃宗遂停罢了此礼。从史载看，朝见皇后之礼大约至张皇后之后便不再行用了。命妇朝见太后之礼则是自始至终都存在。

据《唐会要》等记载，朝廷曾多次对于参加命妇朝会的人选、仪制等做出规定。如唐中宗的敕文规定十分详尽，其中包括：文武官五品以上母、妻未受邑号告身者，不在朝会之限；宗族命妇一二三品，并每月二十六日参；命妇应常参者，每月二十六日及岁朝、冬至、寒食、五月五日，并命所司于命妇朝堂供养，等等。敕文还有关于命妇朝参一系列程序的详细规定，大体是：先由有关部门统计人数，报告内侍省内谒者监，于前一日进奏；朝会日平明时分，车马聚集于宫城门外，由内谒者监指引；至命妇朝堂下车或下马，再次点定，然后进奏；即将入内时，由有关官员查核验看，方可进入。此外，根据品级规定了随从人员人数，如亲王太妃等可随从六人，二品以下外命妇随从两名侍女扶车。年老者还可乘坐敕赐檐子（人抬的肩舆类交通工具）。朝参时，行立均依照夫、子品级排列次序，等等。

宪宗时又改定外命妇朝贺皇太后仪制：每年元日、冬至、立夏、立秋、立冬日，外命妇有邑号者，赴皇太后所居宫殿门进名参贺，如有泥雨即停，等等。并下敕规定太后诞辰日，百僚及命

---

[1] 《旧唐书·于休烈传》。

妇于光顺门进名朝贺，太后于内殿会见，定为常式。宪宗还曾下诏命令对缺席命妇予以惩罚："外命妇朝谒皇太后，自有常仪，不合前却……如有违越者，夫、子夺一月俸，无故频不到者，有司具状以闻。"[1]

元稹在赠妻诗中提到了妻子在兴庆宫朝见太后之事："兴庆首行千命妇……君于此外更何求？"[2]从诗中可见，作为朝廷命妇列于第一排参加朝谒太后礼仪是极为荣耀之事；还可知，参加朝会的命妇有千人之多，可见规模之大。

大约至唐末哀帝时，命妇朝贺之礼才停废。天祐二年（905）敕文称：册皇太后，内外命妇本应朝贺，但因命妇没有院宇，又顾虑缺少礼衣，故不再行此礼仪，改为上章表称贺。连庭院、礼服都已短缺，唐朝的亡国之象在命妇朝贺礼仪的停废中已显露无遗。

贵族妇女

洛阳女儿对门居，才可容颜十五余。良人玉勒乘骢马，侍女金盘脍鲤鱼。画阁朱楼尽相望，红桃绿柳垂檐向。罗帏送上七香车，宝扇迎归九华帐。狂夫富贵在青春，意气骄奢剧季伦。自怜碧玉亲教舞，不惜珊瑚赠与人……戏罢曾无

---

1 《唐大诏令集》卷80、《旧唐书·宪宗纪》、《唐会要·命妇朝皇后》。
2 元稹：《初除浙东妻有阻色因以四韵晓之》，《全唐诗》卷417。

理曲时，妆成只是薰香坐。城中相识尽繁华，日夜经过赵李家。

妾年初二八，家住洛桥头。玉户临驰道，朱门近御沟。使君何假问，夫婿大长秋，女弟新承宠，诸兄近拜侯。春生百子殿，花发五城楼。出入千门里，年年乐未休。[1]

——这是唐代诗人笔下高官贵戚家族妇女富贵奢华、悠闲享乐的生活。

说到贵族妇女生活的贵盛骄奢，人们首先就会想到著名的杨贵妃姐妹韩国、虢国、秦国三夫人。因为贵妃得宠，三姐妹同时诰封国夫人，唐玄宗特命每月各给10万钱，作为脂粉之费，平时赏赐更是不计其数。虢国夫人的照夜玑、秦国夫人的七叶冠都是稀世之珍；虢国夫人还有夜明枕，设于堂中，光照一室；韩国夫人节日时在山上竖起百枝灯树，高80尺，光芒盖过月色，百里之内都能望见。她们各自大造府第，富丽堂皇可比皇宫，每造一堂，所费超过千万，见到规模超过自己的，就毁了重建。出门游玩时，各家成一队，穿一色衣服，车马仆从填塞道路，每辆牛车上装饰的珠宝价值不下数十万贯，车过之后，首饰珠翠撒落得满地都是。一次，她们在宫中陪唐玄宗作乐，玄宗击鼓后，向秦国夫人讨赏为戏，秦国夫人说：我是大唐天子阿姨，岂能无钱？一下子就拿出300万来助兴[2]。当时诗人杜甫曾写下名诗《丽人

---

[1] 王维：《洛阳女儿行》、崔颢：《相逢行》，《全唐诗》卷125、130。
[2] 上见郑处诲：《明皇杂录》卷下、王仁裕：《开元天宝遗事》卷下、乐史：《杨太真外传》。

行》，描绘三夫人游春时的富贵骄奢：

> 三月三日天气新，长安水边多丽人。态浓意远淑且真，肌理细腻骨肉匀。绣罗衣裳照暮春，蹙金孔雀银麒麟。头上何所有，翠微匎叶垂鬓唇。背后何所见，珠压腰衱稳称身。就中云幕椒房亲，赐名大国虢与秦。紫驼之峰出翠釜，水精之盘行素鳞。犀箸厌饫久未下，鸾刀缕切空纷纶。黄门飞鞚不动尘，御厨络绎送八珍……炙手可热势绝伦，慎莫近前丞相嗔。

她们不仅富贵荣华至极，而且"炙手可热势绝伦"，连公主们都不得不退让三分。各级官员出入她们门下，逢迎贿赂，以求进达；她们出面请托之事，官府视如诏敕，为之奔走，唯恐不及。寻常官员无人敢惹，虢国夫人看中了韦嗣立宅地基址，带人进去不分青红皂白就拆房子，只给了韦家十几亩地作为补偿。

三夫人一度贵极天下，然而，这一切终不过是靠椒房之宠，所以，她们的命运也极易随之沉浮。马嵬兵变中，杨贵妃被缢死，三夫人连同子女也在逃难途中先后被杀死，落了个满门覆灭、尸骨难收的悲惨下场。

贵族妇女虽然不可能都如她们一样贵盛骄奢，但是生活富贵荣华、挥金如土的却不乏其人。据记载，武则天宠臣张易之的母亲阿臧家中有七宝帐，上面用各种金银珠宝作装饰；又以象牙为床，犀角织簟，鼲貂为褥，蛩蝨为毡，龙须、凤翮为席，皆为旷古未见[1]。这可能有些夸张，但其奢侈无度可以想象。另外，宰相王涯的女儿为买一支玉钗就向父亲讨要17万钱（或说70万）[2]。贵族妇女的奢华生活于此可略见一斑。

贵妇仕女们既无衣食之虑、家务之劳，日常多以歌舞娱乐、梳妆打扮消遣时光。"十五嫁王昌，盈盈入画堂。自矜年最少，复倚婿为郎。舞爱前溪绿，歌怜子夜长。闲来斗百草，度日不成妆。""新妆宜面下朱楼，深锁春光一院愁。行到中庭数花朵，蜻蜓飞上玉搔头。""懒起画蛾眉，弄妆梳洗迟。照花前后镜，花面交相映。新帖绣罗襦，双双金鹧鸪。"[3]这些诗词形象地描绘了贵族妇女们富贵悠闲，又有些空虚无聊的生活。

贵族妇女虽然生活富足无忧，但也有着自己的苦恼。唐诗中有上百篇"闺怨"诗，虽然大多是男子假托而作，但也反映了贵妇仕女们对闺中寂寞、丈夫薄情的怨恨，以及对红颜易衰的感伤等心绪。如："闺中少妇不知愁，春日凝妆上翠楼。忽见陌头杨柳色，悔教夫婿觅封侯。""妾年四十丝满头，郎年五十封公侯。男儿全盛日忘旧，银床羽帐空飕飀。"[4]这些"闺怨"不完全是由于饱食终日、空虚无聊而无病呻吟，也因为与下层劳动妇女相比，她们对男子的依附性更强，往往只能依赖丈夫对自己的情感

1　张鷟：《朝野佥载》卷3。
2　钱易：《南部新书》王。
3　崔颢：《王家少妇》、刘禹锡：《和乐天春词》，《全唐诗》卷130、365；温庭筠：《菩萨蛮》，《花间集》卷1。
4　王昌龄：《闺怨》、陈羽：《古意》，《全唐诗》卷143、348。

生活；而贵族男子又往往三妻四妾、寻花问柳，她们自然常常会为丈夫的薄情而苦恼，为自己的命运而忧虑，从而也为红颜易衰而哀叹了。

贵族妇女富则富矣，贵则贵矣，然而她们的富贵、地位却大都是依靠作为男子附庸的身份而得；家中男子一旦失势，她们同样又会作为附属品而受到株连，甚至沦为连村妇贫女都不如的官奴婢。这是她们最担忧但又最无奈的事。唐后期，剑南节度使严武行为放肆，他死后，母亲倒松了一口气，说：从今以后，我知道可以免做官婢了[1]！两朝宰相、权臣元载的妻子王韫秀的一生遭遇在官僚贵族妇女中很具有典型性。当年她以高门之女下嫁元载时，元载尚无功名，因而受到王氏一门轻视。王氏变卖妆奁力劝丈夫求取功名，元载进入仕途后，步步升迁，终于做了高官。王氏恼恨家人曾轻视他们夫妻，在家人亲戚来庆贺时，故意安排侍女在院中晒衣服，拉上40条长绳，每条30丈，挂上各色罗绮锦绣衣服，又摆放金银香炉20个，焚烧异香薰衣，一来炫耀富贵，二来羞辱亲戚。王韫秀又是个极有见识的女子，元载得势时，她曾告诫他"知道浮荣不久长"，不要骄盛凌人。然而，元载还是未得善终，最后获罪被诛。王氏按律应配没为官婢，她仰天长叹："王家十三娘子，二十年节度使女、十六年宰相妻，谁能书得长信、昭阳之事，死亦幸矣！"坚决不肯入宫，只求一死。史载

---

[1] 《新唐书·严挺之附严武传》。

或说她最后被赦免，或说其受笞刑而死[1]。王氏一生大起大落的遭遇正反映了贵族妇女们随着男子的贵贱荣辱而升沉俯仰的生活。

宦门妇女

官宦人家与庶民百姓相比，虽属于"官"、处于社会上层，但并非都是贵族，绝大多数中下层官宦人家的妇女与上述贵族妇女富贵豪奢的生活境遇也不可同日而语。

她们的生活状况差距很大，很难简单概括。一般来说，官宦家庭的经济来源除朝廷官俸收入外，按照均田制度，还可依品级分得12顷（一品）至1.5顷（九品外官）不等的职分田，无田可授则按亩数每亩给粟2斗；同时享受官宦之家"生常免租税，名不隶征伐"[2]的优遇，免除了庶民百姓课役之苦。应该说，唐代官员的待遇还是较为优厚的。由于俸料钱各时期不一，物价也千变万化，很难说清各品级官宦人家妇女的经济生活状况，只能说她们一般不会有衣食之虑，但也未必都能过上丰裕富足的生活；尤其是下层官吏，官俸微薄，这些家庭的妇女生活不会太优裕，有的甚至不能免于贫寒、困窘。

以下以杜甫、韩愈、元稹、白居易等官员为例观察一下他们的经济状况及家中妻女的生活。杜甫一生困顿，多半是做八九品

---

1 范摅：《云溪友议》卷下。
2 杜甫：《自京赴奉先县咏怀五百字》，《全唐诗》卷216。

的小官，授从六品的工部员外郎已经是在安史之乱后的藩镇幕府中，又兼遭遇战乱，四处漂泊，他的妻女生活一直非常艰辛。据说他曾向朋友引见妻子，朋友回家后让妻子送来夜飞蝉给杜妻以助妆饰[1]，可知杜夫人衣装一定是较为俭朴的。最贫困潦倒时，不得不负薪采橡度日，家中"妻子衣百结"，"床前两小女，补绽才过膝"；茅屋内"布衾多年冷似铁，娇儿恶卧踏里裂。床头屋漏无干处，雨脚如麻未断绝"[2]。可知其生活之困窘已与平民百姓无异。这当然与遭逢战乱有关，但也多少反映了一些下层官吏的生活状况。韩愈虽为国子博士，属正五品的高官，但也曾生活清苦，"冬暖而儿号寒，年丰而妻啼饥"，乃至常常"晨炊不给"[3]。元稹妻韦氏始嫁时，"食亦不饱，衣亦不温"；及至丈夫入仕，任九品校书郎时，家中生活仍很拮据。元稹悼念亡妻诗说："顾我无衣搜荩箧，泥他沽酒拔金钗。野蔬充膳甘长藿，落叶添薪仰古槐。"[4] 可知家中衣食困难，妻子不得不变卖金钗换酒，并以野菜为食，拣拾落叶枯枝为柴。

而与以上形成对比的是，白居易任从三品、正四品下的州刺史，后又升至正四品、正三品的刑部侍郎、太子宾客、刑部尚书，他在诗中说自己是："吏禄三百担，岁岁有余粮。"虽然对其家中妻女等生活状况所知不多，但从他可以蓄养姬妾、家妓可

---

1 张泌：《妆楼记》。
2 杜甫：《北征》《茅屋为秋风所破歌》，《全唐诗》卷217、219。
3 《旧唐书·韩愈传》。
4 元稹：《祭亡妻韦氏文》，《全唐文》卷655；《遣悲怀》，《全唐诗》卷404。

知,其家中生活应该是富足优裕的。只是在贬谪外州时境况稍差,被贬谪为五品的江州司马时,他在给元稹的信中称:"今虽谪佐远郡,而官品至第五,月俸四五万,寒有衣、饥有食,给身之外,施及家人。"可知虽遭贬谪,官俸还是较为丰厚的,足够供给家庭生活,其家妇女并无衣食之虑。但白诗也描写了这一时期"病妻亲为我裁缝","寒衣补灯下,小女戏床头"的情形,他安慰妻子道"贫中有等级,犹胜嫁黔娄"[1],说明尽管生活并不宽裕,但与贫苦百姓相比还是犹胜一筹的。此外,有的官员虽然位列高品,但也有因清廉或其他原因而生活困窘者。如开元中,卢怀慎贵为黄门监、吏部尚书,官居三品,但清慎贞素、不营产业,家无储蓄,"妻孥尚不免于饥寒";甚至门无帘箔,风雨来时只得以席遮蔽;饭食不过蒸豆与蔬菜数根而已[2]。不过,这显然属于特例,所以才得以载于史册。

综上可知,虽同属官宦人家,妇女们的生活状况随着等级、家境不同也有着云泥之别。

这一阶层的妇女多半不必参加生产劳动,但也有许多不能完全呼奴唤仆、脱离家务劳动的。任门下省待诏的王绩弃官回家,有"倚床看妇织"的诗句;上引白诗也描写了妻子"寒衣补灯下,小女戏床头"的情景。可见此类家庭的妇女们往往也要承担一定的家务劳动。

---

1 《元九以绿丝布白轻褣见寄制成衣服以诗报知》《赠内子》,《白香山集》卷17,文学古籍刊行社,1954年。
2 郑处诲:《明皇杂录》逸文,《开元天宝遗事十种》,上海古籍出版社,1985年。

由于唐代的科举制度的兴起为士人入仕提供了晋升之阶，所以士人、仕宦家庭妇女的最大心理期待与生活目标便是丈夫科场告捷，进入仕途，平步青云，以求夫荣妻贵、光耀门庭。湛贲曾为县吏，姨家为庆贺其姨父中进士，大宴名士官员，湛贲却被安置于后阁用饭，其妻愤然责之："男子不能自励，窘辱如此，复何为容！"湛贲感愤，孜孜以学，几年后一举登第[1]。韦皋寒微时，也曾在贵为节度使的岳丈家受到冷遇，妻子张氏激励道："男儿有四方志，今厌贱如此不知，奇哉！"她变卖妆奁资助丈夫远求功名，后来韦皋果然做了西川节度使，并因功封王[2]。赵惊妻子的遭遇更有戏剧性：赵惊岳父为钟陵大将，赵久不中第，穷困至极，遭岳父母与妻族鄙夷。一日，其妻到娘家参加家族聚会，因为服饰破旧，被设置帷帐隔绝在外。宴会正进行中，忽然有人报告赵惊及第，岳丈急忙奔回，呼道："赵郎已及第矣！"妻族立即撤去帷帐，与之同席，并争相赠送簪服作为贺礼[3]。赵妻遭遇前倨后恭至此，难怪士人家庭妇女无不期盼丈夫能科举登第。士人杜羔屡试不第，妻子刘氏以诗寄之，称："良人的的有奇才，何事年年被放回。如今妾面羞君面，君若来时近夜来。"杜见诗羞惭而去，最终登第而返[4]。这一类大同小异的逸事很多，大体可以从中看到这一妇女群体的普遍心理追求和对于丈夫的影响作用。

1　王定保：《唐摭言》卷8。
2　范摅：《云溪友议》卷中。
3　佚名：《玉泉子》。
4　钱易：《南部新书》丁。

平民妇女

"平民妇女"是相对于上层官宦妇女与下层贱民妇女而言,主体是占人口绝大多数的农家妇女以及从事手工业、商业等的劳动妇女;也包括少数虽为庶民但并不从事生产劳动的妇女,如富商大贾家庭的妇女,等等。她们同属于"民",是唐代妇女最主要的组成部分,也是直接参加生产劳动、创造物质财富的主要力量。

农妇织女

"男耕女织"——这是中国古代典型的农家生产和生活图景。杜甫赞颂开元盛世诗写道:"忆昔开元全盛日,小邑犹藏万家室……齐纨鲁缟车班班,男耕女桑不相失。"唐代租庸调制度规定,农民除了向官府交纳租粟外,还要承担"调",即每年交纳绢2丈、绵3两或麻布2丈5尺、麻3斤;此外,每丁每年服役20天,不服役者可折合交纳绢3尺或麻布3尺7寸5分,称为"庸"[1]。而这大量的纺织品、一车车的"齐纨鲁缟"就大都出自农

---

[1] 《唐六典》卷3《尚书户部》、两唐书《食货志》。

妇织女们的一梭一杼、终年辛劳之中。

"夫是田中郎,妾是田中女。当年嫁得君,为君秉机杼。筋力日已疲,不息窗下机。如何织纨素,自著蓝缕衣。"[1]——这首唐诗描写了一位"田中女"的艰辛劳动和贫困生活,可以说是农家妇女普遍生活状况的真实写照。

妇女们几乎将一生都投入到了纺织生产中,终年不得安闲。从春日起,她们便开始为采桑、养蚕忙碌起来:"桑林椹黑蚕再眠,妇姑采桑不向田";"晓夕采桑多苦辛,好花时节不闲身"。她们拜祝神灵,祈祷天气晴好、没有虫害,保佑蚕茧丰收:"但得青天不下雨,上无苍蝇下无鼠。新妇拜簸愿茧稠,女洒桃浆男打鼓。三日开箔雪团团,先将新茧送县官。"她们为蚕桑收成不好,官府催交蚕丝而忧愁落泪:"春风吹蚕细如蚁,桑芽才努青鸦嘴。侵晨探采谁家女,手挽长条泪如雨。去岁初眠当此时,今岁春寒叶放迟。愁听门外催里胥,官家二月收新丝。"桑、蚕忙过,官赋的催逼又迫使她们坐上织机,夜以继日地纺线织布:"妾家非豪门,官赋日相追。鸣梭夜达晓,犹恐不及时。""贫家女为富家织……水寒手涩丝脆断,续来续去心肠烂。草虫促促机下啼,两日催成一匹半。"燕赵之地到处是一片织机声响:"赵女不冶容,提笼昼成群。缫丝鸣机杼,百里声相闻。"妇女们虽然终年辛劳养蚕、纺织,所织罗绮最终却是他人享用:"已闻乡里催织作,去与谁人身上著";"窗下抛梭女,手

---

[1] 孟郊:《织妇词》,《全唐诗》卷373。

织身无衣";"输官上头有零落,姑未得衣身不著"[1]。

纺织妇女中还有一批技艺精湛、织造进贡朝廷的特色纺织品的织女,她们终生以此为业,有的属于工匠专业户,如"织锦户""贡绫户"等。王建《织锦曲》中有"大女身为织锦户,名在县家供进簿";元稹《织妇词》描写了"缲丝织帛犹努力,变缉撩机苦难织"的"贡绫户"织妇;还有白居易《缭绫》中"去年中使宣口敕,天上取样人间织"的"越溪寒女";鲍溶《采葛行》中"供进天子五月衣"的南方"蛮女",大约都是这种专业织女。她们织造专供皇室贵族享用的贵重精美纺织品:"织成一尺无一两,供进天子五月衣";"一匹千金亦不卖,限日未成宫里怪"。因此,她们也格外辛苦、艰难。越溪寒女们织造名贵的缭绫不仅艰辛,而且费功费时:"缭绫织成费功绩,莫比寻常缯与帛。丝细缲多女手疼,扎扎千声不盈尺。昭阳殿里歌舞人,若见织时应也惜。"织锦妇们所织花样新奇、精美,她们终日忙碌、无暇妆饰,手都磨出了茧子:"桃花日日觅新奇,有镜何曾及画眉。只恐轻梭难作匹,岂辞纤手遍生胝。合蝉巧间双盘带,联雁斜衔小折枝。豪贵大堆酬曲彻,可怜辛苦一丝丝。"织造葛布的岭南蛮女们更辛苦,她们要亲自到野外采集葛麻、清洗葛丝,然后织成夏日穿的葛布:"蛮女不惜手足损,钩刀——牟柔长。葛丝茸茸春雪体,深涧择泉清处洗。殷勤十指蚕吐丝,当窗袅袅声

---

[1] 上见张籍:《江村行》、来鹄:《蚕妇》、王建:《簇蚕辞》、唐彦谦:《采桑女》、司马扎:《蚕女》、王建:《当窗织》、于濆:《苦辛吟》,《全唐诗》卷382、642、298、596、671、596、599。

高机。织成一尺无一两,供进天子五月衣。"蛮女们虽然极尽辛苦,但因为葛布比不上吴中的纺织品精美,宫里看不上,只得"卖与岭南贫估客"[1]。许多织女因为精于纺织技术,不得不终年辛劳,应付官府征敛、维持家庭生计,以致贻误青春、孤独终老。荆州很多贡绫户的女子终老而不能出嫁:"缲丝织帛犹努力,变缉撩机苦难织。东家头白双女儿,为解挑纹嫁不得。"诗人在注中解释道:"余掾荆时,目击贡绫户有终老不嫁之女。"[2]这些巧女不仅为唐代纺织业和经济繁荣以及家庭生活做出了贡献,也做出了巨大牺牲,将自己的青春、血汗都织进了供天子贵人享用的绫罗锦帛中。

除进贡朝廷、交纳调庸外,纺织也是妇女的重要谋生手段。如《太平广记》载,康州悦城县孀妇温媪以"绩布为业";兖州民妇贺氏被称为"贺织女",其夫不归家养亲,贺氏依靠为人"佣织"所得"佣值"奉养公婆[3]。

农家妇女不仅从事纺织,同时也是"田中女",农忙时节她们也要下田劳作或送水送饭等。敦煌壁画中男女共同打场的农业劳动场景,便反映了当时农家的真实生活。白居易《观刈麦》则描写了麦收时节,男子忙于割麦,妇女下田送饭的情景:"妇姑荷箪食,童稚携壶浆。相随饷田去,丁壮在南冈。"

---

1 白居易:《缭绫》、秦韬玉:《织锦妇》、鲍溶:《采葛行》,《全唐诗》卷427、670、487。
2 元稹:《织妇词》,《全唐诗》卷418。
3 《太平广记》卷271、424。

妇女们还承担着打柴、舂米、采拾蔬果等其他繁重的生产与家务劳动。山地妇女有很多以砍柴、卖柴为生，她们"乱蓬为鬓布为巾，晓踏寒山自负薪"。夔州地区女子至老不嫁，仍然要砍柴、卖柴兼营盐井以养家："土风坐男使女立，应当门户女出入。十有八九负薪归，卖薪得钱应供给……筋力登危集市门，死生射利兼盐井。"她们生活艰难，心情悲苦："面妆首饰杂啼痕，地褊衣寒困石根。"秋夜已深，村女还在舂米："田家秋作苦，邻女夜舂寒。"农家老妇起早贪黑捡拾橡子给家人充当口粮："岖岖黄发媪，拾之践晨霜。移时始盈掬，尽日方满筐。几曝复几蒸，用作三冬粮。"无以为生的贫妇不得不捡拾麦穗以充饥："复有贫妇人，抱子在其傍。右手秉遗穗，左手悬敝筐。……家田输税尽，拾此充饥肠。"[1]

沉重的劳动、艰难的生活耗尽了她们的青春、红颜，她们形容憔悴、衣衫褴褛："粉色全无饥色加，岂知人世有荣华。年年道我蚕辛苦，底事浑身着苎麻？"[2] 饱受烈日、风霜之苦，使她们面黑发黄，终年辛劳，她们更无暇打扮自己，诗人笔下一位回娘家的村妇形象是如此粗陋："二升酸醋瓦瓶盛，请得姑嫜十日程。赤黑画眉临水笑，草鞋苞脚逐风行。黄丝发乱梳橑紧，青纻裙高种掠轻。"有的贫家妇女因为子女众多、赋役沉重甚至衣不蔽体："夫妇生五男，并有一双女……户役差耕来，弃抛我夫妇。

---

1 杜甫：《负薪行》、李白：《宿五松山下荀媪家》、皮日休：《橡媪叹》、白居易《观刈麦》，《全唐诗》卷221、181、608、424。
2 杜荀鹤：《蚕妇》，《全唐诗》卷693。

妻即无裙袯，夫体无裤袴。"[1]

与北方农村妇女相比，诗人笔下的江南女子的劳动、生活似乎不那么艰苦、沉闷，而比较轻松、活泼一些。她们常常从事采莲、采菱、浣纱、织布、摇船、放牛等劳动。

"秋江岸边莲子多，采莲女儿凭船歌。青房圆实齐戢戢，争前竞折漾微波。试牵绿茎下寻藕，断处丝多刺伤手。白练束腰袖半卷，不插玉钗妆梳浅。""采莲女，采莲舟，春日春江碧水流。莲衣承玉钏，莲刺胃银钩。薄暮敛容歌一曲，氤氲香气满汀洲。"——这是采莲女子。

"白马湖平秋日光，紫菱如锦彩鸾翔。荡舟游女满中央，采菱不顾马上郎。争多逐胜纷相向，时转兰桡破轻浪。"——这是采菱女子。

"玉面耶溪女，青娥红粉妆。一双金齿屐，两足白如霜。"——这是浣纱女子。

"江南人家多橘树，吴姬舟上织白纻。"——这是织纻女子。

"金钏越溪女，罗衣胡粉香。织缣春卷幔，采蕨暝提筐。"——这是织缣、采蕨女子。

"棹女饰银钩，新妆下翠楼……扣舷过曲浦，飞帆越回流。"——这是摇船女子。

"巴女骑牛唱竹枝，藕丝菱叶傍江时。不愁日暮还家错，记得芭蕉出槿篱。"——这是牧牛女子。

---

[1] 张祜：《戏赠村妇》，《全唐诗外编·全唐诗补逸》卷8，中华书局，1982年。

"山上层层桃李花,云间烟火是人家。银钏金钗来负水,长刀短笠去烧畲。"——这是担水、烧畲女子。("烧畲"即焚烧田地里的草木,以灰肥田。)[1]

这些唐诗中描绘的劳动、生活图景令人觉得南方妇女似乎过着田园牧歌式的生活,其实她们的生活也并非如此富于诗意,她们的劳动同样艰辛,生活也有各种苦痛。只是江南相对较为富庶,战乱也较少,她们所受磨难比北方妇女要少一些;更重要的恐怕还是由于诗人们陶醉于江南的明丽景色,给妇女的劳动生活也涂上了一层浪漫色彩。

以上都是太平时节农家妇女的生活,若遇上战乱、灾荒,她们的生活就更加艰难。男人们都去从军打仗,耕田种地等沉重的农活便落到了妇女身上。杜甫《兵车行》等诗便写到男子被征发戍边,家中只有妇女种田耕地,她们力气不足,很难获得好收成:"丈夫则带甲,妇女终在家。力难及黍稷,得种菜与麻";"纵有健妇把锄犁,禾生陇亩无东西"[2]。戴叔伦的《女耕田行》诗则描写了两位贫穷农家女因为兄长从军,耕牛又死于灾疫,只得自己以刀翻地种谷的艰苦:

谁家二女种新谷,无人无牛不及犁,持刀斫地翻作泥。

---

[1] 上见张籍:《采莲曲》、阎朝隐:《采莲女》、刘禹锡:《采菱行》、李白:《浣纱石上女》、张籍:《江南曲》、徐延寿:《南州行》、徐坚:《棹歌行》、于鹄:《巴女谣》、刘禹锡:《竹枝词九首》,《全唐诗》卷21、69、184、19、114、107、310、365。
[2] 杜甫:《喜晴》《兵车行》,《全唐诗》卷217、216。

自言家贫母年老,长兄从军未娶嫂。去年灾疫牛囤空,截绢买刀都市中。头巾掩面畏人识,以刀代牛谁与同。姊妹相携心正苦,不见路人唯见土。[1]

男子若战死疆场,妇女就更陷入水深火热之中,她们衣食无着,还要承担官府的沉重赋敛。有的妇女只得采卖野菜以交纳租税:"石间采蕨女,鬻菜输官曹。丈夫死百役,暮返空村号。"[2] 唐末诗人笔下的山中寡妇,丈夫死于兵役,田园荒废,吃野菜度日,却仍不能逃避官府征敛:"夫因兵死守蓬茅,麻苎衣衫鬓发焦。桑柘废来犹纳税,田园荒后尚征苗。时挑野菜和根煮,旋斫生柴带叶烧。任是深山更深处,也应无计避征徭。"[3] 这正是战乱中农家妇女苦难境遇的真实写照。

妇女有时还要承担官府沉重的徭役,战乱一起,男子多从军征战,妇女便成了服劳役的主要力量。唐诗及民歌都描写了"妇人应重役,男子从征行","妇人役州县,丁男事征讨"[4] 的社会状况。安史之乱中,杜甫夜宿石壕村农家,曾目睹官府抓丁服役,家中丁男已尽,老妇人只好自己去服役:"老妪力虽衰,请从吏夜归。急应河阳役,犹得备晨炊。"[5]

---

[1]《全唐诗》卷273。
[2] 杜甫:《遣遇》,《全唐诗》卷223。
[3] 杜荀鹤:《山中寡妇》,《全唐诗》卷692。
[4]《王梵志诗校辑》卷5,中华书局,1983年;储光羲:《效古二首》,《全唐诗》卷136。
[5] 杜甫:《石壕吏》,《全唐诗》卷217。

其他劳动妇女

劳动妇女中除了占绝大多数以耕织为业的农家妇女外，还有一些从事其他职业劳动的妇女。

有的妇女以织造、制作衣物谋生。如《太平广记》卷62载，唐朝前期，广州有位何二娘，专以织鞋子为业。《酉阳杂俎》续集中写一个女鬼，死后仍"不废女工"，"常造雨衣，与胡氏家佣作，凡数岁矣，所聚十三万"，大约由于有专门手艺，所以收入颇丰。

以针线女红维持生计的妇女更多。唐人著述中有许多描写，如：汴州百姓赵怀正之妻阿贺太和中"以女工致利"，丈夫死后，段成式家曾"雇其纫针"。长安青龙寺仪光禅师家被族诛，乳母抱他逃脱，并"鬻女工以自给"，将其养大。进士曹朗家婢女花红因有怪病，无处容身，"常于诸寺纫针以食"。江陵郭七郎因唐末兵乱家破人亡，只剩下其母与婢女"旦夕以纫针为业生之"。唐人王丽真诗序中也记述了太和年间一位"五原纫针妇"[1]。从以上记载可知，富户、寺院都是这些"纫针妇"的主顾，她们不仅以此谋生，技高手勤者还能出此而有所积蓄。

妇女以给人家做佣工谋生者也有不少。《太平广记》载：郓州司法关某有一纽姓佣妇，关给其衣食，以充驱使。长安中，汝

---

[1] 段成式：《酉阳杂俎》续集卷3，《太平广记》卷94、366、499，《全唐诗》卷866。

阳县有一年轻妇女,到某大户门上请求做工:"闻此须人养蚕,故来求作。"齐州刘十郎贫贱至极,与妻佣舂以自给。九陇人张守珪有茶园,每年都要招百余人力采茶,"男女佣功者杂处园中"[1]。后来灭唐的梁太祖朱温幼年时父亲去世,母亲也曾带他在萧县人刘崇家中帮佣。唐代民歌形象描画了为人佣工、扶犁舂捣的农家夫妻极度贫困的生活窘境:

> 贫穷田舍汉,庵子极孤凄。两穷前生种,今世作夫妻。妇即客舂捣,夫即客扶犁。黄昏到家里,无米复无柴。男女空饿肚,状似一食斋。里正追庸调,村头共相催。幞头巾子露,衫破肚皮开。体上无裈袴,足下复无鞋。……门前见债主,入户见贫妻。舍漏儿啼哭,重重逢苦灾。[2]

这些佣工于人的妇女生计大约是最为艰难的。

此外,还有一些从事其他劳动以谋生的妇女。如澄州有以淘金为业的女子:"日照澄洲江雾开,淘金女伴满江隈。美人首饰侯王印,尽是沙中浪底来。"[3]澄州在今广西上林一带,唐时产金银,进贡朝廷,所以许多妇女也从事淘金劳动。北方少数民族妇女则有打猎以供家用者,如:振武军都将王含母金氏,本为胡人女,善弓马,入深山猎取熊鹿狐兔,杀获甚多[4]。

---

1 《太平广记》卷286、439、138、37。
2 《王梵志诗校辑》卷5,中华书局,1983年。
3 刘禹锡:《浪淘沙》,《全唐诗》卷365。
4 张读:《宣室志》卷8。后写金氏实为狼,但前述事迹应该是有一定现实依据的。

妇女也有从事医道者。除了朝廷在官婢中选取并教授"女医"专为后宫嫔妃等治病外，民间也有以医为业的妇女。如《太平广记》卷306载，贞元末，渭南县丞卢佩母腰脚有病，有妇人来家，自称"妾有薄技"，为其母医治而痊愈。虽然故事所写为神仙，但应该有现实中女医的影子。另外还有专为妇女堕胎的女医，民间传说"有妪号白牡丹，畜下胎药。临终见婴儿无数，聚唼其脑"[1]。这些女医大约只是为妇女医疗疾病。

商贾妇女

唐朝商业的繁荣、商人的活跃，使商贾阶层的妇女成了引人注目的一群。不过，她们之间贫富悬殊，既有养尊处优的巨商大贾家的妇女，也有辛苦经营的小商贩妇女。

富商大贾家的妇女不事劳动，但生活却富埒王公贵妇。白居易有《盐商妇》诗专门描写大盐商家中妇女的富足生活：

> 盐商妇，多金帛，不事田农与蚕绩。南北东西不失家，风水为乡船作宅。本是扬州小家女，嫁得西江大商客。绿鬟富去金钗多，皓腕肥来银钏窄。前呼苍头后叱婢……红脍黄橙香稻饭，饱食浓妆倚柁楼，两朵红腮花欲绽。盐商妇，有幸嫁盐商，终朝美饭食，终岁好衣裳。

---

1 孙光宪：《北梦琐言》补遗，《中华野史》，泰山出版社，2000年。

她们饱食终日、浓妆艳抹、呼奴唤仆，何等舒适、何等富足！

不过，商人妇也有商人妇的烦恼。唐诗中有大量写商妇怨的作品，真实反映了商妇们的普遍心理，也说明她们的特殊生活境遇与忧怨心情引起了社会的关注。一来，商人四处奔波，往来于水陆之间，风浪、强盗、健康、安危都是商家妇女最忧心的事："自怜十五余，颜色桃花红。那作商人妇，愁水复愁风。""扬州桥边小妇，长干市里商人。三年不得消息，各自拜鬼求神。"[1] 二来，"商人重利轻别离"，他们浮游四方、多年不归，往往在外寻花问柳，甚至另纳新人；商妇们往往半生过着孤独生活，她们怨恨夫妻长相别离、丈夫薄情无义："悔作商人妇，青春长别离"；"嫁与商人头欲白，未曾一日得双行。任君逐利轻江海，莫把风涛似妾轻"[2]。担忧、思念、寂寞、怨恨，这可以说是商贾家妇女优裕生活中的不乐之处吧。

妇女自己经营商业的也有不少，不过，其中以小商贩居多，富商大贾并不多见。史载仅见很少几例：唐德宗时期，有位富商俞大娘，经营船运行业，其"航船最大，……操驾之工数百。南至江西，北至淮南，岁一往来，其利甚博"[3]。此外，唐人传奇《剑侠传》中描写唐后期进士赵中立在苏州遇到一位寡居的扬州女商荆十三娘，家有资财，也应是个富商。

妇女经商以开饭铺、酒店或卖饮食者为最多。如汴州西有板

---

1 李白：《长干行》、王建：《江南三台》，《全唐诗》卷26、301。
2 李白：《江夏行》、刘得仁：《贾妇怨》，《全唐诗》卷167、545。
3 李肇：《唐国史补》卷下。

桥店,店主三娘子,孤身一人,有房数间,以鬻餐为业,家甚富。洛阳毓财里有个郭大娘,以"当垆"即经营酒店为业。雍州万年县一谢姓妇女曾以酤酒为生,去世后,托梦说因生前卖酒小作升、多取价而被罚为牛。冀州封丘县李老母在镇卖酒,也是"添灰少量"。陈义郎应举途经三乡,有"鬻饭媪"留其吃饭。秀才南卓游学吴楚,穷困潦倒,只有城南"鬻饭老妪"待之无厌色[1]。南方妇女也有卖酒为业者,李白诗有"风吹柳花满店香,吴姬压酒唤客尝"[2],吴姬便是女店主或店家女。此外,唐太宗名臣马周之妻原先曾是"卖馎媪"[3]。也有开旅店者,如《唐国史补》载,翰林院棋手王积薪夜宿旅店,店主是位老妇人,与儿媳一起经营。此外,马嵬兵变后,"马嵬店媪"收得杨贵妃锦袜一只,过客赏玩一次,收百钱,因而致富[4]。这也是开店者。

经营酒店的妇女中还有一群特殊人物——"胡姬",这些少数民族妇女开的酒店很受文人名士的青睐。李白诗道:"落花踏尽游何处,笑入胡姬酒肆中。"[5]唐诗中还有很多吟咏胡姬酒店的诗,在诗人笔下,胡姬和她们的酒店十分富于浪漫气息:

  胡姬春酒店,弦管夜锵锵。红毾铺新月,貂裘坐薄霜。玉盘初脍鲤,金鼎正烹羊。上客无劳散,听歌乐世娘。

---

1 《太平广记》卷286、382、134、109、122,范摅:《云溪友议》卷中。
2 李白:《金陵酒肆留别》,《全唐诗》卷174。
3 钱易:《南部新书》丁。
4 李肇:《唐国史补》卷上。
5 李白:《少年行》,《全唐诗》卷165。

妍艳照江头，春风好客留。当垆知妾惯，送酒为郎羞。
香渡传蕉扇，妆成上竹楼。数钱怜皓腕，非是不能留。[1]

从诗中看，她们不仅当垆卖酒，而且陪席侍酒、表演歌舞，她们的酒店又有异域风情，所以成为文人骚客时常出入、会聚之地，胡姬也成了他们津津乐道的风流人物。

也有卖其他货物的小商贩。有卖菜者，唐人传奇《定婚店》中写故宋城令之女的乳母陈氏在市中"鬻蔬以给朝夕"；有卖衣服者，《太平广记》记载有"鬻衣之妇"张十五娘；有卖鞋者，杨国忠门下有"卖履媪"；有卖花者，广陵路上有卖花妇人；城市中还有卖胡粉的女子[2]；等等。

另外，妇女中还有充当买卖经纪人者，称"女侩"。她们大约主要从事买卖女口的营生。如《北梦琐言》记载，仆射柳仲郢在成都卖一婢女，通过"女侩"说合，卖给了盖巨源，后来婢女在新主人家发病，主人命人用车抬回女侩家。女侩为双方买卖婢女，自然从中赚取一定佣金。

---

1 贺朝:《赠酒店胡姬》、杨巨源:《胡姬词》,《全唐诗》卷117、333。
2 《太平广记》卷452、303、355、274。

娼妓、优伶

这是一群以卖笑、卖艺为业的贱民女子。"娼妓"与"优伶"虽然有一定差别,但共同之处更多,所以常有"娼优"或"妓优"的合称,唐人文字中两者时常混用,很难分清。故此,把她们归于一类讲述。

"妓"的称谓在古代有一个演化过程,它原本是从"伎(技)"义而来,是指以歌舞等技艺为业的女艺人(实即"艺妓",但中国古代不大使用这一称呼);后来才变为卖淫女子的专称。唐代"妓"的称谓中,既包含了卖色卖淫的职业娼妓;但同时仍是音乐歌舞、绳竿球马等女艺人的统称,如"歌妓""舞妓""绳妓"等,其中还包括宫廷和私家蓄养的妓乐艺人,即"宫妓""家妓"。故其时"妓"可以说是娼妓与女艺人的合称。事实上,艺人常兼卖笑、娼妓也要献艺,二者有时也没有十分严格的界限,合称为"妓"也就不足为奇了。"娼"(或"倡")的称谓推测源头应来自"唱",这一称谓在唐代比"妓"使用得少一些,似乎主要偏重称呼公共娼妓,而"宫妓""家妓"及艺人则少见称为"娼",大约只是习惯而已,两者也并没有根本的差别。

至于"优伶",按照一般概念,应该指以乐舞、戏谑等为业的艺人,宋元以后主要指称戏曲演员。唐时,戏曲艺术形式尚未成熟，而歌舞、杂技女艺人又皆以"妓"为称，故"优""伶"的称谓可能主要是指刚刚兴起的"俳优之戏"即歌舞戏演员。与"妓"相比，史载所见女优、女伶人数不多，从有限记载看，她们的身份、地位、生活与歌舞、杂技等女艺人十分相近；而且如上所述，史载中称谓时常混用，与"妓"很难分清。以下所述只是就文献记载的称谓而划分，不一定准确。这是入题前必须先做的一点"正名"工作。

唐代所谓"妓"实际上包括四类人，即：宫妓、家妓、官妓，还有麇集于都市中、人数众多的私家营业的娼妓。以上四类虽都以"妓"为称，但身份、生活却各有不同。宫妓与家妓属于皇家或私家，她们不具有"公共"性质，不对社会开放；同时她们更多地保留着"伎（技）"的原始性质，即主要是从事技艺活动。官妓与私营娼妓则具有程度不同的"公共"性质，故有人称之为"公妓"；而且已不局限于以技艺为业，还包括了陪酒佐谈及陪宿侍寝等职责。二者之间也有明显区别，官妓尽管有一定的"公妓"性质，但是由官家供养，只用于"官使"，即局限于官场和官员范围内，并不对外营业谋利；只有私家营业的妓女，才具有着后世公共娼妓的性质，故有人称之为"市妓""民妓"等。

唐代是官妓盛行的时代，各州府官衙都置有官妓，"官妓"的称谓和有关记载多见于文献之中；而关于私家营业妓女，仅有唐后期人孙棨的《北里志》所记长安平康里妓女生活较为详细，但是此类妓女是否也属于官妓，则语焉不详。通过对《北里志》等记载进行分析，笔者认为，长安平康里等处的妓女虽然籍属官府，受官府管辖，并承应官差，或者说仍具有一定的官妓性质与职能；但是她们的生活、居住方式与娼家经营方式已与州府官妓截然不同，而基本与后世私家营业的娼妓无别。也正因此，"平康里"才成为后世妓家的别称。由此推论，其他大都市中此类妓女也当为数不少。故将其单列出来，姑且称之为"市妓"。

鉴于家妓属于私家，类同婢妾，而且往往身份混同、很难分清，故把她们与姬妾归为一类叙述，这里不再涉及。以下分别讲述其他三类妓女。

宫妓、教坊妓

宫妓与教坊妓都是专门供奉宫廷的艺人，可称皇家妓女。教坊原本是管理宫廷艺人的机构，盛唐时期由于唐玄宗酷爱艺术，又在宫外另设立左、右两个教坊以教习艺人，所以教坊实际上包括内教坊与外教坊。外教坊妓不居于宫廷中，是由皇家管理、集中居住的民间艺人，与宫妓（或内教坊妓）生活方式有很大不同。以下"教坊妓"主要是指这些外教坊妓。从史载看，外教坊在经历安史之乱后已经衰败，明确记载不多见，或有可能已不复存在，所以外教坊妓有可能只是短时期存在的特殊人群。

宫 妓

宫妓是居于宫廷内、专供皇家娱乐的女艺人。唐代宫廷中蓄养着大批色艺精妙的宫妓，她们与普通宫人不同，或习歌舞丝竹，或习各种杂技；职责是在皇家举行的各种节日盛会、宴宾典礼等仪式上献艺表演，并在平时为帝后、皇家提供耳目之娱。

宫妓除了一部分是从原有宫女中选择训练而成者外，大部分是直接从民间搜罗选取的色艺精妙的乐户、娼优女子以及少量平民女子。如：著名宫廷歌妓永新原先是吉州乐户女，因为善歌选入宫中；薛琼琼本是狭斜妓女，以善筝而入宫供奉[1]。王建《宫词》有："青楼小妇砑裙长，总被抄名入教坊。春设殿前多队舞，朋头各自请衣裳。"可见皇家也从青楼歌舞妓中挑选教坊妓。

也有一部分是朝臣、外藩贡入的艺妓，如：唐敬宗时，浙东曾贡进飞燕、轻凤两个舞女；文宗时，出降回纥的太和公主贡进马射女子七人[2]。还有被籍没入宫的罪犯家妓。平民女子被选入宫者大约不多，唐玄宗时期凡良家女子被选入者专名为"搊弹家"[3]，以区别于娼优贱民，说明她们在宫中身份要高一些。

宫妓曾属执掌礼乐的太常寺掌管，后来主要属执掌歌舞、伎乐、杂技、俳优的教坊管理。随着中唐以后时局变乱及帝王好恶，教坊时盛时衰，但直至唐末，这一建制仍然存在，教坊中女妓大约或多或少也仍然存在。

由于唐玄宗对音乐、歌舞的特殊爱好，他在位时期，宫妓人数大增，教坊最为兴盛。每次宫廷举行盛会，歌舞妓出场常有数百人之多；唐玄宗与杨贵妃寻欢作乐时，曾让数百个宫妓列

1　段安节:《乐府杂录·歌》、《古今图书集成》闺媛典闺艳部。
2　苏鹗:《杜阳杂编》卷中、《旧唐书·文宗下》。
3　崔令钦:《教坊记》。

成"风流阵"斗闹取乐。他又在宫中设立梨园、宜春院、云韶院等，选取妓女入内教习，技艺最佳者入宜春院，称"内人""前头人"；云韶院次之，称"宫人"；平民女子选入者则称"搊弹家"。玄宗每在勤政楼前举行盛会，歌舞乐妓一出场就是数百人，还有绳、竿等各种杂技女艺人的表演。此后，大概再也没有这样的盛况，但教坊仍然存在，并不断选人进宫。唐宪宗时，教坊称奉旨选"取良家士女及衣冠别第妓人"[1]入内，闹得人心惶惶，宪宗不得不下诏辟谣。文宗时，教坊一次献进霓裳羽衣舞女就有300人之多。

宫妓的身份、生活与宫人有着共同之处，但又不完全等同于宫人。这其中除了部分由宫人中选出充当宫妓者大约仍未改变"宫婢"身份外，其余由外边选入者的身份、地位似乎比一般宫人要高一些。

其他时期史载很少，只有唐人崔令钦《教坊记》[2]一书专门记载唐玄宗时代的宫妓生活。从其记载看，选入宜春院的"内人"（或称"前头人"）身份最高，她们在演出时，与云韶院训练的宫人衣饰有着高低区别，"内人"佩鱼，宫人则没有。她们的生活待遇也比较优厚，家庭称为"内人家"，都住在宫外的外教坊，每季由宫廷供给粮米。最受宠幸的"十家"还赐给宅第，平日赏赐也很多。同时，"内人"们可以与家人时常相见，每月二日、

---

1 《旧唐书·李绛传》。
2 以下出此书者不注。

十六日或她们的生日，母亲或姐妹等可以来看望。另据史载，唐敬宗还曾亲自召见"内人"亲属1200人，并在教坊赐食、赐锦彩[1]。她们的生活也比较自由，宫中对她们的约束不像对宫人那样严格。年老色衰之后，她们可以要求出宫归家，不像宫人若不被"拣放"就必须老死深宫。《教坊记》中记载的竿木妓范汉女大娘子等、许浑《赠萧炼师》诗中的内妓萧炼师、《乐府杂录》所记宣徽院弟子杨氏等都是年老之后出宫的。萧炼师善舞，曾极受德宗赏识，后乞归道教，德宗许之，并命其居于嵩南洞清观修行。张祜《退宫人》诗说："歌喉渐退出宫闱，泣话伶官上许归。"唐融《退宫妓》诗有："一旦色衰归故里，月明犹梦按梁州。"也都说明了这一点。尽管她们出宫后境遇不一定好，但比起宫人来，她们总算是有自由之身。这些都说明，唐朝宫廷还是将宫妓当作艺人看待，区别于宫人贱隶；至少在唐玄宗时代，宫妓们的待遇还是比较优越的。

当然，尽管她们是艺人，原则上是献艺不献身，尽管受到比一般宫人高的礼遇，但终究不过是皇家玩物。唐玄宗弟弟岐王每到冬寒手冷时，不近炉火，专门在妙妓怀中揣手取暖；另一个弟弟申王在风雪苦寒之际，让宫妓们密密围于坐侧以御寒，呼为"妓围"[2]。从这些事例可以看出，宫妓虽是艺人，实际上与娼妓的区别也不过是只供皇家玩赏而已。她们也时常被作为赐物赏给功

---

1 《旧唐书·敬宗纪》。
2 王仁裕:《开元天宝遗事》卷上。

臣贵族，唐朝各代时有皇帝赏赐贵族、官员"女乐"的记载，这些"女乐"就都是训练有素的宫廷乐妓。

宫妓们半生消磨在轻歌曼舞、笙箫鼓乐中，虽然有不少人成了身后留名的艺术家，但生前境遇多半不幸。一旦年老色衰、佳期已误，出宫后嫁人不易，卖艺更难，所以很多人最后都以佛寺、道观为归宿，孤苦伶仃，了却残生。上述宫妓萧炼师等就都终老于寺观之中。盛唐名歌妓永新在宫廷中极受宠爱，安史之乱后，她出宫嫁了一个士人，士人死后，她与母亲又回到京师，最后竟老死于风尘之中[1]。

外教坊妓

除了宫妓之外，唐玄宗时代还在长安、洛阳两京宫外离宫禁不远处设置了左、右两个外教坊。这里也养着大批艺妓，专门供奉宫廷，由宦官负责管理。

与宫妓不同的是，她们不居住于宫中，需要时便进宫应差。据记载，右教坊妓多善歌，左教坊妓多工舞。与宫妓一样，她们也是从民间搜罗选取的技艺高超的艺人。唐玄宗非常喜爱、却因"不欲夺狭游之盛，未尝置在宫禁"[2]的名歌妓念奴，善舞凌波曲的新丰女伶谢阿蛮[3]，《教坊记》中记载的歌舞妓颜大娘、庞三娘、张四娘、裴大娘，竿木妓王大娘，以及杜甫诗中所写善剑器舞的

---

[1] 段安节：《乐府杂录·歌》。
[2] 元稹：《连昌宫词》注，《全唐诗》卷419。
[3] 郑处诲：《明皇杂录》补遗，《开元天宝遗事十种》，上海古籍出版社，1985年。

公孙大娘等，都应是属于外教坊的艺妓。因为从记载看，她们一般不长住在宫中，行动比较自由。元稹《连昌宫词》有"力士传呼觅念奴，念奴潜伴诸郎宿"，念奴如果是宫妓，肯定不能如此自由；谢阿蛮也时常出入宫掖，并游于杨国忠等人府第。可见宫廷对她们的行动和私生活没有太多约束。这与唐朝宫禁不严有关，但是她们的行动明显比宫人要自由些。

教坊妓中还有不少人有丈夫、儿子、家庭，全家都在教坊中居住生活。有的全家都是供奉艺人，如裴大娘自己是歌舞妓，兄长是筋斗伎，丈夫则是竿木伎。

她们的生活大约是由皇家供给，除了随时准备应召，入宫供奉外，似乎也可以承应外界的邀请。如《教坊记》记载：苏五奴的妻子歌舞妓张四娘能演"踏摇娘"，常有人来邀请她出去表演，肯定会有一定报酬。这说明皇家对她们并没有很严格的约束。

教坊妓有着她们十分特殊而怪诞的生活方式和思想观念。她们中情投意合者结为"香火兄弟"，多者至十四五人，少者不下八九人。如果其中有人出嫁，"香火兄弟"们便将她的夫婿呼为"嫂""新妇"；同时，都可以与他亲近相爱，妻子绝不忌妒。据说这是学习突厥风俗："儿郎既嫂一女，其香火兄弟多相爱，云学突厥法。又云，我兄弟相怜爱，欲得尝其妇也。"另外，在不是"香火兄弟"的人中，两性关系也比较随便。裴大娘与伎人赵解愁私通，要用土袋压杀丈夫，未能得逞，坊中诸妓常常以此取笑说："女伴！尔自今后，缝压土袋，当加意夹缝缝之，更勿令开绽也。"上述歌舞妓张四娘应邀外出，丈夫苏五奴常常跟随，别人嫌他在场不方便,便劝酒让他喝醉,苏五奴说:"但多与我钱,虽吃餺子亦醉,不烦酒也。"后人因此将卖妻人呼作"五奴"。[1]

教坊妓结拜兄弟、自充男性的生活方式在唐代妇女中是绝无仅有的,她们在两性关系上的道德观念、作风也与其他群体的妇女不同。它从一个角度反映了这类卖艺为生的妇女,比一般良民妇女更具有独立性,对男性较少依附,两性地位因此也较为平等;另外,这类艺人虽不同于娼妓,但她们漂泊四方、浪迹江湖,抛头露面、卖艺谋生,所以两性观念比一般良家妇女肯定要随便得多;从其所言还可见,突厥等北方少数民族两性习俗的熏染也是不可忽视的重要原因。

官 妓

官妓是为官场需要和官员娱乐而置,名隶各级官府乐籍,主要用于在各种官府庆典宴聚和其他社交场合表演歌舞或陪席佐酒以助兴。官妓制度兴盛于唐代,人数众多的官妓在这一时期的官场及社会生活中留下了浓重的一笔。

官妓制度之盛

唐代盛行妓乐,无论是官府送往迎来、宴宾典礼,还是官

---

[1] 崔令钦:《教坊记》。

员们聚会游玩,都时兴以妓乐助兴。"公卿入直,则有翠袖熏炉;官司供张,每见红裙侑酒。"[1] 官吏宿娼狎妓之风盛行,朝廷法纪对此并无明确禁令。白居易在杭州任刺史时,终日携妓游玩,宋朝人对此已颇感诧异,议论说:"可见当时郡政多暇,而吏议甚宽,使在今日,必以罪闻矣。"[2] 清朝人更有点艳羡之意了:"风流太守爱魂消,到处春游有翠翘。想见当时疏禁网,尚无官吏宿娼条。"[3] 官妓制度正是在这种社会风气和朝廷纵容下,在唐朝大盛起来。

当时各大州府都设有官妓,所以有"府娟""郡娟"之称。至于县一级官府,根据记载,也有设置官妓的,但可能并不普遍。官妓名隶各级官府,由长官管辖调遣,主要任务是承应官差,故而有"官使妇人""官使女子"之称。

这些官妓大体有两个来源:一是世代属"乐籍"的官属贱民,她们往往承袭祖业,仍旧做乐妓;二是良民女子由于各种原因落入乐籍。如名妓薛涛本是良家女,随父宦游,流落蜀中,父亲去世后,因诗名外传,大约也为生活所迫而落入乐籍。尚书李翱在潭州席上见一舞妓,面色忧悴,问之,原来是韦中丞爱姬所生女,因兄弟皆亡,不得不"委身乐部,耻辱先人"[4]。元稹《崔徽歌》说这位"河中府娟":"崔徽本不是倡家,教歌按舞倡家

---

1 章学诚:《文史通义》内篇五《妇学》。
2 龚明之:《中吴纪闻》。
3 赵瓯北:《题白香山集后》,转引自钱泳《履园丛话》卷21。
4 范摅:《云溪友议》卷3、王谠:《唐语林》卷4。

长。"大约也是良家女落入乐籍的。也有个别被官长籍没的，林蕴作邵州刺史，"杖杀客陶元之……籍其妻为娼"[1]。但这只是个别事例和违法行为，因为按照唐律，只有犯谋反等大罪，亲属才被籍没为官奴婢，官员是不能随便压良为娼的。良民女子一入乐籍，便成为官属贱民，她们的地位与官奴婢相差不多。李商隐《妓席》诗道："劝君书小字，慎莫唤官奴。"蜀妓灼灼被诗人称为"锦城官中奴"，都道出了官妓们的官奴身份。

各州府官妓属"乐营"管理，所以也常称作"乐营妓人""乐营子女"等。唐代典籍还常有"营妓"之称，有人认为营妓是专供军士娱乐者，与官妓有所不同。但从所见记载看，"官妓""营妓"称呼混杂，并无明显区别，很多称作"营妓"者，也看不出有专供军士娱乐之意，所以不能断定唐代有专业军妓。笔者认为，"营妓"只是"乐营妓人"的简称，也就是官妓的一种别称。之所以造成误解，一是因为"营妓"之名令人想到军营；二是唐中期以后地方官妓都由藩镇长官节度使统辖，他们既兼有军事长官职权，也就使人觉得属下的营妓可能是为军队而设置的。

乐营官妓由地方长官如州刺史、节度使等直接掌握支配。若官员调任，一般不能带走，应交割给下任。如媚川为歙州酒妓，尚书李曜守歙州，对其颇为钟情，但已纳营妓韶光。罢任时，交代下任长官善待之，临别时不胜离情，赋诗道："经年理郡少欢

---

[1] 《新唐书·儒学下·林蕴传》。

娱，为习干戈间饮徒。今日临行尽交割，分明收取媚川珠。"侍中路岩镇蜀，有官妓行云等10人时常相随，移镇日，也赠其诗词以表离情别意[1]。蜀妓薛涛更是曾"历事十一镇"。但也有个别将其带走者，如江西沈公移镇宣城，将歌妓张好好带走，置于宣城乐籍中[2]；白居易任杭州刺史，调任时携妓还洛。若是不经官长允许，其他人是不能随意占有或带走官妓的。如大历末，李晟领神策军戍守剑南，班师回朝时，将成都官妓高氏带走，节度使张延赏闻讯大怒，命人令其退回，两人因此而结怨[3]。

官妓一般集中居住于乐营，没有人身自由，不能随意出走。由官府供给衣粮，随时准备应承官差。虽然制度如此，但有时对她们的禁制也并不是很严格，全在于长官个人好恶。唐人《云溪友议》载：池州杜少府、亳州韦中丞二人醉心于精求释道，对妓乐不感兴趣，所以"乐营子女，厚给衣粮，任其外住。若有宴饮，方一召来，柳际花间，任为娱乐"。举子张鲁封因此以诗嘲谑说："乐营却是闲人管，两地风情日渐多。"这段记载一来说明，按照制度，乐营官妓是不准"外住"和交接外人的；二来也说明，这种制度有时未必执行得很严格。

官妓们都有一定技艺，或长于歌舞丝竹，或通晓诗文，或精于酒令，或善于谈吐，故有"歌妓""舞妓""乐妓"，也有"饮妓""酒妓""酒佐""酒纠"之称。如扬州倡女以善酒令著称，

---

1 《太平广记》卷252、孙光宪：《北梦琐言》卷3。
2 杜牧：《张好好诗并序》，《全唐诗》卷520。
3 《旧唐书·张延赏传》。

唐武宗闻名，曾命淮南监军选17人献入宫廷[1]。杜牧《张好好诗》序说张好好善歌，13岁便入江西乐籍。蜀妓薛涛则是因为有诗才、善应对而入乐籍。官府举行各种庆典宴会、送往迎来、逢迎上司，等等，便要召官妓们去献艺、陪酒甚至侍夜。如尚书杨汝士镇东川，开宴庆贺儿子及第，营妓毕集，席上献歌，杨命每人赏红绫一匹，有诗道："一曲高歌绫一匹，两头娘子谢夫人。"[2] 她们也常常陪同长官外出游玩，白居易做杭州刺史时，时常携妓出游，夜游西武丘寺诗中讲到随从游玩有"娉婷十翠娥"，即容、满、蝉、态等十妓[3]。陪客侍寝、供枕席之欢自然也是常见之事，只是必须在长官指派或允准之下。李绅镇淮南，招待张又新郎中宴饮，张20年前与席上一酒妓曾有旧情，醉归后，李特命此妓前去陪其过夜[4]。

总体上说，乐营官妓是依靠官府供给生活，她们的任务主要是承应官差，陪席献艺，而不以对外卖笑卖淫为业。

命运与遭际

官妓虽然籍属官府，原则上是以官差为业；但实际上，她们既然由地方长官全权管辖和支配，往往便成了他们的私有财产。他们既可以"独占花魁"，也可以随意赠送予夺。有的将官妓纳

---

[1] 《资治通鉴》卷247武宗会昌四年。
[2] 王定保：《唐摭言》卷37。
[3] 白居易：《夜游西武丘寺八韵》，《全唐诗》卷447。
[4] 孟棨：《本事诗·情感》。

为姬妾或据为己有，有的离任时将官妓带走，置于下任乐籍中，有的准许下属收纳以作奖赏，有的则以之作为礼物馈赠他人。

自占为姬妾者，如：尚书张褐典晋州，外贮所爱营妓，生一子，因夫人妒忌，不敢取归，送与张处士为养子，但常致书信问候并资助钱帛。五代梁太祖朱温的次子也是登基前纳亳州营妓为外室所生。纳营妓为外室者还有不少。也有并未正式收纳却据为己有者。相国崔慎猷巡察浙西，有术士相其应有贵子，但夫人妾媵皆无所见，竟应在一官妓身上，后来果然为其生子[1]。

离任携走者，如：上述歌妓张好好在江西沈公辖下，后来沈移镇宣城，又将好好置于宣城籍中。白居易任杭州刺史，迁任时携妓还洛，后又遣回钱塘[2]。

允准下属收纳者，如：韦保衡在四川独孤云幕下任职，看中乐籍中一佐酒官妓，便祈求独孤云免其乐籍，而副史李甲早属意于此妓，只是未及收纳。韦携妓而去，李十分恼怒，屡次进言，独孤云遂命人以飞牒又将其追回[3]。

赠送他人者，如：杜晦辞过常州，受到郡守李瞻款待，临别时，与营妓朱娘告别，竟掩袂大哭，李瞻说："此风声贱人，员外如要，但言之，何用形迹！"于是让营妓随杜而去。薛宜僚出使新罗，过青州，看中饮妓段东美，节度使便以之相赠[4]。

---

1 钱易：《南部新书》丁，孙光宪：《北梦琐言》卷4、8，《旧五代史·梁书·宗室列传》。
2 《全唐诗》卷520、钱易：《南部新书》戊。
3 佚名：《玉泉子》、《太平广记》卷273。
4 刘崇远：《金华子杂编》卷上、钱易：《南部新书》庚。

也有他人索要而长官不予者,如:卢钺守庐江,郡中官吏曹生想要营妓丹霞,卢钺不许。司空李蔚镇淮南,从事卢澄在酒席上请求为一舞妓解籍,李不允,卢澄怒,言词多不逊[1]。

从以上这些记载可以看出,官妓去留、从人,都必须经过所属长官批准。但是由于籍属官府,所以长官虽然可以支配、赠送或据为己有,但是不能买卖。从大量记载看,官妓从良,都是由长官赠送或经过长官许可;从"祈降妓籍""祈于独孤,且请降其籍"等说法中,还可得知,想讨要官妓必须乞求长官为之落籍,而不能以钱财为之赎身。总的看来,官妓的官奴婢味道很浓,她们是"官身",而不是自由之身。

由于官妓是官属贱民,身份卑贱,又无人身自由;而且按照法律,良人伤害贱民并无重罪,所以她们不仅供官场中人戏弄取乐,而且命如蝼蚁,任人践踏。文士们留下许多即席嘲妓诗,如嘲瘦者:"只怕肩侵鬓,唯愁骨透皮";嘲肥者:"一车白土将泥项,十幅红旗补破裈";嘲眼深鼻翻者:"眼睛深却湘江水,鼻孔高于华岳山"[2]。可以想象当时人们酒酣耳热之际拿官妓消遣取乐以助兴的景况。岭南乐营妓女们因在席上戏弄宾客,被长官处以棒刑,官员们赋诗嘲笑:"绿罗裙下摽三棒,红粉腮边泪两行。"[3]金陵徐氏诸公子宠一营妓,营妓死后,则以火焚之,名妓徐月英

---

1 钱易:《南部新书》辛、王谠:《唐语林》卷7。
2 范摅:《云溪友议》卷7、《太平广记》卷256。
3 张保胤:《示妓榜子》,《全唐诗》卷870。

送葬时叹道:"此娘平生风流,没亦带焰。"[1]命运最悲惨的要数唐末雕阴官妓杜红儿,红儿美貌年少,聪慧善歌,为鄜州副帅所属意。鄜州属下文士罗虬倾慕之,席上请红儿唱歌,并赠以缯彩。长官顾及副帅之意,不准红儿接受馈赠。罗虬恼羞成怒,竟当场手刃红儿。后来追悔其冤,又赋绝句《比红儿》百篇痛悼之[2]。

关于官妓晚年归宿的记载不多,最著者是名妓薛涛,她晚年隐居于成都浣花溪,着道士装,孤寂一人,了却残生。有的妓女老来衣食无着,境遇更凄惨。蜀中官妓灼灼年轻时美貌多艺,能歌善舞,遐迩闻名,年老后贫病交加,竟死于成都酒肆之中。诗人韦庄有《伤灼灼》诗哀悼之。

市 妓

官妓之外,都市中也出现了私家经营开业的娼家。对于此类妓女,后世有"市妓""市井妓""民妓""公妓"等称谓,不过都不是当时人的称呼。姑且以"市妓"称之,只是为了既区别于具有一定公共性质的"官妓",又区别于常称为"私妓"的家妓。如上所述,只有此类妓女才是后世意义上的"公共"娼妓。

对于此类妓女记载最详的是唐代翰林学士孙棨所著《北里志》,其余仅有少量零散史载。《北里志》撰成于唐僖宗中和年

---

1 孙光宪:《北梦琐言》卷9。
2 《全唐诗》卷666、王定保:《唐摭言》卷10。

间，专门记述唐宣宗至僖宗时期长安平康里（即北里）的妓女及其生活状况，它应该能代表和反映唐后期大都市中的妓业与妓女的一般状况。由于史料所限，以下主要讲述长安的妓业与妓女生活。

私营妓业之兴

从《北里志》及其他零散记载可以明显地看出，长安平康里等处的妓女与上述隶属州府的乐营官妓身份、生活迥然不同。

她们虽然也名隶官府妓籍，受官府管辖，要承应官差，但并不集中居住于乐营，而是以家为单位散居于平康里等里坊中；更重要的是，她们不由官府供给衣食，而是以"假母"蓄养几个妓女的方式，由娼家自行开业以赚取钱财，与后世娼妓业的经营方式无别。《北里志》还称："大中以前，北里颇为不测之地。"甚至发生过妓家母女暗中杀死嫖客并埋于屋后之事，待官府抓捕时，其家已不知去向。由此更可见平康里不同于官府辖下的"乐营"，其地聚居的都是自由开业的私营娼家；也正因此，如同后世一样，此类地区往往是最为混乱、险恶之地。

比之后世，虽然平康里的妓女们受官府管制仍然比较严格，但显然已经不属于官妓，而基本上转化为后世的私营娼妓。故此，"平康里"成为后世妓家的别称；或许还可以说，平康里的妓业制度开启了后世妓业经营的基本模式。

这种私营妓业的兴起应该与大都市的兴起、商业的繁荣以及士人的冶游风气有着直接关系。唐代长安、洛阳、扬州、成都等大都市迅猛发展，它们不仅是商业中心，而且成为士人的冶游胜地和求取功名之所。都市里人口稠密、万商云集，士子、游民会聚其间，市民阶层也开始形成。由于朝廷的宽纵，士人、游子、行商等的需求，狎妓之风在都市中蓬勃兴盛起来。在这种社会变局下，估计京兆府等大都市官府虽仍需要一定的"官使"妓女以满足官场之需，但已逐渐不再实行集中管辖与垄断，而准许其自由居住、经营，也不再限制其向社会开放。社会的需求、朝廷的允准，使得私家经营的妓业在大都市中逐渐兴起并且日益隆盛。这些娼家虽然受官府管辖，所养妓女也籍属官府，仍有官差支使，但是娼家已是自己开业经营谋利。妓女们自然也与官妓有别，而且也不再以官妓为称。《北里志》等记载的长安平康里等地的妓女已很少见有"官妓"之称。私营妓业大约越到唐中后期在长安、洛阳等大都市越兴盛；而另一方面，地方州府官妓则由于藩镇专权局面而仍为地方官即藩镇长官所垄断，这从上述唐后期一些官妓的境遇便可以看出。据此似乎可以认为，唐代既是官妓制度兴盛的时代，同时也是官妓向私营娼妓转化的时代。

不仅《北里志》所记长安平康里的妓业可以明显看出是私营妓家，东都洛阳也有类似记载。如开元中，思恭坊有倡妪朱七娘，素与一王将军交厚，其女也弹唱有名。咸通中去世的洛阳美妓沈子柔，也居于思恭里，为刘媪亲生女，虽"居留府官籍"，但"凡洛阳风流贵人、博雅名士，每千金就聘"[1]。另有河东薛迥

---

[1] 《有唐吴兴沈氏墓志铭并序》，《唐代墓志汇编续集》咸通066。

与其徒于东都狎娼妇,留连数夕,各赏钱10千[1]。以上记载表明这都是私营开业的妓家。扬州是娼妓业最为驰名的城市,杜牧曾有"十年一觉扬州梦,赢得青楼薄幸名"的名句。据记载,每至夜晚,"娼楼之上,常有绛纱灯万数,辉罗耀烈空中。九里三十步街中,珠翠填咽,邈若仙境"[2]。这一片兴隆景象既说明了娼家之多、妓业之盛;从中也可看出,"娼楼"妓女显然不是乐营官妓,而是与平康里相同的私营娼妓。张籍《江南行》诗称"娼楼两岸临水栅,夜唱竹枝留北客",这种江南水边娼楼显然也是私营妓家。

制度与经营

长安平康里等处妓女不属"乐营"而属教坊籍,《北里志》称:"京中饮妓籍属教坊。"[3]

上文已述,唐玄宗时在宫外设立教坊原本是为了搜罗天下艺人进行训练,专门供奉宫廷;而《北里志》所记"京中饮妓"却显然不是供奉内廷的艺人,而是对外营业的娼妓,她们虽然籍属教坊,却不住在教坊,而是住在平康里及长安其他里坊中。这似乎有些矛盾,推测可能与教坊制度的演变有关。唐玄宗以后,教坊渐衰,虽然各时期教坊仍不时选取艺妓供奉朝廷,但平时已不全部集中在教坊中了,只是选取一些佳妓名列教坊籍,随时听候

---

1 《太平广记》卷331、450。
2 《太平广记》卷273。
3 孙棨:《北里志》序。以下出此者不注。

调遣，承应官差。妓女们平时仍居住于原处或自己家中，也仍然过着自行营业的娼妓生活。白居易《琵琶行》可以为证："自言本是京城女，家在虾蟆陵下住。十三学得琵琶成，名属教坊第一部。……五陵年少争缠头，一曲红绡不知数。"这个名列于教坊籍的琵琶妓，便既不居住于教坊，又过着对外卖艺卖笑的生活。

　　长安妓女名籍又并不全属教坊。《北里志》"杨妙儿"一节记载妓女王福娘愿意从良，自称："某幸未系教坊籍，君子倘有意，一二百金之费尔。"可见，入了教坊籍便成"官身"，不能随便从人了；而未列入教坊籍的，如同后世自由娼妓一般，可以由人出钱赎身从良。又如，唐人房千里《杨娟传》所记杨娟"名冠诸籍中"，后为岭南某帅"削去妓之籍"，携归南海为妾[1]。这些未列教坊籍的妓女应该占长安妓女的大多数。她们既然不属供奉宫廷的教坊，大概应该属京兆府乐籍，由有关部门管辖。但是，这些未列教坊籍的妓女也并未完全摆脱官属身份。上述"杨妙儿"一节说到，妓女们即使是被人"买断"（即被一个客人独占），也仍然"未免官使"，也就是仍然不能免于官差。而且，"凡朝士宴聚，须假诸曹署行牒，然后能致于他处"，即朝士宴聚邀妓，必须由官府出具文书，才能带到别处，这也反映出妓女们仍具有一定的官妓性质。另外，平康里妓女还有管理人员——"都知"，由有头面的妓女担任，分管诸妓，也可见妓女有一定组织，并不完全独立。总之，无论是名隶教坊还是京兆府乐籍，妓女们都不能免

---

[1]《太平广记》卷491。

于"官使",也未能完全自由,这应该正是官妓制度向私营娼妓制度过渡的表现。

长安妓女多聚居于平康里或称平康坊:"长安有平康坊,妓女所居之地,京都侠少萃集于此,兼每年新进士,以红笺名纸游谒其中。时人谓此坊为风流薮泽。"[1]白居易诗中也有"忆昔嬉游伴,多陪欢宴场。寓居同永乐,幽会共平康。"[2]可知平康坊是寓居长安的士子结伴嬉游的狭斜之地。平康坊距离皇城很近,在其东南角,东面紧邻著名商业区东市,这里正是长安市中心热闹繁华区域。

《北里志》记载,平康里入北门东向有三曲,有"铮铮"名声的妓女多居于南曲或中曲,北曲住的都是无名的"卑屑"小妓。三曲中妓女生活有明显的高低贫富之分。前两曲中大都堂宇宽静,有三数厅房,院内种植花卉或有怪石盆池,小堂垂帘,房内茵榻帷幌齐备;北曲下层妓女则多居处卑陋。唐人传奇《李娃传》中,名妓李娃家颇富赡,住平康里鸣珂曲,门庭不广而室宇严邃,应属南曲或中曲。刘泰娘是北曲内小家女,与诸妓同赴曲江游宴时,被人询问居于何处,她只支吾说门前有一槲树。看来居住在哪一曲对身价影响很大。也有一些妓女不住在平康里,而分散在其他里坊中。如天宝中,靖恭坊有妓夜米,吸引了长安众多贵公子[3];唐人传奇《霍小玉传》中霍小玉则住胜业坊古寺曲。

---

[1] 王仁裕:《开元天宝遗事》卷上。
[2] 《江南喜逢萧九彻因话长安旧游戏赠五十韵》,《全唐诗》卷462。
[3] 段成式:《酉阳杂俎》前集卷12。

平康里还居住着一些依靠妓业谋生的人，如有一汴州老妪，富有财货，养有数名妓女；同时还多蓄衣服器用，专门租赁给三曲妓女以谋利。里中还有乐工聚居于其侧，妓家召之，立即可至。

妓家都是各立门户，以家为单位独自经营。有的是自家亲人住在一起，依靠家中女儿卖笑以谋生。如上述传奇中的霍小玉，她本是霍王之女，但母亲是婢女，后来母女被逐出，小玉便做了妓女，与母亲一起生活。白居易《琵琶行》中的琵琶妓说到家中"弟走从军阿姨死"，可见也是与家人住在一起。《北里志》中的妓女张住住也是与母亲、兄长住在一起，其母又买了两个妓女，与亲生女一起卖淫。这些妓女自然境遇要好一些。

更多的妓家不是一家人，妓女们都是被"假母"买来，充作养女的，她们冒假母姓，以姊妹排行。假母即后世所称"鸨母"，一般都是年老色衰的妓女充当。她们没有丈夫、家庭，容色尚未全衰者，多由一些邸将之辈包养；也有的私自蓄养"侍寝"者，但也不以夫礼相待。平康里的妓家多半是假母带着几个养女经营生业。如杨妙儿家，妙儿原先是名妓，后来做了假母，收养了莱儿、永儿、迎儿、桂儿4个养女。其他也大都与此相类。这些妓女最苦，她们大多是从下里贫家买来的幼女，有的根本不知道自己的身世父母。也有的是良家妇女被人骗卖而误堕风尘，如平康里王福娘是解梁人，本是良家女子，被人骗娶，携入京城，卖入娼门，被逼学歌、接客，她无法脱身，只得就范。

妓女们被买来后，娼家即请人教习歌舞、酒令等，稍有懈怠,便会遭鞭扑毒打。成年后便被遣出接客赚钱。她们平日或者在家中接纳来客,或者被人召出侍奉宴游。如《杨娼传》中杨娼为"长安里中之殊色","王公巨人享客,竞邀致席上"。开元、天宝中,进士刘愚等数十人,每至春时,必选妖妓三五人,乘小牛车,到名园曲沼尽兴游玩[1]。每年新科进士及第,盛行到平康里眠花宿柳,这更是妓女们忙碌之时。长安妓女并不一定专精歌舞等技艺,而往往善于谈谑逢迎;她们一般以陪席佐谈或陪宿卖淫为主,而以献艺为辅。唐诗《倡女行》描写了一位"歌倡"的生活:"愿君解罗襦,一醉同匡床。……昨宵绮帐迎韩寿,今朝罗袖引潘郎。莫吹羌笛惊邻里,不用琵琶喧洞房。"[2] 显然是卖艺兼卖淫。这一点明显区别于州府官妓,而与后世娼妓相近。

平康里妓女陪席的一般价钱是一席3至4镮,见灯烛加倍,新客人又加倍,而新科进士嫖妓照例更要比常人多赠资财。除钱财外,也有赠送绢帛一类作为酬资的,朝士聚饮于郑举举家,谈饮极为尽兴,便各取彩缯作为酬答。妓女身价随才色、名声而不同,姿色过人的名妓,结交的都是豪门贵富,自然收入不菲。开元中,京都有名妓楚莲香,国色无双,贵门弟子争相上门买笑[3]。平康里天水仙哥有点名气,贵公子刘覃要邀她出来,她有意推辞,刘覃连连加价,前后所费百余金。靖恭坊妓女夜米,稚年巧笑,歌舞绝伦,贵公子为之破产,夜来生日时,周皓等富家子弟

---

[1] 王仁裕:《开元天宝遗事》卷上。
[2] 乔知之:《倡女行》,《全唐诗》卷81。
[3] 王仁裕:《开元天宝遗事》卷上。

竞求珍货，凑钱数十万，聚饮于其家[1]。鸣珂曲妓女安品子善歌，一日靓妆倚门，富人王某见而悦之，开筵尽欢，安唱数曲，王多赠金彩，自此资财日输其门，不到数年，王某竟致贫匮[2]。《杨娟传》中杨娟有殊色，"长安诸儿，一造其室，殆至亡生破产而不悔"。《李娃传》中李娃也为绝色，所交皆贵戚豪族，"非累百万，不能动其志"，高门士子郑生因此而倾家荡产。

雏妓的"初夜"是要高价买的。平康里南曲妓女张住住将近成年，富人陈小凤出高价要"求其元"，住住早已失身，设计以鸡冠血骗过陈小凤，陈以为得一处女，又献三缗给张家。另外，还有"买断"的规矩，即妓女在一段时间被某一客人独占，客人每天向假母交一缗钱，这个妓女就不再另接别的客人。

生活与归宿

私营妓女虽然不像官妓，是官府管辖的官属贱民，但是她们受假母与妓家辖制，也同样没有人身自由。

良家女子一旦沦落娼门，便永无出头之日。前述王福娘本是良家妇女，为人骗卖，误堕风尘，其间兄弟来寻，要夺她回去，她自忖已经失身，家人又势单力弱，只得劝兄弟罢手，与家人痛哭永诀。可知女子落入娼门，不仅很难脱身，而且即使有家人亲属，也不可能再往来相见。

---

1 段成式：《酉阳杂俎》前集卷12。
2 康骈：《剧谈录》卷上。

平日里她们不能随意外出，若须外出，必须随人出游或约人同行，这显然是防备她们逃跑。平康里的妓女最盼每月八日南街保唐寺僧人讲经，只有此时，她们可以向假母交纳一缗钱，然后相率出门，借听讲之机上街游逛半日。

妓女们还经常受到恶势力的欺凌。平康里曾住着一个户部府吏李全，专门挟制妓女们。妓女仙哥因为有病不能赴召，他受人钱财硬让人将她塞进兜舆，抬到宴所，仙哥到席蓬头垢面、涕泪交流，使客人很不快，即刻使人送回。遭受狎客们的戏弄、贬损更是常事。吴楚狂生崔涯好题诗于倡肆，"誉之则车马继来，毁之则杯盘失错"。他嘲讽妓女李端端肤黑道："黄昏不语不知行，鼻似烟窗耳似铛。"如此丑名一出，必会影响生计，端端忧心如焚，只得在道旁拜求崔涯哀怜，崔又赋一诗粉饰之，于是富商大贾争相上门[1]。

妓女们的物质生活差距很大。上文已述，有姿色、才艺的妓女能吸引众多狎客，她们身价惊人，豪门贵富的钱财大量流入假母腰包，这些妓女的生活也比较优裕，甚至奢侈。据载，宣城有名妓史凤，待客有等差，最高者待以迷香洞、神鸡枕、锁莲灯；次则待以交红被、传香枕、八分羹；下列则不见，以闭门羹待之，并传话说：请公梦中来。有冯某倾囊花费铜钱30万，方得进入迷香洞[2]。此类记载多有传奇成分，但名妓们身价不菲，因而

---

[1] 范摅：《云溪友议》卷中。
[2] 冯贽：《云仙杂记》卷1。

居处豪奢、享用珍宝肯定非一般娼妓可比。青楼妓女锦衣玉食、不劳而获的富足生活,使得诗人有"当窗却羡青楼倡,十指不动衣盈箱"[1]之叹。也有的妓女虽然为假母赚取了大量钱财,仍然处境艰难。平康里妓女杨莱儿为假母赚利甚厚,假母却待她十分刻薄,莱儿被人聘走时,大骂了假母一顿,拂袖而去。而那些下层妓女收入甚微,生活就比较困苦了。平康里张住住家,其母养了两个妓女都不出色,所以门前冷落,只得带卖杂货为生。

她们的感情生活更可怜,她们虽然终日生活在"男欢女爱"的风月场中,却只是男人的玩物,很难得到平等的爱情;即使真心与人相恋,良贱阻隔也会断绝有情人终成眷属之望。传奇名作《霍小玉传》就写了妓女的爱情悲剧:妓女霍小玉倾心爱恋士人李益,但明白"妾本倡家,自知非匹",并不存与李益成婚的幻想,只求在李生正式婚配前能有数年恩爱,但这样一点可怜的愿望最终也被李益的负心薄情打得粉碎,致使小玉积忧成疾,抱恨而死。虽是小说家言,所反映的妓女感情生活是有一定代表性的。一首敦煌曲子词描写了妓女内心的苦楚与对爱情的绝望:"莫攀我,攀我心太偏。我是曲江临池柳,这人折了那人攀,恩爱一时间。"[2]

由于身世凄惨、不堪回首,前途暗淡、吉凶难卜。妓女们虽然终日倚门卖笑,内心却充满悲苦感伤。为人骗卖的王福娘每一

---

[1] 王建:《当窗织》,《全唐诗》卷298。
[2] 《敦煌曲子词集》上卷《望江南》,上海商务印书馆,1954年。

谈及身世，便悲泣不已，宴席之间，也常常神色惨然，使得一席之人都为之改容。另一妓女颜令宾，歌诗皆能，深得当时文士宠重，后来身染重病，临危前，她召来旧时客人，扶病侍奉，哀乞他们各写挽词为自己送终。心境之凄苦、悲哀可以想象。她们虽然生活在灯红酒绿之中，内心却羡慕着寻常人家的天伦之乐，羡慕着布衣粗食的家庭生活。江淮名妓徐月英的《叙怀》诗真实地反映了妓女们哀叹自己的命运、羡慕普通良家妇女的心情："为失三从泣泪频，此身何用处人伦。虽然日逐笙歌乐，长羡荆钗与布裙。"[1]

妓女们年长以后，少数自己做了假母，继续经营妓业；多数则被人赎身，从良嫁人。上文已述，未列入教坊籍的妓女不属官府垄断，可以由嫖客为之赎身而从良。赎身钱依身价而不等，上文所说王福娘自言身价是"一二百金"，这大约属于中等，有一定代表性。传奇《李娃传》中，名妓李娃要从良，她表示假母养活自己20年，花费"不啻直千金"，愿偿还衣食之费，为自己赎身，即赎身钱须千金之多。这种情况在现实中大概少见，因为一般妓女很难积攒如此多的私房钱。

由于她们身份卑贱，即使从良嫁人，也未必能获得如意的姻缘和家庭生活。她们相交的仕宦门第人士，逢场作戏者多，并没有几个真心愿意为她们赎身的，唯恐因此而损坏名声、玷辱门楣。妓女王福娘对《北里志》作者、学士孙棨有情，乞求他为自

---

[1]《全唐诗》卷802。

己赎身,孙却根本无意,福娘十分悲伤,后来嫁了一个商人,却仍念念不忘孙荣。收纳她们的大多是武将、下层官吏、商贾之辈。只有极个别的名妓,才有可能嫁入高门。如高门士族、睦州刺史柳齐物爱上姿艺俱美的名妓娇陈,娇陈戏言道:"第中有锦帐三十重,即奉事终身。"柳果然如数载帐来迎,娇陈便进了柳家门[1]。由于妓女属贱籍,在良贱分明的社会中,妓女从人很难成为正妻,多半都是做了姬妾或外室。做正室夫人的极少见,著名者只有杨贵妃的堂兄、宰相杨国忠的妻子裴柔,据说曾是"蜀之大娼"[2],这只是传说,未必真实。传奇《李娃传》中,名妓李娃搭救郑生又帮助他中第后,并不企望与之结合,而是表示希望郑生另聘高门,正反映了当时社会良贱观念的强烈;而最终李娃被郑氏明媒正娶,并封为朝廷命妇,恐怕也只是小说家的杜撰,现实中并未见到过类似事例。

妓女从良后,在家庭中往往并不能摆脱卑贱地位。娇陈以名妓身份从良,进入家门后仍自知卑微,"执仆媵之礼",因而受到家族推重。有的遇人不淑,境遇更悲惨。"素为三曲之尤"的楚儿做了官吏郭锻外室后,时常遭到毒打,她写诗叹道:"应是前生有宿冤,不期今世恶因缘。"

妓女中也有人勇敢地为自己争取爱情与美满婚姻。平康里妓女张住住,与邻居庞奴青梅竹马,暗订终身,她设计骗过要"买

---

[1] 赵璘:《因话录》卷1。
[2] 《太平广记》卷240。

断"她的嫖客陈小凤,暗中与佛奴往来。母亲、兄长嫌弃佛奴贫穷,逼她断交,住住指着井说:"若逼我不已,骨董一声即了矣!"最后终于与佛奴结为夫妻。不过,这只是一个较为特殊的事例,因为住住是娼家主母的亲生女,不同于买来的养女,因此才得到母亲、兄长的宽容,得以遂其心愿。

妓女品评与社会风尚

与后世色情业有别的是,唐代妓女无论是官妓还是私妓,都不以姿色为主要身价标准,而更重才智、谈吐与技艺。

这首先与她们的侍奉对象有关,她们的客人主要是官场人物、官贵子弟与士子文人,而当时上层社会普遍崇尚文学、风雅;官场活动或朝士宴聚流行召妓,主要是以之陪席佐酒以助兴,并非以嫖宿为目的,所以很重技艺、谈吐。在这一点上,官妓与私营妓又有着很大程度上的区别。上文已述,前者主要用于官场宴聚,保留着更多"技"的原始功能,并不对外接客陪宿,因此,妓女的技艺、谈吐比之色相更为重要。

不言而喻,才色俱佳永远是上品,但由于这种时尚与品评标准,当时为人所重的名妓,并非都美貌过人,许多不过是中人之姿,她们名声大噪,完全是因为才智、技艺超群或谈吐风雅诙谐。

诗词、文学最为时人所尚。唐时妓女知书识字,能吟诗、赋诗者甚多,这是影响她们身价的一个重要标准。薛涛名满天下，公卿名士争相与之交往，却没见什么人赞誉她的美色，只是因为她富有诗才又善于应对。史载：有人要聘妓女，妓女夸口说："我诵得白学士长恨歌，岂同他哉？"因此而增价[1]。这种风气使得妓女成为唐代妇女诗歌创作中的一支重要力量。

长于文学者毕竟是少数，更多的妓女以歌舞、酒令等技艺取胜，所以不仅有"歌妓""舞妓""乐妓""声妓"，还有"酒妓""饮妓""酒佐"之称。湖州德清县南前溪村，前朝曾是教习乐舞之地，至唐朝尚有数百家女子学习音乐，江南声妓多出于此地[2]。可见音乐、歌舞是妓女的必备技艺。这种风尚也使得妓女中涌现出不少流芳后世的艺术家。出色的酒妓常在席上总领酒令，称为"酒纠""席纠""录事"等，这些称呼成为当时妓女的别称。

谈吐也是时人品评妓女的一个重要标准。唐代世风较为开放，朝官名士多以谈吐风趣诙谐相尚，他们也很看重妓女的这种资质。从《北里志》记载看，平康里的妓女并不以歌舞见长，多半善于谈谑。所记几位名妓都不美貌，甚至其貌不扬，却往往以谈吐赢得嫖客青睐："绛真善谈谑，能歌令，其姿亦常常，但蕴藉不恶，时贤大雅尚之"；"莱儿貌不甚扬……但利口巧言，诙谐臻妙"；"郑举举充博非貌者，但负流品，巧诙谐，亦为朝士所眷"。这些记载都反映了时贤名士对妓女心智、口才的欣赏和重

---

1 《旧唐书·白居易传》。
2 佚名：《大唐传载》。

视。《北里志》序还称："诸妓多能谈吐，颇有知书言话者。自公卿以降，皆以表德呼之，其分别流品，衡尺人物，应对非次，良不可及。信可辍叔孙之朝，致杨秉之惑。"妓女们不仅知书善言，而且直呼公卿其名，随意品评朝士、褒贬人物，其言谈、应对甚至使得男子不得不佩服和自叹弗如。从这些记载中不仅可以看到妓女们的聪明才智，也不难发现这与唐代言论较为自由的社会风尚直接相关。

此外，从这些妓女身上，我们还可以看到妓女生活的另一面：一方面，她们虽然身份下贱、任人玩弄，但往往花天酒地、锦衣玉食，比那些终年劳碌不得温饱的贫家妇女物质生活要好得多。另一方面，她们也比那些为礼教所压抑、沦为男性附属品的良家妇女所受拘束要少、较为独立，同时眼界宽、见识高，因而才能谈吐自如、言辞无忌、议论纵横、应答风趣。如上所述，试想，哪个阶层的妇女能像她们一样与男性同席共饮、谈笑风生、直呼公卿其名、随意议论朝士呢？这也正是妓女吸引男性、妓业迎合男性社会需要因而盛行的重要原因。

优伶、艺人

在被纳入宫廷或私家的妓优之外，民间还有一批以卖艺、卖唱为业的女艺人。

唐代文献记载中除"妓"（或"娼"）之外，也时有"伶""伶人""女伶"等称谓，但两者似乎并无明显区别，当时人常常混称。唐人《集异记》记载王昌龄等三诗人观妓歌诗的韵事便是一例：三诗人在旗亭饮酒，遇梨园"伶官"十数人登楼会宴，又有"妙妓"四人随后而至，奏乐歌唱。三人观"诸伶"讴歌，王之涣指"诸妓"中最佳者，称其必唱自己的诗，云云。前后百字，"伶""妓"混用，指称的都是同一群人，可见二者在时人心目中没有明显分别。

不过，从有限的记载看，这些优伶、艺人与娼妓应该还有不同之处。区别主要在于她们有人身自由，可以四处漂泊；她们以卖艺为主，不以卖淫为业，有的还有丈夫、家庭。

她们大多既出身于优伶一类家庭，又全家都操此业，常常是夫妻、母女、父女等一起云游四方，卖艺为生。如：开元中，新丰有女伶谢阿蛮，善舞凌波，后来进入宫廷，并游于贵族府第；大历中进入宫廷的歌女张红红，原先也曾与父亲一起沿街卖唱[1]。曾在宫廷中表演绝技的竿妓王大娘、石火胡以及一些不知名的绳妓等杂技艺人，应该也都是这种以卖艺为生者。唐中期俳优周季崇的妻子刘采春歌、戏皆能，与丈夫一起卖艺，女儿周德华长大后也随父母卖艺为生[2]。贞元中，扬州有一女子名胡媚儿，在坊市间以幻术行乞，"日获千万"[3]，大概属于以魔术赚钱的流浪艺人。

她们常常在街头巷尾演出。唐高宗时，武皇后曾请求禁"天下妇人为俳优之戏"；开元中朝廷也曾下《禁断女乐敕》，

---

1 郑处诲：《明皇杂录》补遗，上海古籍出版社，1985年；段安节：《乐府杂录·歌》。
2 范摅：《云溪友议》卷9。
3 《太平广记》卷286。

称:"广场角抵,长袖生风,聚而观之,浸以为俗"[1],反映了当时女艺人在广场卖艺、众人聚观的状况。唐诗《咏谈容娘》描绘了女伶在街上表演歌舞戏"谈容娘"(或称"踏摇娘"),人们围观并齐声应和的场景:"举手整花钿,翻身舞锦筵。马围行处匝,人簇看场圆。歌要齐声和,情教细语传。"[2]她们有时也在客舍、酒店卖艺,或到豪门贵富家中表演,有的还兼陪席佐酒。韩愈《辞唱歌》有"幸有伶者妇,腰身如柳枝。但令送君酒,如醉如憨痴"[3]的诗句;唐人传奇集《玄怪录》记载,乾元中郑望留宿王将军家,席上有伶人之妻蓬蕗三娘唱歌送酒[4],等等。可知这些优伶妇女也不免兼有妓女的职能。

尽管这些女艺人原则上是卖艺不卖身,但往往也难免成为贵人们的玩物。本与薛涛有情的元稹,后来又眷恋上比薛涛貌美善歌的俳优刘采春;而刘的女儿、善歌杨柳词的周德华则受到越州副帅崔元言的宠爱。可见这些艺人的境遇也与娼妓相差无几。唐人传奇《任氏传》中狐仙任氏自言:"家本伶伦,中表姻族,多为人宠媵,以是长安狭邪,悉与之通。"[5]不仅说明优伶女子最终多成为富贵人家的姬妾之辈,而且说明她们与狭邪妓女并无多大分别。

---

1 《旧唐书·高宗纪上》、《唐大诏令集》卷81《政事·礼乐》。
2 《全唐诗》卷203。
3 《全唐诗》卷345。
4 牛僧孺:《玄怪录》补遗,中华书局,1982年。
5 《太平广记》卷452。

她们虽比娼妓、奴婢身份略高,有人身自由,但仍属下层贱民,而且流浪江湖,难免遭人凌辱、蹂躏之事。幽州人刘交卖艺,头顶长竿高70尺,上载一12岁少女,跨盘独立,观者都觉得不忍。此女最终没有因卖艺致残致死,却被刘扑杀。这显然是买来或拐来的贫家幼女。唐后期潞州有女伶孟思贤,被武将王制纳为内宠,后来她私奔衙将伊宙。长庆军乱中,伊宙死去,孟走投无路,只得又投奔王制。王得到报复机会,对孟思贤施以毒刑,以兵器捶其胫骨,拷问:"其能逾墙而奔伊宙耶?"孟终夜惨叫,不胜楚毒而死[1]。又有某歌妇,颇有容色,与丈夫漂泊至南方。南中有大帅闻名召之,歌妇常与丈夫相偕而至,同声唱和。大帅欲行非礼,歌妇抗拒不允,于是密遣人杀害其夫而霸占之,歌妇假意应允,伺机持刀杀帅,事未遂而自刎[2]。以上事例虽属野史,与唐后期藩镇兵乱、武人横行不法有关,但也多少说明了优伶、艺人类同娼妓的卑下身份地位。

姬妾、家妓

这群女子是男子"多妻"制度的直接产物,她们大多生活于

---

1 温豫:《续补侍儿小名录》。
2 《太平广记》卷270。

贵族豪门，生活富足，却身份低贱。她们之间也有着明确的身份差别，最根本的差别在于，媵、妾有着配偶名分，而姬侍、家妓之辈则没有这种名分。因此，按照唐律，媵、妾须以良人为之；而姬、妓类则属贱民，与婢女身份、地位大体相当。之所以归为一类，是因为她们之间并非泾渭分明，有时与婢女也无法区分，时人多以"姬妾""妓妾""婢妾"合称之，或妾、姬、妓、婢等交错混称，所以很难分清。以下只能根据文献记载的称谓大致分类，有些与下节"奴婢"也有交叉。

媵 妾

唐代富足的物质生活、崇尚风流的世风使得盛行于历代的一夫多妻制（准确说，是一夫一妻多姬妾制）十分发达。法律规定庶民以上男子都有置媵妾权利："五品以上有媵，庶人以上有妾。"[1]社会上纳妾现象十分普遍，即使是寒门小户，一妻一妾也是常有的事。法律之外，还有蓄养外室——"外妇""别宅妇"的风气，也就是不居于主家的妾。唐玄宗时曾多次下诏禁止置"别宅妇"，并将官员们的别宅妇没入宫中作为惩戒，可见风气之盛[2]。

她们中身份最高的是媵。按照古义，"媵"是从嫁之意，后世常将媵、妾合称，并没有十分严格的界限。在唐代，媵与妾是

---

1 《唐律疏议》卷22《斗讼》。
2 《禁畜别宅妇人制》，《全唐文》卷21。

有等级差别的。媵是正妻之外名分较高的侧室,不过这种名分只限于亲王及五品以上高官中。唐制规定:亲王及一品官媵10人,二品媵8人,三品及国公媵6人,四品媵4人,五品媵3人。此外,散官三品以上也置媵[1]。媵如同命妇一样有各自的品级,置媵要上报数字,由朝廷颁给"告身",说明其身份较高、有正式名分。以下则为妾。一般庶民百姓的侧室便只称妾了。纳妾则无论贵族或庶民男子皆无数量限制。妾在唐朝也称作"下妻""小妻""侧室""小君"等。法律还规定,媵、妾都必须以良人充当。由此推测,她们大概大多出自良家寒门小户。

媵、妾虽有配偶名分,法律也规定"娶妾仍立婚契",但她们与男子也并非正式婚配。"妾通卖买",与娶妻"等数相悬"。时人多称买妾而不称娶妾,家中有妾仍称未婚,从这些习惯中就可以看出妾与主人并非正式婚姻关系。唐律还严格规定不准以妾为妻,有"以妾及客女为妻……徒一年半"的惩罚律条[2]。妾与客女同论,说明身份相似,客女是高于奴婢的半贱民,妾的身份大约也就相当于半贱民吧。在现实生活中,以妾为妻也会受到舆论谴责。唐宣宗舅仆射郑光妻去世,宣宗要封其妾为夫人,郑上表辞谢称"白屋同愁,已失凤鸣之侣;朱门自乐,难容乌合之人",受到人们赞赏[3]。而岐国公、宰相杜佑晚年以妾为妻,则被认为品行有缺;李日知少子以妾为妻,也被认为是坏了家法。唐后期破

---

1 《新唐书·百官一》《唐六典·尚书吏部·司封郎中》。
2 上见《唐律疏议》卷13《户婚》、卷14"同姓为婚"条疏议。
3 王谠:《唐语林》卷3。

格封赠杜佑、李师古、李栾等的媵妾为国夫人,显然是因为朝政不稳,不得不悖逆礼、法,以笼络这些权臣、镇帅。

同理,法律也严禁"以婢为妾",因为妾是良人,而"婢乃贱流,本非俦类"[1];其余姬侍、家妓等,与婢女地位相类,也不能随意晋升为妾。有名分的妾与无名分的姬侍等在日常生活中的礼节、待遇也是不同的。柳公绰曾纳一女子,同僚们戏弄他,让他出示给大家看看,他正色道:"士有一妻一妾,以主中馈,备洒扫。公绰买妾,非妓也。"[2]可见,妾是主人配偶,不能随意让人观赏;而家妓之辈是可以供客人娱乐的。

媵妾作为侧室,也有生育子嗣、辅佐家事等为妻之责,但在重视嫡庶尊卑之分的唐代,她们即使受到信任爱宠,或者生育贵子,也很难改变在家庭中的卑下地位。柳知微为妾陈氏所写墓记虽然极言其主家贤能:"家事大小,悉皆委之","致使春秋祭祀,无所阙遗";但也说明自己"位卑禄薄,未及婚娶"[3]。不仅可见纳妾不算婚娶,而且陈在柳家17年,终究不能"转正",成为真正主持家事与祭祀的主妇,只是作为替代品而已。元稹在为妾安氏所撰墓志铭中感叹道:"大都女子由人者也,虽妻人之家,常自不得舒释,况不得为人之妻者!则又闺衽不得专妒于其夫,使令不得专命于其下,外己子不得以尊卑长幼之序加于人,疑似逼

---

1 《唐律疏议》卷13《户婚》。
2 赵璘:《因话录》卷3。
3 《唐故颍川陈氏墓记》,《唐文续拾》卷6。

侧，以居其身，其常也。"[1]正写出了现实中妾辈在家庭中地位的卑微，不仅不能专得夫爱、指令下人，甚至亲生儿子也要当作外人，不能以尊卑长幼之序对待，只能委屈存身于家中。

在家庭中惯有的妻妾矛盾中，不仅法律严格规定了妻妾的尊卑等差，保障嫡妻的权利、地位，人们的道德观念也绝对倾向维护嫡妻，不能容忍厚妾薄妻。显庆中，右卫大将军慕容宝节有爱妾，居于别宅，慕容请杨思训到妾处宴饮，杨当场谴责他不该与妻隔绝，因而惹恼其妾而被毒死[2]。社会现实中虽然也有媵妾"凌其正室，专制家政"[3]者，但恐怕只是少数；她们在家庭中多半处于劣势，有的甚至遭受虐待，生死安危不保。节度使严挺之宠爱妾玄英而厌弃正妻，嫡子严武趁玄英熟睡，以铁锤击碎其头，严挺之反倒赞赏儿子的勇气[4]。有的已被转卖，仍然不能逃脱厄运：李训婚前曾有一妾，娶左仆射韦安石女后，将其转嫁他人，已易两主，后来妻子患病，其父母疑心是妾诅咒所害，竟命人捉回，毒打300余杖，妾不堪忍受，投井而死[5]。还有更惨无人道者：广州某县丞胡亮于征伐中得一妾，其妻贺氏乘其不在，烧钉烙其双目，妾自缢而死[6]。传奇《杨娟传》描写岭南某帅纳妓为外室，为妻所知，妻率领健婢数十人，手持铁棒迎候，并在庭院中

---

1 元稹：《葬安氏志》，《全唐文》卷654。
2 《旧唐书·杨恭仁传》。
3 《旧唐书·文苑中·齐澣传》。
4 《新唐书·严挺之附严武传》。
5 张鷟：《朝野佥载》卷2。《旧唐书·韦安石传》记为婢，略有差异。
6 《朝野佥载》卷2。

摆上热油锅，准备将妾投进去[1]。主人不顾惜媵妾，随意处治甚至草菅人命的事也并非罕见。白居易判案中，有某人临终前命令以爱妾殉葬，幸好其子不愿做此恶事，而让妾改嫁；有人指责他违背父命，白居易肯定了这种做法[2]。

不过，媵妾在家庭中的地位也因地域传统风俗而有所不同。前朝风俗大体是"江左不讳庶孽""河北鄙于侧出"；若是正妻去世，江东多以媵妾主持家事，而河北则必须再娶继室[3]。唐代此风犹存。研究者认为，总体来看，妾及妾子在唐代社会和家庭中的地位比前朝有所提高，改变了魏晋以来"嫡待庶若奴，妻御妾若婢"的恶习；不过，妻妾之间的差别又要比唐以后各朝为大，处于承上启下时代[4]。这一论断是值得重视的。

媵妾虽有配偶身份，但有时也会被转让、买卖或为强权者所夺。唐诗中有不少诗作吟咏"爱妾换马"，并击节叹赏，以此为豪侠之举。在时人眼中，爱妾与良马价值是一样的。还有以姬妾作为赌注者，如唐诗中有"一掷赌却如花妾"之说。

媵妾也有不安于室而逃走者。韩愈有两个小妾，一名柳枝，一名绛桃，都能歌善舞。韩愈出使时，柳枝"摆弄春风只欲飞"，翻墙逃走，只剩下绛桃"留花不放待郎归"，后来柳枝被家人追

---

1 《太平广记》卷491。
2 《全唐文》卷673。
3 颜之推：《颜氏家训》卷1。
4 姚平：《唐代妇女的生命历程》第5章，上海古籍出版社，2004年。

获,从此失宠,绛桃得以专宠[1]。还有不甘心屈从命运而争取真正爱情者,唐人传奇《飞烟传》便描写了这样一段故事:武公业有爱妾步飞烟,美丽而好文墨、善声乐,为人所骗,嫁给武公业。她鄙夷武粗悍猥琐,与才貌双全的邻居赵象相识并相爱,她买通门人,与赵象偷情结合。后来被武发现,用鞭子打得皮破血流,但飞烟至死不悔,终至气绝身亡。这是小说,未必确有其人其事,但它一定程度上反映了姬妾们生活、婚姻的不幸和她们对命运的抗争、对爱情的勇敢追求。值得注意的是,作者讲完这段悲剧评论道:"飞烟之罪,虽不可逭,察其心,亦可悲矣。"说明当时人也注意到了姬妾之辈的痛苦心情,并对她们抱有一些悲悯之心。

姬侍、家妓

唐朝崇尚风流、喜好歌舞妓乐的世风使得高官显宦、王公贵族家中蓄养姬侍、家妓成风。这些女子与媵妾不同,没有配偶名分与责任,完全是以色艺侍奉主人者;她们与婢女身份相似,只是一般不从事家务劳动而已。其中家妓也称作"女乐""歌舞人""音声人"等,她们的职责更明确,主要是以歌舞、音乐技艺供主人娱乐玩赏或招待宾朋。

此辈女子自然比媵妾人数更加众多,高官显贵之家姬侍、家

---

[1] 王谠:《唐语林》卷6补遗,古典文学出版社,1957年。

妓辈甚至达数百人之多。陇西王李博乂家有妓妾数百人；司徒李愿席上有家妓百余人，皆绝艺殊色；长安富户孙逢年家中姬侍曳绮罗者有200余人；唐末高骈嬖将吕用之左右姬侍百余，皆娟秀光丽而善歌舞；节度使周宝年已83岁，家中仍有女妓百数[1]。唐人传奇《昆仑奴》中描写大历年间一品勋臣家中竟有十院歌姬。针对这种风气，朝廷也曾经进行过一定限制，如中宗神龙二年（706）规定："三品已上，听有女乐一部；五品以上，女乐不得过三人。"[2]但是这种限制显然未能长期奏效。

这些为人姬侍、家妓者，有的出自娼妓、优伶一类人家，也有一些良家小户女子，多半是被买来的。有的家妓被富贵人家自年幼买来，请人教习训练而成。白居易有"莫养瘦马驹，莫教小妓女"诗句，说的就是这种家妓。有的稍年长一些，因有色艺而被买入，如：武三思姬人素娥本为相州宋媪女，因善弹五弦而有殊色，被武以帛300段聘入家中；洛阳女子刘薰兰16岁时，房叔豹求弹弦者，其母将她送入房家[3]。也有的是通过皇帝恩赐或买卖、赠送、转让等途径而来。皇帝恩赐臣下"女乐"、官员之间互赠乐妓都是常见之事，如：宰相元载得势时，福州观察使赠送其子乐妓10人；淮西镇帅韩弘欲结交节度使李光颜，遂搜索大梁城得一美女，教其歌舞丝竹，身价达百万钱，派人送给李；宰

---

1 《旧唐书·宗室传》、孟棨：《本事诗·高逸第三》、冯贽：《云仙杂记》卷8、《新唐书·叛臣下》、《太平广记》卷52。
2 《旧唐书·职官二》。
3 袁郊：《甘泽谣》；沈亚之：《表刘薰兰》，《全唐文》卷738。

相李绅也曾分别赠送给刘禹锡、张郎中妓女[1]。还有个别被强夺来的，唐玄宗弟宁王家已有宠妓数十人，又看中邻居卖饼者妻，遂厚给其夫资财，强取进府。一年后，宁王在席上问："汝复忆饼师否？"她默然不语，遂召饼师，使其夫妻相见。座上客人无不为之凄然，宁王命众人赋诗吟咏此事，并遣其回家[2]。

此辈女子多养于贵族豪富之家，所以物质生活一般是较为优裕甚至奢侈的。如上述李博乂家中姬妾数百皆衣罗绮、食粱肉。宰相郑注到河中赴任，姬妾百余骑随行，薰麝香气扑鼻，几里之外都闻得到。宰相元载纳薛瑶英为姬妾，为其设置金丝帐、却尘褥；因其体轻不胜重服，特于异国求得龙绡衣一件，只有不足一两重[3]。她们一般不必从事劳动，只是习练歌舞丝竹而已；有的还可以读书习字，悠闲度日。唐人张泌《妆楼记》记载徐州张尚书家妓多喜爱读书，人有借其书者，往往见到书上印有粉指痕印。

她们与娼妓一样，都是以色、艺事人者，区别只在于她们是供私人玩赏娱乐而已。白居易《小庭亦有月篇》描写了他的家居娱乐生活："菱角执笙簧，谷儿抹琵琶，红绡信手舞，紫绡随意歌。"菱角、谷儿、紫绡、红绡都是侍女充任歌舞家妓；更著名的是白诗"樱桃樊素口，杨柳小蛮腰"中的家妓樊素与小蛮，樊

---

1 张固：《幽闲鼓吹》，《资治通鉴》卷239宪宗元和十年，《太平广记》卷168、177。
2 孟棨：《本事诗·情感第一》。
3 《旧唐书·宗室传》、段成式：《酉阳杂俎》前集卷19、冯贽：《云仙杂记》卷1、张邦畿：《侍儿小名录拾遗》。

素善歌、小蛮善舞[1]。宣武节度使李洴公家有宠妓秀奴、七七,皆聪慧而善琴、筝与歌[2]。也有以文才获宠的,京兆进士韦氏纳一妓,不仅容颜明丽、善音律,而且通晓文理,她抄写杜甫诗,见原本多错谬,能随笔改正,颇受宠爱[3]。家妓还有招待、娱悦宾客之责,主人宴请宾客时,多以家妓表演乐舞、陪席佐酒。唐诗中颇多在贵族高官家宅宴席上"听妓""观妓"之类作品,最有名的大概莫过于刘禹锡在宰相李绅席上观妓歌舞所赋:"高髻云鬟宫样妆,春风一曲杜韦娘。司空见惯寻常事,断尽苏州刺史肠。"白居易描写赴裴侍中府夜宴则写道:"九烛台前十二姝,主人留醉任欢娱。"[4]家妓在主人支使下供客人享枕席之欢也不鲜见,文献记载和文学作品中此类事例也有不少。

对于主人来说,她们虽无配偶名分,但同样要侍奉枕席,这是不言而喻的事。但是由于身份限制,即使生育子女,也很难晋升为妾。如唐《勃海严氏墓志》墓主就是一位生于"妓肆","少以乐艺进余门"的家妓类人物,后来为主人生育了二子一女,在家庭中获得一定地位,故主人为其撰写墓志,并许其"葬我葬所"[5],算是得了正果。但是也可以看出,她至死也没有得到名分。

她们的感情生活是贫乏可怜的。她们大多青春美貌,却往往

---

1 《全唐诗》卷452、孟棨:《本事诗·事感第二》。
2 赵璘:《因话录》卷2。
3 高彦休:《唐阙史》卷下。
4 《赠李司空妓》《夜宴醉后留献裴侍中》,《全唐诗》卷365、455。
5 《唐代墓志汇编》大和071。

侍奉鸡皮鹤发的耄耋老翁；而主人又多是妻妾成群，她们没有身份、只是玩物，很难得到尊重与真情，她们内心的痛苦、饥渴可以想象。姬妾之间也时有争宠之事，如汾阳王郭子仪的两位爱姬南阳夫人、李夫人互争辅佐之功，竟惊动了代宗赏赐金帛首饰，又命宫人唱歌送酒为之和解[1]。她们中也有不甘屈从于命运而勇敢追求爱情者，唐人传奇《昆仑奴》便描写了大历时某一品勋臣的家妓红绡与崔生相悦，在昆仑奴帮助下私奔逃走的故事。

她们如同财产一样经常被买卖、赠送或转让。买卖家妓是极为常见之事，白居易曾说家妓"三年五岁间，已闻换一主"[2]。主人将家妓赠送他人之事更是史不绝书，如司空李绅邀学士刘禹锡饮酒，命妙妓唱歌，刘即席赋诗，李以妓赠之。兵部尚书李某家中举行宴会，家妓盛列，其中崔紫云端丽而有词采，杜牧醉中赋诗请求惠赠，李遂将紫云赠送之[3]。也有以之易物者，唐人传奇描写，开成中，韦、鲍二生出游饮酒，鲍有乐妓二人，羡慕韦生良马，遂以妓换马[4]。还有依恃权势夺人家妓者，如零陵守戎昱家有善歌者，司空于頔闻名召之，戎不敢违命而送上，于頔听其歌，醒悟不该夺人所爱，又将其送回。赵颙爱姬为浙帅所夺，赵生登第，浙帅又送还给他，不料二人在路上相遇时，这位多情女

---

1 赵璘：《因话录》卷1。
2 《有感三首》，《全唐诗》卷444。
3 孟棨：《本事诗·情感第一》、王铚：《补侍儿小名录》。
4 《太平广记》卷349。

子竟抱着赵生恸哭而死[1]。唐人传奇《柳氏传》记述，天宝中，韩翊有爱姬柳氏，为好友李生所赠，艳绝一时，而且喜谈谑、善讴咏，二人情爱甚笃。后遇战乱失散，为蕃将沙吒利所占。韩四处寻访，得侠士相助，终将柳氏夺回。这段逸事因为韩翊的名诗："章台柳，章台柳，昔日青青今在否？纵使长条似旧垂，也应攀折他人手。"[2]而为后世传颂不已。

唐世本来不兴守贞，姬侍、家妓之辈既类同财产，没有配偶名分，自然也不必从一而终，为主人尽节。主人老病之后，多会遣散嫁卖家妓。李勣临终前交代：家中姬妾有儿女愿留住家中自养者，任其留住，其余全部放出[3]。白居易年迈病重时也交代遣放家妓："妓有樊素者，年二十余……籍在经费中，将放之"，樊素侍奉10年，告辞时惨然泣下，为之歌唱《杨柳枝》，最终离去[4]。司空曙病中将家妓嫁出后，曾感叹："黄金用尽教歌舞，留与他人乐少年。"[5]虽然遗憾，也只能任其再娱乐其他少年郎了。

只有著名的关盼盼是个例外。她本是徐州名妓，善歌舞，为节度使张愔买为家妓，受到宠爱。张去世后，关盼盼感念旧恩而不改适，独居彭城燕子楼十余年，受到当时文士的赞赏，白居易等都曾赋《燕子楼》诗感叹其事。白居易还赋诗道："黄金不惜

---

1 范摅：《云溪友议》卷上、王定保：《唐摭言》卷15。
2 许尧佐：《柳氏传》、孟棨：《本事诗·情感第一》。
3 《旧唐书·李勣传》。
4 《不能忘情吟并序》，《白香山集》卷70，文学古籍刊行社，1954年。
5 司空曙：《病中嫁女妓》，《全唐诗》卷292。

买蛾眉，拣得如花三四枝。歌舞教成心力尽，一朝身死不相随。"语含讥讽之意。据说盼盼见诗泣道："妾非不能死，恐我公有从死之妾，玷清范耳。"于是和诗后绝食而死[1]。此事有些传奇色彩，未必真实可信。而且盼盼不另从人也并非出于贞节观念，只是对于主人宠爱的一种报恩心理；但是由于迎合了后世倡导贞节的趋势，关盼盼于是被后人塑造成了贞节烈女、道德楷模。

奴　婢

奴婢是唐代妇女中最底层的"贱民"，类同牲畜、财产，没有人身自由。

唐代社会有着明确的良贱阶层区分，不可逾越。法定贱民包括：官属贱民——官奴婢、官户、杂户、工乐户等，私属贱民——私家奴婢、部曲、客女等。限于史载，这里主要讲述最下层的官私奴婢中的妇女。唐律规定："奴婢贱人，律比畜产"，"婢乃贱流，本非俦类"，将奴婢与良人严格区别开来；同时禁止良人与之通婚，并将婢产子和马生驹一样列为"生产蕃息"[2]；在定罪量刑方面，奴婢比良人全部罪加一等。法律之外，在社会生

1　白居易：《感故张仆射诸妓》《燕子楼三首并序》、关盼盼：《燕子楼三首》，《全唐诗》卷436、438、802。
2　《唐律疏议》卷6《名例》、卷13《户婚》。

活中,她们也被视作"贱类"和资产。良贱之分加男女之别,使得女性奴婢生活在社会的最底层,成为贱中之贱。

官 婢

官婢多数来源于罪犯及其亲属,也有部分地方进贡朝廷或官府买进的,可能还有少量来自俘虏。

按照唐律,凡犯谋反、谋大逆重罪的罪犯家属包括母亲、妻妾、未嫁之女等,都籍没为官奴婢;还有一些本人犯罪的妇女也被籍没,唐初就有"五品以上官人妻及女等有犯奸罪者,并没为官婢"的制度。武则天曾一怒之下将胡作非为的河内老尼及百余弟子籍没为官婢[1]。也有朝廷买进的,如武则天曾经诏令买荆、益两州奴婢。还有地方进贡的,大历中朝廷曾下令罢免"邕府岁贡奴婢",大中五年(851)有边州送来吐蕃、回鹘奴婢[2]。这些奴婢有可能是地方州府买来的,也有可能是俘掠而来,其中应该都包括一部分女性。

被籍没的妇女"工巧者入于掖庭",即进入后宫做宫婢;其余无技能者便配给司农寺及少府监、将作监等官府及诸王、公主府做奴婢[3]。官婢属于官府财产,属刑部都官管理。她们如同官府

---

[1] 褚遂良:《谏五品已上妻犯奸没官表》,《全唐文》卷149;《资治通鉴》卷205则天后天册万岁元年。

[2] 《新唐书·张廷珪传》。

[3] 《唐六典·尚书刑部·都官郎中》,《唐会要》卷86《奴婢》。

其他资产一样，被分类登记于籍簿，每年十月还要如同牲畜一样"印臂"，送有关部门"阅貌"核正。

根据"女子入于厨馔""女子隶少府缝作"[1]等记载看，她们主要是从事缝纫、炊事一类劳动。唐令中还有从官户婢中选取"女医"之制："诸女医，取官户婢年二十以上三十以下、无夫及无男女、性识慧了者五十人，别所安置，内给事四人，并监门守当。""官户婢"大约就是官婢，也有可能如学者所推断是官户和官奴婢两个阶层中女性的简称。官户也属贱民，但比官奴婢身份要高一层次。这些女医大约主要是供后宫驱使，也同样有人监管，没有人身自由。朝廷还派专人对她们进行教授、训练："女医不读方经，唯习手治，故博士于其所习，案方经以口授也。"[2]说明她们不习医经，主要是学习动手操作，这显然是为了方便妇女治病。

她们的生活由官府供给，依据年岁分为三等供给衣粮，除口粮外，"官婢春给裙、衫各一，绢禅一，鞯二量；冬给襦、複、袴各一，牛皮靴一量，并毡。"[3]有病由太常寺给医药，凡元日、寒食以及成婚、产后或父母丧给一定假期。唐律还规定官员如果奸污所管辖的贱民女子要受免官的处罚："若奸监临内杂户、官户、部曲妻及婢者，免所居官。"[4]虽然刑罚不重，但对完全无力

---

1 《唐六典》卷6《尚书刑部·都官郎中》、《新唐书·刑法志》。
2 仁井田陞：《唐令拾遗》医疾令第二十七，长春出版社，1989年。
3 《唐六典·尚书刑部·都官郎中》。
4 《唐律疏议》卷3《名例》。

保护自己的官婢们多少有一点保护作用。

官婢成年后,由官府选取同类相配成婚。有的可能配与工乐户等贱民为妻,唐代民歌中有"工匠莫学巧……身是自来奴,妻亦官人婢"[1],有可能就属于此类情况。她们的婚姻与牲畜交配、生产蕃息的意义类同,自然谈不上自愿与感情。官婢也常常被当作赐物赏赐给功臣、贵族。唐高祖曾赐功臣李大亮奴婢百人,李大亮可怜她们原先都是衣冠子女,不幸而沦为贱隶,所以不忍驱使,全部放遣,高祖就又赐他官婢20人。武则天曾赏酷吏来俊臣奴婢10人,来亲自去司农寺挑选,却没有中意者;唐玄宗也曾赐安禄山契丹女口50人、奴婢10房[2]。总之,官婢如同牲畜,任人驱使、摆布,并无任何人身权利。

她们唯一的出路是逐步被放免,一免为番户(即官户),再免为杂户,这样就可以不必长年服役,而是每年服几番役了:官户一年三番,杂户二年五番,每番一月,也可以纳资财以代役;三免可以成为良人,便不再属贱民范围了[3]。不过,这需要朝廷"恩免"的机遇,往往需要很长时间甚至几代才能完成,所以妇女一旦沦入官府贱籍,出头的希望很渺茫,基本上是"一入于官,永无免期"[4]。

---

1 缺名:《五言白话诗》,《全唐诗外编·全唐诗续补遗》,中华书局,1982年。
2 以上分见《旧唐书》本传、《资治通鉴》卷206则天后神功元年、姚汝能:《安禄山事迹》。
3 《唐六典·尚书刑部·都官郎中》。
4 《新唐书·张廷珪传》。

私 婢

私家的贱民妇女实际上不止有婢女,还包括部曲妻与客女。虽然她们都属主人的私家财产,但后二者身份比婢女要高。部曲是私家用于生产或作为武装力量的贱民,其妻自然也是同类;客女则是由部曲之女或婢女放免而成,她们可以被转让,但不能像婢女一样买卖。由于这两类妇女一般只是豪门大户家中才有,故远没有婢女那样人数众多、分布普遍。以下主要讲述私家婢女。

数量与来源

私家婢女在唐代也称作"侍婢""侍儿""侍女""女奴""女使""女仆""女僮"等,因为她们一般着青衣、梳双鬟发式,故又有"青衣""双鬟""小鬟"之称。江南大概已有了后世常用的"丫头"俗称,不过主要指未成年的小婢女。刘禹锡《寄赠小樊》诗中"花面丫头十三四,春来绰约向人时"即是。宋人称:"今呼侍婢曰丫头,言头上方梳双髻,未成人之时。"[1]这一称谓可能唐时已出现。

唐代私家使用婢女极为普遍,即使是一般平民小户人家,也常有一两个婢女;至于豪门大户,使用侍婢动辄能有数百人之多。太平公主府中着绮罗的上等侍女就有几百个;长安富商邹凤

---

[1] 褚人获:《坚瓠六集》卷4。

炽嫁女,陪嫁婢女也达数百人[1]。除私家以外,寺观中也广泛使用婢女,很多尼姑、女冠都有婢女役使,还有些婢女在寺院从事生产劳动。《太平广记》载,有寺尼某乙命婢女到市场买胡饼,以充斋物;曹朗家有婢花红,因山魅作祟,减价卖出,只得为寺院做针线以谋生[2]。唐武宗废佛时,查出佛寺奴婢15万人,其中婢女有数万之多。另外,酒店等店铺也常有使用婢女经管、劳动者。

这样大量的私家婢女是从哪里来的呢?大约有如下几个来源。

一是赏赐。皇帝常将宫婢或官婢赏给大臣,这在上文"官婢"中已述及。

二是俘获。官军作战时常常俘掠战俘及平民作为奴婢,如:唐初进攻辽东时,士卒们争先贪求俘获奴婢;郭正一破平壤后,获得一个美貌的高丽女子做侍婢[3]。此外,史载侯君集伐高昌,俘获男女7000人;薛仁贵伐突厥,获生口3万;安禄山进献契丹生口3000人。这类记载还有不少,这些俘虏多半便成了奴婢。唐末袁晁兵败后,其士卒妻女也都配给官军做婢女[4]。

三是强掠。尽管唐律严禁掠卖良人为奴婢,但高门权贵、地方豪强及军队时有掠夺良民为奴婢之举。中宗女安乐公主就曾掠良人为奴婢;幽州都督王君廓掠夺良家女为婢送给李玄道,李得

---

1 《太平广记》卷495。
2 《太平广记》卷338、366。
3 张鷟:《朝野佥载》卷5。
4 《太平广记》卷39。

知是良家女而退回，两人因此而结怨[1]。其中岭南、黔中、福建等边远地区最为严重，官府私家都有掠卖奴婢者。对此，朝廷曾多次下诏严禁，但始终禁而不止。昭宗时不得不赏赐军队金帛，以赎取军士所掠男女回家[2]。

四是买卖或典贴。这可能是婢女的最大来源。唐朝交、广、泉、荆、益、扬、登、莱等州都有买卖奴婢的市场。买卖要经市场官吏验明正身，然后立券成交："旧格买卖奴婢，皆须两市署出公券，仍经本县长吏引检正身，谓之'过贱'，及问父母见在处分，明立文券并关牒。"[3]不仅私人买卖，官府也参与买卖。有人送给罗让一女奴，女奴自称：兄姊九人，皆为官所卖[4]。这很可能是由于交纳不上租赋而为官府所卖。一遇灾荒、战乱，许多贫苦农民更不得不出卖儿女为奴婢："况闻处处鬻男女，割慈忍爱还租庸"[5]。开成中，两河之间连年旱灾，"贫人得富家数百钱、数斗粟，即以男女为之仆妾"[6]。买卖女口以岭南最为盛行。顺宗、文宗、宣宗都曾下令禁止掠卖岭南男女为奴婢。孔戣出任南海时，京师权贵纷纷委托他买南人做奴婢，他到任后即禁绝买卖女口；郭仲翔从军讨南蛮，使人于蛮洞买有姿色的女口10人，赠

---

1 《新唐书·褚亮附李玄道传》。
2 《新唐书·昭宗纪》。
3 《新唐书·张廷珪传》、《唐大诏令集》卷5《改元天复赦》。
4 《旧唐书·罗让传》。
5 杜甫：《岁晏行》，《全唐诗》卷223。
6 《册府元龟》卷42开成元年三月敕。

送姚州都督杨安居作为报答[1]。可见买卖岭南人为奴婢风气之盛。当时王公贵族使用"蛮婢"的记载不少，中宗韦皇后乳母王氏便是"蛮婢"。此外还有专门买卖异族奴婢的市场，登、莱二州有专销新罗奴市场；武则天大足年间曾下敕令禁止西北州县蓄养突厥奴婢。

买卖女奴以年龄、相貌、技艺论价，价格也随年景好坏、地域不同或市场需求而升降。如：唐宪宗时，山南东道节度使于𬱖在汉南买了一个美丽又通音律的婢女，身价是40万；穆宗长庆中，淮泗富户刘弘敬买了4个婢女给女儿做陪嫁，共用钱80万；文宗太和中，于敖卖一美艳婢女，市吏定价700缗；文宗开成中，南阳张不疑买一个有才艺的婢女春条，用钱15万（或说买婢金缸，用钱6万）；也是文宗时期，曹朗在吴郡买了一个美貌小青衣，身价8万[2]。总的看，这些婢女身价大都在数万至数十万之间。因为这几例买的都是美貌而有才艺的婢女，所以价格可能是偏高的。她们的身价合多少钱物呢？《新唐书·杨慎矜传》中有这样一段记载：婢女春草获罪，杨要杀了她。旁人劝他说：不要杀，卖了可以买10头牛、40顷耕田。这个婢女后来被卖入杨贵妃姐姐家，得到机会进宫，受到唐玄宗的喜爱。这样出色的婢女身价一定是比较高的，一般婢女大约卖不到这样大的价钱。《太平广记》卷122载，宾州某贼帅喜爱一儒士佩刀，"以小婢二人酬其

1　《旧唐书·孔巢父附孔戣传》、《新唐书·忠义传》、《太平广记》卷166。
2　上见范摅：《云溪友议》卷上，郑还古：《博异志·张不疑》，王铚：《补侍儿小名录》，李复言：《续玄怪录》卷4，《太平广记》卷117、366、372。

值",这两个小婢女就只值一把好刀价钱了。若遇灾荒年,婢女身价往往大跌,上述两河之间连年旱灾,贫民卖儿女,一人只值数百钱、数斗粟而已。

除了直接卖出的以外,还有不少贫苦农民"以男女质钱",即把儿女典贴出去以换钱,过期不赎,便被没入债主家做奴婢。柳州、袁州、越州等地都有这种风俗。韩愈在袁州做刺史时,发现当地典贴男女成风,只袁州一处就查出731人[1]。

五是赠送、转让。以婢女作为礼物互相赠送在当时是十分流行和风雅之事。桓彦范得势时,其妻兄赵履温赠其二婢,桓被罢职后赵又夺了回去。杨慎矜有侍婢明珠,术士史敬忠很中意,杨当即便赠送给他。驸马郭暖宴客,客人李端看中了有姿色、善弹筝的婢女镜儿,郭暖让李赋诗,诗成,便将镜儿连同席上酒器一起送给了李端[2]。主人死后也可以将婢女当作遗产转赠他人。敦煌文书中有一件"唐咸通六年尼灵惠唯书",是尼姑灵惠临终前的遗嘱,主要内容就是将唯一财产——"家生婢子"威娘留给侄女潘娘,立文书以作凭证[3]。

六是原有奴婢所生女儿,称作"家生婢",她们一生下来就是奴婢。这种婢女为数也应不少。

---

1 韩愈:《应所在典贴良人男女等状》,《全唐文》卷549。
2 《资治通鉴》卷208中宗神龙元年、卷215玄宗天宝六载;朱揆:《钗小志》。
3 《敦煌资料》第1辑,中华书局,1961年。

劳作与生活

私家使用婢女一般都是从事家务劳动、侍奉主人起居生活。贵族高门之家婢女众多，往往有着明确分工和粗细之别、高低之分。

作为主人近侍、从事精细家务的上等婢女，称作"细婢"。她们或年轻貌美，或聪明干练，或有才能技艺，有的侍奉主人起居饮食，有的辅助管理家政，有的掌管文书账簿，有的专事精巧女红，也有专习歌舞充当家妓的。

白居易诗中有"茶教纤手侍儿烹"[1]句，这类"纤手侍儿"便是侍奉茶汤、只做细活的贴身细婢了。湖南观察使李庾女奴却要，美貌而善辞令，每到节日，独自执掌主家与亲戚家通礼致问，其他数十婢女都比不上她。这也是地位较高、掌管家事的细婢。监察御使张佶侍儿仙鹅，能歌舞、善书翰，张出使时常让她做"使典"，专掌文书；潞州节度使薛嵩侍女红线，善弹阮、通经史，薛让她掌管笺表等，称为"内记室"；名门高官韦陟家中往来书札，多是韦授意，由侍婢书写，不仅词旨合意，而且书体遒利，韦仅署名而已[2]。这都是使用有文才的婢女从事文书类事务的例子。也有工于技巧、从事女红者，士族柳仲郢家有一婢，善女红巧技，因失意于主人，被卖给西川军帅盖巨源。一日婢见盖

1　朱揆：《钗小志》。
2　温豫：《续补侍儿小名录》、袁郊：《甘泽谣》、《太平广记》卷237、段成式：《酉阳杂俎》续集卷2。

帅召商人进门，亲自挑拣货物、议论价钱，竟失声倒地，如患中风，病愈后自称："某虽贱人，曾为柳家细婢，死则死矣，安能事卖绢牙郎乎？"[1]这是高门细婢傲视寒门武人的著名逸事。

也有使婢女习练歌舞技艺以充家妓者，实际上二者身份原本也没有什么区别。如郭元振落梅妆阁有婢女数十人，宾客至则拖裙衫唱曲，曲终赏赐糖鸡蛋以使其嗓音明亮。连州刺史陈希古还专门请善歌的参军宋之问教婢女们唱歌，宋每日端笏立于庭中，呦呦而唱，婢女们隔窗从而和之，闻者无不大笑[2]。白居易《小庭亦有月篇》有"菱角执笙簧，谷儿抹琵琶，红绡信手舞，紫绡随意歌"，自注云："菱、谷、紫、红，皆小臧获名。"[3]"臧获"即奴婢，这也是充当歌舞家妓的。

别出心裁者还有：宰相杨国忠天寒时常选婢妾身躯肥大者，行列于前，以取暖挡风，谓之"肉阵"；韦陟家宴使婢女各执一烛，四面伫立，呼为"烛围"[4]。无论主人出什么花样，婢女也只能任凭驱使而已。

至于粗婢或一般人家使用婢女，多半是从事烹饪、洗涤等各种家务劳动及其他活计。如《太平广记》载，处士张缜有"主庖小青衣"、昭义从事韦琛家也有"主庖青衣"；冀州李老母在镇上卖酒，使婢作酒、量酒；安史之乱中，东都某寡妇生活艰难，使

---

1 孙光宪：《北梦琐言》卷4。
2 冯贽：《云仙杂记》卷1、张鷟：《朝野佥载》卷1、朱揆：《钗小志》。
3 《全唐诗》卷452。
4 王仁裕：《开元天宝遗事》卷下、冯贽：《云仙杂录》卷27。

婢女洛女出城采樵；元和中，长安孀妇袁氏使侍婢数人在牛车中贩卖衣物[1]；等等。

也有使用女奴生产的，如王绩贞观初隐居于田园，家有奴婢数人，多下地种黍，春秋时酿酒，并养凫雁、种药材以自给。崖州琼山郡守韦公干，有女奴400人，参加生产的占一大半，"有织花缣文纱者，有伸角为器者，有熔锻金银者，有攻珍木为什具者"[2]。不过，这种大规模驱使女奴生产在唐代很少见，与其主人特别"贪酷"有关。

进士李昌符有婢仆诗50首，对婢仆极尽嘲讽之词，如："春娘爱上酒家楼，不怕迟归总不留。推道那家娘子卧，且留教住待梳头。""不论秋菊与春花，个个能噇空腹茶。无事莫教频入库，等闲物件要些些。"据说京师盛传此诗，认为"曲尽婢之情状"，惹得"奶妪辈怪骂沸腾，尽要捆其面"[3]。从中可见，现实生活中婢仆辈也常常有着偷懒、贪小便宜等毛病；而她们的行为举止以及对诗词的激烈反应也透露出，私家婢仆虽属奴婢贱籍，但她们并非一味俯首帖耳、任人宰割，一般主人家也并不都能随意苛酷处置她们。

婚配与灾厄

婢女的婚姻自然全由主人匹配，多半是配给同类做妻子。

---

1 《太平广记》卷366、109、335。
2 《太平广记》卷269。
3 孙光宪：《北梦琐言》卷10、赵与时：《宾退录》卷8。

张志和受赐一奴一婢，他就让他们配为夫妻¹。也有由主人放免或为人赎出，嫁与良人为妻妾的。唐诗有嘲笑秀才娶婢女为妻者："有一秀才忽赎酒家青衣为妇，因嘲之。"² 可知当时赎婢为妇现象是存在的，只是可能会遭人嗤笑。这种出路对婢女来说应该是最好的。

她们在婚姻上的惯常遭遇便是给主人当没有名分的姬妾。唐人称谓中从来是"妾婢"合称，或姬、妓、婢混称，由此也可见婢女与姬妾、家妓辈身份的相似。关于婢与主人的关系，历代大致相同，无论法律还是社会舆论，都承认主人对婢女的占有权。唐律在"奸他人部曲妻"律条后，特别补充说明："奸己家部曲妻及客女各不坐。"奸淫自家部曲妻、客女都无罪，身份更低的婢女更不必说了。元稹诗中的"越婢脂肉滑"和无名氏《消失婢榜》诗"总然桃叶宠，打得柳花飞。晓露空调粉，春罗枉赐衣。内家方妒杀，好处任从归"³等很多唐人诗文、戏作，都体现着在当时人心目中，婢女不只是劳动力，而且很自然地是主人的玩物。事实更证明了这一点。主人淫占、宠幸婢女是极为常见的风流韵事，如许敬宗宠爱母亲的侍婢，武翊皇宠幸婢女薛荔等。节度使李福因妻子妒忌，谎称腹痛，借机召幸女奴，结果未得缱绻，反被妻子灌了一肚子药，传为笑谈⁴。婢女们有时还为不止一

1　辛文房：《唐才子传》卷3。
2　陈裕，《全唐诗外编·全唐诗续补遗》卷17，中华书局，1982年。
3　元稹：《估客乐》，《全唐诗》卷418；朱揆：《钗小志》。
4　《旧唐书·许敬宗传》、佚名：《玉泉子》《太平广记》卷275。

个男主人占有,如:许敬宗宠爱侍婢,其子许昂也与之私通;湖南观察使李庚女奴却要受到主人宠爱,主人四个儿子皆欲染指,因而被却要戏弄[1]。上举事例虽然未必都真实,但在豪门贵富之家并不鲜见。有的婢女已经嫁人,但还继续为主人占有。沈询镇潞州,宠爱一婢,夫人妒忌,将她配给家人归秦;但沈仍与这个婢女保持关系,引起归秦愤恨,伺机杀了沈询[2]。不过,主人若是宠婢而厌妻,则为舆论所不齿。上述武翊皇才华冠绝一代,因宠婢薛荔而厌弃嫡妻卢氏,为公论所不容,终致流窜[3]。

婢女以及客女等私属贱民对男主人的这种义务几乎是天经地义的,但是由于身份微贱,在极重良贱之别的唐代社会,她们又很难得到名分;即使为主人生育子息,也很难改变身份。《唐律疏议》在解释律条时就明确地说:"客女及婢,虽有子息,仍同贱隶。"[4] 唐代还曾发生过这样的案件:女子阿刘之母原是蒋恭家婢女,被放为客女,她怀了主人的女儿阿刘后,被嫁出去。蒋死后,其嫂不承认阿刘是蒋氏后裔,仍将她当婢女驱使。阿刘不服,上诉官府,结果败诉,还得做贱婢[5]。传奇《霍小玉传》中的小玉母是霍王宠婢,生了小玉。霍王死后,其子不承认这个姐妹,将她们赶出府去,小玉只得做了娼妓。虽是小说,但反映了

---

1 皇甫枚:《三水小牍·却要》。
2 孙光宪:《北梦琐言》卷12。
3 钱易:《南部新书》戊。
4 《唐律疏议》卷22《斗讼》。
5 缺名作,《全唐文》卷982。

当时的社会风气。这些事例充分体现了婢女及所生子女在家庭中的卑贱与尴尬地位。

婢与男主人的这种关系，偶尔可能成为她们幸运的缘由，但更多的时候带来的可能是不幸甚至杀身之祸。婢女受到主人宠爱，可以使她们暂时摆脱艰苦劳动与贫贱生活，少数还可能被放免为良，甚至享受富贵；有时也满足了她们对爱情、情欲的渴望，使她们摆脱怨旷之苦。然而，由于她们身份卑贱，得不到婚姻保证与名分，这种关系往往很难保持长久，主人多半朝三暮四，很快就将她们抛到脑后。即使主婢真情相恋，这种良贱相隔的爱情也得不到社会承认和保障。武周时，补阙乔知之有婢碧玉，才色俱佳，知之为之不婚，却被权贵武承嗣倚势强夺；知之怨恨，暗赠诗词以传情，碧玉得诗饮泣，投井而死[1]。秀才崔郊爱恋姑母婢女，姑母因家贫而将婢女卖给连帅于頔，崔郊思念不已，两人偶见对泣盟誓，崔赠诗云："侯门一入深如海，从此萧郎是路人。"连帅因赏识其文采，特将婢归还崔郊[2]。此类情况只是个别的，她们更多地是出于无奈而被迫充当主人的玩物与泄欲工具。

然而冤屈灾难还远不止于此，主人的宠爱或者只是玩弄常常使她们成为主妇们仇视和忌妒的对象。主妇们对丈夫无可奈何，往往把一腔怨恨都发泄在卑贱无助的婢女身上。所以她们往往在

---

1 刘𫗧：《隋唐嘉话》卷下、张𬸦：《朝野佥载》卷2。或作窈娘。
2 范摅：《云溪友议》卷上、王谠：《唐语林》卷4。

做了主人玩物后，又成了主妇刀俎间的鱼肉。贞观中，濮阳范略先幸一婢，妻任氏以刀截其耳鼻。骁卫将军梁仁裕曾宠幸一婢，其妻李氏妒虐，捆绑婢女捶击其脑，婢女号呼："在下卑贱，势不自由。娘子锁项，苦毒何甚！"终被折磨致死。荆州枝江县丞张景先宠幸婢女，其妻杨氏趁其出使，杀婢投之于厕，谎称其已逃走。房孺复妻崔氏忌妒更甚，左右婢女均不得浓妆高髻，每月只给胭脂一豆、粉一钱。有一婢妆饰稍佳，崔氏怒，命人刻其眉，以青填之；又烧灼眼角，将皮烧焦卷，以朱色涂之[1]。

这一类因主妇忌妒而对婢女施以各种毒刑、残酷折磨乃至杀死的惨事频见于史载。由于婢女的卑贱身份，她们比媵妾之辈更加无力保护自己。虽然间或也有婢女依恃主人宠爱而倾轧正室之事，但这种情况显然属于特例。

杀害奴婢按照律法是有罪罚的，只是比杀良民量刑轻得多。唐律明文规定："诸奴婢有罪，其主不请官司而杀者，杖一百。无罪而杀者，徒一年。"[2]可知杀死奴婢虽有罪罚，但不须抵命；至于殴伤奴婢则根本没有惩罚律条，即属无罪。法律实际上保障了主人处治婢女等贱民妇女的权力；至于权贵豪门，法律约束不了他们，就更视婢女生命如草芥。除屡屡发生主妇因妒而虐杀婢女之外，因其他原因而杀婢之事也时有发生，如：骁卫将军张直方脾气暴戾，奴婢稍有小过就遭虐杀；房孺复妻崔氏一夕杖杀侍

---

1 张鷟：《朝野佥载》卷2、《酉阳杂俎》前集卷8。
2 《唐律疏议》卷22《斗讼》。

女二人，埋于雪中；韦皋由微贱而晋升高官后，将岳丈家当年对自己无礼的婢仆全部杖杀，投入蜀江¹。这些杀婢暴行最终大都不了了之，并未依法受到惩处。史载中除了女道士鱼玄机因杀死侍女绿翘而被官府判处死刑这一个别案例外，并不见有因此而被处死者。不过，杀害奴婢依律毕竟有罪，所以婢家可以告发，凶手有时也会受到一定惩罚与谴责。唐代民间传说中的主妇杀婢故事往往被注入了佛教因果报应思想，主妇因此都受到现世或来世报应：烙人目者目枯失明，击人脑者头烂而死，截人耳鼻者生女无耳鼻，等等。这些不仅反映了世人对于枉死婢女的同情，同时也暴露了现实中法律对于保护婢女生命安全的无力，使得人们只能将义愤寄托于因果报应之中。

放免与出逃

婢女有许多是终身为婢，老死于主人家，所以文献中多有"老婢"记载，主人最终赔上一笔微薄的丧葬费而已。有个别主人过于悭吝，甚至连一口棺材钱也不愿出：果州司马元崇邃家老婢死，他居然让人去找用过的棺材²。

她们最好的结局就是被主人放免为良，嫁人成家，从此摆脱贱民地位。唐朝私家放免客女、婢女为良民，或放婢女为客女，为法律所允许。法律规定："诸放部曲、客女、奴婢为良及部曲、

---

1 《新唐书·张仲武附直方传》、《旧唐书·房琯传》、范摅：《云溪友议》卷中。
2 刘肃：《大唐新语》卷13。

客女者，并听之。"[1] 但必须由家长立"手书"，长子以下连署，再经申报官府，方可生效。敦煌文书中有一件放免婢女的文书：

> 盖婢以人生于世，果报不同，贵贱高卑，业缘归异。上以使下，是先世所配；放伊从良，为后来之善。其婢厶乙多生同处，励力今时，效纳年幽。放他出离，如鱼得水，任意沉浮，如鸟透笼，翱翔弄翼。……择选高门，聘为贵室。后有儿侄，不许干论。一任从良，荣于世业。山河为誓，日月证盟。依此从良，终不相遗者。□□年月日　谨立放书。[2]

从文书内容可见，人们显然是受到佛教果报思想的影响，将放婢为良作为积德行善之事。文书开篇便指出世人虽因前世果报而有高低贵贱，但婢与良人一样是"人生于世"，体现了一定的人道与平等思想。主人立誓给予婢女自由，使之成为良民，并祝愿其嫁入高门，并且不准后人干预，无论其动机如何，终归是善举。放婢事例在史载中也常可见到。主人或是念其辛劳，或是由于宠爱，或是出于不忍，或是想行善事等，都可能将婢女放为良民。如传奇《霍小玉传》中，长安有鲍十一娘，原为薛驸马家青衣，"折券从良"十余年，以做媒为业。《太平广记》卷177载，刘弘敬、范明府在买婢时发现有旧日衣冠子女被人掠卖者，便焚券放免，并为之选人，嫁为妻室。

---

[1] 仁井田陞：《唐令拾遗》户令第九，长春出版社，1989年。
[2] 《敦煌资料》第1辑《放良书样文五件》，中华书局，1961年。

婢女也时有不堪忍受主人家的生活而逃走者。唐诗中有不止一首嘲诮人家失婢的诗作，从诗中看，婢女走失，主人会在街上贴一寻婢榜，希望别人帮助查找。如白居易《失婢》诗称："宅院小墙庳，坊门帖榜迟。"这些诗写得香艳风流，都将婢女视作主人内宠。这自然多是嘲戏之词，不一定是事实，但证明了主人淫占婢女、主妇因妒虐待婢女是极为普遍的社会现象；也可知常有婢女以逃跑摆脱不幸命运、争取自由之事，如刘禹锡和诗嘲诮所说："新知正相乐，从此脱青衣。"[1]

宗教职业妇女

以宗教为业的妇女主要包括佛、道二教的女尼与女道士（女冠），此外还有少数专门从事神鬼、巫术等活动的女巫类人物。这是唐代妇女中的一个特殊群体。她们基本上是寄食阶层，同时又是摆脱了对男性的依附、颇具独立性的妇女群体。

女尼、女冠

唐代佛、道两教的空前兴盛，造成了一个庞大的女尼、女道

---

1 《全唐诗》卷449、358。

士群。

据《唐六典·祠部郎中》记载：盛唐时，天下有女道士观550所、尼寺2113所。史载女尼与女冠人数有：《旧唐书·傅奕传》载，唐初，"天下僧尼盈十万"；《新唐书·百官三》所记大约是开元年间的数字，天下有女官（冠）988人，尼50576人；《唐会要·僧籍》记载，会昌废佛中，强令还俗僧尼达26万余人。根据这些记载，女尼人数少时有数万，多时可能达到将近10万人。女冠人数相对要少得多，上述盛唐时期女道士观的数量只是尼寺的四分之一，而大约同时期的女冠人数只有不到千人，仅是女尼的五十分之一。

各尼寺一般有女尼数十至数百人不等。如会昌毁佛后，大中年间重建佛寺，东都增置尼寺二所，每寺度50人；诸道各州无寺处置尼寺一所，每寺30人[1]。另据敦煌诸寺僧尼名簿，尼寺每寺人数都有数十至百余人之多，如安国寺有尼139人，灵修寺有尼142人，另两个寺名不明者各有189人、173人[2]。道观中的女道士人数显然远没有女尼那样多，从上述女道士观为550所，而大约同时期的女冠人数仅为988人来看，大约每观一般只有数人至十数人而已。

---

[1] 《唐会要》卷48《寺》。
[2] 《敦煌资料》第1辑《敦煌寺院僧尼等名牒》，中华书局，1961年。

入教缘由

女尼、女冠们在皈依教门之前,既有地位尊崇的妃嫔、公主,衣食富足的仕宦家族妇女,如长安咸宜观中的女冠便多是士大夫之家的女子;也有无以为生的贫家妇女、身份卑微的娼妓等。既有幼年入教者,也有半路出家者。她们是怎样走上同一条道路、遁入空门的呢?

根据文献及墓志等记载,受社会和家庭影响、诚心信奉佛道当然是重要原因;但是由于各种生活遭际而不得不以寺观为归宿,也是不可忽视的因素。二者往往很难截然分开,兼有者可能占很大成分。她们的入教缘由可以大致分为以下几类。

一类是幼年由于家人奉教或家贫无力抚养等原因而被送入寺观。唐诗中有许多讲到童尼、小女冠,如《贻小尼师》《惠尼童子》《赠童尼》等。《龙花寺主家小尼》称:"头青眉眼细,十四小沙弥。"《戏赠干越尼子歌》有:"鄱阳女子年十五"[1]。这些出家少女或幼女估计大多来自平民家庭。家庭地位最高的大概是宋国公萧瑀的女儿,萧自己信奉佛教,两个女儿都是年幼出家,一女才3岁便落发为尼,另一女也是刚及成年便披法服。此外,贞元时人幼觉大师是6岁出家。洛阳真空寺尼韦提为县令之女,也是"早悟迷津,童年出家"。还有位柏崖老人自号无名先生,男孩削

---

[1] 《全唐诗》卷442、151。

发、女孩为黄冠,将儿女都送入寺观[1]。这些女孩年龄稍大者受家人熏陶或许还有一点信仰成分,绝大多数尤其是幼女只能说是被动出家而已。

一类是受家庭熏陶、社会影响,因信仰、了悟而自愿皈依宗教。宰相李林甫女儿于庐山修道,号李腾空,李白有寻庐山女道士李腾空诗赞扬她:"多君相门女,学道爱神仙。"比丘尼法愿"惧尘情于六礼,乃翘诚于十诵。承间荐谒,请离俗缘"。某卢氏女"早禀夙愿,悟佛理,不乐于俗,乃舍割缘爱,披衣就师"[2]。至少从记载看,她们是出于信仰自愿入教,有较大信仰成分在内。

一类是为延寿治病或祈福消灾,多少带有一定功利原因而入教。如:睿宗女玉真、金仙公主入道是代父亲为祖母武则天祈福禳灾;柳宗元之女和娘因病求佛护佑,病愈后改名佛婢,自愿削发为尼[3]。

最后一类则是为各种境遇所迫或无处安身而以寺观为归宿,当然其中也有程度不同的信仰因素在内。此类可能占很大一部分。

---

1 上见《大唐济度寺大比丘尼墓志铭》《大唐故真空寺尼韦提墓志铭》,《全唐文》卷997、947;《大唐济度寺故比丘尼法乐法师墓志铭》,《唐文拾遗》卷65;《唐故东都麟趾寺法华院律大师墓志铭》,《唐代墓志汇编》贞元117;钱起:《柏崖老人号无名先生男削发女黄冠自以云泉独乐命予赋诗》,《全唐诗》卷238。
2 上见《全唐诗》卷184;《大唐济度寺大比丘尼墓志》《唐故范阳卢府君墓志铭》,《唐代墓志汇编》龙朔077、咸通058。
3 柳宗元:《下殇女子墓砖记》,《全唐文》卷582。

这其中有夫死不愿再嫁，入教以度余生者。如：武周时卢献之女夫亡矢志守节，被姐夫逼嫁，无奈为尼；开元中巩县李氏夫死不嫁，舍俗为尼；骁将姚季立身亡，其妻服满，请求朝廷度为女道士。女扮男装为父、夫报仇的谢小娥最终也以佛门为归宿[1]。

有家人获罪，孤苦无依，以寺观为归宿者。如越王李贞玄孙李玄真，因祖上犯罪，父、祖皆死于岭外，埋葬亲人后，入咸宜观修道终身。宰相窦参坐罪贬官，其女于郴州出家为尼[2]。

有姬妾不为正室所容而无奈入教者。如著名女道士鱼玄机原是仕宦人家的侍妾，因正室夫人不容，被送入咸宜观修道。唐末藩镇节度使朱温灭朱瑾，欲纳其妻为姬妾，为夫人张氏所阻，也送入佛寺为尼。

有妓女年长色衰出家者。唐诗中有许多"送妓出家"类篇什，如《观妓人入道》云："舞衣施尽余香在，今日花前学诵经""春来削发芙蓉寺，蝉鬓临风堕绿云"[3]，等等。

宫人、宫妓之辈以寺观为归宿更普遍，几成一代风气。唐代宫禁中设有内寺，以安置宫人离俗者，唐懿宗还亲自主持内寺尼受戒。唐墓志中《亡尼八品墓志》《亡尼七品大戒墓志》[4]的墓主都曾是宫人。睿宗文明元年曾在金阙亭置女冠观，以度"内

---

1 上见张鷟：《朝野佥载》卷3；佚名：《宝应录》；张贾：《奏姚季立妻充女道士状》，《全唐文》卷531；《新唐书·列女传》。
2 《旧唐书·列女传》《新唐书·窦参传》。
3 《全唐诗》卷333。
4 《唐代墓志汇编》万岁通天002、仪凤026。

人";政平坊安国观中女道士大多是上阳宫人[1]。贞元中,宫妓萧氏善舞,极受恩宠,后祈求供奉黄老,得到允准,诏敕命其居于嵩南洞清观,称萧炼师[2]。唐诗中有多首《送宫人入道》类诗篇,诗云:"舍宠求仙畏色衰,辞天素面立阶墀……师主与收珠翠后,君王看戴角冠时。""卸却宫妆锦绣衣,黄冠素服制相宜。"更多的宫人、宫妓是年老出宫后无依无靠,不得不以寺观为最终安身之所。诗人有"萧萧白发出宫门,羽服星冠道意存""君看白发诵经者,半是宫中歌舞人"[3]之叹。从唐诗等记载看,宫人出家似入道观者多、入佛寺者较少。

总之,遁入空门是妇女走投无路下最后的一条出路和归宿。

妃嫔、公主们出家的情况有一定特殊性。妃嫔出家多是迫于无奈,其中有的是因皇帝去世而被集体送入佛寺,武则天等妃嫔就是唐太宗死后被送入感业寺为尼的;有的是因家人获罪无法再居妃嫔之位而只得出家,肃宗韦妃因为兄长被赐死而被迫离婚,在禁中为尼;至于杨贵妃一度为女道士,则是唐玄宗为将儿媳过渡为妃嫔,以此掩天下人耳目而已。

唐朝公主出家入道成风,见于史载的公主共有211位,竟有21人有入道之举。包括高宗女太平公主,睿宗二女金仙、玉真公主,玄宗五女万安、新昌、永穆、咸宜、楚国公主,代宗女华

---

1 《唐会要》卷50《杂记》、王谠:《唐语林》卷7。
2 许浑:《赠萧炼师并序》,《全唐诗》卷537。
3 张萧远:《送宫人入道》、殷尧藩:《宫人入道》、戴叔伦:《汉宫人入道》、卢纶:《过玉真公主影殿》,《全唐诗》卷491、492、273、279;王谠:《唐语林》卷7。

阳公主，德宗女文安公主，顺宗三女浔阳、平恩、邵阳公主，宪宗二女永嘉、永安公主，穆宗二女义昌、安康公主，敬宗三女永兴、天长、宁国公主，文宗女兴唐公主[1]。她们出家缘由各有不同。太平公主两次入道，第一次是因母亲武则天之母荣国夫人去世，遵母命为道士，以祈冥福；第二次是因吐蕃请求和亲，武后不愿女儿远嫁异邦，遂安置其入道，其实只是做做样子而已，所以，不过三年便还俗下嫁了。公主入道最著名者是睿宗之女玉真（隆昌）公主和金仙（西城）公主，她们入道缘由如上所述，是为祖母武则天祈福禳灾。此后，频频有公主入道。除玄宗女寿安公主是因其母怀孕九月而育，受到父亲厌恶，故不让其出嫁，命着道服以外；其余多是出于自请，如新昌公主因驸马亡故，奏请度为女冠；华阳公主因生病而乞求为道士以禳灾；永安公主是因曾许嫁回鹘，未嫁而可汗死，也乞为道士[2]。

不过，公主出家只见入道而未见事佛者，其原因除了因为道教是李唐"国教"以外，与上述宫人入道多、事佛少相类，也应与佛教戒律严格而道教约束较少有关。有学者认为在当时社会风气下，唐朝公主入道除了受崇道风气熏陶与取悦皇帝以外，既不失荣华富贵，还可以生活得更自由、无拘束，这应是她们自愿入道的原因之一。这种说法有一定道理。

1　《新唐书·诸帝公主》《唐会要·公主》记载10人入道。
2　《新唐书·诸帝公主》。

宗教活动与生活

这些宗教职业妇女生活很有特色。首先，她们基本上是寄食阶层，不事生业，全由国家或施主供给衣粮："天下僧尼，不可胜数，皆待农而食，待蚕而衣。"[1] 唐朝初建，高祖就下令：对僧尼、女冠等人，凡守戒律、勤修行者，一律供给衣食，不使短缺[2]。不过，女尼、女冠们的生活状况相差很大，既有生活豪奢、呼奴唤仆的上层，也有生活清苦、类同贫民的下层。这与她们出家前的身份有很大关系。

上层女冠如上述玉真、金仙公主，睿宗为她们在京城大兴土木，逼夺民居，劳民伤财，花费数百万，修造了两所规模宏丽的道观，为此曾经引起了大臣们的谏诤。玉真观后来成为游赏胜地，唐诗中有多首游赏其山池园林之作，据描写犹如仙境。公主也有舍宅为观的，实际上就是在其府邸再加营造甚至大大扩建。天宝三载，玉真公主出家已有30余年，她向兄长玄宗进言："先帝许妾舍家，今仍叨主第，食租赋，诚愿去公主号，罢邑司，归之王府。""请入数百家之产，延十年之命。"[3] 可知公主们名为入道，其实照旧居住公主府第、保留公主官署，照旧享用朝廷租赋。史载，金仙公主食邑达1400户[4]；玉真公主有玉叶冠，其价不

---

1 白居易：《策林四·议释教僧尼》，《白香山集》卷48，文学古籍刊行社，1954年。
2 《旧唐书·高祖纪》。
3 《新唐书·诸帝公主传》。
4 《大唐故金仙长公主神道碑并序》，《金石萃编》卷84。

可计,可见她们富贵荣华一如往昔。

其他有地位、名望的尼、冠不仅有国家供给,还有达官贵人馈赠供养,她们的生活也富足甚至奢侈。武则天曾将一河内老尼召入宫中,她白天只吃一麻一米骗人,夜间却与弟子百余人烹宰宴乐、欢饮达旦,而且淫秽无所不为[1]。有的女尼还"自用黄金买地居"[2],可见颇有积蓄。她们也有自己经营生业者,如《太平广记》卷314记载,女道士崔炼师"置缁车一乘,佣而自给",即靠出租车辆赚取佣金供给生活。

敦煌文书中有女尼灵惠于唐后期咸通六年留下的遗书:"尼灵惠忽染疾病,日日渐加,恐一身无常,遂告诸亲,一一分折。不是昏沉之语,并是醒苏之言。灵惠只有家生婢子一名威娘,留与侄女潘娘,更无房资。灵惠迁变之日,一仰潘娘葬送营办。已后更不许诸亲忴护。恐后无凭,并对诸亲,遂作唯书,押署为验。"[3] 遗嘱说明,灵惠蓄有私使婢女,死后作为财产将其赠予侄女;同时嘱其为自己营办丧事。从中既可知她们的私产可以由世俗家属继承,也可窥见她们身后的凄凉。

下层尼、冠则生活十分困苦艰难。民间诗歌描绘了贫穷女尼、女冠们的生活困境:

> 寺内数个尼,各各事威仪。本是俗人女,出家挂佛

---

1 《资治通鉴》卷205则天后天册万岁元年。
2 前引刘长卿:《戏赠干越尼子歌》。
3 《敦煌资料》第1辑,中华书局,1961年。

衣……常住无贮积，家人受寒饥。众厨空安灶，粗饭当房炊。只求多财宝，余事且随宜。富者相过重，贫者往还稀。但知一日乐，忘却百年饥。不采生缘瘦，唯愿当身肥。

观内有妇人，号名是女冠……贫无巡门乞，得谷相共餐。常住无贮积，铛釜当房安。眷属王役苦，衣食远求难。出无夫婿见，病困绝人看。乞就生缘活，交即免饥寒。[1]

诗中既反映了她们孤苦贫寒、衣食难求、家无积蓄，自安锅灶做饭，依靠乞求化缘维持生活的困窘；同时也讽刺了她们交结富人以求财货的行为。

她们的宗教活动除必行的诵经、修行等之外，唐代还时兴女尼、女冠在寺观讲经，往往引得听众众多、人头攒动。史载，长安的"尼讲"以保唐寺为最盛。唐诗生动描写了年轻美貌的女冠在道观讲经，招惹得一班纨绔子弟争相观看的热闹情景：

华山女儿家奉道，欲驱异教归仙灵。洗妆拭面著冠帔，白咽红颊长眉青。遂来升座演真诀，观门不许人开扃。不知谁人暗相报，訇然振动如雷霆。扫除众寺人绝迹，骅骝塞路连辎軿。观中人满坐观外，后至无地无由听。……豪家少年岂知道，来绕百匝脚不停。云窗雾阁事恍惚，重重翠幔深金屏。仙梯难攀俗缘重，浪凭青鸟通丁宁。[2]

---

[1] 王梵志：《寺内数个尼》《观内有妇人》，《敦煌文学作品选》，中华书局，1987年；《王梵志诗校辑》卷2，中华书局，1983年。二者文字略有不同。
[2] 韩愈：《华山女》，《全唐诗》卷341。

这种讲经虽然争取到了很多听众,但似乎也有点招蜂引蝶。

由于上层社会对于佛、道二教的普遍崇信,有的尼、冠得以出入宫掖王府、贵族豪门,成为座上宾,甚至参决军政大事、预言天人吉凶,使得帝后、权贵们言听计从。女道士许灵素曾帮助肃宗张后矫诏立太子;女尼王奉仙在藩镇战争中竟成为观察使秦彦等的军师,战阵时日、赏罚轻重,皆取决于她[1]。天宝年间,颜真卿亲属中有范师姨(即尼),善测吉凶。颜曾向其询问前程:"官阶尽得五品否?"范指座上紫丝食单说:"颜郎衫色如是。"[2]预言将着紫衫,即登上二三品高位。敬宗时,浙西送绝粒女道士入朝[3],显然也会受到朝廷敬奉。

统治者在信奉、利用她们的同时,也很注意防范她们占卜吉凶、妄言祸福,蛊惑人心,以及与家中女性来往,所以也不时加以禁制。如唐高宗永徽四年曾敕令:"道士、女冠、僧尼等,不得为人疗疾及卜相。"玄宗开元二年又下禁令,鉴于"百官家多以僧尼道士等门徒往还,妻子无所避忌;或诡托禅观,祸福枉陈,事涉左道",因而禁止僧尼等出入百官家中[4]。

交游与遭际

这些宗教妇女是身份最为独立,同时又颇具开放性的一个群

---

1 《旧唐书·后妃下》、《资治通鉴》卷 256 僖宗光启三年。
2 钱易:《南部新书》辛。
3 《旧唐书·敬宗纪》。
4 《唐会要》卷 50《杂记》、卷 49《杂录》。

体。因为她们摆脱了家庭、男性的羁绊和世俗纲常伦理的约束，而唐代教门的清规戒律约束又不甚严格。道教教规更远逊于佛教，故而女道士比女尼们行为更为自由，有的甚至以风流放诞著称，以致有学者称唐代女冠"迹近倡优"。

她们尤其是女道士们的出游、社交都比较自由，有的还云游名山大川以访仙求道。那位入道的玉真公主在唐玄宗时代是地位十分特殊的活跃人物，她时常出入宫廷，与兄长唐玄宗和达官贵人们一起游玩。唐诗中有多首当时近臣们的唱和之作，专门描写与玉真公主同游之事。据说，玉真公主还曾到过王屋山、华山等地访道修行。李白《江上送女道士褚三清游南岳》诗道："吴江女道士，头戴莲花巾……足下远游履，凌波生素尘。"[1]《太平广记》中也描写，有女冠自剑南历经州邑，路过剑州；广敬寺尼与同伴到终南山度夏避暑[2]；等等。

著名才女、女道士李冶、鱼玄机行迹更是放诞风流，她们广交达官贵人、文人名士，诗词酬酢、吟风弄月、同席共饮、联袂出游、戏谑谈笑，可谓无所不至。"风流之士，争修饰以求狎，或载酒诣之者，必鸣琴赋诗，间以谑浪。"[3]李冶在开元寺与诸文士聚会，席上巧妙地以"山气日夕佳"的诗句讥诮刘长卿的疝气病，刘则机智地以"重鸟欣有托"应答，惹得举座大笑[4]。女道十

---

[1] 《全唐诗》卷177。
[2] 《太平广记》卷53、330。
[3] 皇甫枚:《三水小牍》卷下、《太平广记》卷130。
[4] 辛文房:《唐才子传》卷2。

交游的自由、浪漫可见一斑。女道士风流并不是个别现象,一次唐宣宗微服私访到至德观,见女道士盛服浓妆,十分震怒,命令尽行逐出[1]。

她们独特的生活方式也使她们得以专心于文学吟咏,"时京师诸宫宇女郎,皆清俊济楚,簪星曳月,惟以吟咏自遣"[2],因而成就了不少诗人才女。她们中还有擅长音乐、歌舞技艺者。千唐志斋收有天宝中还俗、被人纳为姬妾的女道士马凌虚墓志铭,志中描写这位"黄冠之淑女"不仅秀美聪慧,而且长袖善舞、妙于音声丝竹:"鲜肤秀质,有独立之姿;璨意蕙心,体至柔之性。光彩可鉴,芬芳若兰。至于七盘长袖之能,三日遗音之妙,挥弦而鹤舞,吹竹而龙吟。"[3]观此赞语,令人很难想象这是一位女道士,倒很像是妓优一类人物。

在这种自由、广泛的酬酢交际中,她们自然不会都那么清心寡欲、心如古井,因而时有与才子名士们发生恋情者。虽然唐律规定"道士、女冠奸者,加凡人二等"[4],对她们的奸情严加惩处;但是从现实看,似乎没有起到太大约束作用,也很少见尼、冠因奸情而受刑惩者。反倒是关于她们的风流韵事频见于唐人记载。鱼玄机与温庭筠、李郢等名士都曾有过恋情,李冶与文士严伯均、朱放等相恋至深,女道士宋华阳三姐妹与李商隐也有

---

1 裴庭裕:《东观奏记》卷上。
2 辛文房:《唐才子传》卷8。
3 《大燕圣武观故女道士马凌虚墓志铭》,《千唐志斋藏志》,文物出版社,1984年。
4 《唐律疏议》卷6。

着难以明言的缱绻情意。唐诗中举目皆是男诗人与女冠、女尼赠答的情诗或嘲戏调情诗，足以反映当时风气。白居易赠女道士的诗中戏谑道："上界女仙无嗜欲，何因相顾两徘徊。共疑过去人间世，曾作谁家夫妇来。"并赞美小女冠为"绰约小天仙，生来十六年……回眸虽欲语，阿母在傍边"。刘长卿《戏赠干越尼子歌》道："五年持戒长一食，至今犹自颜如花……一花一竹如有意，不语不笑能留人。"刘言史的《赠童尼》更露骨："旧时艳质如明玉，今日空心是冷灰。料得襄王惆怅极，更无云雨到阳台。"这样的艳诗竟然是送给小尼姑的！也有直接表达爱恋之意者，李洞《赠庞炼师》有："若能携手随仙令，皎皎银河渡鹊桥。"新罗文士崔致远《留别女道士》有："临行与为真心说，海水何时得尽枯。"而骆宾王《代女道士王灵妃赠道士李荣》诗道："一心一意无穷已，投漆投胶非足拟。此时空床难独守，此日别离哪可久？"[1]虽是戏言，也可见道教中男女关系的不拘。从这一类诗篇中，不仅可以看到女冠、女尼们与异性的自由交往、风流生活；也不难看出，当时寺观对她们并无严厉惩戒，舆论也不以之为耻，有时反被当作风流韵事。

尼、冠也有趁青春年华还俗从人者，唐诗歌咏《还俗尼》道："柳眉梅额倩妆新，笑脱袈裟得旧身……空门付与悠悠梦，宝帐迎回暗暗春。"[2]郭子仪姬人薛氏便是还俗女尼，她15岁因父

---

[1] 上见《赠韦炼师》《玉真张观主下小女冠阿容》，《白香山集》卷17、19；《全唐诗》卷468、723、77；《全唐诗外编·全唐诗补遗》，中华书局，1982年。
[2] 《全唐诗》卷684。

亲去世出家为尼，6年后还俗，归于郭氏[1]。

此外，尼、冠、女巫等出入闺门内宅、交往女眷，还很容易成为交通内外的媒介，引出有伤风化之事来。如《太平广记》记载，天宝中，剑南节度使张某看中华阳李尉之妻，于是暗访来往于李家的浮图尼及女巫，托她们转致情意，而为李妻所拒。通过此类方便出入闺门的特殊人物作为私通媒介，在后世言情小说中几乎成为套路。由上述可知，这种现象在唐代已经显露苗头。

当然，以上所述多是引人注目、特立独行的名人逸事，应该说，虔诚修行、谨守清规的女尼、女冠还是大多数；但是，这些事例多少反映了当时宗教妇女生活的一个侧面和有别于其他时代的特色。

出家女子身单势孤、无人保护，有时也难免遭到权势者或男性僧道的欺辱、强暴。汾阳王郭子仪属下张昙，家中有怪，某尼劝其闭门谢客，张不信，怒而杖之。唐末名门之女崔氏少年为女道士，因有容色，被周宝越墙偷走为妻。东川有一律僧临坛度人，后发现他借机奸淫年幼女尼，藏有"前后女童为尼者呈身之物，殆一百四十五人"，事发后被处死[2]。

---

1 陈子昂：《馆陶郭公姬薛氏墓志铭》，《全唐文》卷216。
2 王谠：《唐语林》卷5，孙光宪：《北梦琐言》卷4、卷11。

女　巫

以女巫祈祝神鬼、求雨禳灾等有着悠久历史。唐朝虽然不是巫风盛行时代，但在政治活动、社会生活中也时常可见女巫们诡秘的身影。皇帝大臣、地方官员常有征召女巫参决大事之举，黎民百姓更不乏信奉者，所以以此为生的妇女为数不少。不过，总体上看，人数大概远不及尼、冠们。

唐代南北各地都有以巫术类为业的妇女。如《太平广记》载，大历中，幽州河桥有老姥从事占卜；元和中，成都有老姥与女儿董氏世传巫业；等等[1]。但她们的分布可能有一定地域性。巫觋之风以江南为盛，唐诗有："楚俗不事事，巫风事妖神。""南去经三楚，东来过五湖……成人男作卯，事鬼女为巫。"《朝野佥载》也记载："江淮南好鬼，多邪俗，病即祈之，无医人。"可知江淮、楚地都是巫风盛行之地。故南方女巫可能人数较多、更为活跃。

女巫多出身下层民间，也主要活动于下层民间。人们相信巫觋能通鬼神，女巫们多从事祭祀鬼神、消灾祛病、相面占卜等活动，以赚取钱财。她们多自少年便从师学习巫术，如并州女巫郭氏"少攻符术，多行厌胜之道"[3]；成事后往往自蓄弟子，历代

1　《太平广记》卷40、155。
2　元稹：《赛神》、白居易：《东南行一百韵》，《全唐诗》卷398、439。
3　康骈：《剧谈录》卷上。

传袭。

她们或为人消灾祛病。如唐初,曹州有李氏女子,自言通于鬼物,能治癫病,名声流传四方,病人自远而至,门前多车骑。高祖闻名,诏赴京师[1]。唐肃宗曾患病,太卜云:"祟在山川。"崇尚巫觋之道的宰相王玙遂派遣女巫分行天下,祭祀名山大川,为肃宗消灾祛病。女巫们盛服而行,肃宗又命宦官随行以监督之[2]。裴度为太原节度使时,家人染病,召女巫视之;李固言镇蜀时,外孙不能言语,女巫董氏为之祈祭华岳三郎,小儿忽能言;番禺有"善易者"袁大娘也有药能治病,并兼作媒人[3]。

或为人招魂驱邪。如:唐高宗时,京城有女巫蔡氏,以鬼道惑众,自称能让死者复生,市里以为神明;玄宗天宝末,长安有马二娘,善召魂、相面。宣宗大中四年,太原王坤家有婢女亡灵作祟,致家人中邪,急召女巫焚纸钱设祭于庭。潼关曾有一小儿"中恶",家人请女巫二娘以琵琶迎神,女巫哈欠、喷嚏良久,道:"三郎至矣,传语主人,此客鬼为祟,吾且录之矣。"并命以兰汤洗浴,则鬼患可除[4]。

或专事祭祀鬼神。如华山有华岳庙和华山神信仰,因而附近聚集了许多女巫。据说,唐玄宗前往华阴时,华山神迎驾,左右

---

1 《旧唐书·罗艺传》。
2 《旧唐书·王玙传》。
3 段成式:《酉阳杂俎》续集卷2,《太平广记》卷307、310。
4 上见《旧唐书·良吏上》、戴孚:《广异记·苏莱》、《太平广记》卷358;张读:《宣室志》辑佚,中华书局,1983年。

无人能见,只有一位老巫阿马婆能看见[1]。唐诗描绘了华山女巫之盛和她们的活动:"女巫遮客买神盘,争取琵琶庙里弹";"金天庙下西京道,巫女纷纷走似烟。手把纸钱迎过客,遣求恩福到神前"[2]。女巫们在神庙周围兜售各种通神祈福之物,并为香客们弹奏琵琶——这大约是娱神仪式。南方有以女巫迎海神风俗,唐诗有"玉镮穿耳谁家女,自抱琵琶迎海神";"女巫浇酒云满空,玉炉炭火香冬冬。海神山鬼来座中,纸钱窸窣鸣旋风"[3]。描绘了女巫们弹奏琵琶、起舞、浇酒、烧纸钱以祭祀神鬼的活动情景。

或为人占卜相面、预测吉凶。如上述自言通鬼的曹州李氏被召入京师后,往来于勋臣罗艺家,为罗妻孟氏相面道:"妃骨相贵不可言,必当母仪天下。"孟氏笃信不疑,又命其为丈夫观相,由是而劝罗艺谋反。建中年间,某功曹王愬日久不归,其妻甚忧虑,遂召门外卖卜女巫包九娘,求其占卜丈夫何时得归[4]。宝历元年,蒙州刺史李湘奉召离郡归朝,心中不安,闻端溪县有女巫能知未来之事,以舟相请,女巫为其召福德之鬼问之,预测其将为梧州刺史[5]。唐人笔记《朝野佥载》还记载了两个关于巫婆占卜的令人忍俊不禁的笑话:长安崇仁坊阿来婆善琵琶卜,高官显贵盈门,一匹绸绫请一局卜。占卜时,来婆鸣弦柱、烧香,合眼而

---

1 郑綮:《开天传信记》。
2 王建:《华岳庙》、张籍:《华山庙》,《全唐诗》卷301、386。
3 张籍:《蛮中》、李贺:《神弦》,《全唐诗》卷386、393。
4 《太平广记》卷363。
5 李复言:《续玄怪录》卷2。

唱:"东告东方朔,西告西方朔,南告南方朔,北告北方朔,上告上方朔,下告下方朔"云云。竟不知东方为姓,更不知东方朔是何人。另一则说,江南洪州有土人何婆也善琵琶卜,官员郭司法卜问其品秩,何婆道:"个丈夫富贵。今年得一品,明年得二品,后年得三品,更后年得四品。"郭说:"阿婆错,品少者官高,品多者官小。"何婆曰:"今年减一品,明年减二品,后年减三品,更后年减四品,更得五六年总没品。"气得郭大骂而去[1]。可知这些女巫大都没有文化。

或受官府支使为地方祈雨。如:武周时期,德州大旱,郡符下令命师婆、师僧祈雨。师婆即巫婆。武宗会昌中,大旱无雨,晋阳令狄惟谦具车舆、列幡盖,并亲自牵马,恭请女巫郭天师至晋祠祈雨[2]。

名声远扬的女巫往往出入贵族富户人家,她们收入不菲、生活富足。如上述洪州善琵琶卜的何婆,"士女填门,饷遗满道,颜色充悦,心气殊高"。女巫董氏因为节度使李固言及蜀人敬之如神,"富积数百金"。崔铉镇淮扬时,有女巫装神弄鬼,假托已故尚书田布附体,称田生前欠其80万钱,崔为之还债,"神"才辞去[3]。女巫之狡诈骗钱可见一斑,也可知她们收入颇丰。

有的女巫受到皇帝后妃、朝臣官员的崇奉,还得以出入宫廷或官府,结交权贵、参决政事。唐中宗时,女巫赵氏曾被封为陇

---

1 张鷟:《朝野佥载》卷3。
2 张鷟:《朝野佥载》卷3、康骈:《剧谈录》卷上。
3 孙光宪:《北梦琐言》卷6。

西夫人,时常出入禁中,颇有权势。韦后执政时期,女巫第五英儿、赵氏等也都出入宫掖,参与朝政。玄宗开元中,刑部尚书赵彦昭拜女巫赵五娘为姑,并携妻至其家拜访[1]。上述并州女巫郭氏为监军使携至京师,出入宫掖,赐号"天师",后归本土,身价陡增。李固言镇蜀时所奉女巫董氏"恃势用事,莫敢言者"。西川节度使张延赏家也时常有女巫出入。大历中,桐庐有女子王法智自幼事奉郎子神,前后州县官员都甚为尊重[2]。

其实,统治阶层对于此类人物的心理是十分矛盾的,他们一方面祈望通过她们得到神鬼护佑,另一方面又深恐她们危及自身权位,因而有着强烈的戒备、防范心理。唐律对于妇女"造畜蛊毒"罪行有着极为严厉的惩罚,务必"摈之荒服,绝其根本。故虽妇人,亦须投窜"[3],绝不原免。女巫们介入统治集团的政治斗争,很容易召来灭顶之灾。前述曹州李氏鼓动罗艺造反,结果被一同斩首;中宗、韦后时期显赫一时的女巫们也随着韦氏集团的覆灭而不得善终。

有时遇到大臣、官员不信左道,或法术不灵、露出马脚,她们也会遭到严酷惩处。唐高宗时自称通鬼的京师女巫蔡氏,为右金吾将军田仁会查验出假妄,奏请罚其流徙边地[4]。肃宗时奉命巡行天下的女巫们与随行宦官相互勾结,干扰请托地方官吏,邀取

---

1 《旧唐书·后妃传》、《资治通鉴》卷211玄宗开元二年。
2 《太平广记》卷305。
3 《唐律疏议》卷3《名例》。
4 《旧唐书·良吏上》。

财物贿赂。其中一女巫年轻貌美，以数十恶少为随从，行为尤其放纵，不料行至黄州，遇到克星，被刺史左震曳出斩之[1]。李固言镇蜀时，敬奉女巫董氏，继任的崔郸却不信左道，不仅毁庙、投神像于江，而且判董氏杖背，将其递解出境。并州女巫郭天师受命于晋祠祈雨，虽然反复诡言托词，但连祈多日仍然无雨，无奈正要逃走，被县令狄惟谦抓住，命人鞭背三十，投于潭水，丢了性命[2]。

如上所述，皇帝后妃、朝廷大员都不免相信女巫们的法力道行，可知她们在社会上是有相当影响力的；但是，她们的身份又很卑微无助，随时可能遭遇不测，以上所列女巫几乎都没有好下场便是例证。

---

1 《旧唐书·王玙传》。
2 《太平广记》卷155、康骈：《剧谈录》卷上。

妇女生活与习俗

婚姻、情爱与性

妇女婚姻状况

婚　龄

唐代女性多半是 15 岁左右出嫁,早则十三四,晚则十八九,都属于正常婚龄。更早则有个别在十一二岁者,晚则有至 20 岁左右者,虽然为数不多,但也不乏其人。在古代,与普遍实行早婚的历朝相比,唐代女性初婚年龄大体居中。

早婚主要源于传统风俗,也与朝廷鼓励婚姻政策相关。唐初贞观元年(627),由于隋末战乱、户口锐减,唐太宗下诏劝勉庶人男女及时婚聘:"男年二十、女年十五以上……并须申以婚媾,令其好合",并以"婚姻及时""户口增多"作为考核地方官吏的标准。至开元二十二年(734),唐玄宗又下敕令:"男年十五、女年十三以上,听婚嫁。"[1] 将法定婚龄进一步提前。此时已值开元

---

[1] 《唐大诏令集》卷 110、《唐会要》卷 83《婚娶》。

盛世，户口大幅增长，朝廷似已没有督促早婚的迫切需要，敕令的本意应该是规定了婚龄的下限。

女子初婚年龄也与社会观念中女子成年密切相关。女子成年一般认为在15岁左右，有"及笄"即上头的成年仪式。成年象征着女子花季到来，当然也就到了谈婚论嫁年龄。唐诗有"十三学得琵琶成，名属教坊第一部"；"娉娉袅袅十三余，豆蔻梢头二月初"，都将13岁作为女子成人和情窦初开的起点。人们认为女子最美丽的年龄在十五六岁，故常有"十五胜天仙""二八貌如花"等说法。唐诗描写的女子婚龄也较多集中在14岁到16岁，如："十四为君妇，羞颜未尝开"；"十五许嫁君，二十移所天"；"十五嫁王昌，盈盈入画堂"；"娇痴二八初，已嫁不须臾"；等等。也有晚些的，如："二十笄年花蕊春，父娘聘许事功勋"，但这种说法较少。而从"无媒不得选，年忽过三六"诗句看，女子过了18岁，就算是佳期已误了；至于"绿窗贫家女，寂寞二十余"[1]，已经是诗人咏叹贫女难嫁之词了。

至于妇女实际婚龄，见于史载的如：太宗长孙皇后"年十三，嫔于太宗"；某李夫人"年十三，归于贵乡丞范阳卢公"。武则天"年十四……召入宫，立为才人"。节妇敬氏"年十五，适樊氏"。东光县主"年十六……王择闻喜公以妻之"。代国公主"降归于郑，时年一十有七"；节妇李氏"年十七，嫁为郑廉

---

[1] 上见白居易：《琵琶行》《议婚》《续古诗十首》、杜牧：《赠别》、李白：《长干行》《去妇词》、崔颢：《王家少妇》，《全唐诗》卷26、130、425、435、526；敦煌曲子词《女人百岁篇》，《敦煌掇琐》上辑，台北新文丰出版公司，1985年。

妻"。楚王灵龟妃上官氏"年十八，归于灵龟"[1]等。初婚年龄大都在13岁至18岁之间。

墓志记载更为繁多，研究者通过墓志记载对唐代妇女实际初婚年龄进行了详尽统计与研究，结论各有不同。有人认为：唐代妇女平均出嫁年龄为15.6岁。也有人认为：14—19岁是最常见的出嫁年龄，占总统计人数的70%。有的结论是：13—22岁为出嫁高峰期，占统计总数的86.64%，其中以15—19岁为最多。也有的统计结果是：平均初婚年龄为17.6岁，15岁至16岁最多。虽然说法有所不同，但实际差异不大。综合起来可以说：妇女初婚年龄大体以15岁为中心，早至十三四，晚至十八九，都属正常；20岁以后出嫁者较少，但也同样存在。

唐后期与前期相比，女子婚龄有所后推。白居易诗称："三十男有室，二十女有归。近代多离乱，婚姻多过期。婚娶既不早，生育常苦迟。"[2]可知由于社会动乱，妇女婚龄、育龄都推迟了。研究者通过对于各时间段妇女婚龄的统计比较，也证实了这一现象。

对于夫妻双方的年龄差，研究者通过统计也得出结论：男大女小是基本模式，男女相差4—8岁者最为常见[3]。但由于种种原因，尤其是家长以嫁女作为攀附富贵、改善家庭的阶梯，也造

---

[1] 上见两唐书《后妃传》《列女传》；李华：《李夫人传》《唐故东光县主神道碑铭并序》、郑万钧：《代国长公主碑》，《全唐文》卷319、321、279。
[2] 白居易：《赠友》，《全唐诗》卷425。
[3] 张国刚等：《唐代男女婚嫁年龄考略》，《中国史研究》2004年第2期。

成了不少老夫少妻现象。如宇文翃为谋求及第，将国色之女许配年过60的窦璠为继室；四品官崔元综58岁娶韦侍郎19岁的堂妹；陈峤年近80，还强娶儒家少女[1]。对这种婚配，女子自然多不情愿。有位崔氏女，年轻而有才学，却嫁给一老年校书郎卢某，从姓氏看，这应该是高门之间通婚。她婚后郁郁不乐，作诗道："不怨卢郎年纪大，不怨卢郎官职卑。自恨妾身生较晚，不见卢郎少年时。"[2] 哀怨不满又无可奈何之情溢于字里行间。白居易诗嘲笑老夫少妻道："青娥小谢娘，白发老崔郎。谩爱胸前雪，其如头上霜。"王梵志诗讥讽迎娶少妻的老年男子："身体骨崖崖，面皮千道皱……口内无牙齿，强嫌寡妇丑……迎得少年妻，褒扬殊面首。傍边干咽唾，恰似守碓狗。"[3] 不仅反映了这种老夫少妻现象的存在及其弊端，而且透露出由此而产生少妻不满婚姻、另觅情人的社会现象。

主婚权

古代女子婚姻决定于父母、家长，唐代也不例外。法律严格维护家长对男女婚姻的主婚权，唐律规定："诸嫁娶违律，祖父母、父母主婚者，独坐主婚……事由男女，男女为首，主婚为从。""妇人夫丧服除，誓心守志，唯祖父母、父母得夺而嫁

---

1 孙光宪：《北梦琐言》卷4、《太平广记》卷159、《全唐诗》卷871。
2 钱易：《南部新书》丁。
3 白居易：《代谢好妓答崔员外》，《全唐诗》卷442；《王梵志诗校辑》卷5，中华书局，1983年。

之。"[1] 从中可见,男女婚姻都是由祖父母、父母等家长主持决定,但也存在"事由男女"者,而法律无条件维护家长对女子婚姻的决定权,包括违背其志、迫其再嫁的权力。

女子婚姻依从父母之命、媒妁之言是社会常态,无须多列。敦煌曲子词描写道:"忆昔笄年,未省离合,生长深闺院……又被良媒,苦出言词相诱炫……被父母将儿匹(疋)配,便认多生宿姻眷。"[2] 由此造成女子婚姻的不幸自然也普遍存在。唐人传奇中便有描写女子迫于父母之命造成不幸婚姻的故事:邺郡武殷与姨母之女郑氏已订婚约,二人情投意合,但武科考落第,郑母将女儿另嫁富人郭绍。郑氏悲泣不从,最终无奈成婚而抱恨终身[3]。

唐代也出现了一些父母开明、女子得以自择佳偶的逸事。宰相李林甫虽然政治名声不佳,但在女儿婚姻上的开明却令人津津乐道。他有六个女儿,各有姿色,特于厅壁间开一横窗,让女儿在窗下玩耍,贵族子弟谒见时,女儿可自选意中人。宰相李翱长女在父亲几案见到进士卢储投卷,赞赏其文才,对侍女说:"此人必为状头。"李翱闻知,便命人找到卢,选其为婿。宰相郑畋之女喜爱罗隐的诗,有倾慕之意,一日罗隐来见,郑女在帘后窥见其容貌丑陋,从此再也不提此事了[4]。以上事例都反映了家长容

---

[1] 《唐律疏议》卷14《户婚》。
[2] 《敦煌曲子词集》中卷《倾杯乐》。
[3] 《太平广记》卷159。
[4] 王仁裕:《开元天宝遗事》卷上、《太平广记》卷181、钱易:《南部新书》丁。

许女儿对婚姻有一定选择权。唐人传奇中也有此类故事：京兆有韦氏女，先有秀才裴爽求婚，母亲告知，女笑道："非吾夫也。"又有参京兆军事王悟来聘，女仍不允。二年后，进士张楚金求婚，韦女笑称："吾之夫乃此人也。"欣然应允，母亲因而许婚。长安永崇里崔氏女驱车游曲江，遇华州柳参军，互生爱慕，但崔氏女已许嫁表兄王某，崔母因爱女心切，遂让女儿偷嫁柳氏。将门侠女聂隐娘看中磨镜少年，对父亲说："此人可与我为夫。"其父只能随其心愿嫁之[1]。以上虽是故事，但也可以反映现实中存在父母尊重女儿意愿、容许女儿自择佳偶的现象。

再嫁者往往可以更多地把握婚姻自主权，如韦济妻李氏夫死之后，自投宰相王缙，王纳为妾[2]。

至于女子不顾礼教束缚、父母之命，自觅佳偶、自主婚姻之事虽然不多但也并不鲜见。这将在以下"妇女的爱情追求"一节讲述。

择偶观

唐代女子婚姻的择偶标准虽然因人而异、各有所重，但大体不出门第、功名、文才、钱财、品貌、命相等主要几条；其中首要标准当推门第，门当户对是缔结婚姻的首要前提。

---

1 牛僧孺：《玄怪录》卷1、《太平广记》卷342。
2 《旧唐书·王缙传》。

1. 门第

门第标准首先集中体现在对于士、庶族望的重视上。

唐代门阀制度虽已没落，士庶通婚也成常见之事，但族望仍极为人看重，成为择配的首要条件。崔、卢、李、郑等山东士族高门虽已衰落，但依然受到人们景仰。他们自矜门第，相互通婚，而不屑与他族联姻。清河名门崔程有女，宰相杜公为子求婚，崔对人说："崔氏之门，若有一杜郎，其何堪矣！"辞之不得，遂以侄女嫁之[1]。当朝新贵、富户豪门仰慕其门第，则争相与士族联姻，以攀附高门，提高声望。由此还引出了"卖婚"陋俗：庶族富贵人家求娶名门之女，要多纳财货作为"陪门财"，赔偿人家的门第损失，而已经潦倒的士族人家则借此获取钱财。尽管朝廷曾对此严加禁断，但是门第观念并非一朝一夕便能消亡，因此直至唐朝后期也仍旧不能完全扭转这种风习，皇室反倒更加注重让皇子皇女们与名门士族联姻。

虽然并没有多少史载揭示妇女在这种门第婚姻中的境遇，但在这种婚姻风气下，可以想见的是，士族自相婚嫁，婚姻圈很狭窄，男女都不容易选择到理想的配偶，婚姻质量自然会受到影响。上述崔氏女嫁老年卢某，赋诗抒发对老夫少妻的不满，应该就是门第婚配的结果。另外，旧族与新贵联姻，双方都以婚姻作为交易，自然也会影响婚姻的美满。门阀士族之女受根深蒂固的门第观念影响，本身就不情愿嫁入庶族寒门，甚至以之为耻。冀

---

[1] 王谠：《唐语林》卷4。

州长史吉懋为儿子逼娶南宫县丞崔敬之女,崔因畏惧权势而许婚。花车到门迎娶,其妻郑氏抱女大哭。崔氏女坚卧不起,誓不肯嫁。情急之下,小女儿对母亲说:"父有急难,杀身救解。设令为婢,尚不合辞;姓望之门,何足为耻!"遂抱着舍身救父的念头登车而去,替姐姐嫁到吉家[1]。在强烈的门第荣辱观念下,这种畏于强权而无奈结合的婚姻,恐怕往往难言幸福。至于新贵之女嫁入旧士族之家,夫家常常是迫于权势或贪图钱财,女子容易遭夫家鄙夷,婚姻不幸福的可能性会更大。

2. 功名、文才

除门第外,女家择婿,在官本位社会,自然首重官位、功名。

不过,选婿多在男子年少未有功名时,因此决定日后能否猎取功名的才智、素质便很重要。张延赏年少时因"博涉经史,达于政事",受到侍中苗晋卿赏识,遂以女妻之,后来张果然做了宰相。到张的女儿择婿时,夫人苗氏善于识人,选中了当时并未发达的韦皋,预料其人"虽贫贱,气凌霄汉","成事立功,必此人也",后来韦发迹,做了节度使,并因功封王[2]。有的干脆直接就招有官位者,某处士为女择婿,明言一定要嫁给"官人":"吾以龃龉穷,一女怜之,必嫁官人,不以与凡子。"士子王适欲求聘,对媒妪说:"吾明经及第,且选,即官人。"处士却要求有身

---

1 张鷟:《朝野佥载》卷3。
2 范摅:《云溪友议》卷中。

份证明:"诚官人耶?取文书来!"王没有,媒人为之设计,让他在袖子里放一卷粗似"告身"的文书前去。女父望见袖内文书,于是许婚[1]。一纸假官员告身竟骗得了一位贤妻。

唐朝前期因为皇室贵族多军功出身者,所以女家择婿保留了一些崇尚武功风气。其后,随着天下太平与科举制的兴起,朝廷转而注重以文取士,士子以文才更易猎取功名利禄,最重文辞的进士科更成为士林华选,成为走向仕途的捷径。社会价值观因此发生变化,转而崇尚文才,男子的文学词采因而受到了极大重视。这直接影响到女子与女家的择偶观。文士受到倾慕,青云得路的进士们更是为闺门所重,科举出身的官员成为女家争相追求的理想婚姻对象。

唐后期,太师李光颜为爱女选婿时,幕僚盛赞一郑秀才"词学门阀,人韵风流异常"[2],虽然终未许婚,但可知"词学"与"门阀"都是时人心目中最看重的条件。文士崔行功、柳谈、李频、李商隐等都以才学而被达官贵人选为东床快婿。唐代还有一段逸事反映了文才与钱财两个择婚标准:李郢有诗才,与另一家争聘一位美貌女子,女家无法定夺,便要他们各备1000缗钱,先到者许婚,结果两家同日携钱而至;女家便又让两人各赋诗一篇,以定胜负,结果李郢占先,娶了这位女子[3]。有些贵富人家为女择婿宁可放弃钱财而专重文才,扬州军将雍某为河朔武人出

---

1 韩愈:《试大理评事王君墓志铭》,《韩昌黎文集校注》卷6,上海古籍出版社,1986年。
2 孙光宪:《北梦琐言》卷3。
3 《金华子杂编》卷下、王谠:《唐语林》卷2。

身,家资丰厚,因为仰慕士人,将女儿嫁给有才而无财的狂生崔涯,并经常资助。不料却受到女婿的轻视,雍日久难容,只得逼女儿与之离婚[1]。富贵武将钦慕士流,宁可选取贫穷士子为婿,而文士虽穷却仍傲视岳家,正是社会价值观在婚姻上的极端体现。处于边地的敦煌民间女家择婿也一样崇重读书人:"可连(怜)学生郎,其(骑)马上大唐。谁家有好女,嫁以(与)学生郎?"[2]

女家择取文士为婿,除了世风重文之外,当然主要还是期望其日后平步青云、富贵荣显。许多人家都为女儿择取科举前程看好的才子文士,被称为"榜前择婿"。宰相李翱女赏识卢储的才华,预测必中状元,李遂选其为婿,来年果然状元及第。吕谭志行修整、勤于学业,富人程楚宾嫁女于吕,并资助他游于京师,其后终于进士及第。唐末萧遘将爱女许配裴筠,刚要下定,裴便进士及第,可知萧看中其才力,料定必有前程[3]。也有权贵富豪之家看中人才先行聘女,再尽力帮助新婿登第,由此也就有士人通过婚姻途径猎取功名者。大中年间,孤寒之士邓敞科举落第,故相牛僧孺之子牛蔚兄弟以妹许婚,并许诺帮助其登第。邓已有妻室,为前程计,便应下亲事,后来登第,遂与牛氏完婚。

已经及第成名的新科进士自然就更是贵富之家争抢的婚姻佳

---

[1] 范摅:《云溪友议》卷中。
[2] 敦煌写本诗歌,转引自颜廷亮主编《敦煌文学概论》,甘肃人民出版社,1993年,第148页。
[3] 卢储:《催妆》诗及注,《全唐诗》卷369;《旧唐书·良吏下》;王定保:《唐摭言》卷9。

偶了。唐代每年新科进士及第，举行曲江大会，公卿家于此日择婿，车马填塞道路："其日，公卿家倾城纵观于此，有若中东床之选者，十八九钿车珠鞍，栉比而至。"[1] 权贵之家选进士为婿者举不胜举。唐宪宗朝，宰相权德舆选进士独孤郁为婿，宪宗羡慕道："我女婿不如德舆女婿。"唐宣宗为爱女万寿公主征求驸马，宰相白敏中推荐了郑颢，其人"相门子，首科及第，声名籍甚"[2]。可见皇家也看重进士科第。

敦煌文书中用于婚礼仪式的《下女夫词》恰好显示了女家于门当户对之外，重官位、重进士、重才学的择婿观：

女答：门门相对，户户相当。通问刺史，是何祗当？
……
女答：本是何方君子，何处英才？精神磊朗，因何到来？
儿答：本是长安君子，进士出身。选得刺史，故至高门。
……
女问：何方所管，谁人伴换？次第申陈，不须潦乱。
儿答：敦煌县摄，公子伴涉。三史明闲，九经为业。

这些婚礼上的套语，正反映了现实中女家择婿的理想与价值观。

---

1 王定保：《唐摭言》卷3。
2 裴庭裕：《东观奏记》卷上。

3. 钱财

钱财是男女双方择偶的又一重要标准。

婚姻论财是唐代社会普遍风气，而且成为高门权贵与财富之家的一种交易：前者获取钱财实惠，后者得以攀附权势、门第。上述旧士族人家索要"陪门财"便是最典型者，并成为长期以来的"积习"。唐太宗曾下诏禁断这种"卖婚"陋俗："问名惟在于窃资，结褵必归于富室……多纳财货，有如贩鬻……积习成俗，迄今未已。"[1] 但显然收效甚微。权贵之家、高门士族为求财货实利而自降身价与富有人家联姻者并不罕见，如高官权贵许敬宗将二女嫁给岭南首领冯盎之子与将军钱九陇，得钱数十万，又贪图金帛之利为儿子娶尉迟宝琳孙女；荥阳士族郑远嫁女于宰相魏元忠之子，不仅得钱500万，而且父子都获得了官职[2]。

对于聘财数量，法律并没有明确限制，但唐高宗为禁断"陪门财"风气曾下诏明确限制聘财数量："天下嫁女受财，三品已上之家不得过绢三百匹；四品、五品不得过二百匹；六品、七品不得过一百匹；八品以下不得过五十匹。皆充所嫁女赀妆等用，其夫家不得受陪门之财。"[3] 诏书所示数字透露了当时男方聘财的一般数量，朝廷既加以限制，说明现实中还远不止于此。此外，唐人传奇《霍小玉传》中描写，李益表妹卢氏家为"甲族"，"嫁女于他门，聘财必以百万为约"。虽然传奇可能有夸张成分，但

---

1 《唐会要》卷83《嫁娶》。
2 刘肃：《大唐新语》卷9、3。
3 《唐会要》卷83《嫁娶》。

所反映的士族高门嫁女求取高额聘财的风气是可信的。

不仅女家重视男方的聘财多寡,女家的妆奁丰薄也是男方择妇的重要标准。双方家庭都期盼通过婚姻获取钱财。如大和中,李敏求多次应举不第,穷困不堪,沦为乞丐,恰有富人伊慎为妹求婚,于是欣然应允。伊家资送丰厚,成婚后李得聘财240贯,由此脱贫,并以钱参选,得登仕途[1]。唐诗咏新嫁娘也有"郎来傍门户,满口索钱财"的描写[2]。

这种婚姻论财风气不仅导致穷汉无力成家,贫家女难嫁也成了很大社会问题。"贫为时所弃,富为时所趋。红楼富家女,金缕绣罗襦。见人不敛手,娇痴二八初。母兄未开口,已嫁不须臾。绿窗贫家女,寂寞二十余。荆钗不值钱,衣上无真珠。几回人欲聘,临日又踟蹰。""寒女命自薄,生来多贱微。家贫人不聘,一身无所归。""苦恨年年压金线,为他人作嫁衣裳。"[3] 都是咏叹贫女难嫁的诗句。富家女无论品貌如何都早早有人聘娶,贫家女即使有容德也无人愿聘,可知男家择妇标准中钱财往往比品貌更重要,钱财因而成为女子能否及时婚嫁并选取佳偶的最主要条件。

4.品貌、命相

以上诸种条件外,男子人品、风度当然也为女家所看重。润

---

1 《太平广记》卷157。
2 王建:《新嫁娘词三首》,《全唐诗》卷301。
3 白居易:《贫家女》、邵谒:《寒女行》、秦韬玉:《贫女》,《全唐诗》卷425、605、670。

州刺史韦诜族望清华,为女择婿,"门第贵盛、声名藉甚"者,都看不中。一日登城眺望,偶然发现园圃中有人埋物,使人询问,方知为参军裴宽,因不愿玷污家风,故将别人馈赠之鹿埋于园中,以保全操守。韦遂将女儿许配裴宽。宰相张嘉贞选郭元振为婿,则是缘于赏识他的美风姿、有才艺、风骨奇秀[1]。

  反过来说,男家择妇的标准,或者说女子被人挑选的资本,除了家庭背景包括门第、钱财等之外,最重要的自然便是自身的容色了。依照礼教原则,娶妇重德不重色,但唐代世风不尚礼法而尚风流,所以男子普遍看重美色。才子名士更不避讳对于美色的追求,曾写出千古名篇《黄鹤楼》的才子崔颢娶妻只选美者,以致前后换了三四任妻子;才子张又新声称:"唯得美妻,平生足矣。"可惜却阴错阳差,娶了丑妻,因而感叹:"一生辜负看花心"[2]。至于纳妾,自然就更以容色为取舍标准了。

  女方择婿重才、男子娶妻求色,这点正与当时一般男女的恋爱观相一致。受社会价值观影响,唐代女子普遍看重男子的文才,爱慕对象常常是风流才子。"我悦子容艳,子倾我文章";"小娘子爱才,鄙夫重色"[3]——女子爱才、男子重色,是这一时期典型的男女恋爱观。唐人爱情小说中的主人公多是才子文士配美女兼才女,由此也形成了后世文学作品和社会观念中普遍流行和崇尚的才子佳人的爱情模式。

---

1 郑处诲:《明皇杂录》卷上、王仁裕:《开元天宝遗事》卷上。
2 孟棨:《本事诗·情感第一》、辛文房:《唐才子传》卷6。
3 李白:《代别情人》,《全唐诗》卷184;蒋防:《霍小玉传》。

此外，人们还普遍迷信命相，为女择婿常请高人相面以测前程。户部尚书卢承庆为侄女择婿，选中裴居道，因为"其相位极人臣"。陕州刺史王当为女选婿，集合州县文武官员，让术士袁天纲相之，袁相中果毅姚某之子，王遂嫁女，其人即后来贵为宰相的姚崇。信都苏氏有二女，欲择良婿，张文成前往求亲，苏称："子虽有财，不能富贵，得五品官即死。"魏知古方及第，苏相之认为："此虽黑小，后必贵。"遂以长女妻之[1]。以上事例或有渲染，但从中足见，女家择婿注重命相，其实归根结底还是在意日后是否能官运亨通、富贵荣显。

唐人的婚姻观中还包含有婚事命定、姻缘天成的思想。盛传于后世的月下老人以赤绳系男女足，以成就姻缘的故事便产生于唐代，与之相类的还有地府官吏主管人间婚姻，以绳绊男女脚的故事[2]。关于婚姻天定，唐代最著名的一段佳话是：宰相张嘉贞欲纳郭元振为婿，但家有五女，不好决定，遂命五女各持一红丝线于幔前，令郭元振隔幔牵之，得第三女，颇有姿色[3]。可见择偶有时也会受到"天意"这种偶然因素的影响。

婚礼风俗

1. 婚礼仪节

唐代流行的婚姻礼俗除沿袭传统婚姻"六礼"之外，还融入

---

1 赵自勤：《定命论》，段成式：《酉阳杂俎》前集卷12。
2 李复言：《续玄怪录》卷4、戴孚：《广异记》、《太平广记》卷328。
3 王仁裕：《开元天宝遗事》卷上。

了北朝游牧民族的一些颇有特色的婚俗。其中许多习俗显示了女子、女家在婚姻中的地位以及人们对于新妇的期望、要求。

婚姻一般由男方首先行聘,即向女家送达婚书及聘礼,以订婚约。聘礼包括金银、钱币以及布帛、食品等实用物品,如敦煌地区的聘礼有马、黄金、玉璧、床褥、毡被、彩绸、布匹、束帛、猪、羊、果子、油、盐、酱、椒、姜、葱、蒜、野味等;此外还有一些具有吉祥意义的礼品,如合欢、嘉禾、阿胶、九子蒲、绵絮、长命缕等。

订婚后,双方择吉日行礼成婚。迎娶之前,男家先于宅内吉地用青毡或青布搭设帐篷,称为"青庐",这一风俗显然起于游牧民族居住穹庐之风。新人到后要"入帐",于此行礼拜堂。

婚礼一般在黄昏时举行,行礼程序包括祭告先灵、安帐、撒帐、奠雁、下婿、跨鞍、催妆、障车、弄新妇、青庐拜堂、同牢合卺、合髻、去花、却扇等繁缛仪节。其中许多仪节饶有特色与情趣,比如:

催妆,即新妇行前梳妆打扮时,故意拖延时间,夫家要请人或由新郎吟诵催妆诗催促。有时,夫家百余人挟车同呼:"新妇子催出来!"直至新娘登车方止。

障车,新妇上车后,新郎骑马绕车三圈,然后女家亲友拦住喜车不准走,也常伴以诗歌打趣,要男家出钱物才放行。

下婿,即女方亲友用各种方法戏弄、难为女婿。这一习俗来自北朝,其时有以竹杖打女婿为戏之风。唐代仍沿袭此风气,但发生了一定变化,改为女方以诗歌考问新婿,新婿每过一门、每到一处，都要吟诗回答问题才能过关，蜕去了以往的粗鄙变得文雅又富有情趣。敦煌文书中的《下女夫词》（女夫即新婿）便是这一习俗的生动记录。

跨鞍或坐鞍，即新妇进门先跨过或坐于马鞍。这也是北朝遗风。无论是跨鞍还是坐鞍，显然都与游牧民族骑马风俗有关，同时也取鞍者为安的吉祥之意。

新妇入门后，夫家公婆等家人要从旁门出去，再从正门进入，以踩踏新妇足迹。用意据说是压住新妇锐气，以免日后难以驾驭。新妇入门还有先拜猪圈及灶的仪式，表示今后将操持家务、主持饮食诸事。

奠雁，新妇坐于马鞍上，新婿将雁（或以鹅替代）掷入堂中，女家人接住，男家再赎取放生。据说这是取雁性随顺，以象征妇德。

撒帐，将果子、金钱等撒于新人帐内，边撒边诵念祝词，如："千秋万岁，保守吉昌；五男二女，奴婢成行"；"已后夫妻，寿命延长"；等等。

同牢、合卺，新人左右对坐，设同牢盘，各吃饭三口；又将两只酒瓢或酒盏用五色线绳连在一起，称合卺杯，让新人同饮。

去花、却扇，新妇以花、扇掩面，傧相吟诵去花、却扇诗，才卸去花钗、拿去扇子，露出面容。史载，唐中宗于除夕夜拿御史大夫窦从一寻开心，赐其成婚，内侍以灯笼、步障、金缕扇引新娘出堂，窦咏"却扇诗"数首，然后去扇、去花，易服而出，才知原来是皇后老乳母王氏[1]。

合髻，将新郎与新娘的两缕头发绾结在一起，作为结发的象征。据研究，这是唐代形成的风俗。

弄新妇，即客人不拘常礼，戏弄新妇。这一传统由来已久。

拜客，婚礼次日拂晓，新妇要在堂上拜见公婆及夫家尊长等，还要献上枣栗段脩等礼物。[2]

以上许多婚礼仪节都可以看出汉族传统文明与少数民族习俗相融合的迹象，胡族风习对唐代妇女生活影响之深由此也可见一斑；一些来自北朝的礼俗如下婿、催妆、障车等，可以说是女子、女方在婚嫁中具有主动权与尊贵地位的一种表征。另外，颇富时代特色的是，几乎每一仪节都有诗歌助兴，充分反映了唐代的尚文尚诗之风。唐诗中因此留下了大量的催妆、障车、去花、却扇等婚礼诗歌，成为研究唐代婚俗的宝贵资料。

2. 妇家成礼婚俗

唐代婚姻中还有一种值得注意的习俗，那便是男子到女家成婚并长期在妇家居住生活。

敦煌写本书仪中解释妇女与夫家通信何以称"疏"时说：

> 近代之人，多不亲迎入室，即是遂就妇家成礼，累积寒

1　《资治通鉴》卷 209 唐中宗景龙二年。
2　上见段成式：《酉阳杂俎》前集卷 1、封演：《封氏闻见记》、苏鹗：《苏氏演义》卷 2；参《敦煌掇琐》74，台北新文丰出版公司，1985 年；赵守俨：《唐代婚姻礼俗考略》，《文史》第 3 辑。

暑，不向夫家。或逢诞育男女，非止一二。道途或远，不可日别〔？〕通参舅姑。其有吉凶，理须书疏。妇人虽已称礼，即于夫党元不相识，是名疏也。[1]

从文中看，男子不仅在妇家完成婚礼，而且妻子多年不到夫家，甚至生了几个儿女，仍与夫家人不相识。

这种"从妻居"婚姻在唐代并不罕见。唐墓志中便有记载，如齐州司马鱼君夫人郑德柔，婚后一直"未归夫族"，在娘家操持家政、照顾病母，死后仍葬于娘家，推断其夫有可能便是从妻居。此类事例还见于其他一些墓志。文学作品对此也有反映，《太平广记》中，"李参军""计真""裴航""姚氏三子""阎庚""郑德懋""崔书生""窦玉""郑绍""王黯"[2]等多篇故事都是写男子在妇家成婚或居住于妇家的故事。

同时也应该注意，男子在妇家成礼并非都是入赘，有的可能只是出于各种原因或就近在妇家结婚，成礼之后过一段时间便携妻归家；也有的由于贫穷等原因，婚后长期依附或居住在岳家，但也不一定是入赘。无论是在妇家成礼，还是长期居住或入赘岳家，这一婚姻习俗都颇值得注意。它意味着并势必导致女方在家庭中享有较高地位和较大权力，这应该是顺理成章的。

---

1 参周一良：《敦煌写本书仪中所见的唐代婚丧礼俗》，《文物》1985年第7期。
2 见《太平广记》卷159、328、358、449、451、454。

离婚与再嫁

妇女离婚、再嫁状况与社会的道德观、贞节观直接相关。总体上看，唐代无论是朝廷礼法还是社会舆论，对于妇女离婚、再嫁的限制与压力都不大，故而此类现象在社会上普遍存在。

1.离婚

离婚现象在唐前历代都曾存在。有人认为"离婚"作为夫妻离异的专用名词而普遍使用，始自唐朝。不知这是否因为离婚现象普遍所致。唐代离婚现象不仅存在，而且十分常见，法律与社会观念对此都持较为宽容的态度。

唐代的离婚可以大致分为以下三种类型。

一种是法律强制离婚。这有两种情况，一种是婚姻"违律"，如有妻再娶、娶嫁人妻、同姓为婚、良贱为婚等；另一种是夫妻犯"义绝"，即双方及其亲属发生相互斗殴伤害或乱伦通奸行为，法律都要强制离异。[1]

另一种为一方离弃对方。对于男方单方面离弃妻子，即"出妻"，唐律依从传统礼法中的"七出三不去"，规定："诸妻无七出及义绝之状，而出之者，徒一年半；虽犯七出，有三不去，而出之者，杖一百。追还合。若犯恶疾及奸者，不用此律。"律疏解释说："七出者，依令：一无子，二淫佚，三不事舅姑，四口舌，五盗窃，六妒忌，七恶疾。""三不去者，谓：一经持舅姑之

---

[1] 本节所引律条均出自《唐律疏议》卷13、14《户婚》。下引不注。

丧；二娶时贱后贵；三有所受无所归。"根据律条，妻子如果未犯"七出"与"义绝"，或者虽犯"七出"而属于"三不去"情况，男子出妻则为违法；其中恶疾或犯奸两项，不在其限。换言之，妻子若犯"七出"，又不属"三不去"，丈夫出妻便是合法的。律疏又特别对七出中列为第一的"无子"加以说明：无子出妻必须在其49岁以上，即使到了50岁，也并非必须出之，可以立他子为嗣。另外，丈夫出妻不能草率行事，必须亲自书写文书，并由双方家长、亲属、邻居及见证人等署名："诸弃妻须有七出之状……皆夫手书弃之，男及父母伯姨舅，并女父母伯姨舅，东邻西邻及见人皆署。"[1] 大约还要向官府申报备案。

对于不经法律，一方擅自离去者，唐律也有制裁条款，但只是针对女方："妻妾擅去者，徒二年；因而改嫁者，加二等。"反过来，对丈夫擅自离去并无惩罚律条。因此可知女方擅自离去有罪，男方擅离则无罪。换言之，法律不承认女子的单方面离异权。以上关于离婚的法规最明显地体现出了男女在婚姻中地位的不同和婚姻对于双方约束力的不等。

最后一种是夫妻"和离"，即双方自愿离婚。唐律明文规定："若夫妻不相安谐而和离者，不坐。"即夫妻双方协议离婚无罪。唐代律法对于夫妻自愿离婚的宽容，体现了对于男女双方人性的尊重，反映了统治者与社会的开明观念。在现实生活中，夫妻不合，可自愿离婚，只要双方立下文书，由亲属、邻舍等见证

---

1 仁井田陞：《唐令拾遗》户令第九，长春出版社，1989年。

人签名，并申报官府即可生效。敦煌文书中有唐代"放妻书"样文三件，内容大体都是说既然夫妻不和，必是前世冤家，双方一起生活都不欢愉，家业也不能兴旺，莫若分离，各自另觅佳偶。有趣的是，离婚书中还有对妻子再嫁的祝词：

> 愿妻娘子相离之后，重梳蝉鬓，美裙娥媚，巧逞窈窕之姿，选聘高官之主。解怨释结，更莫相憎。一别两宽，各生欢喜。[1]

文书不仅充分表现了对离婚、再嫁的开明观念，而且对夫妻双方的言词、态度完全对等，如"妻则一言口口，夫则反目生嫌。似猫鼠相憎，如狼犬一处"；"夫若举口，女便生嗔。妇欲发言，夫则捻棒"等等，并无单方面谴责贬斥女方之意。当然也要注意，虽然是双方自愿离婚，有的还可能是女方要求离婚，但文书仍称为"放妻"，至少在形式上体现了对夫权的尊重，表示离婚权还是操于男方之手。

在礼与法的保障下，唐代男子离弃妻子之事并不鲜见。如毗陵儒家女慎氏为严灌夫妻，因十余年无子，其夫便寻找借口出妻，慎氏以诗诀别，丈夫见诗感伤，夫妻遂和好如初[2]。白居易判案中有某人娶妻三年无子，舅姑将出之，妻子上诉称无家可归，因属于"三不去"而最终被判"不去"。虽然这两起最终都没有

---

1 《敦煌资料》第1辑，中华书局，1961年。
2 范摅：《云溪友议》卷上。

离成，但可以看出无子出妻是合礼合法的正当行为，白居易的判文也承认"承家不嗣，礼许仳离"。唐诗有："十载来夫家，闭口无瑕疵。薄命不生子，古制有分离。""义重莫若妻，生离不如死。誓将死同穴，其奈生无子。商陵迫礼教，妇出不能止。"[1] 也说明无子出妻的传统礼法受到人们认同。由于其他原因而出妻之事也时有发生，如令狐建娶李宝臣女为妻，后升任大将军，于是诬陷妻子与人通奸，将其逐出家门。李迥秀母出身微贱，其妻常叱骂妾婢，母亲闻之不悦，李立即休弃其妻，有人问其妻子未犯七出之过，何必遽出？李答："娶妇要欲事姑，苟违颜色，何可留！"刘君良则因为妻子鼓动其与兄弟分家而弃妻[2]。白居易判文中还记载了一些丈夫出妻案：有因妻子在婆婆面前呵斥狗而出妻的；有因妻子织布不合样式而出妻的；还有的妻子并无过失，只是父母不喜欢："得乙出妻，妻诉云：无失妇道。乙云：父母不悦则出，何必有过。"最终男方竟然胜诉："莫慰母心，则宜去矣。何必有亏妇道，然后弃之。"[3]

男子弃妻中，喜新而厌旧、富贵而易妻这种历代最为常见的现象可能占不小比例。唐诗中有大量以弃妇为题的篇章，为被弃妇女鸣冤诉苦、表达了对她们的深切同情："古来有弃妇，

---

[1] 张籍：《离妇》、白居易：《和微之听妻弹别鹤操因为解释其义依韵加四句》，《全唐诗》卷114、444。
[2] 《旧唐书·令狐彰附建传》、《新唐书·李大亮附迥秀传》、《资治通鉴》卷207则天后长安元年、《旧唐书·刘君良传》。
[3] 白居易判文见《全唐文》卷672、673。

弃妇有归处。今日妾辞君,辞君遣何去。本家零落尽,恸哭来时路。""夫婿轻薄儿,新人美如玉……但见新人笑,那闻旧人哭。""关西骠骑大将军,去年破虏新策勋。敕赐金钱二百万,洛阳迎得如花人。新人迎来旧人弃,掌上莲花眼中刺。迎新弃旧未足悲,悲在君家留两儿……以汝夫妇新燕婉,使我母子生别离。"[1]李白《去妇词》则描写了去妇的决绝与对丈夫的愤懑:"忆昔初嫁君,小姑才倚床。今日妾辞君,小姑如妾长。回头语小姑,莫嫁如兄夫。"这些诗大多写夫婿喜新厌旧,女子因色衰爱弛而被弃;或是夫婿贵显后另娶新妇,抛弃糟糠之妻。许敬宗在拥立武则天为后时曾说过"田舍儿剩种得十斛麦,尚欲换旧妇"[2]这样的话,可见此类现象在社会上是较为常见的。导致这种情况,除了婚姻中夫妻地位不同,礼、法保护夫权与男子离异权这一根本原因外,可能也与唐代世风男子不尚名节有一定关系。因为在古代社会,虽然男子握有离弃妻子的权力,但无端出妻、弃旧迎新也是有悖道德、受到谴责的。唐太宗要将公主嫁给开国功臣尉迟敬德,敬德辞谢道:"臣妻虽鄙陋,亦不失夫妻情。臣每闻说古人语,富不易妻,仁也。臣窃慕之,愿停圣恩。"叩头坚辞,太宗嘉之而止[3]。可见富贵不易妻是为人赞许的德行。上引描写弃妇的唐诗也无不包含着对男子无端弃妻行为的谴责。

---

1 李白:《去妇词》、杜甫:《佳人》、白居易:《母别子,刺新间旧也》,《全唐诗》卷165、218、427。
2 刘肃:《大唐新语》卷12。
3 刘𫗧:《隋唐嘉话》卷中。

不过，也应该看到，虽然男子在婚姻中处于主动地位、把握出妻权力，但婚姻是两个家族的结合，夫妻关系肯定会受制于双方家族的势力对比，男子出妻自然也面临妻子家族的压力。源休妻为吏部侍郎王翊女，因小忿而离，妻族上诉，交御史台验理，结果源休被除名配流。李元素娶妻王氏，后来显贵，溺爱婢妾而薄妻，妻又无子，李遂出之，也遭妻族上诉[1]。可知，男子出妻也不能随心所欲，会受到妻族力量的制约。

女子主动要求离异或擅自弃夫而去，应该是诸种离婚行为中最为背离礼法原则的，因此也是最能体现社会妇女道德观与礼教兴衰的风向标。这种现象虽不多见，但也时有发生。女子或女方提出离婚有各种原因，有因政治原因而请求离异者，宰相魏元忠子魏升娶名门士族郑远女，后因参与政变被杀，郑远遂向魏元忠请求"离书"[2]。有为侍奉父亲要求离异者，刘寂妻夏侯碎金因父亲失明，请求与丈夫离婚，归家侍养父母[3]。有因病求离者，吕温女嫁萧敏，因丈夫患"心疾"而离婚，病愈后又复婚；弘农杨氏则是自身因离家而疾病缠身，常祈求夫家放自己回家，请丈夫别娶[4]。更引人注目的是唐中期发生的一起女方诉求离婚案：颜真卿任临川内史时，邑人杨志坚嗜学而家贫，其妻王氏因衣食短缺，向丈夫索取离婚文书，杨赠其诗，妻持诗到州府请求官府判

---

1 《旧唐书·源休传》《旧唐书·李元素传》。
2 刘肃：《大唐新语》卷3。
3 《旧唐书·列女传》。
4 《旧唐书·武宗纪上》《唐代墓志汇编》元和057。

其别嫁。颜真卿虽准其改嫁，但判文谴责其"恶辱乡间，败伤风俗"，并决杖二十。据说，自此"江左十数年来，莫有敢弃其夫者"[1]。此话倒可以反过来证明，弃夫之事原本并非罕见。唐末战乱中，有位李将军之女，逃难中骨肉离散，不得不隐瞒门第而嫁一军将。后来寻到亲属，辞别丈夫说："丧乱之中，女弱不能自济，幸蒙提挈，以至如此。失身之事，非不幸也。人各有偶，难为偕老，请自此辞。"[2]

敦煌变文中有《㚢姎书》一卷，讲到一种泼悍妇人，与公婆争吵詈骂，并索要离婚书："新妇乃索离书，废我别嫁，可会夫婿。翁婆闻道色离书，忻忻喜喜。且与缘房衣物，更别造一床毡被。乞求趁却，愿更莫逢相值。新妇道辞便去，口里咄咄骂詈，不徒钱财产业，且离怨家老鬼。"[3] 可知这种女方主动要求离婚的事在下层民间时有发生。

2. 再嫁

妇女再嫁，既有夫亡再嫁者，也有离婚改嫁者。虽然朝廷、官府时有褒奖守节之事，但对妇女再嫁也并无限制，为了人口增殖，有时还特别提倡再嫁；社会主流道德观念虽然始终以从一而终为美德，但对再嫁也并不排斥和鄙夷。因此，唐代妇女再嫁现象十分普遍。

唐太宗贞观元年（627）下诏劝勉男女及时婚嫁，便包括寡妇

---

1 范摅：《云溪友议》卷上。
2 孙光宪：《北梦琐言》卷9。
3 《敦煌变文集》下册卷7，人民文学出版社，1957年。

再嫁:"……及妻丧达制之后、孀居服纪已除,并须申以媒媾,命其好合。……其鳏夫年六十以上、寡妇年五十以上,及妇人虽尚少而有男女及守志贞洁者,并任其情愿,无劳抑以嫁娶。"[1]既鼓励寡妇再嫁,同时也强调任其自愿。鼓励寡妇再嫁不仅为了人口增殖,同时也是为了避免"既生怨旷之情,或致淫奔之辱",败坏风俗。

对于夫亡再嫁,唐律规定:"妇人夫丧服除,誓心守志,唯祖父母、父母得夺而嫁之。"从律条可见,在家长主婚权与本人守节意愿的矛盾中,法律明确维护前者,并不注重倡导守节、限制再嫁。礼制对改嫁之母也表现出一视同仁的尊重,天宝六载(747)定制:"出嫁母宜终服三年",即对改嫁之母也照常服孝[2]。在时人观念中,夫亡再醮是合情合理的正常之举。楚王灵龟妃上官氏夫死之后,诸兄议论道:"妃年尚少,又无所生,改醮异门,礼仪常范。"[3]可见人们认为年少无子而改醮是合乎寻常礼仪规范的,并不强调贞节和从一而终。

社会现实中女子再嫁之事则不胜枚举。母仪天下的后妃便不乏再嫁者,唐太宗弟媳齐王妃夫死转事太宗,武则天、杨贵妃的再嫁为人熟知,自不必说。公主们更是古来为人经常援引的唐代妇女再嫁的典型例证。史载唐前中期自高祖之女到肃宗之女共有公主98人,其中改嫁者28人,还有4人三嫁。鲁迅曾讥讽

---

[1] 《唐大诏令集》卷110。
[2] 《旧唐书·礼仪七》。
[3] 《旧唐书·列女传》。

道：清代儒者"看见唐人文章里有公主改嫁的话，也不免勃然大怒道：'这是什么事，你竟不为尊者讳，这还了得！'假如这唐人还活着，一定要斥革功名，'以正人心而端风俗'了。"[1]后世儒者视为伤风败俗之事，唐人习以为常、毫不忌讳，正是不同时代礼教、贞节观念宽严有别的表现。不过，唐中期以后，随着李唐皇族日益尊奉、倡导礼教，对于公主再嫁也开始加以限制，宣宗下诏明确规定："公主、县主有子而寡，不得复嫁。"[2]以上所述公主再嫁都集中在唐中期以前，后期公主再嫁的确较为少见，应该与唐中后期皇室礼教观念的加强及朝廷禁令有着直接关系。

贵族仕宦人家女子再嫁也频见于史载，而且达官显贵并不以娶再醮之女为耻。唐玄宗政变功臣钟绍京之妻、越国夫人许氏便是先嫁关氏，夫亡之后再嫁钟的，墓志直书其事，毫无闪烁其词之意[3]。宰相宋璟之子宋浑纳美貌寡妇薛稷之女。中书侍郎严挺之妻子被出，改嫁蔚州刺史王元琰，后又嫁崔氏。左丞韦济妻李氏夫死之后，投奔宰相王缙，王纳之，并冒称妻室。宰相权德舆为女儿选独孤郁为婿，被唐宪宗赞为佳婿，其女也是寡居再嫁。李士素妻则是离异再嫁，初嫁刘仆射吕裔幼子，丈夫不加爱惜，夫家厚赠百万财货，让其改嫁李士素。宰相牛僧孺有同母异父兄弟殷僧辨、周僧达，可见其母曾三嫁[4]。即使是唐代儒门第一人韩愈

---

1 《我之节烈观》，《鲁迅全集》卷1。
2 《新唐书·诸帝公主》。
3 《唐代墓志汇编》开元306。
4 《旧唐书》宋璟、李林甫、王缙传，《唐代墓志汇编》大中160，钱易：《南部新书》己。

的长女,也是先嫁李汉,离婚后又嫁樊仲懿;而且两人同为韩愈门人,韩愈墓志上两婿皆署名,并不避讳[1]。唐代宗在位时,因喜爱李白的诗,派大臣寻访到李白的两个孙女,她们都已嫁给下里贫家。代宗命其改嫁士族,二女不愿,称:"夫妻之道,命也,亦分也。在孤穷既失身于下里,仗威力乃求援于他门,生纵偷安,死何面目见大父于地下?"[2] 皇帝不以命人改嫁为无德,二女不愿改嫁也并非坚守从一而终之节,只是不愿做不义之事而已。以实事为蓝本的传奇故事《谢小娥传》中,小娥为丈夫、父亲报仇之后,乡里豪族名门争相聘娶,也可见男家择妻并不在意是否为再嫁之女,而更看重其德行。

即使是向来以门第、家法自矜的士族人家也为世风裹挟,不免再嫁之行。司徒裴璩家族为河东名族裴氏,其爱女嫁士族郑氏子,女婿病故,裴令女再嫁。"大凡士族女郎,无改醮之礼。五教念女早寡,不能忘情,乃召门生故吏而告之,因别适人。乱伦再醮,自河东始也。"[3] 这个判断无论是否确凿,士族女子也不能"独善其身"却是事实。上述山东名门士族郑远之女嫁宰相魏元忠子,因魏氏遭变故,郑远要求离婚,"今日得离书,明日改醮"。山东名族卢氏女嫁崔绘为妻,夫死年少,诸兄欲嫁之,最终虽因卢氏坚心守节而未得逞,但不难看出,士族人家并不以改

---

1 陈鸿墀辑《全唐文纪事》卷36。
2 《新唐书·文艺中·李白传》。
3 孙光宪:《北梦琐言》卷5。

嫁为非[1]。由此可以想见，此类事情在下层庶民阶层自然更为平常。

需要说明的是，世风虽然如此，但社会也并非全无从一而终的贞节观念，坚心守节或由于各种原因寡居不嫁的妇女仍不在少数。白居易的《妇人苦》便哀叹："妇人一丧夫，终身守孤子。有如林中竹，忽被风吹折。一折不重生，枯死犹抱节。"可知妇女孤苦守节也是社会常态。唐代妇女究竟是再嫁者多还是守节者众？存在不同意见，这是个无法进行统计因而也永远不会有确切答案的问题。不过，相对于其他时代，总体来看，还是可以判定这是一个贞节观念相对淡薄、妇女再嫁现象普遍的时代。

妾媵制度与"妒妇"

唐律在严格维护一夫一妻制，明令禁止男子"有妻更娶"之外，同时又规定男子有纳妾权利："五品以上有媵，庶人以上有妾。"[2]

"媵"的称谓源于先秦时代的随嫁制度，唐代以之作为贵族、高官侧室之称，其身份高于妾。置媵依照官品等级有人数限制，唐令规定：亲王置孺人2人、媵10人，嗣王、郡王及一品官媵10人，二品媵8人，三品及国公媵6人，四品媵4人，五品媵3人。此外，散官三品以上皆置媵。"凡置媵，上其数，补以告身"，说明须朝廷补给身份证书。以下则为妾[3]。一般庶民百姓

---

1 刘肃：《大唐新语》卷3、《旧唐书·列女传》。
2 《唐律疏议》卷22《斗讼》。
3 《新唐书·百官一》《唐六典·尚书吏部·司封郎中》。

的侧室便只称妾了。纳妾则无论贵族或庶民男子皆无数量限制。妾、媵虽有配偶名分,但并非正式嫁娶。时人多称"买妾"而不称"娶妾",家中有妾仍称未婚,这些习俗都证实了这一点。置媵妾除了满足男子的好色与性欲需求外,也有生育后嗣的考虑。若正妻不能生育,男子便应该纳妾以生育子嗣、承袭宗祧。

个别边远地区婚姻受礼、法的束缚较少,也存在妻妾不分的多妻现象。敦煌户籍文书便反映了多妻的婚姻形态。如卫士武骑尉程思楚的户籍中,记载有三位妻子,其弟程思忠、程思太也各有两位妻子,她们并没有妻妾之分[1]。程思楚不过是低级军官,但弟兄三人都多妻,可见当时当地一夫多妻制的盛行。据研究者推断,这种风俗有可能是因为存在女多男少现象,而男子多娶主要是为增加劳动力或繁衍人口。至于妻妾不分显然与边远地区婚姻受礼法约束较少有直接关系。这种状况在中原地区是较为罕见的,除非是极个别情况。如寒士邓敞贪图牛蔚兄弟财势,虽已有妻室,又娶其妹牛氏。登第后携牛氏回家,原配李氏得知大哭,要去告官,经牛氏劝解,表示"愿一切与夫人同之",兼女儿劝阻,只得忍耐[2]。这种一夫二妻情况较为少见,邓的行为是违法和遭人鄙夷的。

妾媵之外,贵族富户家中还存在大量作为男主人性奴隶的婢、妓等贱民女子。这也为礼制与法律所允许,形成了一种普遍

---

[1] 《敦煌郡敦煌县龙勒乡都乡里天宝六载籍》,参史成礼等《敦煌性文化》,广州出版社,1999年。
[2] 佚名:《玉泉子》,《太平广记》卷498。

的社会现实。

唐代男子纳妾蓄婢成风，贵族豪门常有姬妾、婢妓成群者。即使是寒门小户，一妻一妾也并不鲜见。此外，还有蓄养外室——"外妇""别宅妇"的风气，唐玄宗时曾多次下诏禁止置"别宅妇"，可见风气之盛。

男子多偶的社会现实，自然激起了妇女在两性关系中的本能——嫉妒心理的极大膨胀；而唐代妇女所受礼教压抑、妇德约束松弛，又使得她们的这种本能得以肆无忌惮地宣泄。尤其是贵族妇女，她们承袭北朝之风，多性格刚悍，而且往往有强大的家族靠山，在夫家有很高地位，从而导致了上层社会"妒妇"遍地、嫡妻虐待婢妾成风。

唐代的"妒妇"在历史上颇负盛名。尤其是前期，上自皇帝下至贵族士大夫之家，妻子"妒悍"成为一代世风。唐人段成式曾总结说："大历已前，士大夫妻多妒悍者。"[1]一代名相房玄龄夫人据说便"至妒"，唐太宗赐给房美女，房屡辞不受，太宗于是命皇后劝喻其夫人，但房夫人执心不改，太宗无奈，问："宁不妒而生，宁妒而死？"答曰："妾宁妒而死。"太宗于是假赐毒酒给她，房夫人一饮而尽，面无难色，最后连皇帝也不得不畏服[2]。杭州刺史裴有敌病重，相者说裴命中有三妇，必须"娶二姬以压之"，若不再娶，夫人也不祥。裴夫人闻听大怒，表

---

[1] 段成式：《酉阳杂俎》前集卷8。
[2] 刘𫗧：《隋唐嘉话》卷中。张鷟《朝野佥载》卷3记为管国公任瑰之事。

示:"乍可死,此事不相当也!"[1]贞观中,桂阳县令阮嵩妻子阎氏极妒,阮在客厅宴请客人,召女奴唱歌助兴,阎氏披发跣足袒臂,拔刀至席,客人惊散,阮嵩吓得伏于床下。刺史为其作考词云:"妇强夫弱,内刚外柔。一妻不能禁止,百姓如何整肃?妻既礼教不修,夫又精神何在?"评为下等[2]。相国李福虽姬妾甚多,但因妻子裴氏妒忌,不敢留意。一日趁夫人洗发之时,伪称腹痛召女奴至,正待行事,夫人闻病而至,以药投于小儿尿中进之,李不得已只好服下。一事无成,倒白白灌了一肚子尿,传为笑谈[3]。唐末中书令王铎携姬妾赴镇抗御黄巢,夫人素来妒忌,忽报已离京在道,王对随从们说:黄巢渐似南来,夫人又自北至,旦夕情味,何以安处?幕僚戏道:不如降黄巢[4]。虽是戏言,也可以看出对夫人的顾忌与无奈。

  妾、婢之辈由于身份卑微,更成为主妇们发泄的对象。"妒妇"们对丈夫的制裁毕竟有限,往往便把一腔嫉妒、怨恨都发泄在妾婢们身上,手段无所不用其极。正室夫人对妾婢稍有不满,便在其面上刺刻图纹,竟成一种风气。房孺复妻崔氏极妒,家中侍婢一律不准浓妆高髻,一婢妆饰稍艳,崔氏命人以刀刺刻其眉,再以青色填之,又将眼角皮烧焦,再涂上朱粉。范略宠幸一婢,妻任氏以刀截婢耳鼻。广州化蒙县丞胡亮曾幸一妾,妻贺氏

---

1 张鷟:《朝野佥载》卷1。
2 张鷟:《朝野佥载》卷4。
3 佚名:《玉泉子》。
4 孙光宪:《北梦琐言》卷3。

烧钉烙其双目，妾自缢而死。骁卫将军梁仁裕淫占一婢，妻李氏狠击其脑致死。荆州枝江县丞张景先宠一侍婢，妻子杨氏乘张外出，将婢杀死，投入厕内，张惧怕其酷虐而不敢追究[1]。素来行为恣肆的公主们手段更加酷毒，宜城公主派人抓来驸马外宠，割其耳鼻，剥其阴皮，蒙在丈夫脸上[2]。此类正室夫人因妒生恨，以各种酷毒手段残害妾婢甚至戕害其性命者频见于史载，令人触目惊心、毛骨悚然。

情爱与性风俗

妇女的爱情追求

唐代曾为后世留下了许多传颂千古甚至惊世骇俗的爱情故事。

美丽的少女倩娘与表兄两情相悦，父母却将其另许他人，倩娘魂灵便离开了身体，追随远行的表兄，双双逃至蜀中，结成美满姻缘，数年后归家，魂灵与肉身才合而为一。多情的村姑与郊游进士崔护一见钟情，崔护二度重来，寻访不见，题诗于门，村姑见诗绝食而死，崔哭之竟死而复生，有情人最终得成眷属。这段故事留下了"人面桃花"的著名诗句。宦门之女无双与表兄青梅竹马，情投意合，但无双因受株连被没入掖庭，后得侠士搭

---

[1] 段成式：《酉阳杂俎》前集卷8、张鷟：《朝野佥载》卷2。
[2] 张鷟：《朝野佥载》补辑，中华书局，1979年。

救,终与表兄结为连理。高门仕女崔莺莺与书生张君瑞邂逅,互生爱慕,并偷期于西厢,私下结合,成就了一段风流佳话。这是千年盛传不衰的《西厢记》故事雏形,它可以说是中国古代才子佳人爱情故事的代表作。名妓李娃搭救了为自己荡尽钱财、沦落街头的郑生,含辛茹苦,助其及第成名,赢得士族高门郑氏家族的尊重,得以与郑生结为百年之好。娼女霍小玉痴情爱恋才子李益,李益却中途负心遗弃,另结高门,小玉抑郁成病,临终前痛斥李益,殉情而死。此外,还有大量如"柳毅传书""兰桥遇仙"等人神、人鬼、人狐相恋的著名爱情故事:洞庭龙女遭丈夫虐待,为儒生柳毅传书所救,欲托以终身,但为柳所拒;父母将其许配他人,龙女闭户剪发明志,最终与柳毅结为眷属。秀才裴航与女仙樊夫人同舟远行而生爱慕之意,樊氏虽赠诗拒之,但促成裴与其妹云英的一段姻缘,裴历尽艰辛,终与云英结为百年之好。妖狐任氏与贫寒之士郑六相爱,助其成家立业,并坚拒富家子韦崟的爱慕与强暴,等等。这些爱情故事流传千古,成为后世戏剧、小说取材的一个宝库。

这些爱情故事的女主人公,有贵族仕女、小家碧玉,也有村姑农妇、姬妾娼优,还有众多的女仙、女鬼等。在作者笔下,她们一个个都是那么美丽、多情、勇敢、执着,她们渴望爱情与如意婚姻,并且大胆追求、忠贞不渝;她们蔑视礼教,敢于反抗强权和父母之命,甚至不惜牺牲生命。经过奋争,她们有的如愿以偿,赢得美满姻缘;有的难成眷属,但至死不悔。宦门姬妾步飞烟与才子赵象私结情好,被主人发觉,毒打得奄奄一息时,仍然无愧无悔,毫不畏惧地声称:"生得相亲,死亦何恨!"霍小玉临终痛斥负心的李益:"我为女子,薄命如斯。君是丈夫,负心若此!……李君,李君,今当永诀!我死之后,必为厉鬼,使君妻妾,终日不安!"[1]手握其臂,长恸号哭而绝。多么忠贞痴情、敢爱敢恨的女子!

这么多动人而背离礼教的爱情故事出现在唐朝,不仅是文艺创作繁荣的表现,应该也是社会现实提供了素材的结果。当然,这些爱情传奇很大程度上是唐代文士追求风流韵事情结和宿娼狎妓生活的折射;但同时也在一定程度上反映了唐代社会男女爱情生活尤其是女子的爱情追求没有完全被礼教压抑、扼杀的现实,显示了唐人不拘礼法观念,对男女情爱和女子勇敢追求爱情所持赞赏、同情态度。文人笔下那些敢爱敢恨的女性形象,带有浓烈的时代色彩,正是唐代妇女生活风貌的艺术缩影。有学者指出:唐代以前的中国没有以恋爱为主题的小说,恋爱小说是在唐代才首次成为一种文学体裁,并断言中国社会在9世纪创造出了恋爱文化[2]。应该说,这一文学体裁的形成与盛行,正反映了唐代社会男女对爱情追求的空前自由与强烈。

现实生活虽与爱情传奇故事有所不同,但是女子勇敢追求爱情、自主婚姻之事还是有迹可寻。如大历中才女晁采与邻生文茂私订婚约,时常以诗通情,并乘间欢合,晁母得知,叹曰:"才

---

[1] 皇甫枚:《三水小牍·步飞烟》、蒋防:《霍小玉传》。
[2] 〔日〕妹尾达彦:《"才子"与"佳人"——九世纪中国新的男女认识的形成》,邓小南主编《唐宋妇女与社会》,上海辞书出版社,2003年。

子佳人，自应有此。"于是为他们完婚。台州女子肖惟香与进士王玄宴相恋，私奔琅琊，宿于旅舍中[1]。这些记载虽不一定完全属实，但应有一定现实依据。白居易有《井底引银瓶》诗，意在"止淫奔也"，诗云："妾弄青梅凭短墙，君骑白马傍垂杨。墙头马上遥相顾，一见知君即断肠。知君断肠共君语，君指南山松柏树。感君松柏化为心，暗合双鬟逐君去。到君家舍五六年，君家大人频有言，聘则为妻奔是妾，不堪主祀奉苹蘩。终知君家不可住，其奈出门无去处。岂无父母在高堂，亦有情亲满故乡。潜来更不通消息，今日悲羞归不得。为君一日恩，误妾百年身。寄言痴小人家女，慎勿将身轻许人。"作者以诗警诫世人，可见小家女的"私情"与"私奔"之事并非罕见。仕宦人家的女子自由恋爱相对困难一些，但《莺莺传》《离魂记》《无双传》等传奇故事的出现说明，她们中也会有崔莺莺一类叛逆者出现。

至于生活在农村的广大劳动妇女，她们长年在外劳动，行动较为自由，与异性交往方便；同时，礼教观念淡薄、感情纯朴奔放，所以自由恋爱的机会和事情肯定比上层社会更多。"妾家越水边，摇艇入江烟。既觅同心侣，复采同心莲。""杨柳青青江水平，闻郎江上唱歌声。东边日出西边雨，道是无情却有情。"[2]这些唐诗写出了劳动妇女自由的爱情生活。

总而言之，可以说，唐代妇女对于爱情和如意婚姻的追求没

---

1 《晁采传》，《古今图书集成》闺媛典闺藻部；孙光宪：《北梦琐言》卷6。
2 徐彦伯：《采莲曲》；刘禹锡：《竹枝词》，《全唐诗》卷21、28。

有完全被压抑、扼杀,她们的勇敢固然令人赞叹,更重要的原因恐怕还在于整个社会礼教禁制与妇女道德观的宽松。

此外,唐代男女表达爱情有赠同心结的习俗。唐人传奇《霍小玉传》中写李益负心于小玉而遭报应,常猜忌妻妾。其妻卢氏在家,忽然自门外抛至其怀中"一斑犀钿花合子,方圆一寸余,中有轻绢,作同心结","开而视之,见相思子二、叩头虫一、发杀觜一、驴驹媚少许"。说明同心结内可以藏物,以上所藏皆为催情春药类。同心结也可以用男女双方头发绾结而成,如晁采《子夜歌》有:"侬既剪云鬟,郎亦分丝发。觅向无人处,绾作同心结。"[1] 此外,相思子即红豆,也是表达情爱之物,唐人名诗"红豆生南国,春来发几枝。愿君多采撷,此物最相思。"便描写了这种爱情习俗。

两性关系的放纵

唐人两性关系放纵、贞节观念淡薄历来为后世所诟病,以致道学家有"脏唐烂汉"之说。它表现在妇女婚姻上,是离婚、再嫁风气盛行;表现在婚姻之外,便是未婚少女私结情好、有夫之妇另觅情侣等私情时有发生。

如果说离婚、再嫁风气与礼教、贞节观念直接相关的话,那么,女子婚外私情尤其是性关系的发生和社会的容忍程度,更是贞节观念强弱的风向标。虽然唐律中有惩罚男女"犯奸"的律

---

1 《全唐诗》卷800。

条，但似乎并没有遏制住社会现实中婚外私情及性关系的不时发生。

唐朝宫闱、皇室便是"淫风"弥漫、"乱伦"行为迭出。唐高祖张婕妤、尹德妃与太子建成、齐王元吉关系暧昧，太宗纳弟媳齐王妃，高宗通父妾武则天，玄宗夺子媳杨玉环史有明载、尽人皆知。武则天不仅在做嫔妃时便与太子有私，当女皇后更广置面首。其中名声最著者是薛怀义，千金公主进言其"有非常材，可以近侍"，武则天召其进宫，恩宠无比；后来御医沈南璆又夺其宠[1]。武氏晚年最宠幸的张易之、张昌宗弟兄，竟是女儿太平公主为母亲引荐的；直至年近80岁仍广选美少年做内供奉。武则天不仅自己置面首，还为男宠张易之的母亲阿臧找情人，敕命李迥秀为臧氏"私夫"[2]。中宗与妻子韦氏共渡危难时，曾许诺："一朝见天日，誓不相禁忌。"韦氏做皇后之后，果然无所顾忌，与上官昭容共同私通武三思，散骑常侍马秦客、光禄少卿杨均、国子祭酒叶静能等也出入宫掖，得宠于皇后，以致秽声传于宫外。上官昭容又私通崔湜，并引荐他做了宰相。

唐朝的公主们更是放纵，高阳、襄阳、太平、安乐、郜国、永嘉公主等都有情人，而且常常有不止一个男宠。唐太宗女合浦公主与僧人禅机交好，特送两个美女以安抚丈夫，此外又与和尚智勖、惠弘，道士李晃私通。高宗女太平公主与胡僧慧范有私，

---

[1] 《旧唐书·外戚列传》。
[2] 《资治通鉴》卷206武则天神功元年、《旧唐书·五行志》。

纵容其出入宫掖；同时喜爱司礼丞高戬。中宗女安乐公主不仅有情人，还与母亲韦后的情人关系暧昧；寡居后又私通武延秀，后来正式嫁给他。萧鼎、韦恽、李万、李昇等出入郜国公主府第，以致"秽声流闻"。顺宗女襄阳公主嫁张克礼，却与薛枢、薛浑、李元本私通，到情人薛浑家，甚至对其母行拜见婆母礼[1]。

贵族高门同样是"秽行"频出。贞观中，郧国公张亮妻李氏"素有淫行"，与卖笔的鄠县小儿私通，还将其留在身边，收为养子。曾为礼部尚书、宰相的许敬宗的继室与前妻之子许昂有染。左丞李行廉弟行诠前妻之子李忠与后母私通。郎中裴珪妻赵氏与合宫尉卢崇道私通。刑部尚书裴谈"妻外淫"，以致所生"男女不得姓氏"。侍中裴光庭妻为武三思女，与李林甫有私，裴死后武氏公然祈求以李代其亡夫官位。虢国夫人与族兄杨国忠关系暧昧，路人皆知。而杨国忠出使江浙，其妻在家却身怀六甲，并生下一男，杨回家后，其妻诡称梦中与丈夫交合，因而有孕。杨不责怪，反称："此盖夫妻相念情感所致。"时人无不讥诮[2]。从这些偶然留下的零星记载中便可以看出，贵族仕宦之家中妇女私情之事屡有发生，而唐人对此似乎司空见惯，并没有严厉惩戒。

达官显贵尚且如此，下层民间妇女自然约束更少些。唐人李

---

1 上见《新唐书·诸帝公主》《旧唐书·杨恭仁传》《旧唐书·肖复传》《旧唐书·李宝臣附惟简传》。
2 上见《旧唐书·张亮传》、张鷟：《朝野佥载》卷5、《新唐书·齐澣传》《旧唐书·李林甫传》、王仁裕：《开元天宝遗事》卷上。

商隐曾批评当时世风说:"女笄上车,夫人不保其贞污"[1],可知社会上女子婚前失贞现象并非罕见。前引白居易《井底引银瓶》诗也描写了未婚女子"暗合双鬟逐君去"的"淫奔"之事。西北边地受胡人风俗影响,女子性行为大约所受束缚更少些。敦煌变文中有少女对求欢男子的答词:"我今随顺哥哥意,只恨娘娘犹未知。放儿暂见娘娘面,须臾还却亦何之。"[2]透露了民间未婚女子的私情。有趣的是,敦煌文书中还记载有专门防止妇女私通"外夫"的方术:"知妇人造事,有外夫者,取牛足下土著饮食中,与妇人吃,时令夜间唤外夫名字,又道期会处,勿使人传之。""妇人别意,取马蹄中土,安妇人枕下,勿使人知,睡中召道姓名。"[3]丈夫们处心积虑,以致乞灵于方术,更可证妇女婚外私情并非罕见之事。

唐人爱情传奇故事更可以说是离经叛道的私情大观。不仅闺中少女私结情好俯拾即是,已婚或寡居妇女"红杏出墙"之事也不胜枚举。《达奚盈盈传》讲述,天宝中,某贵人之妾达奚盈盈私藏一少年宿卫兵士于房中甚久,唐玄宗命人大索京师,搜至贵人家。盈盈教少年:不可言在此,但云人物、帘幕屏帏、食物如此,则绝无祸患。使玄宗误以为是藏于虢国夫人家。后数日,虢国夫人进见,玄宗戏问此事,虢国夫人大笑而已。《莺莺传》中

---

[1] 李商隐:《别令狐拾遗书》,《全唐文》卷776。
[2] 《小小黄宫养赞》,转引自罗宗涛《敦煌变文社会风俗事物考》第7章,台北文史哲出版社,1974年。
[3] 转引自史成礼等《敦煌性文化》,广州出版社,1999年,第296页。

崔莺莺作为高门闺阁之女，不仅与张生诗简往来、互通情愫，而且"敛衾携枕"，夜奔西厢，与情人私下结合。已婚女子私通情人的逸事似乎更受传奇作者青睐，比如：贞元中，文士李章武游于华州，与房主儿媳两情相悦，女子遂"私侍枕席"。后李归长安，女子竟思念成疾而亡。长山赵玉之女美姿质，嫁一愚钝耕夫，一日独游林薮，见一白马锦衣人，叹道："我若得此夫，死亦无恨。"锦衣人问："暂为夫可乎？"赵答："君若暂为我夫，我亦怀君恩。"于是二人在林中欢合而别。维扬大商万贞常年在外，妻子孟氏独游园中并吟诗以抒哀怨，一少年逾垣而入，笑道："浮生如寄，年少几何……岂如且偷顷刻之欢也。"孟氏遂私之，并携归己家。下邳徐安开元中出游，妻子王氏独居，一日有少年顾盼其姿色道："可惜芳艳，虚过一生。"王氏闻而悦之，遂与之结好。[1]

寡居、独身妇女更有"自媒"权力。如浚仪县令焦封丧妻，开元初客游于蜀，夜入一甲第，有寡居美人款待相留，与之"申伉俪之情"。新繁县尉亡妻魂灵现身为县令作女工，县令爱悦，与之同居，数月后互赠信物而别，其夫开棺，见妻竟怀抱县令所赠罗帛而卧[2]。

遍览唐人笔记、传奇，女子或女仙、女鬼"自荐枕席"之事俯拾皆是、不胜枚举。在唐人笔下，不仅当世凡人，连前代后

---

1 《达奚盈盈传》，王铚：《默记》卷下；上见《太平广记》卷306、340、345、450。
2 《太平广记》卷335、446。

妃、美人如戚夫人、王昭君、杨贵妃、西施等都不甘寂寞,纷纷还魂与今人同衾共枕;女神、女仙如后土夫人、上元夫人、太阴夫人、华岳神女、织女等,连同女鬼、妖狐也不顾仙凡、阴阳阻隔而争相与凡人尽享床笫之欢。"锁骨菩萨"的传说更离奇:延州有妇女,白皙有姿貌,年二十四五,孤行城市,与众少年交游,狎昵荐枕。后死去,世人方知"淫纵女子"原来是锁骨菩萨,舍身而徇世俗之欲[1]。

以上所列只是流传后世的传奇故事,其中无疑寄托了文人们崇尚风流、羡慕艳遇的情结,恐怕在一定程度上也是当时社会风气的写照;更值得注意的是,它们透露了作者及当时社会对男女私情、妇女贞操的观念、态度。

性及贞节观念

1. 性观念

众多私情、"淫行"在社会现实和唐人作品中频频出现,正源于唐人包括妇女相对宽松的性观念。

随着儒家礼教的衰弛与少数民族朴野性风俗的融入,唐代中原汉族传统性禁制对人们尤其是妇女的约束明显有所削弱;同时,在三教并行的社会环境中,人们的性观念也呈现出多元化状态。而这正是上述种种"非礼"两性关系发生的思想观念背景。

比上述种种"非礼"性关系现象更值得注意的是社会、朝野

---

[1] 《太平广记》卷101。

对此的态度。对皇室频频发生的乱伦性关系，朝野虽有微词，但也并不以之为奇耻大辱。朝臣奏表、时人诗文对于武则天曾事先帝、杨贵妃原为寿王妃，甚至闺房狎昵之事均直言无隐、并不忌讳。大臣对于武则天广求男宠的谏诤简直令人瞠目："臣闻志不可满，乐不可极。嗜欲之情，愚智皆同，贤者能节之，不使过度，则前圣格言也。陛下内宠，已有薛怀义、张易之、张昌宗，固应足矣。近闻尚舍奉御柳模自言子良宾洁白美须眉，左监门卫长史侯祥云阳道壮伟，过于薛怀义，专欲自进，堪奉宸内供奉。无礼无仪，溢于朝听。"[1] 谏表直言不讳，甚至连"阳道"这种不登大雅之堂的隐私也公然谈论，女皇却不以为忤，反赐彩百段以奖励之。足见其时对历来人们讳莫如深的性事的宽松风气与观念。

性爱文学的兴起也是唐代社会性观念的重要表征。唐人传奇《游仙窟》与《天地阴阳交欢大乐赋》是性爱文学的代表作，前者堪称古典性爱小说的开山之作，后者更被人称为"中国性爱文学之经典"。而两位作者张文成和白行简都是仕宦之人，一是高宗朝进士、一是德宗朝进士，足见当时人对于张扬性爱的宽纵风气。

《游仙窟》写的是作者张文成在游历途中进入神仙洞窟，与仙窟主人崔十娘等聚会欢宴、缱绻一夜的故事。十娘与其嫂皆为高门士族寡女，她们与张同席宴饮、谈笑尽欢，而且相互以诗词戏谑挑逗，赤裸裸地以物喻性，言词狎亵。最终张与十娘共赴阳

---

1 《旧唐书·张行成附易之、昌宗传》。

台,尽云雨之欢:"施绫帔,解罗裙,脱红衫,去绿袜,花容满目,香风裂鼻。心去无人制,情来不自禁。插手红裤,交脚翠被。两唇对口,一臂枕头,拍搦奶房间,摩挲髀子上,一吃一意快,一勒一伤心,鼻里痠痹,心中结缭;少时眼花耳热,脉胀筋舒,始知难逢难见,可贵可重。俄顷中间,数回相接。"[1] 在唐前文学作品中从未见有如此直露、细腻的性爱描写。

《天地阴阳交欢大乐赋》是以赋的形式描写性爱的著作。作者开篇便明言男女情欲与交欢的正当性、合理性:

> 夫性命者人之本,嗜欲者人之利。本存利资,莫甚乎衣食。既足,莫远乎欢娱。至精,极乎夫妇之道,合[乎]男女之情。情所知,莫甚交接(交接者,夫妇行阴阳之道),其余官爵、功名,实人情之衰也。夫造构已为群伦之肇、造化之端。天地交接而覆载均,男女交接而阴阳顺。

以下全篇对于男女的性成熟、新婚初夜、夫妻床笫之乐、与妾婢交欢,乃至外乡偷情、户外野合等性事中双方情态、声气、动作,描写极尽生动、细腻入微,毫无避讳。从中还可以得知,唐代夫妻性生活中有共读《素女经》的习俗(《素女经》是前代著名性学著作)[2]。此赋虽然明显是受道家房中术思想影响,但全篇津津乐道、着力描绘的是男女双方的情爱与性爱的快乐、美好享受,

---

1 汪辟疆校录《唐人小说》,上海古籍出版社,1983年。
2 转引自史成礼等《敦煌性文化》,广州出版社,1999年。

而不在于讲究男子采阴补阳等以女方为工具的"御女"之术。

值得注意的是，两篇作品都表现出在性活动中注重男女情爱，由情入性，由性至情。《游仙窟》描写作者与女主人之间由相识、互生爱慕、戏笑调情而逐渐进入性爱；《大乐赋》则在描写夫妻房事过程后有"当此时之可戏，实同穴之难忘"的结语，都可见作者是将性作为男女情爱的极乐境界，同时认为美好的性生活又加深了男女之情。此外，虽然性交中男子是主动一方，但作者也并未将女方完全当作男子"采""御"对象及单方面享受的性工具，同时描写了女子的欢愉、快感及主动性。

此外，房中术名著《洞玄子》也有人认为成书于唐代，一些医学著作如《千金要方》等也都涉及性交与男女健康长寿的关系。通过以上这些，不难窥见唐人以性欲享受为正当、有益，以性事为至乐、至美观念之一斑。

2. 妇女情欲与贞节观

唐代两性关系较为放纵、妇女性行为所受约束较少应该是毋庸置疑的，实际上，无论礼教束缚多么严苛，历代都不乏男女私情之事和描写此类情事的作品；因而，更值得注意的是社会及相关人士对此类"犯奸"女子的处置与态度。从这一角度，也许更容易领略唐人的妇女性道德及贞节观念。

如果说朝臣对武则天的嗜欲无节、多纳男宠直言无隐，是因为将她当作享有特权的皇帝而不是女性，因而不足以反映人们对女性的性观念的话；那么上述后妃、公主、贵妇频频发生私情之事，也并不见受到法律惩戒、家人严责与夫家休弃，丈夫甚至还为之掩饰就应该可以说明一定问题了。

上述描写私情的文学作品中，不仅红杏出墙的女主人公自身毫无愧疚之心，而且作者对于这些悖逆礼教的私情，也几无例外地不吝以美好的言词赞美、描绘。不似后世私情小说，往往极尽丑化之词，并辅以说教，警诫世人。这种写作心态正反映了唐人对女子私结情好的失节行为并不视为奇耻大辱，反而当作风流韵事，并报以理解与同情。《步飞烟》故事中，飞烟因私情暴露被毒打致死后，有李生以诗咏叹其事，诗中有"艳魄香魂如有在，还应羞见坠楼人"诗句，以之与绿珠相比，有讥讽其不贞之意。不料夜梦飞烟怒指而骂："士有百行，君得全乎？何至务矜片言，苦相诋斥？当屈君于地下面证之。"李生竟因此而暴死。故事中，不仅犯"奸"的飞烟毫不愧悔，诋毁她的人反遭恶报。作者最后评论道："飞烟之罪，虽不可逭，察其心，亦可悲矣！"足见对其同情之深。被认为源于元稹自身经历的《莺莺传》故事结局也颇值得注意，莺莺虽然与张生偷期西厢，失身于人，但结局却并不像后世《西厢记》及多数爱情故事那样：有情人终成眷属，一床锦被遮盖了原先的私情；而是莺莺另嫁、张生另娶，后来二人还有诗赋往来。从故事中还可见，时人对此并不以为怪，只是说张生太忍情了些，仍然作为佳话韵事传颂不已。可见，唐人对女子婚前失贞并不十分计较，失身而又另嫁也视为平常。华州参军柳生的传奇故事也很有代表性：崔氏女与表兄王生已有婚约，却在母亲纵容下偷偷与柳生结婚。官府裁断应归王家，王生不计前愆，仍娶为妇。崔氏再次偷奔柳氏，又被本夫告官夺回。崔氏百般推托,并假托有孕,王仍不责难而纳之。最后,崔氏死去,魂魄远行与柳生团圆,而王生仍追寻不舍[1]。崔氏与柳生至死不渝的爱情固然令人赞叹,王生对于妻子私奔、失身甚至与他人有孕不以为意,始终穷追不舍也颇值得品味。

传奇故事中那些"自荐枕席"的女仙、女鬼依恃其世外身份,更是坦然无愧:上清女仙自荐求偶,遭任生拒绝之后,赠诗云:"葛洪还有妇,王母亦有夫。神仙尽灵匹,君意合何如?"织女夜夜到人间与情人郭翰同衾共枕,郭戏问之:"牵郎何在,那敢独行?"织女却答:"阴阳变化,关渠何事?且河汉隔绝,无可复知。纵复知之,不足为虑。"[2]对于牛郎毫无顾忌、愧疚之意。

唐诗也是观察时人妇女贞节观的一个窗口。张籍的名诗《节妇吟》描写了一位有夫之妇,与人产生私情,接受馈赠:"君知妾有夫,赠妾双明珠。感君缠绵意,系在红罗襦",并且因为自身已嫁而遗恨、悲伤:"还君明珠双泪垂,恨不相逢未嫁时!"[3]诗人因女子虽然抱憾但最终未与情人结合而誉为"节妇",并倾注了极大的同情与理解。按照后世贞节标准,这位女子恐怕是无论如何也算不上"节妇"的。元朝人便批评道:"礼男女授受不亲,妇人从一,理不应受他人之赠,今受明珠而系襦,还明珠而垂泪,其愧于秋胡之妻多矣,尚得称节妇乎?"[4]由此不难看出唐

---

1 《太平广记》卷342。
2 《全唐诗》卷863、《太平广记》卷68。
3 《全唐诗》卷382。
4 俞德邻:《佩韦斋辑闻》卷2。

人贞节标准的宽松。

我们再留意一下妇女所写诗歌,它们应该更贴切真实地反映了妇女本身的情爱、性爱观念。姬妾、娼妓等所作诗篇多言语恣肆、涉及艳情,但因其身份,不足为凭;长孙后、武则天所撰两首情诗应该更具有典型意义。历来被当作后妃楷模的唐太宗长孙皇后写有《春游曲》:"上苑杏花朝日明,兰闺艳妾动春情。井上新桃偷面色,檐边嫩柳学身轻。花中来去看舞蝶,树上长短听啼莺。林下何须远借问,出众风流旧有名。"武则天则有《如意娘》诗:"看朱成碧思纷纷,憔悴支离为忆君。不信比来常下泪,开箱验取石榴裙。"母仪天下的皇后、女皇居然写怀春艳情诗,并且传播于外而未见任何非议,就颇令人惊奇了。足见当时妇女对于风流放达风格的倾羡,对男女情思的赞美,更可窥见男性社会对此视为常情甚至赞赏的风尚。另如闺中才女晁采所撰《子夜歌》,承袭前代吴地情歌风格,抒发情人之间的相思相恋,如:"金针刺菡萏,夜夜得见莲(怜)";"含笑对棘实,欢娱须是枣(早)";"绣房拟会郎……恐有女伴窥"[1]等。敦煌文学作品中描写女子相思也有"日月长相望,宛转不离心。见君行坐处,一似火烧身"[2]等诗句。以上虽然未必都是写实,或有男子假托之作,但诗句直抒情思、情热似火,也仍然可以说一定程度上透露出了民间妇女追求情爱、性爱和坦然无愧、毫不掩饰的风气。

---

1 《全唐诗》卷5、800。
2 敦煌写本诗歌。转引自颜廷亮主编《敦煌文学概论》,甘肃人民出版社,1993年,第147页。

此外，依照礼教原则，良家妇女即使是在夫妻正当房事中若是放纵、沉溺情欲，也为淫为耻，换言之，礼教不认可女子的情欲，只承认她们为生育后嗣而作为性工具的正当性。但从上举唐人性爱文学作品可以发现，在作者所描绘的性生活中，男女双方是对等的，女子并没有沦为男子的性工具，而是与男子同时享受着情爱、性爱之乐。前述《游仙窟》《大乐赋》就鲜明证实了这一点，其中都显示了对于女子情欲及放纵情欲的认可与赞美。

家庭生活与伦理

家庭是古代妇女最主要的生活领域与活动场所，她们在家庭中的身份地位、生活面貌可以说是社会地位的缩影和集中体现。唐代妇女也同样如此。

家庭结构与妇女财产权

妇女在家庭中的生活状况及权利、地位与家庭规模、结构密切相关。

关于唐代的家庭规模，存在不同意见。较多学者认为，唐代家庭以5口之家的小户为主；累世同居、人口众多的大家庭为数不多，主要集中在社会上层的官僚地主阶层。总体上看，在普通民众中，小家庭大体占优势。这种小家庭主要是父母与未婚子女组成的所谓"核心家庭"；也包括父母和一个已婚子女及其子女一起生活的所谓"主干家庭"家庭，即三代同堂家庭。[1]

在这种人口不多、家庭成员关系相对简单的家庭中，一般来说，妇女的权利、地位要优于人口众多的大家庭。她们主持家事、掌管财产的权利较大，所受束缚、压力较小，矛盾也较少，家庭关系比较容易处理。这种小家庭虽然有利于妇女，但并不符合礼教所倡兄弟同居之"义"，统治者因此常有旌表数世同居的"义门"之举，以之作为道德楷模。妇女若是生活在这种同居大家庭之中，是不能主动要求分家异居的，鼓动丈夫分家被认为是不合妇道的不义之举。唐人王梵志诗中就讥讽在"兄弟义居"家庭中，由于妇女挑唆、争斗而导致分家的现象："外姓能蛆蛄，啾唧由女妇。一日三场斗，自分不由父。"瀛洲刘君良家族四世同居，隋末战乱饥荒中，妻子劝他分家，被他斥为"破家贼"，并将妻子休弃[2]。

对于妇女在家庭中的财产权利，唐代律令中有较为明确的规定，大略如下。

首先，作为父家之女，她们虽然对父家财产没有占有权，但有分得嫁资的权利。唐令规定："诸应分田宅及财物者，兄弟均分……其未娶妻者，别与聘财；姑姊妹在室者，减男聘财之

---

1 参冻国栋：《唐代人口问题研究》第6章第1、2节，武汉大学出版社，1993年；张国刚：《唐代家庭形态的复合型特征》，《历史研究》2005年第4期。
2 《旧唐书·刘君良传》。

半。"[1] 既规定家庭中田宅、财产等由兄弟均分，女儿没有继承权；同时又保证未嫁之女可以分得相当于兄弟聘财数量一半的嫁资。

其次，在"户绝"即家庭没有男性子嗣时，女儿无论是在室还是已嫁，都有优先全部继承父母遗产的权利："诸身丧户绝者，所有部曲、客女、奴婢、店宅、资财，并令近亲转易货卖，将营葬事及量营功德之外，余财并与女，无女，均入以次近亲。"[2] 唐代曾发生过一起出嫁女争夺父家财产的官司：洛阳县任兰无子户绝，他死后县府将财产转予他人；出嫁女要求改判，最终官府依照律令，判决将财产全部归还女儿[3]。说明户绝由女儿继承财产的律法是得到了执行的。

作为夫家之妇，按照礼教原则，对于夫家财产并无所有权；但她们对从父家带来的私财具有一定所有权与支配权。唐令在规定兄弟均分财产之后，特别说明："妻家所得之财，不在分限。"说明妻子从父家所得财产应归夫妻小家庭所有。从原则上说，这些私财应该是夫妻共有，但从现实中看，妻子对自己从父家获得的资财有很大支配权力。如宰相元载未发达时，长期生活在岳丈家，由于贫穷，受到亲属轻慢，其妻王韫秀劝其读书求取功名说："妾有妆奁资装，尽为纸墨之费。"韦皋事与之相类，韦妻张氏也是激励丈夫外出求取功名，并"罄妆奁赠送"[4]。说明她们

---

1 仁井田陞：《唐令拾遗》户令第九，长春出版社，1989年。
2 《唐令拾遗》丧葬令第三十二。
3 《文苑英华》卷544《宅判》。
4 范摅：《云溪友议》卷中、下。

掌握着对自己私财的支配权。丈夫若是随意取用妻子的私财是不为人认可的。唐人《因话录》记载：郑还古天性孝友，其弟好赌博，还古则是"虽妻子之赀玩，恣其所用"。这一记载首先说明妻子是有属于个人的"赀玩"的，同时也反映出丈夫随意动用妻子赀财并不正常。

至于夫家财产，若是夫与子在，自然是夫妻、母子同居共财，妇女并无所有权，但是主妇一般握有主持家政包括管理、经营财产的权力。如李光颜弟兄和睦同居，弟先娶妻，其母委之以家事；兄后娶妻，弟媳将管钥、家籍、财物等奉于其嫂，推让其嫂主家。《女论语·营家章》也说："夫有钱米，收拾经营；夫有酒肉，存积留停。"都反映了虽然财产所有权属于夫家，但作为主妇有管理经营财产的权力。另如史载，徐岱"吝啬，自持家管钥，世所讥云"[1]，男子把持钥匙为世所讥，也可证明主妇管家掌财才是常态。

若是夫死又无子，唐令对妇女财产权利也做了保证："寡妇无男者，承夫分；若夫兄弟皆亡，同一子之分。"[2]说明寡妇只要守节，即使没有儿子也可以在家族中分得丈夫或一子份额的财产。这使得守寡妇女的生计得到了一定保障。衢州有翁姓妇人，到官府"陈牒论田产，称阿公阿翁在日"云云[3]，可知所论为夫家田产，有可能是丈夫去世，家族中发生财产争夺，故妇人诉至

1　《新唐书·徐岱传》。
2　《唐令拾遗》户令第九。
3　赵璘：《因话录》卷4。

官府，说明她有获得或掌管财产的权利。但若改嫁，则财产不能带走："若改适，其见在部曲、奴婢、田宅不得费用，皆应分人均分。"妇女从父家带来的私财也不能带走，似乎有点不近情理，但宋人解释说："妇人随嫁妆田，乃是父母给与夫家田业，自有夫家承分之人，岂容卷以自随乎！"[1]不过，这只是法律原则，敦煌诗歌中有"无情任改嫁，资产听将陪。吾在惜不用，死后他人财"[2]的感叹，说明民间妇女改嫁将前夫财产携走者也并非罕见。传奇故事中有富商王可久，远行贩鬻不归，其妻请杨生占卜，杨觊觎其家财，谎称王已死，其妻遂改嫁杨，杨"乃籍所有，雄据厚产"[3]。这也是妻子携产改嫁的事例。

在家中无男子或男子老病等情况下，女子也可成为户主："若户内并无男夫，直以女人为户"[4]，称为"女户"。敦煌籍帐中有在室女为户主的，如"户主大女白小尚"年19岁，是未嫁之女，家中有母亲与妹妹；也有夫在而妇女为户主的，有的明载是"代夫承户""代翁承户"，如宋二娘"代婿承户"、李大娘"代翁承户"等，说明丈夫与公公在世，可能或病或老，故由妇女代管[5]。夫亡寡居妇女自然更要当门立户，唐代田制规定：寡妻妾授田30亩，若是"当户"即主持门户者则减丁男之半，即

---

1 《唐令拾遗·户令第九》《名公书判清明集·户婚门》。
2 《敦煌掇琐》上辑，台北新文丰出版公司，1985年。
3 《太平广记》卷172。
4 《唐律疏议》卷12《户婚》。
5 参刘永华：《唐中后期敦煌的家庭变迁和社邑》，《敦煌研究》1991年第3期。

授田50亩。作为户主，妇女既有承担支撑门户、养家纳税之责，自然也有掌握财产的权利。

家庭角色与地位

人们常常将妇女的人生轨迹与家庭角色转换归结为：女儿—妻子—母亲。唐人也有类似说法，称为：女、妇、母，比如："夫人少为淑女，长为孝妇，终为严母"[1]，将女子一生分为三种身份或三个阶段。当然这只是就主要身份而言，实际上每种角色都是一身数任。对于妇女在不同身份下的家庭地位与行为规范，唐人一如既往地服膺"女在室，以父为天；出嫁，以夫为天"；"在家从父，出嫁从夫，夫死从子"的儒家礼制原则[2]，与历代并无二致。以下就此三种身份或阶段，分别观察一下唐代妇女在家庭中的责任、权利、地位以及相关伦理观念。

父家之女

由于早婚风俗，女儿在父家的生活时间相对短暂。但是，她们与兄弟们一样，无论在室或出嫁之后，终身都负有对父母生前尽孝、死后安葬以及照护家人的责任。

宋若昭姐妹的女教著述《女论语》有《事父母章》，专门讲

---

1 《唐代墓志汇编》大和091，上海古籍出版社，1992年。
2 《旧唐书·礼仪七》。

述在家之女孝养父母之责:"女子在堂,敬重爹娘。每朝早起,先问安康。寒则烘火,热则扇凉。饥则进食,渴则进汤。""父母年老,朝夕忧惶。补联鞋袜,做造衣裳。四时八节,孝养相当。父母有疾,身莫离床。衣不解带,汤药亲尝。""设有不幸,大数身亡。痛入骨髓,哭断肝肠。……衣裳装殓,持服居丧。安理设祭,礼拜家堂。"

这一时期为人称道、载入史册的妇女道德模范中有许多以孝养、安葬父母闻名者。比如:刘尚宾妻卢氏"从人之后,心不离家……奉养慈亲,如在室焉。"[1]夏侯碎金已嫁且生女,因父失明,故与丈夫离异,归家侍奉父亲与继母15年,父母亡后营葬并守孝终身。李妙法战乱中被劫往他乡,已生子,父死回乡奔丧,葬父养母,并庐墓终身。也有女儿为母亲养老的事例,著名文士李翱的岳母晚年夫亡便是随女儿、女婿同住[2]。另如,宗室女李玄真的祖、父等获罪流亡,死于边地,李远行万里,护送骸骨回归家乡、葬于祖茔。王和子、郑神佐女,都是父兄战死,远道护丧而归,并守墓不嫁。

这些女子有的为未嫁之身,有的已嫁为人妇。她们或在无兄无弟情况下代子尽孝,为此终身不嫁、抛夫弃子;或家中有弟兄,女儿仍然躬尽孝道。这种行为受到朝廷旌表、社会赞许,说明统治者与主流伦理道德观念认同孝道压倒一切,虽然女子出嫁

---

1 《唐代墓志汇编》大和042。
2 《唐代墓志汇编》贞元121。

后"外父母家"而"内夫家",但对父母仍有赡养、尽孝的责任,这甚至重于、优先于对于丈夫及子女的职责。白居易曾断一案十分有趣,也反映了以上这种伦理观念:某女子为在田里的丈夫送饭,遇到父亲,父亲说饥饿,女儿便将饭给父亲吃了。丈夫因此恼怒而休妻,妻子不服,诉至官府。白居易判其休妻无效,判词称:"象彼坤仪,妻惟守顺;根乎天性,父则本恩。""义虽乖于齐体,孝则见于因心。"[1] 实际上肯定了女儿对父恩出自天性的孝,要重于夫妻之义。

与女儿承担的责任相当,女子无论出嫁与否,对父母及家事也都有一定发言、参与权。如宰相崔造欲退位,亲友皆劝勉之;长女贤而知书,独劝父退,崔遂听从女儿意见,决意退位[2]。

反过来说,父家不仅有责任抚养女儿,为其婚配,而且在其出嫁之后仍有庇护、照应的责任和支配权力。唐代许多史实都说明出嫁女与父家关系的密切以及对家族的依赖,如源休娶吏部侍郎王翊之女,因小忿而离弃,妻族上诉,源休迟留不答,被除名配流。李元素溺情婢妾,继室王氏又无子,遂听信谗言而出妻,也被妻族上诉,因此而免官,还被判赔偿王氏钱物5000贯[3]。这两起都是"妻族"为出嫁女鸣冤,致使其夫受罚的事例。不仅显示了妻族的力量,说明父家是出嫁之女的坚强后盾,由此也不难推想妻族盛衰必然直接影响妻子在夫家的地位。

---

1 《白香山集》卷49,文学古籍刊行社,1954年。
2 张固:《幽闲鼓吹》。
3 《旧唐书》源休传、李澄附元素传。

唐代还存在一些妇女虽然出嫁但长居父家的现象。如某乐安孙氏，婚后因母亲有病不忍离开，后自己又病，一直居于父母家，还生有一女，只是每年夫家岁时祭祀仍亲自操办；白居易的妻姐杨氏不知何故也是"虽宜其室，竟未辞家"，直至去世，都是由姊妹看护疾病、弟兄主持丧事[1]。此外也有已嫁妇女临时归家养病、生产的事例，如柳宗元的妻子病重时因就医方便归家治病，后病逝于娘家[2]。

出嫁女夫亡守寡，父家更有照护、抚养义务以及对其再婚的决定权。引人注目的是，唐代有寡妇归宗习俗，寡居妇女回到父家生活直至终老的现象十分常见。如山东士族卢氏女嫁崔绘为妻，丈夫死后回父家生活；独孤及的长姐寡居后携子归宗，依附于弟；中唐名臣杨虞卿奉养寡姊、抚养孤甥，并为之婚配[3]，等等。同时，父家尊长也有要求甚至强迫寡妇再嫁的权力，这在"婚姻"一节已有讲述。不仅父母，本家伯叔、兄弟也有逼迫寡妇再嫁者，如上述崔绘妻卢氏归家后，兄长们便催促其改嫁，后又许婚于亡姐之夫李思冲；节妇敬像子守寡后在夫家养子奉亲，其兄长也千方百计逼迫其再嫁。虽然兄长的权力不为法律认可，但是这种现象显然是存在的。

对此，研究者总结认为："唐代妇女长期归宁是普遍可见的现象，夫亡归宗尤其可算是一种定型的生活方式。……这些生活

---

1 《唐代墓志汇编》元和015；白居易：《祭杨夫人文》，《白香山集》卷23。
2 《柳宗元集》卷13，中华书局，1979年。
3 白居易：《与杨虞卿书》，《白香山集》卷27。

方式表现了一种价值倾向,就是对父母手足的关系与情感的重视,这个重视的强度影响到了妇女与本家的关系。"[1]

此外,倘若父家无男嗣,女儿也可以"承家",即继承家业。如唐墓志中记载某人"一子既殁,二女承家";某人次女"适张氏,而承其家焉"[2],都是显著事例。这既表现了女儿的责任,也可以视为权利——女儿与丈夫一起承担起了对于父家的责任,同时自然也把握了家庭财产等权利。

夫家之妇

女子出嫁后在夫家的生活可以说是其人生中最主要的部分。敦煌写本《崔氏夫人要女文》说:"徒来生处却为客,今日随夫始是家。"[3]告诫女儿在出生地是客,夫家才是真正的家。柳宗元申明为妇之道则说:"从人之道,内夫家,外父母家。"[4]即女子嫁人之后,要以夫家为自己的家,而将父母家作为次位的外家。

在古代家庭中,男子娶妇,不只是为个人,而是为家族继嗣、奉亲;所以女子嫁到夫家后的身份,不只是丈夫之妻,更是夫家尤其是舅姑之妇。"妇"的称谓也正包含着这两重含义。这后一种身份甚至重于前者,她们承担着侍奉尊长、主持家务、和

---

1 参陈弱水:《试探唐代妇女与本家的关系》,载李贞德、梁其姿主编《妇女与社会》,中国大百科全书出版社,2005年,第178—179页。
2 《唐代墓志汇编》建中003、大中123。
3 《敦煌掇琐》上辑20,台北新文丰出版公司,1985年。
4 柳宗元:《伯祖妣赵郡李夫人墓志铭》,《柳宗元集》,中华书局,1979年。

睦亲族、抚育后辈等重要家庭职责。

1. 为妻

唐代占据统治地位的主流观念与前代并无二致，完全尊奉礼教的"夫者，妇之天"与"妻者，齐也"的二重准则——既强调夫妇之间天差地别的尊卑、主从关系，同时又主张夫妻相齐与一体，尊重妻子（嫡妻）的权利、地位。

开元时期朝廷议论服丧礼仪时，朝臣便多次重申"夫妇之道，人伦之始。尊卑法于天地，动静合乎阴阳"；"国无二君，家无二主"；"出嫁，以夫为天"；"出嫁从夫，夫死从子"等关于夫妇之道的礼制原则[1]。郑氏《女孝经》以"妇地夫天"为纲，论述女子事夫之道，认为女子事夫应该如同臣事君、子事父一样遵循严、敬、信等道德准则。宋氏《女论语·事夫章》也明言要"将夫比天"，但同时又强调夫妻恩爱、一体："夫刚妻柔，恩爱相因。居家相待，敬重如宾"；"同甘同苦，同富同贫。死葬同穴，生共衣衾"。并详述应该如何尊重、服侍好丈夫："夫有言语，侧耳详听"；"夫若发怒，不可生嗔。退身相让，忍气低声"云云。但两篇女教经典同时又都强调丈夫有过也应该劝谏："故夫非道，则谏之"，一味"从夫之令"，不可谓贤；"夫有恶事，劝谏谆谆"。杜甫《新婚别》诗有："牛女有所归，鸡狗亦得将。"宋人指出这是采用了民间俚语："嫁得鸡，逐鸡飞；嫁得狗，逐

---

[1] 《旧唐书·礼仪七》。

狗走。"¹由此可知，后世所谓"嫁鸡随鸡、嫁狗随狗"的俗语唐代已经出现。白居易诗中也有"劝诫天下妇，不令阴胜阳"²，告诫妇女要安守阴弱本分，不要反过来胜过丈夫。

但同时，丈夫也应报妻以义。唐太宗曾要将公主嫁给功臣尉迟敬德，敬德叩头坚辞道："臣妻虽鄙陋，亦不失夫妻情。臣每闻说古人语，富不易妻，仁也。臣窃慕之，愿停圣恩。"受到太宗嘉许³。白居易曾判断一案：一女子居丧时，丈夫却在其身边奏乐，妻子责骂他，他不服，告到官府。虽然礼法对此类行为并无明确规定，但是白居易还是根据人情判道：夫妇贵在同心，一方有丧，另一方奏乐，有伤好合之义，丈夫"宜受庸奴之责"⁴。白居易自己在诗中也多次表达了对妻子和夫妻之义的重视："义重莫若妻，生离不如死……无儿虽命薄，有妻偕老矣。"⁵

更值得注意的是，唐人不讳言而且十分注重夫妻之情。唐诗中有大量寄妻、祭妻、悼妻或夫妻互赠之作，李白、杜甫、颜真卿、岑参、白居易、元稹、刘禹锡等高官名士都有寄赠妻子、表达夫妻之情的诗文，其中既不乏对妻子的敬重，甚至"顿首夫人阁下"，也不掩饰夫妻间的绵绵深情。李白赴召离家前赠别妻子诗云："白玉高楼看不见，相思须上望夫山。"白居易赠内诗中多

---

1 庄绰：《鸡肋编》卷下。
2 《和李势女》，《全唐诗》卷445。
3 刘悚：《隋唐嘉话》卷中。
4 《白香山集》卷49。
5 《和微之听妻弹别鹤操因为解释其义，依韵加四句》，《白香山集》卷51。

珍惜夫妻偕老之词，比如："生为同室亲，死为同穴尘……庶保贫与素，偕老同欣欣。"[1] 元稹痛悼亡妻韦氏的祭妻文、悼亡诗最为感人，表达了对妻子与自己贫贱与共却未能同享富贵、白头偕老的无限感伤之情。其《遣悲怀》诗成为悼亡名篇，诗中抒发了对亡妻的深切思念："同穴窅冥何所望，他生缘会更难期。唯将终夜长开眼，报答平生未展眉。"[2] 也有丈夫为亡妻亲撰墓志，抒发不得与妻子同死、痛伤无已之情者："所痛者：以予天年未尽，不得与良人偕死……冀泉壤再合，神魂相依。""临穴呼天骥人心，愚狂魂断藏衣衾。涕横交颐情不尽，十年松柏长森森。"[3] 这些感人至深的文字或许有文人的渲染，但是足以看出社会对于夫妻之情的赞许、尊重。

史籍也记载了一些作为道德模范的贤妻，如衡方厚妻程氏徒步进京为被冤杀的丈夫截耳陈冤；县令毕某妻窦氏在军乱中拼死蔽捍其夫，重伤不解，使丈夫得以逃脱；周迪妻遇兵乱自卖以保全其夫，而被屠于市；等等。她们都是遵循、履行"以夫为天"的为妻之道而成为妻子的楷模。

不过，现实生活并不等同于礼教文本，道德模范也只是个别人物。在这个礼教不兴的时代，我们可以饶有兴趣地看到夫妻关系中各种与纲常礼教并不和谐的另一面。最为引人注目的是富有

1　李白：《别内赴征三首》，《全唐诗》卷184；白居易：《赠内诗》，《白香山集》卷1。
2　元稹：《遣悲怀三首》，《全唐诗》卷404；《祭亡妻韦氏文》，《全唐文》卷655。
3　《唐代墓志汇编》大中083、122。

时代特色的妻子主家、丈夫"畏妻","妇强夫弱、内刚外柔"[1]现象。这种现象并非唐代所独有,而是承袭了北朝遗风。北齐颜之推《颜氏家训》载:"邺下风俗,专以妇持门户,争讼曲直,造请逢迎,车乘填街衢,绮罗盈府寺,代子求官,为夫诉屈,此乃恒、代之遗风乎?"北朝遗风、礼教不兴使这种妇持门户、丈夫畏妻现象几乎成为唐朝尤其是前期自上而下的一代世风。

唐朝前期,上起皇帝下至贵族士大夫"惧内"成风,而且君臣上下公开张扬,并不以之为耻。唐高宗与武则天的关系自不必说:"武后得志,遂牵制帝,专威福,帝不能堪",忍无可忍之际,命人拟废后诏,而武后闻讯而至,又"羞缩不忍",还将责任推到大臣身上:"我初无此心,皆上官仪教我。"[2]其畏缩之态被史书描写得淋漓尽致。儿子中宗继承了父亲的传统,也以"怕妇"著称。宫中宴饮时,优人戏谑唱道:"回波尔如栲栳,怕妇也是大好。外边只有裴谈,内里无过李老。"未见中宗嗔怒,倒赢得了韦后欢心,还赏赐给束帛[3]。后来的唐肃宗之怕张皇后,使得诗人有"张后不乐上为忙"[4]之讥。

朝臣中,唐太宗时的任瓌、中宗时的裴谈都以"畏妻"而出名。裴谈畏妻如严君,还有一套理论:"妻有可畏者三:少妙之时,视之如生菩萨,安有人不畏生菩萨耶?及男女满前,视之如

---

1 张鷟:《朝野佥载》卷4。
2 《新唐书·上官仪传》、《资治通鉴》卷201高宗麟德元年。
3 孟棨:《本事诗·嘲戏第七》。
4 杜甫:《忆昔》,《全唐诗》卷220。

九子魔母，安有人不畏九子魔母耶？及五十、六十，薄施脂粉成黑，视之如鸠盘荼，安有人不畏鸠盘荼耶？"[1]唐高宗曾问朝臣杨弘武何以授给某人此官职，杨回答说："臣妻韦氏性刚悍，昨以此人见嘱，臣若不从，恐有后患。"据说意在讽刺高宗畏惧武后[2]。唐末宰相王铎携姬妾赴任，听闻夫人赶来而惶惶然，幕僚戏言"不如降黄巢"，从中也可见宰相夫人的可畏和丈夫的顾忌。

下层官吏和平民百姓家庭这种现象也同样存在。桂阳县令阮嵩未能以政绩留名青史，却因为畏妻而载于史册：贞观中，阮嵩在家宴请客人，召家中女奴唱歌助兴，妻子阎氏披发跣足袒臂，拔刀至席，客人被惊散，阮嵩吓得伏在床下，女奴也狼狈而逃。阮因此被刺史考评为："妇强夫弱，内刚外柔。一妻不能禁止，百姓如何整肃？妻既礼教不修，夫又精神何在？"判为下等。舒州军卒李廷璧，因连日宴饮三夜未归家，其妻恨云：来必刃之！李吓得愁泣不已，徙居佛寺，不敢回家[3]。白居易还曾受理过妻子殴伤丈夫的案子，县令判徒刑三年，妻子认为是邻人所告，而非丈夫所告，因而不服上诉。白居易虽谴责了她的行为，但未判罪[4]。

唐人于义方有一篇家训奇文《黑心符》，作者视妻室如寇仇，对家庭中夫妇不正之风深恶痛绝，痛心疾首地喟叹：

---

1 孟棨：《本事诗·嘲戏第七》。
2 刘悚：《隋唐嘉话》卷中。
3 张鷟：《朝野佥载》卷4、《太平广记》卷272。
4 《白香山集》卷51。

> 一妻不能御,一家从可知;以之卿诸侯,一国从可知;以之相天子,天下从可知。盖夫夫妇妇而天下正,正家而天下定矣……有家则妻擅其家,有国则妻据其国,有天下则妻指麾其天下。令一县则小君映帘,守一州则夫人并坐,论道经邦,奋庸熙载,则于飞对内殿,连理入都堂,粉黛判赏罚,裙襦执生杀矣。

并以"高宗溺惑于武媚"之祸警告世人:夫妇不正则失天下。文中教训子孙对妻室"当待之如宾客,防之如盗贼";又着重讲述老夫娶少艾为继室,因溺于女色而导致"身败殒家"之害,因"龟鉴在前",特命子孙立石为誓,绝不续娶:"稍越吾言,祖先明神,共赐诛殛!"作者言辞偏激,但自称"吾年六十,目见耳闻,不可算数",说明不是凭空而发,而是耳闻目睹诸多前鉴之事,才引起如此愤激之情。由此足见,这种夫妻关系"不正"现象在民间有相当的普遍性。

2. 为妇

作为夫家之妇(唐代习称"新妇"),侍奉舅姑是首要职责。《女孝经·事舅姑章》主张女子应该如同对待父母一样敬爱舅姑:"女子之事舅姑也,敬与父同,爱与母同。"《女论语·事舅姑章》详细教诲新妇侍奉舅姑的言行准则:

> 阿翁阿姑,夫家之主。既入他门,合称新妇。供承看养,如同父母。敬事阿翁,形容不睹。不敢随行,不敢对语。如有使令,听其嘱咐。姑坐则立,使令便去。早起开

门，莫令惊窘。洒扫庭堂，洗濯巾布。齿药肥皂，温凉得所。退步阶前，待其浣洗。万福一声，即时退步。整办茶盘，安排匙箸。香洁茶汤，小心敬递。饭则软蒸，肉则熟煮。自古老人，齿牙疏蛀。茶水羹汤，莫教虚度。夜晚更深，将归睡处。安置相辞，方回房户。

女子出嫁后作为夫家之妇，无论出身如何高贵，按照礼法也必须恭顺孝敬、殷勤侍奉舅姑。唐太宗女襄城公主出嫁后，有司要为她另建府第，公主以"妇事舅姑，如事父母，若居处不同，则定省多阙"为由再三推辞，受到父亲赞赏[1]。高宗时因"妇道不循"，特命禁断公主下嫁，舅姑降礼答拜的制度。唐中期以后，皇室贵族日益崇尚士族礼法，更特别重视训诫下嫁公主不得依恃门第高贵，必须对夫家尊长执妇礼。德宗再次重申废弃公主下嫁，舅姑反拜而妇不答的旧制，改行常人之礼[2]。宪宗女岐阳公主因侍姑之疾、痛姑之丧而为人称道[3]。勋贵之家以西平王李晟最讲礼法，其女嫁山东名门士族崔枢，正月归宁，李晟责备说："尔有家而姑在堂，妇当治酒食且以待宾客。"不让女儿进门。生日大宴时，女儿在席，有婢女悄语来报，问之，女儿答称婆母小不安适，已经使人侍候。李晟掷箸大怒道："我不幸有此女，大奇事！汝为人妇，岂有阿家体候不安，不检校汤药，而与父作生

---

1 《新唐书·诸帝公主传》。
2 《唐会要》卷6《公主》。
3 《唐故岐阳公主墓志铭》，《全唐文》卷756。

日!"急遣归家,并亲自前往问病,并拜谢教女无方[1]。

姑与妇即婆媳关系可以说是家庭中最为重要的关系。在伦理秩序中,姑尊妇卑无可质疑,不仅因为长幼之序,也是由孝道、母恩所决定的。敦煌变文中假托孔子谈论母与妻的不同,说道:"人之有母,如树有根;人之有妇,如车有轮。车破更造,必得其新;妇死更娶,必得贤家。……将妇比母,岂不逆乎?"[2]白居易曾审理过一宗母与妇的争端:"丁母、乙妻俱为命妇。每朝参,丁母云母尊妇卑,请在妇上;乙妻云夫官高不合在下,未知孰是。"两位命妇在朝参中争位,一位是母亲,但儿子官小;一位是妻子,但丈夫官高。虽然白居易最终判定乙妻有理,即以"国章"为准,按官品次序排列;但是也说明"母尊妇卑"的伦理秩序是为人公认的[3]。正因为这种伦理观念,所以宝历三年(827),京兆府有婆母鞭打儿媳致死之事,有司断以偿命,刑部尚书柳公绰却认为:"尊殴卑,非斗也;且其子在,以妻而戮其母,非教也。"遂减其死罪[4]。从男子角度说,在父母与妻子之间,是绝对应该以前者为重的,"听妻话怪尊长","耶娘不眪聒,专心听妇语"[5]被认为是"非礼"行为,为舆论所不齿。

由于为妇在夫家中地位卑下,唐代社会也存在着历代常有的

---

1 《旧唐书·李晟传》、王谠:《唐语林》卷1。
2 《孔子项托相问书》,《敦煌变文集》卷3,人民文学出版社,1957年。
3 《全唐文》卷672。
4 钱易:《南部新书》壬。
5 李商隐:《义山杂纂》;《王梵志诗校辑》,中华书局,1983年,第38页。

舅姑虐待儿媳等现象，如冀州女子戚玄符，受舅姑虐待拷打，却勤谨侍奉、毫无怨言[1]，等等。

作为夫家之妇，除了孝事尊长，还有和睦亲族之责。《女论语·和柔章》训诫女子处家要"以和为贵"，"上房下房，子侄宜亲。是非休习，长短休争"，对于夫家亲族如妯娌、晚辈等都应和柔、殷勤对待。宣宗女万寿公主下嫁士族之家，宣宗频频教训其"执妇礼"，一次夫弟病重，公主却外出看戏，被宣宗立召回宫，怒责一顿，遣回夫家。可见为妇之道不仅包括侍奉舅姑、丈夫，也包括照护夫家其他亲属。

丈夫若是离家或去世，妇女更有奉养舅姑、维持门户、抚育后人、延续香火之责。白居易《蜀路石妇》便称颂了女子代夫尽孝的妇德："十五嫁邑人，十六夫征行。夫行二十载，妇独守孤茕。其夫有父母，老病不安宁。其妇执妇道，一一如礼经。晨昏问起居，恭顺发心诚。药饵自调节，膳羞必甘馨。夫行竟不归，妇德转光明。"[2] 韩愈三岁时父母双亡，嫂嫂郑氏抚育如同亲生；不幸其兄又亡故，郑氏遂携小叔到江南谋生，将其教养成人并为之婚娶。韩愈成名后上报朝廷，郑氏因而被视为妇德楷模，士大夫之家皆以之为法[3]。

不过，妇女在家庭中不守妇道、不尊翁姑，甚至暴戾、懒惰者也不乏其人，尤其是在礼法约束较少的社会下层。唐人《义

---

1 《太平广记》卷70。
2 《全唐诗》卷424。
3 《古今图书集成》闺媛典闺义部引《怀庆府志》。

山杂纂》点评世间百态,其中有"入舍妻恶"与"妇女出街坊骂詈",可见为坊间所常见。敦煌变文《齖䶩书》极为形象地描绘了一种恶妇行状,她们"欺儿踏婿,骂詈高声。翁婆共语,殊总不听。入厨恶发,翻粥扑羹,轰盆打甑,抛釜打铛。嗔似水牛料斗,笑似辘轳作声";"斗乱亲情,欺邻逐里。阿婆嗔着,终不合嘴。将头自磕,筑天筑地。摸着卧床,佯病不起";"惯向村中自由自在,礼仪不学,女艺不爱"。甚至动辄"乃索离书,废我别嫁",辞去时仍"口里咄咄骂詈:不图钱财产业,且离怨家老鬼"[1]。唐代民歌则讥讽了慵懒、无礼的贫穷小家妇女:

  家中渐渐贫,良由慵懒妇。长头爱床坐,饱吃没(摩)娑肚。频年勤生儿,不肯收家具。饮酒五夫敌,不解缝衫袴。事当(拾掇)好衣裳,得便走出去。不要男为伴,心里恒攀慕。东家能捏舌,西家好合斗,两家既不和,角眼相蛆蛆。

  思量小家妇,贫奇恶形迹。酒肉独自抽,糟糠遣他吃。生活九牛挽,唱叫百夫敌……[2]

这些描写反映出下层民间妇女中可能普遍存在着不守妇道,甚至"伤风败俗"现象。唐人笔记《剧谈录》记载了一件逸事:咸通中,军将张季弘宿于逆旅,有老妪嘱其子:"恶人

---

1 《敦煌变文集》卷7,人民文学出版社,1957年。
2 《王梵志诗校辑》卷2、3,中华书局,1983年。

将归矣，速令备办茶饭，勿令喧噪。"又愁叹不已。张问之，答云：新妇悖恶不可制，且壮勇无敌，人皆畏惧。张自恃勇猛，待其妇负薪归家，坐于石上，并将驴鞭置于侧，召其责问为何不伏事尊长？其妇分辩道：并非不承事，是大人憎嫌新妇。遂细言如某年某月某日如此事，岂是新妇不是？每说一事，以中指画石，指痕深达数寸。张汗落神骇，只说道理不错，不敢再问。后来返程至此，新妇已改嫁他人。故事虽有传奇成分，但说明民间家庭中媳妇与婆母抗礼、不服管制的现象也是存在的。从上引变文、故事还不难看出，这种现象的出现不仅缘于下层社会礼法家教有缺，也与妇女改嫁容易有着直接关系。

以上所列种种悖逆礼教的妇女人物与形象，与载入史册的贤妇孝女事迹同时并存于社会和家庭生活中。它说明儒家礼教虽然是当时社会处理家庭伦理关系与制约妇女言行的主流规范，但它对各阶层、地域、家庭妇女的约束程度有着很大差别。总体上看，士大夫阶层尤其是山东士族家庭妇女受熏陶、约束程度较高，而下层百姓尤其是乡野、边僻之地则松弛得多。此外，唐朝前后期社会风俗、观念也有很大变化，中期以后，统治阶层日益崇尚礼法，妇女的礼教束缚有日渐加强的趋势，至少在上层家庭，妇女比前期可能更遵守"妇道"。

母位之尊

妇女作为母亲的职责最重，因为它关乎夫家后嗣延续与家族兴衰。唐人崇尚孝道，并恪守传统长幼伦理秩序，因而母亲受到极大尊重。与历代相同,唐人虽也倡导妇女"夫死从子"的三从之道,但在母子关系中,母亲不仅绝对处于尊位,而且终生享有管教儿子的权力,孝母、顺母的道德模范层出不穷,并受到官方的大力彰扬与社会的一致推崇。

作为母亲,家庭职责中最重要的便是教养子女。作为子女仪范,母亲首先必须明礼,尽抚育、训诲之责:"和之以恩爱,示之以严毅。动而合礼,言必有经。男子六岁,教之数与方名……女子七岁,教之以四德。""大抵人家,皆有男女,年已长成,教之有序。训诲之权,实专于母。男入书堂,请延师傅。习学礼义,吟诗作赋。……女处闺门,少令出户。唤来便来,唤去便去。稍有不从,当加叱怒。朝暮训诲,各勤事务。扫地烧香,纫麻缉苎。若在人前,教他礼数。"[1]倘若成了寡母,所承担的责任自然更大。唐代诸多朝臣、名士都是由母亲尤其是寡母抚养教育成名的。如权德舆幼年丧父,母亲李氏亲自教育,使其15岁便以文章知名;柳宗元4岁时,母亲便教其讽诵古赋,并以"诗礼图史及剪刺纬结"教授诸女[2];元稹8岁丧父兼家贫,母亲郑氏亲授书学,元15岁便两经及第;李景让三兄弟受教于母而后皆进士及第;李绅幼年也是由寡母卢氏亲自教授学问而登进士第。唐代墓志中也有许多称道母亲"亲执诗书,昼夜教导"而其子得以登第仕宦,光耀门庭者,以之作为贤母的典范。如李涛夫人独

---

[1] 《女孝经·母仪章》《女论语·训男女章》。
[2] 《资治通鉴》卷248武宗会昌六年、《全唐文》卷590。

孤氏以诗礼之学教训诸孤,被比为孟母、推为"母师";姚夫人对幼子"手持《孝经》,点句以教之",后其子进士及第[1]。还有一位养育四男四女的寡母,四子皆得官位、四女皆嫁高门,墓志赞道:"夫人称未亡人,凡四十三年,孀独洁立,训导诸孤,讫有成立,男有官,女有归,妇道母仪之事,光辉备矣。"[2]可见抚养、教训子女成人,使男得成名、女得良配,这才是圆满完成了母亲的责任。

母亲在担负重责的同时,也获得了极大尊重。孝道是中国古代一以贯之的道德准则和礼教核心,孝敬母亲又最为人所重。礼教中妇道虽有"从子"之义,但只是笼统言之,孝母、顺母远比"从子"更受到社会主流道德观的提倡与认同。同时,在古代家庭伦理秩序中,长幼尊卑之序明显居于男女性别等差之上,即首先以长幼论尊卑,其次才以性别论高下。礼制、法律都以此为原则,《唐律疏议》对尊长、卑幼的解释便明确揭示了这一点:"尊长,谓祖父母、父母及伯叔父母、姑、兄姊";"卑幼,谓子、孙、弟、侄等"[3]。可见家庭中首先是依辈分、长幼而不是以性别而论尊卑。孝道观念与伦理秩序使得母亲在家庭中享有很高权力、地位和对于子女的绝对优势,在没有男性尊长的情况下,母亲更常常成为一家之主;而子女不孝顺母亲,则被视为禽兽不如

---

1 《唐代墓志汇编》大历052、大中130。
2 《李郑氏志》,转引自毛汉光《唐代妇女家庭角色的几个重要时段:以墓志铭为例》,《中国妇女史论集》4集,台北稻乡出版社,1995年。
3 《唐律疏议》卷14《户婚》。

的丑行。

唐代虽然儒家礼教不兴,但是朝廷对于孝道的提倡和社会对于孝道的尊奉却从未动摇过,母恩深重更是为人所公认。连中国化了的佛教也改弦易辙大力宣扬母恩与孝道,佛经变文《父母恩重经讲经文》便极力渲染慈母十月怀胎、一朝分娩、三年乳哺、教养成人的无限辛苦:"思量慈母生身日,苦恼千般难可述";"慈母德,实堪哀,十月三年受苦灾"[1]等,劝人反哺尽孝,并严厉谴责忤逆不孝者。唐诗则有"谁言寸草心,报得三春晖"的名句歌颂慈母之恩。武则天更将母亲的地位提高了一个台阶,她上表要求改变父在仅为母服孝一年的传统礼仪,改为为父母同服孝三年,表中强调母亲的辛劳与深恩道:"子之于母,慈爱特深,非母不生,非母不育。推燥居湿,咽苦吐甘,生养劳瘁,恩斯极矣!所以禽兽之情,犹知其母,三年在怀,理宜崇报。若父在为母服止一朞,尊父之敬虽周,报母之慈有阙。"高宗依从其议,颁行了新制[2]。

为倡孝道,皇帝率先垂范,唐宪宗、宣宗、懿宗都曾因皇太后卧病,需要专心省侍、亲尝药饵而下诏"权不听政"[3]。朝廷任免、奖惩官员也要考虑臣子为母尽孝,张九龄母亲年老,其任所距离家乡路途遥远,张请求换江南一州,朝廷优容许之;刘禹锡因政争远贬播州,宰相裴度进言刘有八十岁老母,"恐伤陛下孝

---

1 《敦煌变文集》卷5,人民文学出版社,1957年。
2 《旧唐书·礼仪七》。
3 见《唐大诏令集》卷76《典礼·省侍》。

理之风",请求稍移近处,宪宗虽不情愿,终不愿伤其母心,改授连州刺史。甚至官员罪罚也可以因此而得到减免,敬宗时,县令崔发误捕宦官,惹恼皇帝,将其收系于狱,其母年老,积忧成疾;宰相李逢吉等进奏,乞求皇帝"以孝治天下,稍垂恩宥",敬宗遂放崔回家,并安抚其老母[1]。

为母尽孝则受到社会推崇,被视为道德楷模。出身士族名门的柳公绰以仁孝闻名,他为母丧三年不沐浴,侍奉后母薛氏30年,如同亲生[2]。出身胡族、因功赐姓封官的李光进、光颜兄弟以孝睦著称,为母服丧三年不归寝室。弟先娶妻,其母委以家事;兄长娶妻后,弟命妻子将钥匙、财物等奉于其嫂;兄以母命在先,不可更改,坚决不受[3]。草野小民也有以孝行受到朝廷褒奖,被史官记录在册者,其中以孝母载入史册者占大多数。有乞食养母者;有母病尝唾、吮疮、刺血求神,甚至割股疗母者;有母溺死投水同死、负尸而出者;有母亡哭泣丧明、绝食、哀毁病废者;有母因断手而死,自截手腕埋于墓者;至于负土筑坟、庐墓守孝等,就属平常之事了。特别值得一提的是,自唐代始,民间兴起割肉疗亲之风。父母有病,往往有割股者,朝廷多予以旌表倡扬,此风因此而兴。如武则天时期,王友贞母亲病重,医者说吃人肉可治,王遂割股以进,母亲病愈,得到朝廷旌表[4]。

---

1 《旧唐书》张九龄传、刘禹锡传、李渤传。
2 《旧唐书·柳公绰传》。
3 《旧唐书·李光进传》。
4 《新唐书·隐逸·王友贞传》。

反之，不孝则为人不齿，成为千夫所指的罪人。崔损身为宰相，"母野殡，不言展墓，不议迁祔……士君子罪之"。官员屡有因不孝而被朝廷治罪者，肃宗时，李皋巡行一县，遇一老媪白发而泣，问之，得知其二子宦游20年不归，母贫穷无以自给。李皋上奏不孝，二人均被除名。李钧因不及时举母之丧，遭贬官流放；其子李渤"耻其家污"，竟致隐居不仕。白居易之母因看花坠井而死，而白氏有《赏花》《新井》二诗，被人弹劾"甚伤名教"，政敌遂以此为把柄将其贬官[1]。不孝之罪至大，甚至可致死刑。河南尹李杰断案，有寡妇告子不孝，其子不能辩理，但云："得罪于母，死所甘分。"李虽察觉其子冤枉，仍然将其处死[2]。此类事例文献记载中还有不少，足以看出整个社会由上至下、从官府到民间对孝道尤其是孝母的重视推崇和法律对不孝的严惩、社会对不孝的鄙弃。

在这种社会氛围与压力下，使得母亲们一般都能得到奉养，生活有所保证；同时也使她们在家庭中获得了很高权力、地位。由此，不少母亲或在儿子为官从政时对其进行训诫、监督，或在危急时刻帮助其决断大事，成为青史留名的"贤母"。李景让母郑氏是青史留名的著名贤母，李景让已做了高官，而且鬓发斑白，遇有小过，仍要受母亲拷打。可见母亲的权位之重。可以说，在"女主内"的男权社会，这些母亲通过"母权"主了

---

[1] 《旧唐书》崔损传、李皋传、李渤传、白居易传。
[2] 张鷟：《朝野佥载》卷上。

"外"——不仅影响了官员政绩与官场吏治,在重要关头甚至可能影响军政大事与历史发展进程。这些将在"政治活动"一节述及。

此外,依照长幼尊卑之序,继母、伯母、叔母、姨母、姑母等母辈以及同辈中的姐、嫂等年长者,相对于晚辈、年少男性亲属都为尊长,都应该受到尊重。这种伦理规则使得家庭中作为尊长的妇女都相对具有一定地位与权利,并受到尊重与照护。李勣贵为宰相,仆妾众多,其姐病时,仍亲自为之煮粥,因而被火燃着胡须[1]。这种行为如同孝母一样被人们视为美德。

家务劳动与持家之道

唐代妇女中占绝大多数的广大平民及下层官吏家庭的妇女们,都担负着纺织烹饪、洒扫庭除、侍奉家人、养育儿女等繁重家务劳动。

针黹女红、织绣缝纫既是妇德的重要评价标准,也是妇女家务劳动的主要内容。一般庶民家庭除了需要以布帛缴纳庸调外,还要供给家人被服衣着,所以妇女的纺织、缝纫劳动几乎是终生不息。上层贵族妇女已不须以纺织缝纫自给,但也间或有从事这一类劳动者。德宗时,宣武节度使刘玄佐之母贵为命妇,仍然每天织绢一匹,表示自己不忘出身寒微[2]。

---

1 刘肃:《大唐新语》卷6。
2 《资治通鉴》卷234 德宗贞元八年。

《女论语·学作章》详细描绘了女子从养蚕采桑到缝补刺绣的一系列劳动内容：

> 凡为女子，须学女工。纫麻缉苎，粗细不同。车机纺织，切勿匆匆。看蚕煮茧，晓夜相从。采桑摘柘，看雨占风。滓湿即替，寒冷须烘。取叶饲食，必得其中。取丝经纬，丈匹成工。轻纱下轴，细布入筒。绸绢苎葛，织造重重。亦可货卖，亦可自缝。刺鞋作袜，引针绣绒。缝联补缀，百事皆通。

唐诗中"寒闺织素锦"，"大妇刺绣文，中妇缝罗裙"，"日暮裁缝歇，深嫌气力微"[1]等诗句也都表现了妇女担负织布、刺绣、裁剪、缝纫等家务劳动的辛苦。她们制作绵衣时，还须放在石砧上敲打，以使它松软御寒，称作"捣衣"。唐诗有不少歌咏"捣衣"的诗句："长安一片月，万户捣衣声"；"月明中庭捣衣石，掩帷下堂来捣帛。妇姑相对神力生，双揎白腕调杵声"；"夜深月落冷如刀，湿著一双纤手痛"；"重烧熨斗帖两头，为郎裁作迎寒裘"[2]。描绘了妇女捣衣、捣帛、熨衣，为亲人缝作寒衣的艰辛劳动。唐诗《绣妇叹》则描写了妇女的刺绣活计："连枝花样绣罗襦，本拟新年饷小姑……虽凭绣床都不绣，同床绣伴得知

---

[1] 虞世南：《中妇织流黄》、权德舆：《三妇诗》、王谌：《闺情》，《全唐诗》卷36、327、145。
[2] 李白：《子夜四时歌》、王建：《捣衣曲》，《全唐诗》卷21、298。

无。"[1] 可知民间妇女有时会结伴一起刺绣、做女红。

妇女还承担了为戍边的亲属缝制征衣的艰苦劳动:"明朝驿使发,一夜絮征袍。素手抽针冷,那堪把剪刀。"[2] 这既是家务劳动,也是她们对国家边防所服劳役。

下厨烹饪、安排茶饭更是家庭主妇们必做的日常家务劳动:

> 凡为女子,习以为常。五更鸡唱,起着衣裳。盥漱已了,随意梳妆。拣柴烧火,早下厨房。磨锅洗镬,煮水煎汤。随家丰俭,蒸煮食尝。安排蔬菜,炮豉舂姜。随时下料,甜淡馨香。整齐碗碟,铺设分张。三餐饱食,朝暮相当。[3]

唐诗"三日入厨下,洗手做羹汤。未谙姑食性,先遣小姑尝。"[4] 虽然别有寓意,但也生动勾勒出了新嫁娘下厨劳动的形象和惴惴不安的心情。岭南女子不善女红而长于庖厨,若擅长烹饪技艺,则人家争相聘娶:"岭南无问贫富之家数,女不以针缕纺绩为功,但穷庖厨、勤刀俎而已。善醯醢菹鲊者,得为大好女矣。俚民争姻聘者,相与语曰:我女裁袍补袄,即灼然不会;若修治水蛇、黄鳝,则一条胜似一条矣。"[5]

主妇还承担着持家之责,唐人《戒子拾遗》引民间谚语

---

1 白居易:《绣妇叹》,《全唐诗》卷448。
2 李白:《子夜四时歌》。
3 《女论语·早起章》。
4 王建:《新嫁娘》,《全唐诗》卷301。
5 房千里:《投荒录》。

称:"成家由妇,破家由妇。"可见时人对主妇持家之责的重视,认为家庭兴衰取决于主妇。《女论语·营家章》专门讲述主妇营家之道:

> 营家之女,惟俭惟勤。勤则家起,懒则家倾。俭则家富,奢则家贫。凡为女子,不可因循。一生之计,惟在于勤……奉箕拥帚,洒扫灰尘。撮除邋遢,洁净幽清。眼前爽利,家宅光明。莫教秽污,有玷门庭。耕田下种,莫怨辛勤。炊羹造饭,馈送频频。莫教迟慢,有误工程。积糠聚屑,喂养孳牲。呼归放去,检点搜寻。莫教失落,扰乱四邻。夫有钱米,收拾经营。夫有酒物,存积留停。迎宾待客,不可偷侵。大富由命,小富由勤。禾麻菽麦,成栈成囤。油盐椒豉,盎瓮装盛。猪鸡鹅鸭,成队成群。四时八节,免得营营。酒浆食馔,各有余盈。

殷勤待客也是主妇之责:

> 洗涤壶瓶,抹光桌子。准备人来,点汤递水。退立堂后,听夫言语。细语商量,杀鸡为黍。五味调和,菜蔬齐楚。茶酒清香,有光门户。红日衔山,晚留居住。点烛擎灯,安排卧具。钦敬相承,温凉得理。侵晓相看,客如辞去,酒饭殷勤,一切周至。[1]

---

[1] 《女论语·待客章》。

这些卑微、琐屑的家务劳动，可以说是广大妇女的毕生事业，她们为此耗尽心力、备尝艰辛；但是由于它始终属于家庭私事，所以历来不为人关注，更难载入史册。事实上，正是千千万万普通妇女琐屑而艰辛的劳动，维持了民族生存与繁衍，铸造了大唐盛世经济、文化的辉煌，更培育了无数青史留名的名人豪杰。

生育观念与风俗

唐人对于生育后嗣的重视与历代并无二致，对于妇女来说，能否生育子嗣是她们在婚姻、家庭及其社会中地位的重要决定因素。值得注意的是，妇产科在唐代得到空前发展，并成为走向独立学科的开端。这对于妇女生育安全、健康的意义是不言而喻的。

祈子风俗与胎教观念

古代向神灵祈子风俗由来已久。唐代由于佛教的盛行，观音菩萨逐渐演化成为最受人们信仰的子嗣之神，民间开始流行向观音祈求子女的风气。敦煌盛唐45窟有壁画《观音经变》，画中绘一孕妇，后立一女童，榜题："设欲求女，便生端正有相之女，宿殖（植）德本，众人爱敬。"与此相对的是一位男子，双手合十，虔诚祈祷，后立一男童，榜题："若有女人，设欲求男，礼拜恭敬观世音菩萨，便生福德智慧之男。"[1]生动反映了人们向观音菩萨祈求子女的情形。

除向神灵祈求以外，民间还流传着许多求子方术。唐代名医孙思邈名著《千金方》中《妇人方》以"求子"为第一篇，罗列了大量求子的医疗方法与药方。其中专门论述夫妻房事求子之术，提出："欲求子者，先知夫妻本命五行相生及与德合"，若"五行相克及与刑煞冲破"则求子不可得；同时又指出，如果夫妻情投意合则求子必得。可见医家认为，能否生育后嗣既取决于夫妻命相，也与感情有关。在进行房事时，则须注意时辰、天气，"避丙丁日及弦望朔晦、大风大雨……此时受胎非只百倍损于父母，生子或哑、聋、顽、愚、癫、狂、挛、跛、盲眇，多病短寿，不孝不仁……又避火光星辰……皆差不可。"认为如果房事时机不当，受胎生子不仅损害父母，而且导致子嗣身体残疾、多病、短寿，品行不好。敦煌文书中也有治疗妇女无子的药方："治妇人无子，多年不产，取白狗乳，与著产门中，以往房之得。""治妇人无子，取□树孔中草，烧作灰，取井水服之，验。"若是只生女不生男，也有药方："凡人纯生女，隐始六十日，取弓弦烧作灰，取清酒服之，回女为男。"

妇女妊娠后也有祈求生育端正子嗣之术："妇人妊娠，经三

---

1 转引自史成礼等《敦煌性文化》，广州出版社，1999年，第307页。

日觉,即向南方礼三拜,令子端正。"[1] 研究者认为让孕妇向南方三拜,是因为南方朝阳,而男属阳性,这样可以使所怀胎儿性别趋阳,生下一个健康端正的男孩。

对男孩的企盼,使得产妇在历经折磨终于产下胎儿后,虽在孱弱无力中,首先关心的是婴儿性别:"阿娘迷闷之间,乃问是男是女。若言是女,且得母子分解平善。若是道儿,总忘却百骨节疼痛,迷闷之中,便即含笑。"[2] 这段变文极为生动地描写了产妇的忐忑心情和生下男孩的喜悦。

不过,只生男不生女也不为完美,人们希望多生男而少生女,最理想的是"五男二女"。唐代诗文中常有"五男二女"之说,如司空图《障车文》有"二女则牙牙学语,五男则雁雁成行";敦煌文书中也有"五男二女,像似凤凰文王"的祝词[3]。

从社会现实看,通过对墓志记载的统计,有研究者得出结论:唐代妇女的平均生育率约在 4.77 次左右,与唐代之后相比,妇女生育率并不高。也有研究者根据统计指出,唐代妇女生育子女数多在 2—8 个中间,其中以生育 3—4 个子女的家庭居多;而且其中男女性别比例大体平衡[4]。据此,同时根据唐代溺婴记载并不多见的事实,似乎也可以推断,溺死女婴的风习在唐代应该并

---

[1] 转引自史成礼等《敦煌性文化》,第 311—313 页。
[2] 《庐山远公话》,《敦煌变文集》卷 2,人民文学出版社,1957 年。
[3] 转引自史成礼等《敦煌性文化》,第 306 页。
[4] 上见姚平:《唐代妇女的生命历程》,上海古籍出版社,2000 年,第 327 页;张国刚:《唐代家庭形态的复合型特征》,《历史研究》2005 年第 4 期。

不特别普遍和严重。

唐代沿袭前人传统,也很重视孕妇的胎教。《女孝经·胎教章》重申古训,称:"古者妇人妊子也,寝不侧,坐不边,立不跛。不食邪味,不履左道。割不正不食,席不正不坐。目不视恶色,耳不听靡声,口不出傲言,手不执邪器。夜则诵经书,朝则讲礼乐。其生子也,形容端正,才德过人。"房中术著作《洞玄子》更发展了有关胎教的理论,提出孕妇的诸多禁戒:

> 凡女怀孕之后,须行善事,勿视恶色,勿听恶语,省淫欲,勿咒诅,勿骂詈,勿惊恐,勿劳倦,勿妄语,勿忧愁,勿食生冷醋滑热食,勿乘车马,勿登高,勿临深,勿下坡,勿急行,勿服饵,勿针灸。

孙思邈专作《养胎论》,严格规定了孕妇的饮食起居禁忌,并指出了违禁的严重后果:

> 妊娠食羊肝令子多厄,食山羊肉令子多病,食驴马肉令子延月,食驴肉产难,食兔肉犬肉令子无音声并唇缺,食鸡肉糯米令子多寸白虫,食鸭子及干鲤鱼令子多疮,食椹及鸭子令子倒出心寒,食雀肉并豆酱令子满面多黯黓黑子,食雀肉并酒令子心淫情乱、不畏羞耻,食鳖令子短颈,食冰浆绝胎。勿向非常地大小便,必半产杀人。

从以上所列可以看出,唐代不仅沿袭了前人强调道德、保障胎儿成人后品行端正的胎教古礼;而且随着医学的发展,开始注意通过饮食禁忌等保证胎儿身体健康无缺的"胎养"。虽然所说禁忌未必有科学道理，但是，重视胎养、胎教总体上说对于妇女生育安全、健康及后代发育是有益的。

生产习俗及避孕

由于崇奉孝道，唐人极为重视母亲的生养之恩。敦煌变文《庐山远公话》为使人们感念母恩，详细描写了妇女从怀胎至生产以及难产所受磨难：

> 生苦者，生身托母荫在胎中，临月之间，由如苏酪。九十日内，然可成形，男在阿娘左边，女在阿娘右胁，贴著俯近心肝，禀气成形。乃受诸苦，贤愚一等，贵贱亦同。慈母之恩，应无两种。……十月满足，生产欲临，百骨节开张，由如锯解。直得四支体折，五脏疼痛，不异刀伤，何殊剑切。千生万死，便即闷绝，莫知命若悬丝，不忘再活。须叟母子分解，血似屠羊……若是吾（忤）逆之子，如何分免（娩），在其阿娘腹内，令母不安，蹴踏阿娘，无时暂歇。忽居心上，忽至腰间，五藏之中，无处不到。十月满足乃生，是时手抠阿娘心肝，脚踏阿娘胯骨，三朝五日，不肯平安。从此阿娘大命转然，其母看看是死，叫声动地，似剑到（剜）心。兄弟阿娘，莫知为计，怨家债主，得命方休。[1]

---

[1] 《敦煌变文集》卷2，人民文学出版社，1957年。

对子嗣的渴求和对母子平安的祈望，使得产妇与家人在临产时往往要乞灵于神佛保佑。敦煌地区有请寺院僧人为产妇作道场习俗。孕妇产期临近，家人施舍财物，请僧人在寺院设道场，念《难月文》。施主焚香拜佛，虔心发愿，祈求佛祖保佑母子平安："惟愿日临月满，果生奇异之神童；母子平安，定无忧嗟之苦厄。"分娩时刻，产妇要祈求神灵护佑："六月神名，天公，字大莘；日，字长生；月，字子光；北斗，字长文；太白，字文君；东方朔，字祖常。右难（有念）此六神名字……女人识之，不产亡。"这六神都是吉祥长寿之神，产妇祈祷以保生产平安顺利。同时家人也要念佛求神："专希母子身安乐，念佛焚香百种求"；"千回念佛求加护，万遍烧香请世尊"[1]。

唐代妇产科医学取得长足发展，对于妇女生育健康、安全无疑有很大益处。据研究，现存最早产科专著《经效产宝》便是唐人所撰，其中收录各种医方，其中包括安胎、食忌、妊娠病变、难产处理，以及产后排泄、哺乳等相关问题，一应俱全。

根据唐代医家王焘所辑《外台秘要》等医学著作记述：产妇即将临盆，家人要选择吉地，在室内或室外设置产庐或产帐，帐内地上要先铺草、草灰，上面再铺牛马皮，以便胎儿安全落地和防止血水污地。产妇可坐可卧，但可能多为蹲坐的直立式，以便其用力。王焘详细记述了他为产妇安排生产的过程：产妇有征候

---

[1] 转引自史成礼等《敦煌性文化》，第314页；高国藩：《敦煌民俗学》，上海文艺出版社，1989年，第84页；《父母恩重经讲经文》，《敦煌变文集》卷5。

时，先除去房中床案，在地下铺上草；按照一定高度将绳子系在木架上，使产妇蹲下时正在腋下，以作依凭（也有攀马鞍等物者）；下铺毡子，以防胎儿落地受伤。然后让产妇到位，令其任意坐卧，为之讲说方法。同时让家人以母鸡汤做粥，劝产妇进食。这是安排产妇自然分娩。也有他人助产者，称为"看产人"，在产妇临盆时，"扶抱助腰"，支撑产妇，帮助其用力。王焘主张尽量让产妇自然生产，并批评富贵人家在产妇临产时，往往聚集妇女辈，"或有约髻者，或有力腹者，或有冷水噀面者，努力强推，儿便暴出"，认为这种助产法有害无益。

对于难产，民间有各种偏方，比如："妇人两三日产不出，取死鼠头，烧作灰，和井水服，动差。"研究者认为，这可能是因为老鼠有打洞能力，故时人认为可以促使产妇生产。

产妇生产之后，有不让其观看婴儿与污秽以及忌问男女等习俗。医家还有许多产妇保健与治疗产后疾病的各种药方。如坐蓐期间，要以羊肉、鹿肉等滋补；"妇人产后腹中痛，取松脂乘许大服之"；"妇人产后血不正（止），取灶突中土和酒服"，据说这是因为灶君为多子女神，可以护佑妇女生育。若是产后奶少，"治妇人少乳，取母衣带，烧成灰，三指撮，和酒及水服之"，以之催奶。[1]

南方少数民族有颇为怪异的"产翁"习俗，即产妇生产以

---

[1] 以上参李贞德：《汉唐之间医书中的生产之道》，李建民主编《生命与医疗》，中国大百科全书出版社，2005年；《唐代的性别与医疗》，邓小南主编《唐宋女性与社会》，上海辞书出版社，2003年。

后,照常饮食劳动,而丈夫则"拥衾抱雏,坐于寝榻",代替产妇坐蓐[1]。

尽管人们渴盼子嗣,但是对于妇女生育产生的血污又有某种恐惧心理。民间对于产妇还有一些忌讳,如"妇产不满百日,不得为夫裁衣、洗衣,大凶"[2]。唐人传奇载,长庆中,饶州刺史齐推之女将近产期,因丈夫调任,回娘家分娩。齐氏临产之际,忽见一人长丈余,金甲仗钺,怒道:"我梁朝陈将军也,久居此室。汝是何人,敢此秽触!"举钺将杀之。齐氏哀告乞求移居他室,但齐推性情刚烈,持无鬼论,坚持不让女儿搬走,齐氏终为鬼所杀。又如,郑畋母在女道士观中临产,闻空中有语:"汝须出观外,无触污吾清境,不然吾当杀汝!"产后果然殒命[3]。这些故事透露了人们认为孕妇生产不洁,会触怒鬼神的心理。

此外,民间还有产妇产蓐而亡,以墨点其面的民俗。据说,若不点则不利于后人[4]。

由于医疗不发达,产妇因生产而致死者不在少数。研究者通过墓志等记载对唐代男女寿命进行统计,发现唐代男性平均寿命高于女性,而妇女在20—39岁之间死亡率最高,这一年龄段正是生育高峰期。故此推断,产妇死亡率高正是男性平均寿命高于

---

1 尉迟枢:《南楚新闻·獠妇》,《太平广记》卷483。
2 《敦煌掇琐》中辑90,台北新文丰出版社,1985年。
3 牛僧孺:《玄怪录》卷3、《太平广记》卷358、尉迟偓:《中朝故事》卷下。
4 段成式:《酉阳杂俎》前集卷8。

女性的原因[1]。史载中妇女死于生产的例子也有很多，如上述医家王焘所记阳道庆家便是一妹二女皆死于生产，连唐代公主都有五人死于生育。

民间也有帮助妇女避免生育的药方："妇女不用男女产，衣中安一钱，埋却更不生，有验。"据学者统计，宋人保留有15种唐代的堕胎药方[2]。史载，唐玄宗做太子时，妃子怀孕，因惧怕姑母太平公主，要让其堕胎，遂命侍读张说秘密带入"去胎药"三剂，并亲自煮药。又有野史记述，唐肃宗时润州刺史郑某嫂张氏因生育男女5人皆夭折，故怀孕后欲服药以下胎[3]。民间还有一些巫医，专为不愿生育或因私情而怀孕的妇女堕胎，传说有老妪号"白牡丹"，蓄下胎药，为人堕胎，"临终见婴儿无数，聚啖其脑"[4]。有学者根据对《太平广记》内容的观察统计发现，唐代上流社会家庭一对夫妻平均只养育近3个孩子，认为有可能是实行了堕胎或拉长生育间隔等节育措施[5]。这种推断值得重视，尚需深入研究。

---

1 李燕捷：《唐人年寿研究》第4章，台北文津出版社，1994年。
2 刘静贞：《从损子坏胎的报应传说看宋代妇女的生育问题》，《大陆杂志》（台北）第90卷第1期，1995年。
3 李德裕：《次柳氏旧闻》，《太平广记》卷387。
4 孙光宪：《北梦琐言》补遗，《中华野史》，泰山出版社，2000年。
5 ［日］大泽正昭：《唐宋变革期的家庭规模与结构——依据小说史料进行分析》，《中国家庭史国际学术讨论会论文集》，南开大学出版社，2002年。

岁时礼俗与娱乐活动

岁时节日礼俗

中国古来岁时节日中都有一些专属于妇女的独特礼俗及娱乐活动,唐代社会较长时期的安定富足与开放风气,使这些节日活动空前红火。这些活动不仅为妇女生活增添了情趣,也是她们外出游玩、见识外界天地和与人交往的良机。

元日欢庆

新春正月一日,称作元日、元正、元旦,为一岁之首。唐代宫廷与民间都要举行各种庆祝活动,燃放爆竹、悬挂桃符以避鬼,并祭拜祖先、举行家宴、请客宴饮、相互拜贺等。白居易描写岁日家宴的诗句称:"弟妹妻孥小侄甥,娇痴弄我助欢情。岁盏后推蓝尾酒,春盘先劝胶牙饧。形骸潦倒虽堪叹,骨肉团圆亦可荣。"[6] 合家团聚、推杯换盏的热闹场面依稀可见。根据唐诗推

---

6 《全唐诗》卷447。

断,当时还可能已有了出嫁女元日回娘家的习俗[1]。

人日剪彩

正月七日,称"人日",妇女有人日剪彩的习俗。无论是宫廷还是民间妇女,这一天都拿起剪刀,将彩帛或彩纸剪成花、鸟、鱼、人等各种美丽的图形,然后把它们贴到门窗、屏风上,装饰在树上或戴在头上,还有的抛撒到空中。唐诗吟咏妇女剪彩活动道:"闺妇持刀坐,自怜裁剪新。叶催情缀色,花寄手成春。帖燕留妆户,黏鸡待饷人。擎来问夫婿,何处不如真。"[2] 妇女们以五颜六色的图形装点节日气氛,也借此炫耀自己的巧手。

上元观灯

正月十五,唐代称为"上元",此夜称为"元夜"。有人认为这一称谓出于道家,上元节的兴起与唐代道教的兴盛相关。唐以前,正月望夜(十五夜)已有燃灯和游观习俗,唐代这一风气得到更大发展。这是一年中妇女外出游玩最自由的日子。

上元节前后,官府往往弛禁三夜,不禁百姓夜行,让人们尽情游玩。各都市、乡镇大展灯会,街市上花灯照如白昼,还有百戏演出和各种游艺活动。妇女们无论贵贱老少,都梳妆打扮整齐,上街观灯游玩。时人有诗描述妇女出游的情景:"十万

---

1 薛逢:《元日田家》,《全唐诗》卷548。
2 徐延寿:《人日剪彩》,《全唐诗》卷114。

人家火烛光，门门开处见红妆。歌钟喧夜更漏暗，罗绮满街尘土香。"[1] 唐中宗曾与皇后微服出宫，并且放数千名宫女出宫观灯，因此而走失很多人。唐玄宗先天二年上元节时，举行盛大灯会庆祝，"宫女千数，衣罗绮、曳锦绣、耀珠翠、施香粉。一花冠、一巾帔皆万钱，装束一妓女皆至三百贯"。又选长安附近的少女少妇千余人，着丽服、佩花钗，于灯下踏歌三日三夜，极尽欢乐[2]。诗人张祜《正月十五夜灯》描写当时盛况说："千门开锁万灯明，正月中旬动帝京。三百内人连袖舞，一时天上著词声。"杨贵妃的姐姐韩国夫人还命人制作了"百枝灯树"，高80尺，竖于高山上，上元夜点灯，百里皆见，光明夺月色[3]。

宫廷中还另有花样，唐玄宗时，宫中不仅张灯奏乐，又撒荔枝千万颗，令宫人争拾，多者赏红圈帔、绿晕衫[4]。

长安以外，扬州上元之夜"灯烛华丽，百戏陈设，士女争妍，粉黛相染"；西北边陲的凉州也是"影灯连亘数十里，车马骈阗，士女纷委"[5]。可见南北各地此夜都有男女外出游玩风俗。

此夜不仅街市放灯，寺院也燃灯供佛，妇女有入寺观灯、舍财者。日本僧人圆仁描绘了开成年间扬州寺院元夜燃灯、男女深夜到各寺游观并施舍钱财的情景："街里男女不惮深夜入寺看事，

---

1 张萧远:《观灯》,《全唐诗》卷491。
2 张鷟:《朝野佥载》卷3。
3 王仁裕:《开元天宝遗事》卷下。
4 冯贽:《云仙杂记》卷2。
5 牛僧孺:《玄怪录》卷3。

供灯之前随分舍钱，巡看已迄，更到余寺看礼舍钱。"[1]

乡间妇女还有祭祀紫姑神的习俗。紫姑是厕神，相传曾为人妾，主妇因嫉妒，常役使其做"秽事"，于正月十五日感伤而死。后人常于此夜制作紫姑形象，于厕间或猪栏边，设酒果迎神祭奠。据说能占卜诸种事物和未来蚕桑收成[2]。

春日踏青

春天里有三个节日，寒食、清明、上巳节。其中与妇女关系最密切的是上巳节。上巳节大约形成于周朝，起初是在三月第一个巳日，后来逐渐固定为三月三日。原本是祈求生育、祈福禳灾的节日，人们聚集在水边，祭祀高禖等神灵，并以水洗濯污垢、祈求生育、驱除灾邪。但随着时间推移，其巫教意味日益淡化，到唐代，已经成了人们春游踏青的娱乐节日。

每年自正月十五至这三个节日前后，都是春游踏青的时节。唐朝士女游春风气极盛，每年新春之际，纷纷乘车骑马出城到郊外游玩，长安曲江池、乐游原等风景胜地到处都是春游踏青的妇女。"都人士女，每至正月半后，各乘车跨马，供帐于园圃或郊野中，为探春之宴。""长安士女，游春野步，遇名花则设席藉草，以红裙递相插挂，以为宴幄。"[3] 她们游春野步、赏花玩景，还在郊外用红裙搭帐篷、设宴席野餐。唐诗中有不少描写女子游

---

[1] 圆仁：《入唐求法巡礼行记》，花山文艺出版社，1992年。
[2] 刘敬叔：《异苑》卷5。
[3] 王仁裕：《开元天宝遗事》卷下。

春的诗篇,杜甫的名诗《丽人行》描绘了上巳节妇女的游春风俗和贵妇出游的奢华排场,开篇便道:"三月三日天气新,长安水边多丽人。"李华《春游吟》道:"初春遍芳甸,千里蔼盈瞩。美人摘新英,步步玩春绿。"施肩吾《少妇游春词》道:"簇锦攒花斗胜游,万人行处最风流。"唐人张萱的《虢国夫人游春图》更生动地再现了唐代贵妇骑马游春的情景。郊游踏青不仅使得妇女得以娱悦身心,也为男女相识相慕带来了机会。

除了游春踏青外,春季里还有一些专属于妇女的娱乐活动。

斗百草——端午前后,百草丛生,少女们纷纷玩起斗百草游戏。"闲来斗百草,度日不成妆";"归来见小姑,新妆弄百草"[1]。中宗朝,安乐公主斗百草时,为增添花色,派人专程去南海一寺院取来晋朝谢灵运临终施舍给寺院的美须,作为斗草之物[2]。也有斗花者,开元天宝时期,长安春季有斗花游戏,女子以戴插奇花多者为胜。于是很多人花费千金购买名花,栽种在庭院中,以备春时斗花用[3]。敦煌曲子词《斗百草》有:"喜去喜去,觅草色数莫令少";"喜去喜去,觉走斗花先"[4]。看来无论斗草、斗花都是以品种花色繁多而且珍奇取胜。

荡秋千——这在古代是专属于妇女的游戏。传说它起源于春秋时代的北方山戎族,后来传入中原。春季寒食、清明前后最盛

---

1 崔颢:《王家少妇》、刘驾:《桑妇》,《全唐诗》卷130、585。
2 刘悚:《隋唐嘉话》卷下。
3 王仁裕:《开元天宝遗事》卷下。
4 《敦煌曲子词集》下卷,上海商务印书馆,1954年。

行打秋千,唐诗有多篇描写女子荡秋千:"满街杨柳绿丝烟,画出清明二月天。好是隔帘花树动,女郎撩乱送秋千。"[1]宫廷妇女在寒食节常以此为戏:"天宝宫中,至寒食节,竞竖秋千,令宫嫔辈戏笑,以为宴乐。帝呼为半仙之戏,都中士民因而呼之。"[2]民间女子也以荡秋千为乐:"少年儿女重秋千,盘巾结带分两边。身轻裙薄易生力,双手向空如鸟翼。下来立定重系衣,复畏斜风高不得。傍人送上那足贵,终赌明珰斗自起。回回若与高树齐,头上宝钗从堕地。"[3]从诗中看,少女们将它作为竞技游戏,比赛输赢,她们以明珰打赌,看谁的技艺最高。

抛球戏——敦煌写本诗词《寒食篇》描写了女子的抛球游戏:"池中弄水白鹇飞,树下抛球彩莺去。别殿前临走马台,金鞍更送彩球来。球落画楼攀柳取,杖摇香径踏花回。"[4]唐诗中也有"彩索拂庭柯,轻球落邻圃""彩绳拂花去,轻球度阁来"[5],都是描写寒食季节妇女的抛球游戏。从诗中看,好像有以杖打球,也有以摇动彩绳抛球以比赛胜负的。

端午"续命"

五月五日端午节,自古便有"女儿节"之称。妇女多在这一

---

1 韦庄:《长安清明》,《全唐诗》卷700。
2 王仁裕:《开元天宝遗事》卷下。
3 王建:《秋千词》、韩偓:《秋千》,《全唐诗》卷298、683。
4 高国藩:《敦煌俗文化学》,上海三联出版社,1999年。
5 温庭筠:《寒食节日寄楚望二首》、韦应物:《寒食》,《全唐诗》卷583、193。

时节开始忙碌染丝、织布。端午节时,她们将五彩丝线系在家人臂上,或用丝线制作成日月、星辰、鸟兽等,赠送家人,称作"长命缕""续命缕",以避鬼消灾、祈求长寿,同时显示蚕织之功。或者赠送其他礼物,也称"续命"。"续命"即祝愿长寿之意。

盛唐时京城妇女还流行射粉团游戏:"造粉团、角黍,贮于金盘中,以小角造弓子,纤妙可爱,架箭射盘中粉团,中者得食,粉团滑腻而难射也。"[1]粉团、角黍可能是米粉团或粽子类食物,放在金盘中,用小弓射,射中者可以食用。

江淮地区端午节有赛龙舟活动,两岸妇女观者如云:"两岸罗衣扑鼻香,银钗照日如霜刃。鼓声三下红旗开,两龙跃出浮水来。"[2]

七夕乞巧

七月七日夜,相传牛郎织女相会于鹊桥,古称"七夕",又称乞巧节。这也是妇女的节日。白居易《长恨歌》中描写唐玄宗与杨贵妃于七夕定情:"七月七日长生殿,夜半无人私语时。在天愿作比翼鸟,在地愿为连理枝。"说明七夕是男女表达爱情的节日。

七夕最主要的节日活动是向织女"乞巧"。这一节俗古来有

---

[1] 王仁裕:《开元天宝遗事》卷上。
[2] 张建封:《竞渡歌》,《全唐诗》卷275。

之,唐代极盛。此夜,宫廷及民家都摆设香筵、陈列瓜果酒炙,妇女们焚香祭祀牛、女二星,向织女祝告心愿,乞巧、乞福;并对月穿针引线,穿过者为得巧。唐诗中有许多篇章描写七夕乞巧风俗,如:"七日佳人喜夜晴,各将花果到中庭。为求织女专心座,乞巧楼前直至明。""乞巧望天河,双双并绮罗。不忧针眼小,只要明月多。"[1]盛唐时期,宫中七夕仪式最盛:宫中以锦结扎成楼殿,高达百尺,可以登上数十人。在上面陈设瓜果酒炙,设置坐具,祭祀牛郎织女二星;嫔妃们各以九孔针、五色线对月穿之,穿过者为得巧征候;同时演奏乐曲,欢饮达旦。宫女们又捉蜘蛛,闭于小盒中,至天明打开,观看蛛网稀密,织网密者说明得巧多,稀者表示得巧少[2]。这些宫廷游戏活动民间纷纷效仿,演化成普遍的民俗。

中秋赏月

八月十五中秋之夜,妇女与男子一样有玩月、赏月雅好。唐玄宗为与杨贵妃良宵赏月,曾命人在宫中搭建百尺"赏月台"。南方有中秋夜妇女踏歌风俗,妇女手拉手唱歌跳舞,婆娑于月下,一派浪漫、欢腾景象。

妇女还有拜月习俗,但多是在新月初生之时,称"拜新月"。她们于月下拜祷、悄悄祝告自己的心愿。唐诗有:"开帘见新月,

---

1 转引自孙其芳:《大漠遗歌——敦煌诗歌选评》,甘肃人民出版社,2000年,第207页。
2 王仁裕:《开元天宝遗事》卷下。

便即下阶拜。细语人不闻,北风吹裙带。""佳人惜颜色,恐逐芳菲歇。日暮出画堂,下阶拜新月。拜月如有词,傍人那得知。"童稚幼女也学着拜月:"幼女才六岁,未知巧与拙。向夜在堂前,学人拜新月。"[1]从诗中看,拜月似乎也有乞巧内容。张氏《拜新月》诗则描绘了老年妇女拜月时对韶华逝去的感伤心情:"拜新月,拜月不胜情,庭花风露清。月临人自老,人望月长明。东家阿母亦拜月,一拜一悲声断绝。昔年拜月逞容辉,如今拜月双泪垂。回看众女拜新月,却忆红闺年少时。"[2]

重阳登高

九月九日重阳节,古来有登高、吃蓬饵、喝菊花酒、佩戴茱萸以避瘟邪的习俗。唐代重阳登高习俗盛行,男女相携登高远眺,赏玩饮酒。地势较高、风景优美的乐游原是长安最有名的登临之处,"每三月上巳、九月重阳,士女游戏,就此祓禊登高,幄幕云布,车马填塞,绮罗耀日,馨香满路"[3]。妇女们还常到山上采茱萸,将茱萸插戴在头上、身上,以避邪益寿。唐诗有:"山阴柳家女,九日采茱萸。复得东邻伴,双为陌上姝。插花向高髻,结子置长裾。""归来得问茱萸女,今日登高醉几人。"[4]

---

[1] 施肩吾:《幼女词》,《全唐诗》卷494。
[2] 《全唐诗》卷28。
[3] 韦述:《两京新记》逸文卷1,见《事文类聚》前集卷8。
[4] 万楚:《茱萸女》、张谔:《九日宴》,《全唐诗》卷145、100。

除夕守岁

除夕与元日相连，此夜宫廷与民间有在庭院点燃燎火、欢饮守岁风俗。唐人传奇描写了唐初贞观时期宫廷中除夕夜的盛景："太宗盛饰宫掖，明设燃烛，殿内诸房莫不绮丽。后宫嫔御皆盛衣服，金翠焕烂。设庭燎于阶下，其明如昼，盛奏歌乐。"[1] 虽然可能是推想之词，但应该反映了当时除夕夜的风俗。

社日"忌作"

民间盛行在立春、立秋后举行两次"社日"活动，祭祀土神。州县举行社日祭祀集会，妇女也与男人一起参加，同席饮酒、游戏作乐。民间还有社日"忌作"的风俗，即妇女这两日不能做针线，唐诗有"今朝社日停针线，起向朱樱树下行"[2]，妇女们得以偷闲两日，休息游玩一番。

唐代妇女的岁时节日礼俗、娱乐活动洋溢着中华传统节俗文化固有的喜庆、乐观特征，其中春游踏青、挂裙为帐、设席野餐的画面堪称唐代妇女风貌的一个缩影。

---

[1] 《太平广记》卷236。
[2] 张籍：《吴楚歌》，《全唐诗》卷29。

娱乐竞技活动

唐代妇女闺中娱乐竞技活动常见的有如下几种。

丝竹弦歌——由于社会对于妇女音乐艺术才能的欣赏,唐代妇女多有自幼习练丝竹、音乐者,这自然也成为她们家居的主要娱乐方式。如宰相宋璟女专习羯鼓,长安尊贤里其夫家郑氏宅第有小楼,为其习鼓之所[1]。墓志、诗词中诸如"其暇则鸣弦桐、讽诗骚以为娱";"性酷嗜音……常以弦歌自娱";"十五嫁王昌,盈盈入画堂……舞爱前溪绿,歌怜子夜长";"十二学弹筝,银甲不曾卸"[2]等大量记载,都说明音乐、丝竹乃至歌舞是当时富贵人家妇女闺中的日常娱乐活动。

弈棋——这是从宫廷到民间妇女都喜欢的一项娱乐竞技活动。"宫棋布局不依经,黑白分明子数停。巡视玉沙天汉晓,犹残织女两三星。""红烛台前出翠娥,海沙铺局巧相和。趁行移手巡收尽,数数看谁得最多。"[3]这都是写女子下棋的唐诗。从诗中看,下的是围棋。新疆阿斯塔那墓出土有妇女弈棋绢画,留下了唐代妇女下围棋的真实形象。唐代还流传下来一段女子棋坛高手的逸事:翰林院棋手王积薪自诩棋术天下无敌,一次宿于逆旅,

---

1 南卓:《羯鼓录》。
2 李俭:《姚婆墓志》,《全唐文》卷788;《太平广记》卷489;崔颢:《王家少妇》、李商隐:《无题》,《全唐诗》卷130、539。
3 王建:《夜看美人宫棋》、张籍:《美人宫棋》,《全唐诗》卷301、386。

夜晚灭烛后,听到店主老媪呼唤隔壁儿媳道:"良宵难遣,可棋一局乎?"于是各自以口对弈,数十回合后,媪说:"尔败矣!"妇答:"伏局。"王积薪暗记棋局,次日复盘,自愧不如。他向婆媳二人请教,于是教给他"攻、守、杀、夺、救、应、防、拒之法",从此棋艺无与伦比[1]。这个故事虽有传奇色彩,但从两位棋艺高超者只是普通民妇这一点,至少可以想象,弈棋不仅是宫廷、贵族妇女的消遣,平民妇女大约也有喜爱这种博弈游戏的。

类似者还有"叶子戏",这也是一种博弈游戏。传为唐代李郃与妓女叶茂连发明,是掷骰子为戏,咸通以来,流行于天下[2]。据说后世衍变为纸牌。

藏钩——敦煌写本诗词有"欲得藏钩语多少,嫔妃宫女任相和。每朋一百人为定,遣赌三千匹䌽罗。"[3] 藏钩可能是一方藏一方猜的游戏。从诗中看,宫廷妇女双方各有百人,是以此赌输赢的集体游戏。《敦煌变文集》描写民间妇女生活有"几度亲情命看花,数遍藏钩夜欢笑"[4],说明民间也流行以此为戏,大概只是参加的人数少些而已。

养宠物——"年二八,久锁香闺,爱引猧儿鹦鹉戏"[5],闺中和宫廷女子都有养鹦鹉、狗等小动物为伴以遣寂寞的。杨贵妃养

---

1 李肇:《唐国史补》卷上、陆勋:《集异记》卷1。二者记载有不同。
2 钱易:《南部新书》庚。
3 转引自罗宗涛《敦煌变文社会风俗事物考》,台北文史哲出版社,1974年。
4 《敦煌变文集》下册卷5,人民文学出版社,1957年。
5 《敦煌曲子词集》中卷《倾杯乐》,上海商务印书馆,1954年。

的鹦鹉名雪衣女,狗是康国进贡的,都是名贵品种。盛唐时,宫女嫔妃们还常用小金笼捉蟋蟀,放在枕边,夜听其鸣,以排遣孤闷。后来民间也争相仿效,以养蟋蟀为娱乐[1]。

更有特色的还是妇女的户外游乐活动。骑马、射箭、逐猎、打球,这些在后世汉族妇女看来专属于男人们的事,在唐代却是贵族妇女普遍喜爱的活动。

骑射、狩猎——唐代女子骑马非常普遍,宫女们从驾出游都是戎装骑马;贵妇进宫也骑马,诗称"虢国夫人承主恩,平明骑马入宫门";仕宦人家的妇女常骑马出行,有的甚至在街上"露髻驰骋"[2]。宫女们还随皇帝飞骑携弓,到山野狩猎:"射生宫女宿红妆,把得新弓各自张。临上马时齐赐酒,男儿跪拜谢君王。""新鹰初放兔犹肥,白日君王在内稀。薄暮千门临欲锁,红装飞骑向前归。"这都是写宫人飞骑狩猎的诗句。诗人笔下弯弓射鸟的宫中才人是那样英姿飒爽:"辇前才人带弓箭,白马嚼啮黄金勒。翻身向天仰射云,一箭正坠双飞翼。"[3]北方民间妇女也有能骑善射者。荆南节度使李昌夔出行打猎,妻子独孤氏率女队2000人随行,妆饰华丽,皆着红紫绣袄子、锦鞍鞯[4]。这队戎装女子一定是英姿勃勃、十分壮观。

---

1 王仁裕:《开元天宝遗事》卷上。
2 张祜:《集灵台二首》,《全唐诗》卷511;《新唐书·车服志》。
3 王建:《宫词一百首》、张籍:《宫词》、杜甫:《哀江头》,《全唐诗》卷302、386、216。
4 佚名:《大唐传载》。

击球——这是妇女从事最多的一项户外竞技活动。球类活动分为杖打与足踢两种,前一类也有妇女参加。以杖打球,男子多为骑马持杖,称马球;妇女多是徒步持杖,称"步打",据研究,类似当今的曲棍球。也有骑驴打者,如天宝年间,剑南节度使郭英乂曾"聚女人骑驴击球"[1]。不少唐诗描写宫廷妇女打球:"殿前铺设两边楼,寒食宫人步打球";"自教宫娥学打球,玉鞍初跨柳腰柔"[2];等等。女子踢球的记载较少,唐人笔记记载了一则逸事:长安胜业坊北街有位三鬟女子,年十七八,穿木屐,立于道侧树下,正逢军中少年在此蹴鞠,女子以脚接而送之,直高数丈,引得观者甚众[3]。这显然不是寻常女子。此外还有抛球游戏,上文寒食节中已述及。

拔河——唐朝宫廷中曾不止一次举行这一竞技活动,"以麻絙巨竹分朋而挽水,谓之拔河,以定胜负"[4]。从史载看,双方是在水中比赛拔麻绳和巨竹。"拔河"的称谓大概就源于此。唐中宗曾与后妃们一起观看宫女们的拔河比赛。

划船——宫廷中还曾举行过划船竞赛:"猩猩血采系头标,天上齐声举画桡。却是内人争意切,六宫罗袖一时招。"[5]这首唐诗描绘了宫廷妇女划船比赛的热闹场景。

---

1 《旧唐书·郭英乂传》。
2 王建:《宫词一百首》、花蕊夫人:《宫词》,《全唐诗》卷302、798。
3 康骈:《剧谈录》卷上。
4 《资治通鉴》卷209唐中宗景龙三年胡三省注。
5 张祜:《上巳乐》,《全唐诗》卷511。

观戏——到戏场看戏也是妇女们喜爱的娱乐活动。万寿公主不顾夫家人有病去慈恩寺戏场看戏,因此而受到父亲唐宣宗责备便是例证。

观球——妇女不仅有亲自参加打球的,也有以观球为乐的。敦煌写本《唐宫词》描写宫人们排队观看马球赛:"先换音声看打球,独教秀部在春楼。不排次第排恩泽,把板宫人在上头。"[1]据说,李渤做桂管观察使时,聘请一位名儒吴武陵做副使。在球场设宴时,妇女们都聚集在看棚里观看打球,吴极为反感,竟当众脱裤撒尿以羞辱之[2]。

出游——上文已述岁时节日妇女有观灯、春游等活动,平日她们也时有出游郊野、名胜或街市之乐。如襄阳公主有"游行市里"之好[3]。唐人传奇记载更繁,如唐宪宗迁葬时,集州司马裴通远妻女乘车纵观于通化门,天晚才回家[4]。阳平有妇女结伴游市场,在市中饮酒大醉。剑南节度使张某为见下属的美貌妻子,命各寺盛其陈列,吸引士女游观,其人果然夜间出来观望。太原有龙自龙庙中出现,"倾都士女皆纵观"。会昌中,建业白沙中元日游瓦官阁,"士女阗咽"。魏州士女每于月初到狄仁杰生祠祭奠。长洲陆氏女因为没有衣服,不能随家人游虎丘,竟然气愤投井

---

1 转引自高国藩《敦煌俗文化学》,上海三联出版社,1999年,第238页。
2 《太平广记》卷497。
3 《旧唐书·李宝臣附惟简传》。
4 陆勋:《集异记》卷2。

敦煌壁画唐《都督夫人礼佛图》

唐张萱《虢国夫人游春图》局部

唐张萱《武后行从图》

唐玄宗纳凉图中身着便装的唐玄宗

杨贵妃上马图

唐女子绛红罗蹙金绣半臂

唐女鞋

唐女子蹙金绣夹裙

唐三彩女立俑

唐骑马女泥俑

唐劳作女佣

唐人《宫乐图》

敦煌唐代壁画耕稼图

唐章怀太子墓壁画提罐侍女

唐弈棋仕女图

唐周昉《簪花仕女图》局部

敦煌壁画唐民间乐舞图

而死[1]，等等。这些虽都出自传奇故事，但是反映的社会风俗应该是有一定根据的。

服饰与妆饰

唐代妇女服饰是中国古代服饰史上的华彩篇章，其总体风格如果用简练的言词来概括，可以说是：华美、浓艳、张扬与新异。妇女们以此大胆地炫耀着她们的美丽，展示着迥异于历代的盛世风采。一如唐人的仕女画代表作《簪花仕女图》，画中的仕女形象，也正以此风格区别于后世崇尚的清素淡雅、含蓄内敛的淑女风范。

服 饰

妇女服装包括礼服与常服。

礼服只有极少数宫廷妇女和贵族命妇穿用，朝廷对此有着严格、繁缛的服制规定。自皇后以下，内外命妇按照品级与助祭、朝会、宴宾等不同场合有着名目繁多的礼服盛装，如"袆衣""鞠衣""钿钗礼衣""翟衣"等；服色、花纹、式样、佩饰

---

1 《太平广记》卷37、123、313、333、423、350。

都有等级差别，同时配有相应的花树、花钿等首饰。敦煌莫高窟130窟盛唐时期所绘贵妇乐廷瓌夫人，梳高髻、戴花钿、插小梳，穿大袖衣、长裙，外套半臂，披帔帛，足穿云头锦鞋，据说这便是礼服中的"钿钗礼衣"。总体看，礼服样式的基本特点是宽博，都是大衣广袖、裙子肥长，而且饰物华丽、繁富。

唐初服制还规定了各级命妇常服的服色，即各自依照丈夫、儿子品级的服色；上者可以穿下者服色，但下者不能僭用上者服色。后期文宗时曾针对普遍的舆服僭越违制现象，重新制定条款加以限制，其中也包括各级妇女服饰的用料、颜色、饰物，如"诸部曲、客女、奴婢，服䌷、绸、绢、布，色通用黄、白，饰以铜、铁；客女及婢，通用青、碧"[1]等，可见对贱民妇女所用衣料、颜色、饰物用料都有限制。

繁缛的服制正是森严的等级制度在妇女生活中的表层体现。只是，服制规定虽然严格，但妇女多不在公庭，又兼风俗所化，现实生活中实际上是"风俗奢靡，不依格令，绮罗锦绣，随所好尚。上自宫掖，下至匹庶，递相仿效，贵贱无别"[2]。可见服制对妇女的限制也很有限。大约除了贱民阶层和个别场合，妇女都可以根据爱好和时尚随意穿戴，因而服饰多姿多彩，而且花色、式样不断翻新。正因为如此，艺术品中留存下来的唐代妇女形象才如此婀娜多姿、美不胜收。

---

[1] 《唐会要》卷31《舆服上》。
[2] 《旧唐书·舆服制》。

日常服饰

1. 服装

妇女日常服装尽管千姿百态，但是基本格式都是上衣下裙。上衣较短，束于裙内；下着长裙，裙腰束得很高，常及腋下，裙裾有时长可曳地，因而显得格外长。

上衣包括衫、襦、袄。衫是单衣，襦是短袄，襦、袄是夹或绵的。式样和袖子根据时尚或窄或宽。领子样式有并领、交领、圆领等，还有半袒前胸的低领口样式，或称之为"袒领"。衫袄等有红、紫、绯、绿、黄、白等各种颜色，唐诗有"淡红衫子掩酥胸""藕丝衫子柳花裙"[1]等描写。上面还可以绣各种花样，如"罗衫叶叶绣重重，金凤银鹅各一丛"；"新帖绣罗襦，双双金鹧鸪"[2]等等。

衫袄内有遮护前胸的内衣——"抹胸"，大约类似后世的兜肚或乳罩。传说杨贵妃曾被安禄山抓伤胸乳，作"诃子"为饰以遮盖[3]。这种"诃子"可能也是"抹胸"类服饰。

裙长有的至脚踝，有的可拖地。这应与身份、生活相关，劳动妇女日常不可能穿拖地长裙；而唐诗中"坐时衣带萦纤草，行

---

1 《云谣集杂曲子》，《敦煌文学作品选》，中华书局，1987年；元稹：《白衣裳二首》，《全唐诗》卷422。
2 王建：《宫词一百首》，《全唐诗》卷302；温庭筠：《菩萨蛮》，《花间集》卷1。
3 高承：《事物纪原》卷3。

即裙裾扫落梅"[1]类描写和文物图像中常见的曳地长裙,表现的都是宫廷、贵族以及娼优类女子的衣饰。裙子一般为多幅拼制,以6幅最为普遍,据研究,大约相当于3米多宽;更讲究的则用7幅、8幅乃至12幅。裙上打褶,富贵者穿的多幅肥裙有的要打上几十个褶。裙子颜色有红、紫、绛、黄、绿、青、白等,其中以红裙最受喜爱与流行。红裙因为多用石榴花或茜草染成,也常称"石榴裙""茜裙"。开元、天宝中,长安仕女游春时,常在郊野用红裙插挂成宴席帐篷,可见穿红裙者众多。唐人有许多吟咏红裙的诗句,如"红裙妒杀石榴花""山石榴花染舞裙""黄陵女儿茜裙新"[2]等。杨贵妃则喜穿黄裙,宫廷、民间纷纷仿效,一时穿黄裙成风。除单色裙外,也有两种或几种颜色间隔拼制的,称为"间(裥)裙"或"间(裥)色裙"。从文物、图像看,裥裙以红绿、红黄、黄白相间较为常见。裙上还常有印花、刺绣、绘画、穿珠、镶宝等各种装饰。裙腰上系带,带上常结出各种花样或佩有珠玉等饰物。裙带长长垂下,平添飘逸风采。

衫裙之外,唐代妇女普遍穿用、很有特色的一种衣饰是"帔",或称"帔子""帔帛"等。据说来源于中亚。这是一种长披巾,一般用绫、帛、丝、罗等较轻薄柔软的织物制成,颜色多为红、绿、黄、紫等,搭在肩背上,绕于双臂,飘垂到腰间,下端也可以束于裙带中。大约有一定保暖作用,主要是作为装饰,

---

[1] 孟浩然:《春情》,《全唐诗》卷160。
[2] 万楚:《五日观妓》、白居易:《卢侍御小妓乞诗座上留赠》、李群玉:《黄陵庙》,《全唐诗》卷145、438、570。

与衫裙搭配，使身姿显得格外飘逸袅娜。唐代文学作品描述的妇女日常服装都是裙、衫、帔三件，如《玄怪录》载天宝中某巴蜀尉之妻赴宴时穿"故青裙、白衫子、绿帔子"；《太平广记》记述益州士曹柳某之妻李氏"着黄罗银泥裙、五晕罗银泥衫子、单丝红地银泥帔子"，为"益都之盛服"；下层妇女也有以帔巾为饰的，如《酉阳杂俎》载，贞元中，望苑驿路有女子"衣碧襦，白幅巾"[1]。唐代绘画、陶俑中着帔女子形象随处可见，足见使用十分普遍。

唐代还流行一种半袖上衣，称"半臂"或"半袖"，多为对襟，胸前系带，长至腰间，套在窄袖上衣外面。一般用丝织品制成，不仅御寒，而且有装饰作用。半袖被认为发源于宫中，来自宫女们的日常服装。《新唐书·车服志》载："半袖、裙、襦者，东宫女史常供奉之服也。"宫女们穿半袖大概是为了便于劳作。永泰公主墓壁画中的侍女们在帔帛之下，多穿这种半袖上衣。大约后来流传到宫外，民间妇女也有穿用的。

妇女也有裤装。裙内可着裤，唐代《步辇图》中的宫女便是外穿长至脚踝的间色长裙，内穿小口条纹裤，有人认为这种服饰是从西域传入的。着胡服时自然下身必穿裤。另外，也有人从民歌中推断，劳动妇女夏日穿衫、裙，冬日可能是上着襦複，下穿裤[2]。

---

1 牛僧孺：《玄怪录》卷3、《太平广记》卷31、段成式：《酉阳杂俎》续集卷2。
2 参杨公骥《唐代民歌考释及变文考论》"贫妇"诗考，吉林人民出版社，1962年。

富家妇女多用绸、纱、绫、罗等轻柔织物制作衣裙，贵妇们还有各种制作特别精巧、靡丽的贵重衣裙。中宗女安乐公主曾命人合百鸟毛织成毛裙，正看为一色，旁看为一色，日中为一色，影中为一色，百鸟形状尽显于裙上，价格高达百万。这种百鸟裙色泽异常华美，百官之家争相效仿，以致山林间奇禽异兽毛羽被搜采殆尽。安乐公主出嫁时，益州进献"单丝碧罗笼裙"，镂金为花鸟，细如丝发，大如黍米，眼鼻嘴甲皆备，巧夺天工，不似人间之物[1]。法门寺地宫出土武则天供奉的蹙金绣毛裙之精美，也为世间罕见。中唐宰相元载宠爱姬妾薛瑶英，因其体轻，不胜重衣，故于异国求得龙绡之衣，一袭无一二两，手抟不盈一握，可见其轻薄[2]。而贫家女则多穿麻布衣裙，唐诗中有"农妇白纻裙""年年道我蚕辛苦，底事浑身着苎麻"[3]的描写。

妇女日常服装总体上流行较为明艳的颜色，尤其是红色，深得人们的喜爱。不同颜色的衫袄、裙、半臂与帔搭配，加上各种饰物，使得唐代妇女服装格外色泽缤纷、艳丽多姿。贫穷妇女则常穿青、白衫裙，而作为贱民的婢女服色基本上都是青、绿色，所以"青衣"成为婢女的代称。

女装款式经历了一番变化，唐前期沿袭前朝，较为流行窄袖短小上衣，裙子也较瘦长。唐太宗时期阎立本所绘《步辇图》及永泰公主墓、章怀太子墓壁画中的女装都反映了这种风格。直至

---

1 《新唐书·五行志》。
2 苏鹗：《杜阳杂编》卷上。
3 刘禹锡：《插田歌》、杜荀鹤：《蚕妇》，《全唐诗》卷354、693。

天宝初年，仍然是"衣服之制，襟袖狭小"[1]。这种窄小式样可能与来自西域的胡服影响有关。但是，宽肥之风也开始萌发，盛唐时期的陶俑衣裙已趋宽肥便是证明。中唐以后，妇女衣裙日趋肥大，不仅衫袖加宽，裙子也日益肥阔，大袖宽裙渐成主流。白居易诗中就有"广裁衫袖长制裙""时世宽装束"[2]的描写。故而盛唐以后的妇女形象多显得雍容、丰硕，装饰也愈益繁缛。虽然流行时尚有变，但是短窄款式也并未消失，至唐中后期也仍有"小头鞋履窄衣裳……天宝末年时世妆""六朝宫样窄衣裳"[3]的服装式样。总体上可以说，妇女服装的基本走势是从窄小走向宽肥，但短窄式样也时有流行。当然，这主要是就代表时尚的中上层妇女而论，从图像资料和情理推断，下层劳动妇女包括侍女等人群穿用的衣裙恐怕都不会过于宽肥。

由于衣裙过宽、装饰过繁，靡费资财与女工，官方曾经不止一次对其进行限制。唐初服制规定："凡襕色衣不过十二破，浑色衣不过六破"[4]，限制妇女衣裙幅数过多。此后，随着经济复苏，民间崇尚靡丽服饰之风渐起。有鉴于此，唐高宗晚年力倡节俭，称："天后，我之匹敌，常著七破间裙"[5]，以皇后穿7幅裙作为节俭的榜样。自盛唐始，妇女服饰奢华成风，难以遏制。唐

---

1 姚汝能：《安禄山事迹》卷下。
2 《缭绫》《和梦游春诗一百韵》，《全唐诗》卷427、437。
3 白居易：《上阳白发人》、韩偓：《裊娜》，《全唐诗》卷426、683。
4 《新唐书·车服志》。
5 《旧唐书·高宗纪》。

中后期皇帝曾屡次下令限制。代宗明令禁止妇女衣裙肥大、纹绣华丽："篡组文绣，正害女红……其绫锦花文所织盘龙、对凤、麒麟、狮子、天马、辟邪、孔雀、仙鹤、芝草、万字、双胜、透背，及大䌷锦、竭凿，六破已上，并宜禁断。"[1]数十年后，元稹又批评"近世妇人……衣服修广之度及匹配色泽，尤剧怪艳"[2]。说明妇女服装不仅宽大，而且搭配与色泽也追求怪异浓艳。延安公主赴宴时，曾因"衣裾宽大"被文宗遣回，并罚驸马两月俸禄。文宗还下诏规定："妇人制裙不过阔五幅已上，裙条曳地不得长三寸已上，襦袖等不过广一尺五寸已上。"但据说只有淮南观察使李德裕照章执行，其他地区"人多怨者……而事遂不行"[3]。可见，贵妇们服饰的奢华风气始终是禁而不绝。

此外，富贵人家的妇女还有为衣服熏香的风气。唐诗中有"藕丝衫子柳花裙，空著沈香慢火熏"[4]的描写。《酉阳杂俎》载：天宝末年，交趾进贡瑞龙脑，唐玄宗赐给杨贵妃10枚。伶人贺怀智弹奏琵琶时，贵妃领巾被风吹到他幞头上。贺回家后，仍然满身香气异常，正是瑞龙脑所熏。中唐元载入相后，妻子王氏为炫耀富贵，在院中拉起丝绦40条，每条长30丈，上面挂满罗绮锦绣衣物，每条绦下排金银炉20枚，焚烧异香，以熏衣服[5]。

---

1 《旧唐书·代宗纪》。
2 元稹：《叙诗寄乐天书》，《全唐文》卷653。
3 《旧唐书·后妃下》、《新唐书·车服志》、《唐会要》卷31《舆服上》。
4 元稹：《白衣裳二首》，《全唐诗》卷422。
5 范摅：《云溪友议》卷下。

据说，郑注携百余姬妾前往河中赴任时，路上薰麝香气冲鼻，数里之外都能闻到[1]。

2. 鞋袜

女袜有锦、罗、绫等制作的。传说杨贵妃死后，马嵬驿一老媪拾得锦袜一只，供人观赏[2]。罗袜使用更普遍，唐诗中关于女子"罗袜"的吟咏最多，证明至少中上层妇女都穿袜子："昔人以罗袜咏女子，六代相承，唐诗尤众。至杨妃马嵬所遗，足征唐世妇人著袜无疑也。"[3]

女鞋包括履、鞋、靴与屐。履与鞋的区别似不十分清晰。根据《旧唐书·舆服志》记载："武德来，妇人著履，规制亦重，又有线靴。开元来，妇人例著线鞋，取轻妙便于事，侍儿乃著履。"鞋与履显然有别，履的"规制"更重些；但下文写侍儿反倒着履，显然不合逻辑。有学者根据对文物资料的考察，指出这段记载有误，实际上从初唐至晚唐，妇女都穿线鞋；而且一般是女主人着履，侍女穿线鞋[4]。这一结论应该更合乎逻辑，因为线鞋轻便，适于劳动。唐人传奇《游仙窟》中女主人崔五嫂是"金薄涂丹履"，侍女们则是"侍婢三三绿线鞋"，也可为证。不过，唐诗中也有"小头鞋履"的合称。二者形制究竟有何区别，尚待考察；但履较为高贵、正式，鞋则较为轻便、随意，应该是没有

---

1 朱揆：《钗小志》。
2 李肇：《唐国史补》卷上。
3 胡应麟：《少室山房笔丛续集》。
4 孙机：《中国古舆服论丛》，文物出版社，1993年。

问题的。

履有用丝、锦、草、麻、毡、皮等各种材料制作的,以丝织品制作为多。有高头、小头、平头式样,也常做成凤头、云头、如意头、笏头、雀头等花样。史载中可见笏头履、重台履、雀头履、百合履、五朵履、尘香履、鸳鸯履、飞云履、半月履以及木履、丝履、麻履、毡履、革履、韦履等种种名目。高翘式履头很盛行,唐代文物、图像中常可见到仕女们长裙下面履头高翘。盛唐后期曾流行小头履,故唐诗有"小头鞋履窄衣裳……天宝末年时世妆"[1]。文宗时,吴越之间织造"高头草履",因为其过于精细费工,被朝廷禁绝[2]。此外还有装饰华丽、上面缀珠的"珠履",唐诗中有"珠履踏金堤""珠履列三千"[3]。这些贵重精美的鞋显然都是富贵妇女穿的。

上述妇女普遍穿用的"线鞋",据说是用丝绳或麻绳编制的,所以比较轻便。农村妇女还常穿粗陋的草鞋,唐诗中描写村妇是"草鞋苍脚逐风行"[4]。蒲履也是草鞋的一种,流行于南方吴越地区。新疆吐鲁番、阿斯塔那唐墓曾出土了唐代的云头锦履和蒲履,前者使用精美的花纹锦制作,后者是蒲草编制,做工都很精细,而且都是鞋头翘起,为唐代女鞋样式提供了最为直观的实物。

---

1 白居易:《上阳白发人》,《全唐诗》卷426。
2 《新唐书·车服志》,《唐会要》卷31《舆服上》。
3 许景先:《阳春怨》、温庭筠:《感旧陈情五十韵献淮南李仆射》,《全唐诗》卷111、580。
4 张祜:《戏赠村妇》,《全唐诗外编·全唐诗补逸》,中华书局,1982年。

靴子本是北方少数民族的鞋式，多是皮革制作。唐代妇女着胡服、男装骑马出行风俗盛行，与之配套的靴子自然也很常见。女靴不仅有皮革制作的，也有以锦制作的。唐诗有"吴姬十五细马驮，青黛画眉红锦靴"[1]；唐代宗时曾命左右侍奉宫人穿"红锦勒靴"，都是关于妇女穿锦靴的记载。

屐流行于魏晋，唐代妇女也有穿者，但似乎并不普遍。屐有木制也有皮制的，仅有底，没有帮，底下有齿，上面穿绳，套在脚上，曳地行走。敦煌曲子词《内家娇》描写宫廷贵妇有"屐子齿高，慵移步，两足恐行难"。崔涯嘲妓诗描写得更生动："更着一双皮屐子，纥梯纥榻出门前。"[2] 说明妇女日常生活中的确有穿屐的。南方吴越地区妇女穿屐应该比北方更普遍，李白诗有："玉面耶溪女，青娥红粉妆。一双金齿屐，两足白如霜。""长干吴儿女，眉目艳新月。屐上足如霜，不著鸦头袜。"[3] 可见吴越女子都是赤足穿屐。

以上有关女鞋的记载也常常被引用作为唐代妇女并未缠足的证据。唐墓出土的一双女锦鞋，长为29.7厘米，更是妇女不缠足的明证。

特色服饰

衣装服饰在人们生活中虽属细微末节，但却像一个窗口，可

---

1 李白：《对酒》，《全唐诗》卷184。
2 《敦煌曲子词》，上海商务印书馆，1954年；范摅：《云溪友议》卷中。
3 李白：《浣纱石上女》《越女词》，《全唐诗》卷184。

以从中窥见社会斑斓多彩的风貌。唐代妇女一些富有时代特色的服饰也同样是唐代社会风貌的写照。

1. 胡服

在妇女特色服饰中，襟袖窄小的胡服以其浓烈的异域风格最为引人注目。

穿胡服、戴胡帽，"女为胡妇学胡妆"[1]，这是唐代妇女的独特爱好。胡服之风始盛于盛唐开元、天宝时期。史载："开元中……士女衣胡服。""天宝初，贵游士庶好衣胡服……妇人则簪步摇，衩衣之制度，襟袖窄小。识者窃怪之，知其戎矣。"[2] 中唐以后，崇尚胡服的风气虽然衰减，但始终绵延未绝。胡服在唐代妇女服装中占有着重要地位，壁画、陶俑等文物中着胡服的女子形象举目可见，便印证了这一点。

胡服主要是指从西域传来的服饰。女子着胡服一般包括：上穿翻领或圆领窄袖长袍衫，有的领、襟还镶有花边；腰系革带（蹀躞带），带上常垂挂刀子、佩巾等饰物；下穿条纹小口裤；脚蹬乌皮靴、锦�靿靴或绣花履。有的头上还戴缀有珠玉的胡帽。胡服多窄小紧身，不仅显露女子身材的曲线美，而且显得精干利落、英气勃勃。

妇女出行所戴胡帽经历了一番饶有趣味且蕴含深意的演变。唐代上层妇女有骑马之风，她们骑马外出时，一般都要戴帽。据

---

1 元稹:《新乐府·法曲》,《全唐诗》卷419。
2 《新唐书·车服志》、姚汝能:《安禄山事迹》卷下。

《旧唐书·舆服志》记载：唐初武德、贞观时，宫人及王公贵族妇女外出骑马，多披戴来自戎夷、全身障蔽的羃䍦。羃䍦一般认为是一种衣帽相连、类似斗篷的服装，头上为尖顶，常用黑色纱罗等制作。高宗永徽年间至武则天以后，羃䍦渐衰，帷帽开始流行，帽裙到颈部，逐渐浅露。高宗曾颁诏批评百官家妇女戴帷帽轻率失礼："百官家口，咸预士流，至于衢路之间，岂可全无障蔽？比来多著帷帽，遂弃羃䍦……递相仿效，浸成风俗。过为轻率，深失礼容。"不过一纸诏书并没能阻挡住这种潮流。到开元初，更加浅露的胡帽又取代了帷帽："从驾宫人骑马者皆著胡帽，靓妆露面，无复障蔽。士庶之家，又相仿效。帷帽之制，绝不行用。俄又露髻驰骋。"可知，从初唐至盛唐，妇女外出的头上披戴经历了从遮蔽全身的羃䍦，到仅遮面部的帷帽，又到露出颜面的胡帽，最后全无遮盖、"露髻驰骋"的发展过程。而且经禁而不止，恰与整个社会风气日渐开放的趋势相一致。

服饰胡化正是强盛时期的唐帝国勇于包容、吸收外来文化的表层体现。唐人没有宋人那种"遗民泪尽胡尘里"的亡国之痛，自然也就不会想到害怕和担忧胡服、胡妆会使中原胡化、腥膻遍地，变成"蛮夷"之邦。只是到唐中期"胡骑起烟尘"之后，才有人出来哀叹："女为胡妇学胡妆"[1]是乱国的征兆。那正是因为国势日渐衰弱，统治者的自信心也动摇了。鲁迅的话一针见血："只要看有人出来唉声叹气的不满意女人的妆束，我们就知

---

[1] 元稹：《新乐府·法曲》。

道当时统治阶级的情形,大概有些不妙了。"[1]

2. 戎装、男装

唐代妇女还常以戎装、男装为美。这种风习也发源于宫廷,显然与李唐皇族的尚武之风和胡人习气有关。

宫人有戎装骑射之风,唐诗描写道:"辇前才人带弓箭,白马嚼啮黄金勒。翻身向天仰射云,一箭正坠双飞翼。""射生宫女宿红妆,把得新弓各自张。临上马时齐赐酒,男儿跪拜谢君王。"[2]这些骑马射猎、男儿跪拜的宫人显然都是着戎装。中唐诗人李贺还有"军装宫妓扫蛾浅"[3]的描写。

着男装更普遍,武则天之女太平公主曾经在宫中作武官装束,穿紫袍、系玉带,头戴皂罗折上巾,在宴会上歌舞。唐前期永泰公主墓等墓葬壁画中有不少男装宫女形象,她们身着男式袍衫,腰系革带,头戴幞头,脚蹬靴子,完全是一副男子打扮。可见其时宫廷中的风气。中宗后,民间妇女也流行男装,"有衣男子衣而鞾(即靴),如奚、契丹之服"[4]。女着男装风气以开元、天宝时期最盛,从宫廷到民间,风靡一时。天宝中,"士流之妻或衣丈夫服,靴衫鞭帽,内外一贯矣。"妓优们也追逐男装时尚:"遨游携艳妓,装束似男儿。"[5]出土唐俑中有不少着男装的骑

---

[1] 鲁迅:《关于女人》,《鲁迅全集》卷5《南腔北调集》。
[2] 杜甫:《哀江头》、王建:《宫词一百首》,《全唐诗》卷216、302。
[3] 李贺:《河南府试十二月乐辞》,《全唐诗》卷28。
[4] 《新唐书·车服志》。
[5] 刘肃:《大唐新语》卷10;李廓:《长安少年行》,《全唐诗》卷479。

射、奏乐女俑。这种风气至唐后期仍然不衰，唐武宗宠妃王才人与皇帝身材相似，经常与武宗穿同样的衣服，在御苑中射猎，左右奏事者往往分辨不清，武宗还以此为乐[1]。当时一些维护礼教人士深为这种男女衣饰无别、阴阳颠倒而摇头叹气："妇人为丈夫之象，丈夫为妇人之饰，颠之倒之，莫甚于此。"[2]

3. 袒露装

上文已述，妇女外出头上披戴经历了从冪䍦到帷帽，又到胡帽，终至"露髻驰骋"的过程，显示了身体遮蔽越来越少、暴露越来越多的发展趋势。妇女服饰也随着社会风气的开放而越来越少拘束。

妇女服装中有着一种体现着独有的唐代风韵的袒露样式，在古代妇女服饰中十分惹人注目。这种袒露装一种是衣衫领口低开、半袒前胸，有人称之为"袒胸装"。永泰公主墓等墓葬壁画中都可以看到宫女们穿这种低领衫，前胸半裸、双乳微现的美丽形象。懿德太子墓石椁线刻画上的女官身着大袖盛装，也是桃形低领，乳沟毕露。另一种是不着内衣、仅披轻薄透明的纱罗大袖衫，裙腰高束，上身若隐若现。这种装束大约晚唐时期最为时兴，名画《簪花仕女图》中的仕女形象便是代表。唐人有许多诗句吟咏女子"粉胸半掩疑晴雪""半露胸如雪"的美丽，甚至连女道士也是"半胸酥嫩白云饶"[3]，反映了袒胸装的流行和时人对

---

1 王谠：《唐语林》辑轶，《中华野史》，泰山出版社，2000年。
2 李华：《与外孙崔氏二孩书》，《全唐文》卷315。
3 白居易：《吴宫辞》，方干：《赠美人》，李洞：《赠庞炼师》，《全唐诗》卷440、651、723。

它的好尚。袒露服装不仅流行于宫廷、贵族妇女与倡优妓妾等人群中,从唐人《逢邻女》诗中"日高邻女笑相逢,慢束罗裙半露胸"[1]的描写看,平民女子也有着袒胸服装者,说明这是社会普遍时尚。

这种唐代特有的大胆、浪漫的妇女服饰风格,在中国古代妇女服饰中颇为罕见,令人惊异而又惊艳,不得不赞叹它给予人们的美感。它毫无疑问地反映了唐代社会风气的开放和礼教束缚的宽弛,如果进一步说它体现了唐人对于女性身体自然美与性感美的欣赏,恐怕也不是臆断吧!

妆 饰

古代妇女面部妆饰可以说至唐代而完备,而且形成了独特的时代风格——浓艳而花样纷繁。今天我们见到的唐代女俑,小小的颜面往往是浓妆艳抹、粉面桃腮、柳眉红唇,还有多种花俏的妆饰。

唐诗以旖旎的笔调勾画了仕女闺中晨妆的图景:

> 晓日穿隙明,开帷理妆点。傅粉贵重重,施朱怜冉冉。柔鬟背额垂,丛鬓随钗敛。凝翠晕蛾眉,轻红拂花脸。满头行小梳,当面施圆靥。最恨落花时,妆成独披掩。[2]

---

1 周濆:《逢邻女》,《全唐诗》卷771。
2 元稹:《恨妆成》,《全唐诗》卷422。

诗中描写了晨妆的敷粉、施朱、晕眉、涂轻红、施圆靥等多重程序。

颜面化妆第一道程序是敷粉。女子肤色白皙莹润,所谓"冰肌雪肤"是中国古代始终不易的主流审美观。所以,面妆第一步就是敷粉以增白肤色。施粉不止于面部,唐代妇女喜穿露颈袒胸的服装,所以颈、胸部也常涂粉。唐人有许多诗句吟咏女子粉白的胸部,如"粉胸半掩疑晴雪""粉著兰胸雪压梅"[1]等。手上也施粉,《妆楼记》记载,徐州张尚书家中妓女多涉猎图书,往往可见其粉指痕印于书上。

敷粉后是"施朱"。即将胭脂晕于掌中,涂于两颊。也有使用粉涂的,唐诗中常有"红粉""朱粉""檀粉"等说法。女子面色如花如霞与肌肤似冰似雪一样是古代流行始终的审美观。唐诗多有赞咏"红妆"的诗句,如"美人红妆色正鲜""两朵红腮花欲绽"[2]等。杨贵妃夏月常出"红汗",红腻而多香,拭面的巾帕色如桃红,可见面妆多施红色[3]。除两颊以外,也有满面施朱或晕染眉眼等处的。涂法、浓淡、涂于何处,都随时尚而有不同;并有各种妆式,如"浓者为酒晕妆;淡者为桃花妆;薄薄施朱,以粉罩之,为飞霞妆"[4]。也有标新立异者不施红色,杨贵妃喜作"白妆黑眉",宫中嫔妃辈纷纷效仿,施素粉于两颊,号为"泪

---

1 方干:《赠美人》、韩偓:《席上有赠》,《全唐诗》卷651、683。
2 岑参:《敦煌太守后庭歌》、白居易:《盐商妇》,《全唐诗》卷199、427。
3 王仁裕:《开元天宝遗事》卷下。
4 张泌:《妆楼记》。

妆"[1]。

面妆底色打好后,首要的修饰就是眉毛。画眉使用黛,即一种青黑色颜料,所以唐人常称眉毛为"黛眉""黛蛾""黛螺"。据说,画眉一般是先将眉毛剃掉,然后描画成各种形状。唐代妇女对眉毛的修饰可谓达到极致,颜色、深浅、长短、粗细、弯直及式样频频变化,各时期有不同的流行时尚。唐玄宗曾命画工画《十眉图》,作为画眉样式,有横云眉、斜月眉等。此外见于记载的还有开元御爱眉、鸳鸯眉、小山眉、五岳眉、三峰眉、垂珠眉、月稜眉、分梢眉、涵烟眉、拂云眉、倒晕眉等眉式[2]。在留存至今的唐代文物、图像中,可以看到妇女各种各样的眉式,有十五六种之多。唐诗中有写新嫁娘"妆罢低声问夫婿,画眉深浅入时无"的名句,又有描写宫人的"一旦新妆抛旧样,六宫争画黑烟眉"[3]。平康里妓女莹姐以善画眉毛著称,每日都能变换样式,有人戏称可作百眉图[4]。这些都反映了妇女对于画眉的重视和时尚的不断变化。

眉毛一般以长为美,唐诗有"青黛画眉眉细长""八岁偷照镜,长眉已能画"[5]等描写。长眉中,细长而头梢尖尖的柳叶眉、弯如新月的却月眉都是流行时间较长、广受喜爱的眉式。诗词中

---

1 马缟:《中华古今注》、王仁裕:《开元天宝遗事》卷下。
2 张泌:《妆楼记》、陶谷:《清异录》卷下。
3 朱庆余:《近试上张籍水部》、徐凝:《宫中曲》,《全唐诗》卷474、515。
4 陶谷:《清异录》卷下。
5 白居易:《上阳白发人》、李商隐:《无题二首》,《全唐诗》卷426、539。

称道美人常用"柳眉""柳叶眉""月眉"等,《长恨歌》中描写杨贵妃之美便是"芙蓉如面柳如眉"[1]。远山眉也是常见的眉式,唐人常以远山喻眉,如"眉敛远山青""一双愁黛远山眉""远山眉黛绿"[2]等诗句。与细长眉式相对的是,"阔眉"也曾长期流行。唐中宗时,岐王席上美人竟然"半额画双蛾"[3],可见眉毛之宽。短宽而形如桂叶的"桂叶眉"是常见的阔眉样式,唐诗中多有吟咏,如"桂叶双眉久不描""添眉桂叶浓"等[4]。诗中常有的"蛾眉""蛾翅眉",形如蛾翅,大概也属于阔眉的一种。此外,从杜甫"狼藉画眉阔"、张籍"轻鬓丛梳阔扫眉"、元稹"莫画长眉画短眉"[5]等诗句看,短阔眉形可能流行了很长时间。《簪花仕女图》中的仕女画的也是这种阔眉,以之与高髻浓妆相配,倒显得很和谐。受吐蕃风格影响,中晚唐时期还曾流行眉梢下垂的八字眉:"双眉画作八字低……妆成尽似含悲啼";"寿阳公主嫁时妆,八字宫眉捧额黄"[6]。

眉毛一般以黑色为美,但唐代颇多"翠眉"即绿眉之说,如"眉黛远山绿""眉黛夺将萱草色""如蛾双眉长带绿"[7]等。有人

---

1 韦庄:《女冠子》,《花间集》卷2。
2 白居易:《和梦游春诗一百韵》,《全唐诗》卷437;温庭筠:《荷叶杯》、韦庄:《谒金门》,《花间集》卷2。
3 张谔:《岐王席上咏美人》,《全唐诗》卷110。
4 江妃:《谢赐珍珠》、李贺:《恼公》,《全唐诗》卷6、391。
5 杜甫:《北征》、张籍《倡女词》、元稹:《有所教》,《全唐诗》卷217、386、422。
6 白居易:《时世妆》、李商隐:《蝶三首》,《全唐诗》卷427、539。
7 温庭筠:《菩萨蛮》,《花间集》卷1;施肩吾:《效古词》、吴融:《欲晓看妆面》,《全唐诗》卷494、687。

认为唐代流行画翠绿色眉毛；也有人认为，描眉所用的黛，颜色本来就是青黑发绿，所以诗中才常以青、翠、绿形容眉色。后者似乎更可信些。唐代妇女好浓妆，所以画眉也以浓为主，但有时浅描淡画也别有风韵。杨贵妃的姐妹虢国夫人便曾以"淡扫蛾眉"标新立异；晚唐诗人也曾吟咏"眉浅淡烟如柳""宫样衣裳浅画眉"[1]，说明浅淡的眉式在唐后期曾流行过。长庆中，还曾经有过一种怪异的"血晕妆"，即将眉毛剃去，然后以丹紫在眼睛上下画三四条横道[2]。

点唇是面妆的点睛之笔。点唇一般使用口脂或胭脂。元稹《莺莺传》中写张生赠送莺莺的礼物便有"花胜一合、口脂五寸"。唇色尚红，还有粉红、红褐色等。檀色即浅绛色，大概是较为流行的颜色。唐人诗词描写女子常有"檀口""檀唇"之称，如"檀口消来薄薄红""淡施檀色注歌唇"[3]等。元和时期受吐蕃影响，还一度流行涂黑色："乌膏注唇唇似泥。"唇形也有多种样式，人们认为唇形的丰富首推唐代。唐末僖宗、昭宗时，妇女竞相点注各种花样的精致唇妆，名目纷繁，有胭脂晕品、石榴娇、大红春、嫩吴香、半边娇、万金红、圣檀心、露珠儿、内家圆、天宫巧、洛儿殷、淡红心、猩猩晕、小朱龙、格双唐、媚花奴等，共有一二十种之多。总体看，口唇一般还是以小而红艳为

---

1 温庭筠：《更漏子》，《花间集》卷1；韩偓：《忍笑》，《全唐诗》卷683。
2 王谠：《唐语林》卷6。
3 韩偓：《余作探使以缭绫手帛子寄贺因而有诗》，《全唐诗》卷682；《敦煌曲子词集》中卷《柳青娘》，上海商务印书馆，1954年。

美,所以诗文多以樱桃喻美人朱唇,如"朱唇一点桃花殷""注口樱桃小""樱桃樊素口"[1]等。

除这些基本妆饰之外,唐代妇女面妆还有一些具有鲜明时代特色的点缀。

其一,涂"额黄"。即在额上涂黄粉,有涂满前额的,也有涂一半或涂成弯月等各种花样的。它大约起源于魏晋南北朝,盛行于唐。有人推断与佛教传播有关,妇女是仿照金装佛像将额头涂黄。终唐一世,诗词中有大量关于"额黄"的描绘,如"纤纤初月上鸦黄""额黄无限夕阳山""半额微黄金缕衣"[2]等,说明这一妆饰风俗一直颇为流行。

其二,贴"花子",或称"花钿"。即用丝绸、彩纸、金箔、云母片、羽毛等材料剪成各种图形,粘贴在眉心或前额,也有贴在两颊、嘴角等处的。形状有圆形、菱形、月形、桃形、钱形以及花、鸟、鱼、鸳鸯、蝴蝶等,颜色主要是红、绿、黄三色。关于这种妆饰的起源其说不一,唐人《酉阳杂俎》载:"今妇人面饰用花子,起自昭容上官氏,以掩点迹。"认为花子起于上官昭容(上官婉儿),因其曾受黥刑,以此掩饰疤痕。也有史载认为唐前已有此妆饰,但是它盛行于唐是可以肯定的。唐诗中"脸上金

---

1 岑参:《醉戏窦子美人》、李贺:《恼公》,《全唐诗》卷201、391;孟棨:《本事诗·事感第二》。
2 卢照邻:《长安古意》、温庭筠:《偶游》、裴虔余:《柳枝词咏篙水溅妓衣》,《全唐诗》卷41、578、597。

霞细,眉间翠钿深""腻粉半粘金靥子""翠钿贴靥轻如笑"[1]等诗句都描写了这种粘贴的面饰。唐代壁画、陶俑中的妇女颜面上这种妆饰极为常见,有的甚至脸上贴满花子。花子或花钿可以自己制作,可能也有店铺出售。唐人王建有《题花子赠渭州陈判官》诗,描写了花子的花样繁多与美丽:"腻如云母轻如粉,艳胜香黄薄胜蝉。"从中也可见此物是店铺出售,可以作为礼品赠送。

其三,点"妆靥"。即在两边嘴角酒窝处点上红、黄色斑点或月、钱等图样,以增妩媚。据说这种妆饰起源于三国吴主邓夫人,她由于面部受伤,用药后留下红点,反而更显娇媚,众姬妾仿效,遂相沿成风[2]。唐人《酉阳杂俎》记载:"近代妆尚靥,如射月,曰黄星靥。"《事物纪原》也称:"远世妇人之妆喜作粉靥,如月形,如钱样,又或以朱若燕脂点者。唐人亦尚之。"证明这种妆饰是唐代的时尚。唐诗中"当面施圆靥""粉心黄蕊花靥"[3]以及诸多实物图像皆可为证。

其四,涂"斜红"。即在两颊各涂上一抹红色。据说这种妆饰南北朝即已出现,但唐代无疑更为风行。涂抹深浅、样式也各有不同,大多是从太阳穴到面颊两边各涂一抹红,常作弧形。唐诗中"斜红伤竖莫伤垂""一抹浓红傍脸斜"[4]等都是吟咏这种

---

1 温庭筠:《南歌子》、孙光宪:《浣溪沙》,《花间集》卷1、7;花蕊夫人:《宫词》,《全唐诗》卷798。
2 高承:《事物纪原》卷3。
3 元稹:《恨妆成》,《全唐诗》卷422;温庭筠:《归国遥》,《花间集》卷1。
4 元稹:《有所教》、罗虬:《比红儿诗》,《全唐诗》卷422、666。

妆饰。

　　化妆盛行标新立异，妆饰时尚经常变化。引领时尚者大都是以色事人而又富贵有闲的宫廷妇女，许多妆式都是宫廷创造，先在京城传开，然后流行于各地的民间社会。留下名目的有"节晕妆""啼妆""泪妆""醉妆""飞霞妆""碎妆""桃花妆"等名目，以不同的涂抹妆饰方式，形成了各自的风格特点。化妆时尚更新很快，妇女们弃旧图新、竞相仿效，很快便蔚然成风。诗人曾慨叹："一旦新妆抛旧样，六宫争画黑烟眉。"元稹评论这种风气道："莫画长眉画短眉，斜红伤竖莫伤垂。人人总解争时势，都大须看各自宜。"[1]写出了唐代妇女妆容喜争时尚的风气，也指出应该考虑是否与自己相宜。也有崇重礼教的人士不喜妇女妆饰追求时尚：西平王李晟之女嫁士族崔枢，治家整肃，家中贵贱妇女皆不许作"时世妆梳"[2]。

　　化妆与服饰一体，同样受到胡俗浸染。中唐时期，"胡妆"曾风行一时。白居易详细描绘了元和时期的这种"时世妆"："时世妆，时世妆，出自城中传四方。时世流行无远近，腮不施朱面无粉。乌膏注唇唇似泥，双眉画作八字低。妍媸黑白失本态，妆成尽似含悲啼。圆鬟无鬓椎髻样，斜红不晕赭面妆……元和妆梳君记取，髻椎面赭非华风。"[3]这种胡妆来自吐蕃，即脸上不施红白脂粉，而涂成赤褐色，嘴唇抹黑，眉毛画成向下低垂的八字，

1　徐凝：《宫中曲》、元稹：《有所教》，《全唐诗》卷474、422。
2　张泌：《妆楼记》。
3　《全唐诗》卷427。

头上再配上朝天椎髻。这副怪异打扮,却是那个时代妇女争相追求的时尚。

此外,唐代虽然流行浓妆,却也不可一概而论。有的女子天生丽质或善于标新立异,以淡妆或以本色示人,反倒可能显示不同凡俗的美,在时人眼中别有一番韵致。杨贵妃的姐妹虢国夫人"却嫌脂粉污颜色,淡扫蛾眉朝至尊"[1],就是素面朝天以邀宠;而传为唐玄宗所作《梅妃写真诗》也赞誉妃子"铅华不御得天真",表达了对天然美色的喜爱。白居易有"时世高梳髻,风流淡作妆",韩偓有"裊娜腰肢淡薄妆"[2]诗句,可知淡妆至少在唐中后期也曾作为一种风流妆式受到青睐。

研究者认为,妇女化妆的技巧经过魏晋时期的精致化,到唐代已经达到很高的水平。史称,武则天善于涂抹修饰,自然保养也好,直至六七十岁,周围的人仍然不觉其老。唐人《教坊记》所载艺人庞三娘的故事更有传奇色彩:庞三娘善于妆饰,年老之后,脸上多皱,便贴以轻纱,杂用云母和粉蜜涂面。有人前来求雇,见到庞三娘,呼为"恶婆",并打听庞三娘子何在?庞答是自己的外甥女,暂时不在,请明日再来。第二天,雇者再来,见到盛饰后的庞三娘,根本不认识,还称昨日曾见到娘子阿姨。教坊中因此呼之为"卖假脸贼"。此事或许是特例,但当时妇女尤其是依靠色相生活的女子化妆水平已经出神入化,还是可信的。

---

[1] 张祜:《集灵台二首》,《全唐诗》卷511;乐史:《杨太真外传》。
[2] 白居易:《江南喜逢萧九彻因话长安旧游戏赠五十韵》、韩偓:《裊娜》,《全唐诗》卷462、683。

发式与首饰

发　式

唐代妇女发髻式样繁多，还有着各种美妙名称，并随时尚不断变化；插戴的首饰也极为璀璨多彩。仅见于文献记载的发式名称就有数十种，唐人段成式还著有《髻鬟品》，专门记录各种发式。综合各种记载，有凤髻、螺髻、飞髻、椎髻、囚髻、同心髻、交心髻、半翻髻、反绾髻、乐游髻、回鹘髻、愁来髻、归顺髻、惊鹄髻、倭堕髻、圆鬟髻、凌虚髻、祥云髻、奉仙髻、百合髻、抛云髻、抛家髻、慵来髻、盘桓髻、拔丛髻、乌蛮髻、闹扫妆髻、丛梳百叶髻、双鬟望仙髻等名目。各个时期有不同的流行发式，多从宫廷中发端。如：唐初武德中，宫中有半翻髻、反绾髻、乐游髻；贞观中，梳归顺髻；开元、天宝中，有双鬟望仙髻、回鹘髻，杨贵妃则喜作愁来髻；中期贞元中流行归顺髻、闹扫妆髻；京城长安曾流行过盘桓髻、惊鹄髻；唐末京城则流行抛家髻、倭堕髻；僖宗时宫人束发极紧，为民间效仿，时称"囚髻"[1]；等等。

发髻式样首先与妇女的年龄、身份相关，以此可以分为两大类：双髻和单髻。

未婚少女及婢女一般梳双髻，即将头发从中间分开，梳成两

---

[1] 段成式：《髻鬟品》、宇文氏：《妆台记》、《新唐书·五行志》、马缟：《中华古今注》卷中。

个或角状、或圆状、或螺蛳状、或环状等左右对称的发髻。角状髻向上翘，如同树丫，所以称为"丫髻"，一般是少女梳挽。环状的双鬟髻有梳于头顶的，也有垂于两侧的。梳于头顶是幼女发式，唐诗有"春深幼女家，双鬟梳顶髻"[1]；年龄稍大一般梳垂于两侧的双鬟髻。由此，诗文常称少女或婢女为"丫头"或"双鬟"。白居易《新乐府·井底引银瓶》诗写女子与情人私自结合，"暗合双鬟逐君去"，可见女子结婚时才将双鬟合为单髻。杜甫《负薪行》诗有："夔州处女发半华，四十五十无夫家……至老双鬟只垂颈。"说明女子即使年长未婚，也仍然梳双鬟髻。已婚妇女便普遍梳各种式样的单髻了。

按照位置、式样，发髻又可以大体分为顶髻、平髻、垂髻三类。

顶髻竖于头顶，有的峨然高耸，"髻鬟峨峨高一尺"，称为"高髻"；有的并不高，或称为"低髻"。梳高髻常常用丝绦将头发束紧，然后在头顶盘成各种样式，再用簪钗固定；也有的使用铁丝或木支架作为支撑，外面以头发覆盖。螺髻是唐代常见的一种高髻，即在头顶盘成螺壳状。盛唐流行的双鬟望仙髻也是高髻，是先将头发分为两股，用丝线缠成环状，使其高耸于头顶。白居易《时世妆》诗描写元和时期风行"圆鬟无鬓椎髻样"，这种椎髻是从吐蕃传入的一种高髻，也是盘绾于头顶，如同椎（即锤）状。

---

[1] 刘禹锡：《同乐天和微之深春》，《全唐诗》卷357。

平髻指发髻平梳于头的两侧或后侧，既不高耸也不下垂。未婚女子的双圆髻便是梳于两侧的平髻。总体看，平髻式样和梳者较少，似乎不甚流行。

垂髻即发髻下坠，垂于头的一侧或两侧。上述双鬟髻便有垂于颈部的。单垂髻多是将头发梳于头顶，挽成发髻再垂下，或垂于一侧，或垂于额前、脑后。元稹诗有"柔鬟背额垂"[1]，描写了垂于脑后的鬟髻。最为著名的垂髻是"倭堕髻"，发髻偏垂于一侧，如同堕下，显得俏丽风流，曾经风靡一时。唐诗有"宝钗新梳倭堕髻""风流夸堕髻"[2]等描写。中唐贞元中京城流行的"堕马髻"，大概也是类似的发式。

发式与服饰、妆饰一样，也有着流行时尚和发展变化。总体看，唐代高髻较为流行。初唐发式尚较低矮，不久便向高耸发展。唐太宗时，大臣曾上书批评"俗尚高髻，是宫中所化"[3]。至中晚唐，"高髻险妆"仍是贵妇仕女的流行时尚。其时诗人有"高髻云鬟宫样妆""时世高梳髻"[4]等描写便可为证。唐代文物、图像中的贵妇发式以高髻居多，《簪花仕女图》等绘画中的盛装仕女都是发髻高耸，足以证明高髻的流行和唐人对高髻的偏好。虽然统治者曾将高髻作为奢靡陋俗加以禁断，但终究未能奏效。

---

1 元稹：《恨妆成》，《全唐诗》卷422。
2 许景先：《折柳篇》、白居易：《代书诗一百韵寄微之》，《全唐诗》卷111、436；《敦煌曲子词集》中卷《抛球乐》。
3 刘肃：《大唐新语》卷1。
4 刘禹锡：《赠李司空妓》、元稹：《李娃行》、白居易：《江南喜逢萧九彻因话长安旧游》，《全唐诗》卷365、423、442。

不过，应该注意的是，高髻式样来自宫廷，上引唐诗便明言是"宫样妆"，它虽然流行，但很难自己梳理，也不便行动，故只能是宫廷或上层贵妇仕女、歌姬舞女等盛装时的发式，日常生活中的贵族妇女以及一般庶民劳动妇女大概是不会梳这种发式的。此外，中晚唐时期，偏垂于一侧的堕马髻也曾流行一时："贞元末，城中复为堕马髻、啼眉妆也。"[1]

与高髻流行相关，妇女也有戴假髻者，或称"义髻"。杨贵妃便喜戴假髻，故马嵬事变后，长安民谣称："义髻抛河里，黄裙逐水流。"[2] 假髻有用头发，也有用木头做的，上涂黑漆或彩色花纹。史载，南中地方有民谚："秋收稻，夏收头"，即妇女每至夏天"截发而货"[3]，估计商人收购这些头发可能就是用来制作假发。

鬓发是发式的组成部分，也有各种流行式样。如唐末长安流行的抛家髻发式是"两鬓抱面"；又时兴"拔丛"，即"以乱发为胎，垂障于目"[4]，有人认为相当于后世的刘海。虽然各时期有不同流行式样，但鬓发多半还以蓬松、虚薄为美，所以，"云鬓""蝉鬓"成为习见的美称。唐人有"蜂须蝉翅薄松松""雪鬓新梳薄似蝉""蝉鬓美人愁绝"[5] 等诗句赞颂女子双鬓的美丽。

---

1 白居易：《代书诗一百韵寄微之》，《全唐诗》卷 436。
2 《新唐书·五行志》。
3 钱易：《南部新书》辛。
4 王谠：《唐语林》卷 7。
5 王建：《宫词一百首》、白居易：《花酒》，《全唐诗》卷 302、448；温庭筠：《更漏子》，《花间集》卷 1。

首　饰

妇女发髻上常插戴簪、钗、步摇、梳子等各种首饰作为装饰。《长恨歌》中描写杨贵妃得宠时"云鬓花颜金步摇",死后则"花钿委地无人收,翠翘金雀玉搔头",从中可见首饰之盛。中晚唐时期,贵妇们更盛行插戴满头珠翠,以致力倡节俭的唐文宗不得不下诏命令诸公主奏对之日"不得广插钗梳"[1]。

最常用的首饰是簪与钗。它们都是固定发髻又有装饰作用的发针,簪为单股,又称"搔头",钗为双股。簪、钗以金、银、铜、玉、翡翠、玳瑁、竹、角等材料制作,顶端常有花、雀、燕、凤、蝶、鱼、鸳鸯、蜻蜓等各种形状的饰物。簪的使用很普遍,劳动妇女也插戴,唐诗描写水乡采莲女子有"丫头小儿荡画桨,长袂女郎簪翠翘";"逢郎欲语低头笑,碧玉搔头落水中"[2]。钗的装饰性更强些,命妇在穿着礼服时都要佩戴不同数量的花钗,或称"花树",如皇后为花钗十二树,以下递减。唐人诗句常以"金钗十二"形容女子装饰之盛、插戴之繁,如"枉插金钗十二行"[3]。其中凤钗最为常见,才女杨容华《新妆》诗有"凤钗金作缕,鸾镜玉为台"。此外还有金雀钗、燕钗、鹦鹉钗、蝴蝶钗等。唐懿宗爱女同昌公主出嫁时有九玉钗,上刻九种颜色的九

---

[1] 《旧唐书·文宗纪》。
[2] 刘禹锡:《乐天寄忆旧游因作报白君以答》、白居易:《采莲曲》,《全唐诗》卷356、442。
[3] 施肩吾:《收妆词》,《全唐诗》卷494。

鸾，工巧妙丽，似非人工所制[1]。贫家妇女则常用"荆钗"，据说是木制的，诗文因此多以荆钗布裙形容妇女的贫穷或俭朴，如"蓬鬓荆钗世所稀""长羡荆钗与布裙"等[2]。

钿也是妇女头上插戴的一种发饰，为花形，或称"花钿"（与面妆"花钿"不同）。由金、翡翠、珠宝等制作，有金钿、镶嵌宝石的宝钿、粘贴翠绿羽毛的翠钿等。命妇礼服首饰中也包括花钿，六品以下不得佩戴。可见这是较为奢华的首饰。

"步摇"是较为贵重的发饰，大约是一种有垂珠的钗，因为随行步而摇动，所以名为"步摇"。多用金、玉材料等制作，顶端也如钗一样有各种花饰，垂珠则由金、玉、珍珠、翡翠、珊瑚、琥珀等材料制成。据记载，"开元中，妇见舅姑戴步摇、插翠钗"[3]。可见是盛装时所戴。

梳篦是流行于唐代的妇女时尚发饰，中晚唐时期尤其盛行广插梳篦。梳子有金、银、铜、象牙、骨、木等各种材料制作的，梳背上彩绘、雕镂各种花纹或镶嵌螺钿珠宝。妇女插戴在发髻上，露出梳背作为装饰。有的女子头上甚至插满梳子，多达十几把。唐诗有"满头行小梳""钿头云篦击节碎"[4]等描写。王建的《宫词》写得更细致："玉蝉金雀三层插，翠髻高丛绿鬓虚。舞处春风吹落地，归来别赐一头梳。"唐人张萱《捣练图》以及表现

---

1 苏鹗：《杜阳杂编》卷下。
2 葛鸦儿：《怀良人》，《全唐诗》卷801。
3 高承：《事物纪原》卷3。
4 元稹：《恨妆成》、白居易：《琵琶行》，《全唐诗》卷422、435。

中晚唐风习的《宫乐图》中,贵妇及婢女多是头上插几把小梳子;周昉《纨扇仕女图》中的仕女则插戴两把大梳子。

还有一种头饰为花冠,或称冠子。《朝野佥载》载,宫女们"一花冠、一巾帔,皆万钱";白居易《长恨歌》中有"花冠不整下堂来"的描写;描绘宫廷生活的《宫乐图》中也有两位女子发髻上戴着花冠。以上所述都是宫廷妇女,民间妇女好像戴用不多。

另有一种由节俗而来的发饰名为"胜"。这种装饰起先是立春日的风俗,后来大约便演变为日常首饰了。"胜"是用彩纸或金箔、丝绸等材料剪成花、燕、蝶、人等形状,再用簪钗等插戴于鬓发上作为装饰。最常见的是"花胜",《莺莺传》中张生赠送莺莺"花胜一合",以作"耀首"之饰。

妇女还喜爱在发髻上簪戴各种真假花朵,有牡丹花、海棠花、石竹花、栀子花、荼蘼花以及不知名的野花等。唐诗中有"山花插宝髻""奈花似雪簪云髻""共折路边花,各持插高髻";敦煌曲子词中也有"金钗钗上缀芳菲,海棠花一支"[1]等描写。牡丹最为人喜爱,《簪花仕女图》中盛装仕女高髻上插戴大朵牡丹,浓艳而华美,与华服浓妆相得益彰,形成了一种鲜明的唐代仕女风格。

妇女身体上的饰物则有项圈、臂钏、腕钏、指环等。

---

1 李白:《宫中行乐词八首》、罗虬:《比红儿诗》、寒山:《诗三百三首》,《全唐诗》卷164、666、806;《敦煌曲子词集》上卷《鱼美人》。

项饰有项圈,《簪花仕女图》中一位仕女颈上便戴有项圈。还有璎珞,据说自天竺传入,以珠、玉等制成,即后世的项链。但唐代妇女日常佩戴项饰的记载和图像似乎不很多,可能这种饰物日常佩戴并不普遍。

手臂绾环风习比较盛行。"环臂谓之钏"[1],常称为"臂钏"。有金钏、银钏、玉钏、琥珀钏等种类,此外还有"跳脱"或"条脱"等外来名称。既称"臂钏",应该是绾于臂上。据说,手臂绾环之风来自西域,唐代臂钏的风行可能与胡风流行尤其是胡舞装束有一定关系;此外自然也与唐代仕女常着薄透上装,手臂半裸相关,晚唐诗词中"臂钏透红纱"[2]的描写便说明了这一点。史载,杨贵妃曾赏赐女伶谢阿蛮"金粟装臂环"[3],应该就是绾于臂上的饰物。白居易描写盐商妇"皓腕肥来银钏窄"[4]的诗句,说明钏也可以绾在腕上,大约就是后世的手镯了。《簪花仕女图》中,两位仕女薄透的衣衫下可以看到腕上绾钏。另外两位仕女从手腕至小臂绾有多重金环,这种组合而成的臂环据说就是所谓"跳脱",诗词中也有"舞衫斜卷金条脱"[5]的描写。

唐代妇女戴指环似乎不普遍。唐人笔记《云溪友议》记述:韦皋游江夏时,与婢女玉箫有情,临行赠送玉指环一枚;传

---

1 高承:《事物纪原》卷3。
2 牛峤:《女冠子》,《花间集》卷4。
3 郑处海:《明皇杂录》补遗,《开元天宝遗事十种》,上海古籍出版社,1985年。
4 《盐商妇》,《全唐诗》卷427。
5 牛峤:《应天长》,《花间集》卷4。

奇《李章武传》载：德宗贞元年间，文士李章武游华州，与一妇人交好，临别时，妇人赠其白玉指环，并吟诗道："捻指环相思，见环重相忆。愿君永持玩，循环无终极。"[1]说明妇女有戴指环者，大概是作为一种爱情信物，说明唐代已有将指环作为爱情或婚嫁信物的风俗。

后世妇女常戴的耳饰，唐代似乎不甚流行。唐诗中偶有关于耳饰的描写，如"明月与作耳边珰""玉镮穿耳谁家女，自抱琵琶迎海神""耳坠金镮穿瑟瑟""步摇云鬟珮鸣珰"[2]等，但描写的都是南方的"越女"或"蛮中"的妇女。此外，新疆吐鲁番出土唐代绢画中有妇女戴耳环形象；阿斯塔那唐墓出土的妇女"随葬衣物疏"中，日常用品也包括"指环、耳环各五十具"[3]。说明至少西北与南方妇女有穿耳戴环的习俗，中原地区大概不甚流行。

以上所述妇女服饰、化妆、发式等，千姿百态、争妍斗艳，令人目眩。更兼时尚不断变化，各时期有各时期的"时世妆"。不过，应该注意的是，以上洋洋万言所述，其实大多只属于少数富贵有闲妇女，尤其是宫廷妇女以及姬妾娼优等以色事人者。她们用于服饰、妆容上的花费往往惊人，唐睿宗时元夜庆典，"宫女千数，衣罗绮、曳锦绣、耀珠翠、施香粉，一花冠、一巾帔皆

---

1 范摅：《云溪友议》卷中、《太平广记》卷340。
2 李贺：《大堤曲》、张籍：《蛮中》、欧阳炯：《南乡子》，《全唐诗》卷390、643、896；薛昭蕴：《浣溪沙》，《花间集》卷2。
3 《吐鲁番出土文书》第6册，文物出版社，1985年。

万钱;装束一妓女皆至三百贯";德宗时县主嫁人,有司计算每人一笼花就要70万钱,被德宗减至3万;晚唐宰相王涯的女儿出嫁时,曾求17万钱(或作70万钱)买一玉钗,被父亲指为"妖物"[1]。唐诗也有"美人梳洗时,满头间珠翠。岂知两片云,戴却数乡税"之叹[2]。贵族妇女服饰过于奢侈,甚至使得皇帝不得不下诏进行限制,唐文宗敕文称:"妇人高髻险妆,去眉开额,甚乖风俗,颇坏常仪;费用金银,过为首饰,并请禁断。"[3]可见妇女妆饰之怪异、首饰之糜费。

与之形成鲜明对照的是,下层贫家妇女的服饰不过是布衣青裙、素妆荆钗而已。"平生不识绣衣裳,闲把荆钗亦自伤";"共怜时世俭梳妆……不把双眉斗画长";"粉色全无饥色加……底事浑身着苎麻";"赤黑画眉临水笑,草鞋苞脚逐风行。黄丝发乱梳橑紧,青纻裙高种掠轻"[4]——这才是唐代绝大多数劳动妇女的真实服饰、妆容形象。[5]

---

1 张鷟:《朝野佥载》卷3、《唐会要》卷6《公主·杂录》、钱易:《南部新书》壬。
2 郑遨:《富贵曲》,《全唐诗》卷855。
3 《唐会要》卷31《舆服上》。
4 李山甫:《贫女》、秦韬玉:《贫女》、杜荀鹤:《蚕妇》,《全唐诗》卷643、670、693;前引张祜《戏赠村妇》。
5 本节参考孙机:《中国古舆服论丛》,文物出版社,2001年;周锡保:《中国古代服饰史》,中国戏剧出版社,1984年;周峰:《中国古代服装参考资料》,北京燕山出版社,1987年;沈从文:《中国古代服饰研究》,上海世纪出版集团等,2002年;周汛、高春明:《中国历代妇女妆饰》,学林出版社等,1988年;汪维玲、王定祥:《中国古代妇女化妆》,陕西人民出版社,1991年;陈高华、徐吉军主编《中国服饰通史》,宁波出版社,2002年;陕西历史博物馆:《唐代妇女服饰三百年》,香港,1995年;香港文化博物馆:《中国历代妇女形象服饰》,香港康乐及文化事务署,2002年。

妇女教育与女教著述

中国古代的妇女教育历来重视"德育"——纲常礼教，所谓"妇人本自有学，学必以礼为本"，"妇人所以有师何？学事人之道也"[1]。以这些礼法、妇道为主体，形成了中国特有的一套"女教"。

女教"圣人"与著述

在唐代这个礼教宽弛的时代，女教却似乎很发达，出现了为数不少的女教著述。其中《女论语》更成为后世女教名著，作者宋若昭姐妹也因此成为著名的女教"圣人"[2]。另外值得注意的是，从唐代的女教著述还可以看出，传统女教出现了从私人推向公众、上层推至下层的社会化、平民化趋势。

---

1 章学诚：《文史通义》内篇5《妇学》、《白虎通·嫁娶》。
2 对此有争议，详见下文。

女教著述的繁盛

唐代的女教著述不仅数量可观，而且有多部长编巨著问世。据《新唐书·艺文志》《旧唐书·经籍志》及其他记载，目前所见共有以下 17 种著述。

1. 长孙皇后《女则要录》10 卷
2. 魏征《列女传略》7 卷
3. 武则天《内训》1 篇
4. 武则天《列女传》100 卷
5. 武则天《孝女传》20 卷
6. 武则天《古今内范》100 卷
7. 武则天《内范要略》10 卷
8. 武则天《保傅乳母传》7 卷
9. 武则天《凤楼新诫》20 卷（或作张后撰）
10. 王方庆《王氏女记》10 卷
11. 王方庆《王氏王嫔传》5 卷
12. 宋若昭姐妹《女论语》10 篇
13. 薛蒙妻韦氏《续曹大家女训》12 章
14. 王搏妻杨氏《女诫》1 卷
15. 元沛妻刘氏《女仪》1 篇
16. 王琳妻韦氏《女训》
17. 侯莫陈邈妻郑氏《女孝经》1 卷

另外还有唐中宗时县令李恕著《戒子拾遗》一卷,作者感于"崔氏《女仪》戒不及男,《颜氏家训》训遗于女",故著此篇"兼教男女"[1]。

值得注意的是,唐代女教著作超越了私人著述,出现了由皇后(或女皇)主持、集体编写的长编巨著。唐太宗长孙皇后"尝撰妇人善事,勒成十卷,名曰《女则》,自为之序。……且诫主守者曰:'此吾以自防闲耳。妇人著述无条贯,不欲至尊见之,慎勿言。'崩后,宫司以闻,太宗览而增恸,以示近臣曰:'皇后此书,足可垂于后代。'"[2] 不过以循礼著称的长孙后强调著述"以自防闲",不愿丈夫见到,也不事张扬。武则天则大不相同,她做皇后时,大张旗鼓地主持学士们编著女教著作:"召文学之士令撰……《列女传》二十卷"[3];上文列举的多种署名武则天的女教著作显然也多半是她作皇后或女皇时命人集体编写的。武后一生所为虽与礼教相悖,但她崭露头角时却很注意标榜崇重礼教,以博取名声。

以上女教著述除《女孝经》《女论语》两种存世外,其他均已亡佚,内容不得而知,但所有著作都以儒家礼教为主旨应该是毋庸置疑的。从以上女教著述繁盛的状况可以看到,尽管唐代三教并行、礼教不兴,但是儒家纲常伦理观念的主流地位并未动摇,妇女的道德观、价值观也仍然以之为基本准则。

---

1 《戒子拾遗》见刘清之辑《戒子通录》卷3。
2 《旧唐书·后妃传》。
3 《旧唐书·则天皇后纪》。

同样也要看到的是，这些女教著述虽然在当时为作者赢得了名声，其实影响与传播都有限。如后世成为名著的《女孝经》，两《唐书》均未收录，直至《宋史·艺文志》才首次著录于史，可知直至宋代之前，此篇并不为人熟知。它们也并未被朝廷和社会奉为圭臬，更没有起到扭转世风的作用，社会现实与它们标榜的道德准则实际上相去甚远。

《女孝经》与《女论语》

唐代女教著述留存后世并产生重要影响的只有郑氏的《女孝经》与宋若昭姐妹的《女论语》。后者被明人王相作为闺训必读书编入"女四书"，因而影响更大，在古代妇女教育史上占有重要地位。

《女孝经》

郑氏为仕宦家庭妇女，朝散郎侯莫陈邈之妻。郑氏《进女孝经表》中说其侄女被册封为永王妃，唐朝300年间，只有唐玄宗之子李璘封永王，可知此篇应作于唐玄宗开元、天宝年间。全篇是论述女子礼教，却取名《孝经》，体裁模仿《孝经》，内容也以孝为纲；虽然说明是为教导侄女而作，却又将其献于君王。这些显然都是在迎合唐玄宗时大倡孝道并亲注《孝经》的举措。

作者在《进女孝经表》中称：

妾闻天地之性，贵刚柔焉；夫妇之道，重礼义焉。仁、义、礼、智、信，是谓五常。五常之教，其来远矣。总而为主，实在孝乎。夫孝者，感鬼神、动天地，精神至贯，无所不达。盖以夫妇之道，人伦之始。考其得失，非细务也。……妾侄女特蒙天恩，策为永王妃。以少长闺闱，未闲诗礼，至于经诰，触事面墙，夙夜忧惶，战惧交集。今戒以为妇之道，申以执巾之礼，并述经史正义，无复载乎浮词。总一十八章，各为篇目，名曰《女孝经》。上至皇后，下及庶人，不行孝而成名者，未之闻也。妾不敢自专，因以曹大家为主。虽不足藏诸岩石，亦可以少补闺庭。[1]

全篇模仿《孝经》也分为18章，即：开宗明义、后妃、夫人、邦君、庶人、事舅姑、三才、孝治、贤明、纪德行、五刑、广要道、广守信、广扬名、谏诤、胎教、母仪、举恶。各章沿用曹大家班昭与诸女问答的形式，以孝为纲，阐释妇道。

《开宗明义章》申明以孝为纲的妇女德行，提出了"和柔贞顺、仁明慈孝"的妇德标准。

《后妃章》《夫人章》《邦君章》《庶人章》分别讲述自后妃至庶人妻各种身份女子的孝行。

《事舅姑章》讲述女子敬奉舅姑之道，盥漱衣服、冬温夏清、昏定晨省等。

---

[1] 《全唐文》卷945。

《三才章》讲述女子以夫为天,以泛爱、德义、敬让、礼乐、好恶警示与引导丈夫的事夫之义。

《孝治章》讲述女子以孝治九族、和睦六亲、得上下欢心的治家之道。

《贤明章》以古之樊女评论贤者、助楚王成霸业之事,讲述女子聪明贤哲之性。

《纪德行章》讲述女子以君臣之严、父子之敬、兄弟之道、朋友之信、理家之度的五德事夫。

《五刑章》讲述女子罪莫大于妒忌与贞顺正直、和柔无妒的美德。

《广要道章》讲述女子在家行止,以仁义礼智信对待家人、宾客,以及贞顺勤劳、慎言语、省嗜欲、出门掩面、夜行以烛等行为规范。

《广守信章》讲述女子从一而终、不得再醮之礼。

《广扬名章》讲述女子以孝、忠事父母、舅姑,以义、顺事姊妹、娣姒,从而名立后世。

《谏诤章》讲述贤妇应谏诤其夫,不可一味从夫。

《胎教章》引古礼妇人妊子寝不侧、坐不边、立不跛云云,以申胎教。

《母仪章》讲述妇人以礼教诲男女、以四德教女的母仪之道。

《举恶章》举妹喜、妲己、褒姒等亡国破家事以警诫诸女,命其行善道。

综观全篇,从其各章自后妃、夫人一直讲到庶人可见,作者

317

虽称是为教诫侄女，实际上是进献君王的阐扬女教之作。其内容基本都是重复古礼古训、古列女事，并无新见与发明，而且各章层次不明、内容反复迭出，亦乏词采。在女教著述与妇女文字中，实在算不得上品。但唐以前女教著述留存下来的不多，此篇又是以"孝"为中心，合乎后世以孝为本的道德观，故在后世具有一定影响。

《女论语》

《女论语》产生于唐中期。比之《女孝经》，它的影响与意义要大得多。尤其是后来被明人王相列入"女四书"，更成为民间女子教育的必读书。

其作者传为唐中期宫廷女官尚宫宋若昭（？—825）姐妹。宋氏五姐妹为唐代著名才女，实际上，宋氏姐妹的文学成就远不如一部《女论语》的影响大，或者说其在文学史上远不如在女教史上的地位高。宋氏姐妹入宫后因其学问才识，又教授嫔妃、公主们，在唐代已被尊为"女师""先生"；流传后世的《女论语》更使宋氏成了女教名人、"圣人"。

关于《女论语》，史载："（宋）若莘……著《女论语》十篇，其言模仿《论语》，以韦逞母宣文君宋氏代仲尼，以曹大家等代颜、闵，其间问答，悉以妇道所尚。若昭注解，皆有理致。"[1] 根据记载，《女论语》应该是长姐宋若莘所作，是模仿《论语》形

---

1 《旧唐书·后妃传》，《新唐书》略同。

式,以晋代女儒宣文君宋氏代孔子,以班昭代孔门弟子,用二者问答的形式阐扬妇道;而其妹若昭为之作了注解。但是流传甚广、现今存世的《女论语》却与上述记载不大相符。史载《女论语》为10篇,通行版本却为12章;并且不是问答形式,而是四言诗。据此,有人认为现存《女论语》并非宋氏作品,可能是他人作品而被张冠李戴;也有可能是宋若昭的注文,原文亡佚,注文因为通俗易懂而流传下来,便被当作了原文。无论作者是否宋氏姐妹,《女论语》是唐人作品应无疑问[1]。

《女论语》阐扬的妇女道德规范基本沿袭前世礼教准则,并不新鲜,它的特色及在女教发展史上的价值在于,它使用了浅近、俚俗的四言诗歌形式,并且将深奥、古板的说教演化成了妇女日常生活中的言行举止规矩,非常便于文化不高的妇女记诵、学习与仿照实行:"条分缕析,便于诵习。言虽浅俚,事实切近。妪媪孩提,皆可通晓。"[2]

《女论语》第1章《立身章》是全篇纲领,提出女子立身之道重在"清贞":

> 凡为女子,先学立身。立身之法,惟务清贞。清则身洁,贞则身荣。行莫回头,语莫掀唇,坐莫动膝,立莫摇裙,喜莫大笑,怒莫高声。内外各处,男女异群。莫窥外

---

[1] 有研究者认为《女论语》不是宋氏所作,是民间流传作品。宋氏的确不是出身于农家,故可备一说。

[2] 《女论语》序,可能为后人所补。

壁，莫出内（或作"外"）庭。出必掩面，窥必藏形。男非眷属，莫与通名。女非善淑，莫与相亲。立身端正，方可为人。

以下各章依次为学作、学礼、早起、事父母、事舅姑、事夫、训男女、营家、待客、和柔、守节。

《学作章》讲述女子学习、勤于蚕桑纺织等女红之事。

《学礼章》讲述女子与人交往、招待客人、少出家门之礼。

《早起章》讲述女子鸡鸣即起、拣柴烧火、备办三餐等。

《事父母章》讲述女儿侍奉、孝养、恭顺父母之道。

《事舅姑章》讲述新妇应该如同对待父母一样敬事舅姑。

《事夫章》讲述妻子将夫比天、夫刚妻柔、恩爱相敬等事夫之道。

《训男女章》讲述母亲训诲子女，男入书堂、女教礼数等事。

《营家章》讲述女子以勤俭营家之道。

《待客章》讲述女子殷勤款待、备办饭食等待客之礼。

《和柔章》讲述女子以和为贵、孝顺为尊、不争是非等处家之法。

《守节章》讲述女子莫出闺庭、不听淫音、秉烛出入及夫死守节、保家训子等节行。

与以往女教著述主要针对官宦、士大夫家庭的妇女不同，《女论语》从内容到形式都显示出，这是一篇针对普通农家妇女的女教著述。各章所描述的都是农家劳动妇女的日常生活，如

"看蚕煮茧""采桑摘柘""织造重重""耕田下种""喂养孳牲"等等,活泼泼展示了一幅农家耕织图。由于对象不同,《女论语》没有对高深义理的阐释,讲述的都是女性日常生活的礼仪规则,具体到一言一行、生活细节。更重要的是,文字通俗生动、朗朗上口,如"行莫回头,语莫掀唇,坐莫动膝,立莫摇裙,喜莫大笑,怒莫高声";"出必掩面,窥必藏形"等,都成为后世俗语,为人熟知。每章讲述正面言行规范后还列举懒妇、恶妇、泼妇、愚妇等反面形象进行批评,并强调这些丑行对于家门名声的影响,"引惹恶声,多招骂怒。辱贱门风,连累父母";"丑呈乡里,辱及爷娘。被人传说,岂不羞惶"等,容易使妇女产生强烈印象。总之,它使得前代枯燥、古板、艰涩的说教变得生动具体、简便易行,又流畅上口、容易记诵,因此特别适合文化不高的平民妇女尤其是幼女诵读、传播。

《女论语》讲述的大多是社会上男女通行的一般做人、持家原则,对于妇女道德准则,它主要强调"清贞",具体说,一方面是言行严谨、遵守闺训;另一方面是坚心守节、从一而终。不过,对于夫死守节,它不仅是从贞节观出发,还强调"恩爱相因","同甘同苦,同富同贫。死同葬穴,生共衣衾"的夫妻之情。除"清贞"外,它所倡导的另一主要道德规范或可概括为"敬顺",即对于尊长与丈夫要恭敬顺从;但是它并不提倡绝对服从,而是强调有过则改,并特别指出丈夫作恶应该劝谏。上述《女孝经》也有类似观点。与汉代班昭的《女诫》相对照,明显的区别在于,它并不提倡《女诫》列为首位的"卑弱"与特别强调的"曲从"。这大约既与平民劳动妇女的生活状况相关，也从一个角度反映了唐代女教较为宽松的时代特点。

《女论语》是迄今所见第一部针对民间劳动妇女的女教著作，它首开通俗女教著述之端，并开创了通俗韵文形式的女教著述新体裁。它的产生显示了女教逐渐向全社会推广、普及与平民化的趋势，或者可以说，女教从此开始了"礼下庶人"的过程。

最后还须说明的是，其实，《女论语》与《女孝经》在当时社会的影响与名声很有限，它们既未对唐代妇女面貌产生重大影响，也没有成为当时妇女的必读教材；只是在后世，它们才被奉为女教经典，对于妇女教育起了重要作用。

教育形式与内容

教育形式

唐代社会与家庭对妇女教育是颇为重视的，但从目前所见文献记载看，只有宫廷建有学堂，佛寺、道观可能有集体学习者，民间似未见有后世的女学、女塾等公共教育场所，妇女教育基本都是通过家庭、私人教育形式实施的。

宫廷女教

唐朝宫廷中建有学堂，并设置专职官员，担当教育宫廷妇女的职责。

唐初，宫廷中便建有"内文学馆"，选儒学之士一人为学士，执掌教授宫人。武则天时改为"习艺馆"（又改"翰林内教坊"，后复旧名），设置内教博士18人，经学5人，史、子、集、缀文3人，楷书2人，庄老、太一、篆书、律令、吟咏、飞白书、算、棋各1人。可知这一时期由于武则天好文，宫廷妇女教育最为兴盛，所教授的门类也颇为齐全。至唐玄宗开元末，习艺馆被废，但"内教博士"（或称"宫教博士"）仍存在，只是改隶内侍省，由宦官担任，执掌教授宫人书、算、众艺。不过从史载看，其后习艺馆大约又重新建立，并仍有儒者担任"内教博士"。唐中宗时的苏安恒与唐后期宋若昭姐妹之父宋庭芬都曾担任过"习艺馆内教"[1]。

武则天时期之外，其他时期习艺馆可能主要是教授宫人书、算及其他技艺。可知，宫廷女教除了进行一般道德礼法教育外，对于宫人，还侧重才艺教育，以便使她们能够胜任各种宫廷事务。此外，宫廷也延师教授宫妓们音乐、歌舞技艺，如贞观年间，唐太宗曾命太常少卿祖孝孙以乐律教授宫中女乐，由于宫妓技艺不见长进，数次受到太宗责备[2]。

---

[1] 上见《新唐书·百官二》、《旧唐书·职官三》、《唐六典》卷12《掖庭局》、《资治通鉴》卷208高宗景龙元年、两唐书《后妃传》。
[2] 《新唐书·王珪传》。

作为皇家之女的公主们自幼也有师傅教诲，从册封公主制书中常见的"常阅礼于后庭，必闻诗于师氏"；"训导诸子，旧有女师"；"生于公宫，训以师氏"；"训以师氏，颇详环珮之仪"[1]等文字可见，公主们应该是有专门师长或"女师"教授的。宫廷女官尚宫宋若昭便曾做过妃嫔、公主之师。

此外，史载唐太宗曾命虞士南书写《列女传》，以装屏风，也可见对于宫廷妇女道德教育与熏陶的关注。

民间女教

民间无论贵族仕宦人家还是庶民百姓，妇女教育基本上都是通过家庭、私人进行。

在文化教育方面，除少数上层人家有延师教习者之外，一般都是由父兄等家中长辈执教，或随兄弟们学习以及自学。延师教习者如：《纪国先妃陆氏碑》载陆氏"粉泽图史，尊敬师傅"[2]等。由父亲执教者如：唐太宗贤妃徐惠自幼随父读书，4岁诵诗，8岁作文，遍涉经史；宋若昭五姐妹自幼皆由"业儒"的父亲教授，学习经艺、诗赋。由母亲教授者如：士族名门涿郡卢氏女亲教子女，"以诗礼图史及剪刺纬结授诸女"[3]。随兄弟学习者如：岭南节度使杨公女杨芸"诸兄所习史氏、经籍、子集、文选，必从

---

1 《唐大诏令集》卷41《封常芬公主等制》《封唐昌公主等制》《封高都公主等制》《册信城公主文》。
2 《全唐文》卷922。
3 柳宗元：《先太夫人河东县太君卢氏归祔志》，《全唐文》卷590。

授之"[1]。自学者如：博陵某崔氏"幼知礼法……独掩身研书，偷翫经籍，潜学密识，人不能探"；陇西李氏"尤好文籍，善笔札。兄弟读诗书，一关听闻莫不记览"；才女牛应贞"少而聪颖，经耳必诵，年十三，凡诵佛经二百余卷，儒书子史又数百余卷"[2]。

至于日常礼数与女红家务，则多是由母亲教诲。正如《女论语》所说："训诲之权，亦在于母（或"实专于母"）。""女处闺门，少令出户。唤来便来，唤去便去。稍有不从，当加叱怒。朝暮训诲，各勤事务。扫地烧香，纫麻缉苎。若在人前，教他礼数。莫纵娇痴，恐他啼怒。莫纵跳梁，恐他轻侮。莫纵歌词，恐他淫污。莫纵游行，恐他恶事。"敦煌文书中有《崔氏夫人要女文》，是母亲在女儿出嫁前教女"行妇礼"之作。都可知母亲对于教女有着不可推卸的责任和权力。

社会教化

除了以德为本的家庭教育之外，朝廷的旌表、封赏，舆论的彰扬、褒贬等所体现的社会教化，也是不可忽视的一种妇女教育方式或途径。

唐代朝廷旌表、封赠节妇烈女之事，史不绝书。如唐玄宗时期，对节妇烈女，除旌表外，"同籍悉免课役"；并为之立祠祭祀："诏所在功臣、烈士、贞女、孝妇，令立祠祀之"；又命各地

---

1 杨俭：《唐岭南节度使右常侍杨公女子书墓志》，《唐文拾遗》卷32。
2 《唐文拾遗》卷32、《唐代墓志汇编续集》大中061、《全唐文》卷98。

官员致祭并注意修缮:"忠臣义士、孝妇烈女,先有祠庙者,各令郡县长官致祭;其有陵墓屋宇颓毁者,量事修缮,应合禁樵采。"[1]

两唐书《列女传》也记载了诸多妇女受朝廷旌表、封赠之事。据传中记载,大约共旌表、封谥节妇8人;旌表、封赠孝女11人;封赠为国尽忠妇女5人;封赠救夫妇女2人。以上所列仅是载于正史者,总体数量肯定远不止于此。

从史载看,朝廷旌表的主要是节、孝两类妇女,可知这两种品德最为朝廷所重。旌表除命名其门闾、赐"贞烈"等美称外,有的还为之立碑、立庙,另外还有赐粟帛、免其家丁役,地方官府治丧、聘嫁或抚恤,并付史官记载等礼遇。对于尽忠报国或尽节赴难类妇女,多封赠或追谥命妇封号,如国夫人、郡君、县君,有的加美称如"诚节""徇忠"等,有的也附带赏赐钱物或荫封其子为官等优遇。

地方官府与乡里对于妇女道德楷模也有各种褒奖、纪念方式,如为义妇、孝女立祠祭祀等,有的甚至向女祠祈雨,说明已经将其神化。

朝廷的褒奖、礼遇,地方官府的推崇、抚恤,乡里民间的尊崇,文人名士的颂扬等,为妇女树立了表率,形成了社会氛围。这种社会教化、熏陶与家庭教育一起,对倡导妇德,教育、塑造妇女起着重要作用。

---

[1]《旧唐书·职官志二》《旧唐书·礼仪志四》《唐大诏令集》卷68。

教育目的与内容

除宫廷妇女、娼优等特殊人群外，一般士庶人家教女的主要目的，在于让其懂得道德礼法与女红、家务，日后能侍奉好丈夫、公婆，成为贤妻良母。所以有学者称古代女教为"媳妇教育"，即为婆家培养一个好媳妇。唐诗写道："养女畏太多，已生须训诱。捺头遣小心，鞭背令缄口。未解乘机杼，那堪事箕帚。""自小阙内训，事姑贻我忧。"[1] 都表达了教女以"事箕帚""事姑"为教育目的。敦煌文书《崔氏夫人要女文》更明言训女是为了日后能得到公婆爱怜："若能一一依吾语，何得翁婆不爱怜？"[2]

关于妇女教育的内容，唐人李恕《戒子拾遗》称："女子七岁，教以《女仪》，读《孝经》《论语》，习行步容止之节，训以幽闲听从之仪。"《女诫》《女仪》，儿女等各写一通，咸将自警女，兼辅佐君子。而亦劝奖室家，中外相承，夫妻并立。"不仅女儿要学习，儿子也要学，以便日后劝教妻子。李商隐《义山杂纂》则将"教女"之事归纳为十条，即：习女工，议论酒食，温良恭俭，修饰容仪，学书学算，小心软语，闺房贞洁，不唱词曲，闻事不传，善事尊长。这十条其实可以大体归纳为四方

---

1 寒山：《诗三百三首》、韦应物：《送杨氏女》，《全唐诗》卷806、189。
2 《敦煌掇琐》上辑，台北新文丰出版公司，1985年。

面,即:(一)温良恭俭、小心软语、闺房贞洁、不唱词曲、闻事不传、善事尊长等道德行为规范;(二)书、算等文化知识及技能;(三)女红、酒食等家务劳动能力;(四)修饰容颜仪表。

此外,敦煌变文中有:"女郎使闻周氏教,儿还教念百家诗";"男须文墨兼仁义,女要裁缝及管弦";"为女身,更不异,最先须且教针粘,呈线呈针斗意长,对鸡对凤夸心智。学音声,屈博士,弄钵调弦浑舍喜"。敦煌曲子词有:"幼年生于闺阁,洞房深。训习礼仪足,三从四德,针粘分明。"[1]唐诗描绘闺中少女说:"欲教针线娇难解,暂弄琴书性已便。还有蔡家残史籍,可能分与外人传。"白居易追悼少女简简诗云:"十一把镜学点妆,十二抽针能绣裳,十三行坐事调品。"[2]《女论语》则强调"凡为女子,须学女工"。唐代民歌中也有"儿小教读书,女小教针补"[3]的说法。由上可见,民间女教包含"三从四德"的礼法教育和诗书、女红、音声诸方面。

唐代墓志中,称赞寡母教女有"教以三从,示其四德"[4]。此外,"能日诵千言,习礼明诗,达音妙缋";"能读史书,善奏丝桐";"少习诗礼,长善笔札……其于针刀之功,罔不尽妙";"三岁知让,五岁知戒,七岁能女事,善笔札,读书通古今,其

---

1 《敦煌变文集》卷7、5,人民文学出版社,1957年;《敦煌曲子词集》中卷,上海商务印书馆,1954年。
2 戴叔伦:《少女生日感怀》,《全唐诗》卷274;《白香山集》卷12,文学古籍刊行社,1954年。
3 《敦煌掇琐》上辑卷31,台北新文丰出版公司,1985年。
4 《唐代墓志汇编》大和023。

暇则鸣弦桐、讽诗骚以为娱";"才能言而知孝道,才能行而服规绳,才能诵而讽女仪,才能持而秉针组"[1]一类对妇女的赞语俯拾即是。墓志所记基本都是士大夫家庭妇女,她们的闺中教育除了道德礼教之外,同时强调诗书笔札等文化修养,此外也有女红、音声等技艺训练。

上举《崔氏夫人要女文》是母亲在女儿出嫁前夕谆谆教诲其到夫家后的为妇之礼:

> 教汝前头行妇礼,但依吾语莫相违。……在家作女惯娇怜,今作他妇信前缘。欲语三思然后出,第一少语莫多言。路上逢人须敛手,尊卑回避莫汤前。外言莫向家中说,家语莫向外人传。姑嫜共语低声应,小郎共语亦如然。早朝堂上起居了,诸房叔伯并通传。妯娌相看若鱼水,男女彼此共恩怜。上和下睦同钦敬,莫作二意有庸偏。夫婿醉来含笑问,迎前扶侍送安眠。莫向人前相骂辱,醒后定是不和颜。若能一一依吾语,何得翁婆不爱怜?故留此法相教尔,千古万秋共流传。[2]

将以上林林总总的言论做一归纳,可以获知,唐代妇女自幼所受教育及训练大体包括以下四个方面内容:(一)道德礼法,

---

[1] 张说:《李氏张夫人墓志铭》《张氏女墓志铭》,柳宗元:《朗州员外司户薛君妻崔氏墓志》,李俭:《姚婆墓志》,《全唐文》卷232、589、788;王玙:《唐故颍川陈夫人墓志》,《唐文拾遗》卷31。

[2] 参《敦煌掇琐》上辑卷20,台北新文丰出版公司,1985年。有所更改。

(二）女红家务，（三）诗书文化，（四）音律丝竹。

这四个方面根据家庭、门第而各有侧重。第一、第二条，即三从四德、节孝仁义等道德礼法，纺织、女红等家务劳动及持家能力，无论上层官宦或下层庶民家庭普遍很重视，只是教育形式有所不同或宽严有别而已；第三、第四条则只属于少数贵族仕宦或士人之家。下层百姓人家男子尚不能接受文化教育，女儿自然更无缘读书识字、调弄丝竹了。《女论语》所述教女内容便是一般平民农家妇女教育的代表。

对于女子学习文化，唐代尚未流行"女子无才便是德"一类观念，上层社会主流思想是主张并提倡女子读书识字的。让妇女读书的目的在于使她们知"书"而达"礼"，以便学习"事人之道"。上引李恕《戒子拾遗》中便特别强调女子应该读书："微涉青编，颇窥缃素，粗识古今之成败，测览古女之得失。"唐人李华在给外孙女的信中也说："妇人亦要读书解文字，知古今情状。事父母舅姑，然可无咎。"不过也存在反对意见，前引《义山杂纂》便提出："妇人识字即乱情，尤不可作诗"[1]，其观点与后世"无才便是德"基本一致。但从总体看，这种声音比较微弱，并不占主流地位。现实生活中，一般贵族、士大夫之家普遍重视对女子的文化教育，女孩一般自七八岁便开始读书习文、学习诗礼，所以妇女大多识字有文化。许多载入史册的贤母，如权德舆、李景让、元稹、李绅等的母亲都是亲自教子读书成名，柳

---

[1] 见《中华野史》宋朝卷一《北梦琐言》再补，泰山出版社，2000年。

宗元母亲卢氏"七岁通毛诗及刘氏列女传",其夫曾说"吾所读旧史及诸子书,夫人闻而尽知之无遗者"。上引妇女墓志中也几无例外地赞颂墓主"少习诗礼,长善笔札","日诵千言,习礼明诗"云云。更突出者如:陇西女子李鹄"酷好经史诗笔,虽眠食亦间以讽诵。群从每见,恐致劳悴,且以女博士讥之"。此女读书已到痴迷地步,吃饭睡觉都不忘诵读,被讥为"女博士";而求婚者闻其闺行,并不嫌弃,反倒以为"良妇"[1]。此外,平民女子甚至娼优、姬妾、婢女识字习文者也并不罕见,有的还有较高文学修养。唐代才女辈出,许多并非高门仕女便是证明。这些不仅反映了不少妇女具有文化修养的事实,也证明了社会对于妇女读书习文的首肯与赞赏。

女子诵读学习的典籍大体以儒学、女教为主,但也包括史学、诗赋等其他内容。上引《戒子拾遗》称:"女子七岁,教以《女仪》,读《孝经》《论语》"。李华嘱咐外孙女:"汝等当学读《诗》《礼》《论语》《孝经》,此最为要也","汝已诵得数十篇诗赋……甚慰"。在其所作《李夫人传》中又赞称李氏"读论语、诗书、礼传、古史、箴颂、近世词赋,合于雅者尽讽之"[2]。宋若昭五姐妹年幼时,父亲"始教以经艺,既而课为诗赋"。墓志中记载有,河东县太君卢氏"七岁诵《毛诗》及刘氏《列女传》";陇西县君李金"常读《孝经》《论语》《女仪》《女诫》";荥阳郑

---

1 《唐代墓志汇编续集》大中066。
2 《全唐文》卷315、321。

秀实"尤精鲁宣父之经诰,善卫夫人之华翰,明左氏之传,贯迁固之书,下及诸史,无不该览";岭南节度使女杨芸"诸兄所习史氏、经籍、子集、文选,必从授之";翟高婉"幼习诗礼……曹氏诫,成习在心;列女传,未尝废手"[1];等等。

以上所引大体反映了一般士大夫家庭教女使用的教材与女子日常所习典籍。综合观之,家庭对于女子所习典籍的规定、限制并不特别严格,基本囊括了当时男子日常所习经史子集书目,包括《诗》《书》《礼》《论语》《孝经》《左传》《史记》《汉书》《文选》与诸子、诸史,以及箴、颂、词、赋、书学等;唯一的不同只是多了《女诫》《女仪》《列女传》类女教书目。从中可见,妇女文化教育与男子大体相同,一般主要是学习儒学经典,上述多数人家并未特别强调女教著述。

此外,由于时代所尚,诗赋受到普遍重视。不过,所谓"诗赋",主要应是指作为儒家经典的《诗经》类"雅正"之声,并非泛指一般诗词歌赋;但在唐代诗歌极盛的社会环境下,大概也很难严格限制、分别。对于妇女习诗作诗,社会上存在一定不同意见。前引《义山杂纂》中有:"妇女解诗则犯物议","尤不可作诗,诗思不出二百里"。说明有人是不赞成妇女学诗、作诗的。另有进士孟昌期之妻孙氏善诗,一日忽然醒悟,并焚毁诗集,"以为才思非妇人之事,自是专以妇道内治"。传奇《河东记》描

---

1 上见《全唐文》卷590,《唐代墓志汇编》贞元062、大中124,《唐文拾遗》卷32;《翟高婉志》,转引自毛汉光《唐代妇女家庭角色的几个重要时段:以墓志铭为例》,《中国妇女史论集》第4集,台北稻乡出版社,1995年。

写贞元时期濮州某县尉娶一女，终日吟咏，后来醒悟，对丈夫说："为妇之道，不可不知书。倘更作诗，反似姬妾耳。"[1]由此可知，大概在世人眼中，作诗是姬妾、娼优一类女子的事。事实上，唐代作为诗歌盛世，对于妇女的礼教约束又不甚严格，故好诗、诵诗、习诗、作诗者，在各个阶层妇女中都大有人在。唐诗《听邻女吟》有"含情遥夜几人知，闲咏风流小谢诗"[2]；白居易说到他的诗歌传诵于孀妇、处女之口；连长孙皇后与女皇武则天都有并不那么"雅正"的诗篇甚至是情诗流传下来。

重视妇女音乐才艺、妇女习练音律丝竹是这个艺术繁盛时代妇女教育的一大特色。唐代文学作品、墓志对于妇女多有"达音妙缋""善奏丝桐"一类赞语，可知妇女具有音乐修养、才艺是受到赞赏、被视为高雅的。由于这种价值观，不仅姬妾、娼优等专以声色娱人者要培养高超的音乐、歌舞技艺，贵族官宦及一些庶民人家的女子也不乏学习音律、乐器及歌舞者。有的还延聘专家教授女子技艺，如崔晔小妻殷氏曾跟从常守坚学习秦筝[3]；敦煌变文描写教女有"学音声，屈博士，弄钵调弦浑舍喜"，说明民间也有请"博士"教女子学习音声之事。在这种风气下，上自宫廷妃嫔、贵妇仕女，下至小家碧玉、姬妾侍婢，都有粗通音律、能调弄乐器，具有一定艺术修养者。学音律、习丝竹不仅是妇女教育内容，同时也成为妇女的日常娱乐活动。

---

1 孙光宪：《北梦琐言》卷6、《太平广记》卷429。
2 《全唐诗》卷477。
3 《太平广记》卷160。

妇女社会活动

政治活动

以"女祸"著称的唐代,的确是"女祸"迭起。前有"牝鸡司晨"的武则天——她居然革了唐朝的命;后有"倾城倾国"的杨玉环——她被指险些倾覆了大唐江山。一个"女宠篡国",一个"女色误国",唐代女性与政治可谓结下了不解之缘。

女皇帝武则天与宫廷妇女参政

后妃参政、女主临朝本不自唐朝始,此前这一政治传统已经走过了千年历程,但是唐朝的确掀起了一个女性参政的高潮:不仅后妃参政,公主、女官等也纷纷插手朝政,蔚成一代风气;更具历史意义的是,这种风气还推出了一位前不见古人、后不见来者的女皇帝。《新唐书》作者感叹道:"呜呼,女子之祸于人者甚矣!自高祖至于中宗,数十年间,再罹女祸,唐祚既绝而复续,中宗不免其身,韦氏遂以灭族。玄宗亲平其乱,可以鉴矣,而又败以女子。"[1] 这说法虽然源自性别偏见，但也道出了女性对于唐朝前期政治乃至王朝命脉的巨大影响。

中国古代两千年来根深蒂固的"男尊女卑"观念和男性皇权制度并没有将妇女完全关闭在政治大门之外，宫廷妇女参政、执政历代皆有，这可以说是妇女对政治的最直接参与。这种政治传统的形成，有着深层的政治体制背景，它正是男性皇权专制、家天下制度以及宗法制度的副产品。为了保证皇权绝对集中于一人之手、皇位严格在一家一姓世代传承，一旦皇帝发生疾病等变故或者年幼登基，君权既不能旁落异姓他族，也就只能由皇帝最亲近、最可靠的人代掌权柄；然而皇族宗子或宰辅大臣都有篡位夺权的可能，于是附属于男性家族、没有改易世系危险的妇女就成为最合适的替代者。这就给具有皇帝母亲及妻子身份的后妃们制造了参政机会。此外，由于对宗庙继嗣、家族传承的极端重视以及对孝道的倡扬，母亲在家族中具有极高地位、受到极大尊重，这也使得母亲替代儿子行使政治权力受到人们认可。由此，太后临朝、女主执政便成为必然，并且形成了一种久远的政治传统。

唐朝宫廷妇女参政高潮的出现不仅源于前朝的政治传统，北朝妇女在社会和家庭中地位较高和"妇持门户"风气也是不可忽视的社会土壤；唐朝社会女性观念较为开明，礼教对于妇女制约较为松弛且宫闱制度不严，又为之提供了机遇；而北方妇女的强悍、果敢气质对妇女参政及成功同样起了至关重要的作用。这

---

1 《新唐书·玄宗纪》。

些,在以下宫廷妇女参政经历、行为上体现得很鲜明。[1]

千古一人——女皇武则天

唐代妇女参政风气的最大成果是推出了一位女皇帝武则天。

武则天作为中国历史上唯一的女皇帝,历来为人注目。这位女皇帝的出现并非突兀和偶然,正与由来已久的宫廷妇女参政传统密切相关,可以说,前代女主已为其铺设了台阶。但是,武则天迈出的一步是实质性的。前朝女主无论如何大权在握,但都并未改变自己的母亲、妻子身份,都是以"佐""代"皇帝的形式执掌政权,她们名虽为"主",其实仍居于从属地位。武则天是唯一的例外。虽然武周朝与女皇在位只有短短十余年,但是意义却不可低估,因为这是中国历史上唯一一次女性以个人身份建立王朝、登基称帝,统治一个男权社会。

1. 登上皇后宝座之路

武则天(624—705),祖籍山西文水。父亲武士彟原是经营木材的富商,后来在协助李渊建立唐朝中立了功,作为开国功臣,官拜正三品工部尚书,成为唐朝新贵。

武氏生得美丽妩媚,14岁时,唐太宗闻其美名,召入宫中,立为才人,赐号"武媚"。这位奇女子自幼勇敢刚毅、见识过人。她进宫时,母亲悲泣不已,她却容色自若,说:见天子怎知不是福分,何必做儿女之悲呢?在宫中时,一次,唐太宗问谁可驯

---

[1] 本节见两唐书《后妃传》与《资治通鉴》有关章节者不注。

服一匹无人敢驯的烈马，武媚当众声称："妾能制之，然须三物，一铁鞭、二铁楇、三匕首。铁鞭击之不服，则以楇楇其首，又不服，则以匕首断其喉。"只可惜命运不佳，在宫中度过了十多年，她似乎并没有得到唐太宗的眷顾。但不知从何时起，她却与太子李治有了恋情。

唐太宗去世后，她与众妃嫔一起被送到感业寺削发为尼。唐高宗李治登基后，不知是难忘旧情，还是出于偶然，一次到佛寺行香，重见武氏，这位身陷厄运的女子在旧情人面前黯然泣下，李治感念旧情也悲泣不已。恰好皇后王氏正欲离间萧淑妃之宠，便暗中让武氏蓄发入宫，于是时年已二十七八的武媚重新回到了宫闱之中。此举本是出自王皇后的一点小心计，不料却使唐朝的一段历史由此改观。

武氏重回宫闱后，依靠心机权术，起初屈尊恭谨侍奉皇后，赢得赞誉，被立为正二品的昭仪。此后，她在后宫笼络人心、屡施手段，连连击败王皇后与萧淑妃，独得高宗的宠幸信重。最后，史载她以残忍手段扼杀了亲生女儿，以嫁祸于皇后，使得高宗最终下了废后的决心。但废后改立之事受到大臣们的激烈反对，宰相褚遂良甚至扔掉笏板，叩头流血，拼死谏诤。在帘后探听的武昭仪怒不可遏，竟隔帘骂道："何不扑杀此獠！"最终，在部分朝臣支持下，高宗力排众议，废掉王皇后，立武昭仪为后。武氏经过数年艰苦经营，终于登上了皇后宝座。

武氏得志以后，不仅大封武氏宗亲，并且通过依附自己的大臣以谋反等罪名，鼓动高宗或杀或逐或贬，逐一除掉了反对自己入主后宫的长孙无忌等元老重臣及其党羽。通过培植亲信、铲除异己，新上台的武皇后在朝廷中形成了自己的政治势力，开始影响政局。

2. 从参政到摄政

武氏立后不过数年，高宗便罹患重病，于是将朝事委托给皇后。这位不同凡响的皇后从此得到了驰骋于政治舞台、尽情施展才干的机会。

武后性情明敏，"素多智计，兼涉文史"。她协助或代替皇帝批阅百司表奏、参决政事，处事皆合高宗意旨。随着权力的上升，武后日益专权恣肆。高宗动辄为其所制，深感不满，遂召宰相上官仪草拟诏书，准备废掉皇后。不料武后即刻得知，前往质问，高宗羞缩不忍，将责任都推到上官仪身上。武后随即便指使党羽以谋大逆罪名诬杀了上官仪和已经被废的太子。至此，天下皆知皇后的手段，朝中无人再敢违逆。

武后也从此由后宫决政，走向与皇帝一起上殿听政。高宗视朝时，皇后垂帘于后，"政无大小，皆与闻之"，自此"天下大权，悉归中宫，黜陟生杀，决于其口"，天子只落得"拱手而已"。朝野称为"二圣"。高宗病重后，一度曾欲逊位于皇后，遭朝臣反对而不了了之。但实际上，已经是"政事皆决于天后"。

弘道元年（683），高宗去世。至此，武后已经参政、摄政十余年。高宗遗诏命太子即位，但同时明示："军国大事有不决者，取天后处分"，仍给武后留下了参政决策权力。

3. 改朝换代 登基称帝

太子李显（武后第三子）继位为唐中宗后，仅仅时过两月，便被根本不想交出政权的母后托故废黜。其弟李旦被继立为皇帝。这位新皇帝则完全是个摆设，根本就不许上朝预政。武太后正式于紫宸殿张挂浅紫帷帐，亲自临朝视政。

由于武太后不肯归政于皇帝，改朝换代之心日益显露，李唐宗室人人自危，权贵高官也心怀不满。于是，英国公徐敬业等聚集10万兵力，在扬州起兵发难。武后随即调动30万大军镇压，仅40余天，便平息了这场叛乱。这其中还有一段插曲：徐敬业起兵时，才子骆宾王为之起草了著名的《讨武曌檄》，文中称："伪临朝武氏者，人非温顺，地实寒微。昔充太宗下陈，尝以更衣入侍，洎乎晚节，秽乱春宫。密隐先帝之私，阴图后庭之嬖。入门见嫉，蛾眉不肯让人；掩袖工谗，狐媚偏能惑主。践元后于翚翟，陷吾君于聚麀。加以虺蜴为心，豺狼成性，近狎邪僻，残害忠良，杀姊屠兄，弑君鸩母。人神之所同嫉，天地之所不容。犹复包藏祸心，窥窃神器"云云，最后他愤激地疾呼："请看今日之域中，竟是谁家之天下！"武后读到这篇檄文时，询问作者是谁，并叹道："宰相之过也。人有如此才，而使之流落不偶乎！"[1]可见其气度的不同凡响。

武后临朝执政4年之后，以天降祥瑞为由，通过加尊号为"圣母神皇"、改称"陛下"等一系列举措，紧锣密鼓地开始了登基称帝的准备活动。李唐宗室面临灭顶之灾，各地亲王暗中联

---

1 《旧唐书·李勣附敬业传》。

络，合谋起兵造反，但不到一个月便被武后派官军平息，参与者全部受到惩治。至此，改朝换代已经没有了障碍。

公元690年，66岁的武则天终于迈出超越前古的一步——正式登基，建立大周朝，堂而皇之地做了皇帝。同时改元天授，改行周历，为武氏祖先建太庙，并大封武氏家族子侄等十余人为亲王。并改名为"曌"，比喻自己为日月凌空。此后，武则天开始了长达15年的帝王生涯。

对于这场翻天覆地、倒转乾坤的历史大变局，史称"武周革命"。的确，无论从革唐为周，还是革男皇为女皇角度，都堪称一场"革命"。

4. 五王政变 女皇退位

武则天虽然改写了男性皇权的历史，但是却难以完满解决皇位传承的棘手问题。中国古代实行的是严格的男性传承的宗法制度，这使武则天在立嗣问题上必然陷入两难境地：儿子是李姓家族之人，如果传位给儿子，必然导致李唐王朝复辟；如果传给武姓子侄，虽然武周王朝得以延续，但姑侄毕竟不如母子亲近，而且侄儿也很难立宗庙祭祀姑母。何人继位，实际上决定了是武周朝还是李唐朝赢得最后胜利。

对于这一两难问题，武则天一直彷徨未决，李、武二姓及背后的两派政治势力因此在废立皇嗣上一直进行着激烈争夺。随着武则天的年事日高，这一问题的解决更加迫在眉睫。除了朝廷内的斗争外，契丹、突厥也先后以无端被废的李唐皇帝为说辞兴兵进扰，边境形势紧张。经过权衡利害，为了自己的身后"血食"

与稳定政局，武则天最终做出抉择：召回庐陵王李显，重立为太子；为了安抚武氏家族，保证其日后的平安，又命武氏子侄与自己的李姓子女一起盟誓。但是无论如何，这已经预示了政权将返归李唐和武周王朝的一世而终。

神龙元年（705），武则天已是80多岁风烛残年的老人，而且身患重病。本来中宗继位已成定局，但由于武则天晚年宠信男宠张易之、张昌宗兄弟，使得二张势倾朝野，从而引发了新的矛盾。趁武则天卧病不起，宰相张柬之等五位重臣发动政变，杀死二张，迫使武则天退位，返政于中宗。史称"五王政变"。延续了15年的武周王朝就此落下了帷幕。9个月之后，81岁的武则天去世。

在中国古代的男性宗法制度与皇权制度下，皇位传承复归李氏可以说势不可免，这不是武则天的力量所能改变的。但她毕竟稳稳当当做了十几年的女皇帝，直至她一病不起时，她的儿子和大臣们才敢于发动政变，也证明了武则天的威势和力量。

5. 政绩与过失

武则天一生从政40余年，独掌朝政和正式称帝20余年，在政治舞台上活跃了近半个世纪。对于她的政绩得失，笔者认为，一方面应该摒弃性别偏见，以对男性皇帝同样的尺度考量她；另一方面，对她的有些行为，又不能不顾及她因性别劣势造成的特殊困难与艰难处境。

她参政、执政期间较为重要的政绩有如下几项。

在治国之策上，她曾向高宗建言十二事，包括：劝农桑、薄赋徭；给复三辅地；息兵，以道德化天下；南北中尚禁浮巧；省功费力役；广言路；杜谗口；王公以降皆习老子；父在为母服齐衰三年，等等。据史载，高宗下诏大略施行之。这十二项建言内容虽然驳杂，而且不乏迎合人心、博取声望之意，但主要内容还是有积极意义和一定见识的。

施政中，她特别注重大力搜求、不拘一格任用人才。一方面大兴科举，首创皇帝面试的"殿试"和选拔军将的"武举"，以及方便南方士子参加科考的"南选"，发展完善了科举制度；同时，又不时下诏求访贤能，并允许自荐，广开门路，搜罗各种人才。这当然与她努力收拢人心以发展自己的政治势力有关。她虽然进用人才迅速，但课责也很严厉，不合格者立即罢免，"务取实材真贤"。在她的用人政策下，士子们争相投身仕途，"当时英贤亦竞为之用"，她的统治集团因此得以任用了狄仁杰、张柬之、裴行俭、唐休璟、娄师德等一大批才识之士。这批杰出的文臣武将对武则天的成功和政权巩固起了关键作用。

经济方面，她曾组织人编写农书，颁行全国，并以田地垦辟、户口增减情况奖惩地方官吏；同时在边境大兴屯田，解决兵源、军粮问题。

文化事业上，她大兴文治，注重以文取士；并集中儒士编撰、整理了大批典籍等。

她执政时期，还夺回了被吐蕃占据的安西四镇，巩固了唐朝西部边防与对西域的统治。

综观武则天统治时期的国势，社会基本安定，生产持续发展,户口增长率较高,国库储藏丰实,文化事业也得到发展。如果摒弃正统观念和对女皇执政的偏见,应该说,武则天是一个成功的政治家、合格的皇帝。她在位期间正值唐初贞观治世向开元盛世的过渡阶段,可以说她继承了贞观之治,并为后来辉煌的开元盛世奠定了基础,所以史家有"政启开元,治宏贞观"[1]之誉。

对她的政绩与才能,即使是旧史家也有人持公允之论,称之为"雄才"。认为她"僭于上而治于下";"政由己出,明察善断";"知人善任,权不下移,不可谓非女中英主也"[2]。

武则天也有她的过失和阴暗面。她专断多疑,顺我者昌、逆我者亡。为防范谋反,而任用酷吏、奖励告密,致使告密者遍地,导致滥刑滥杀,造成了人人自危的恐怖政治局面。为笼络人心、纠集四方豪杰为助力,又不免滥封滥任。尤其是晚年过于信重男宠,引发了统治集团的内部矛盾。同时,她不遗余力扶持佛教,大兴土木筑造天枢、明堂、佛寺等,耗费了大量资财、民力。凡此种种,历来受到非难。

笔者认为,对于这些负面作为,应该予以否定与批评;但是,又不能不考虑到武则天这个特殊历史人物的特殊处境——她不同于一般名正言顺即位的男性皇帝,而是在中国这片绝对男性皇权制度的土壤上,凭着自己的手段与奋斗,从一个被迫出家的女尼一步步走上权力巅峰,又冒天下之大不韪登上女皇宝座的。

---

[1] 四川广元皇泽寺则天殿郭沫若题楹联。
[2] 《新唐书·则天皇后纪》赞、《资治通鉴》卷205则天后长寿元年、赵翼:《廿二史札记》卷19。

她的从政之路和当政处境都异常艰难。多年险恶的宫闱纷争和你死我活的政治斗争,培养了她的刚毅性格和残忍、猜忌之心;而她当政期间又始终面对着强大的敌对势力,既有李唐政治集团的反抗,又有整个社会的舆论压力。为了坐稳宝座、巩固政权,不被政敌推翻,她不能不以铁腕和残忍对付敌人,同时格外加意培植、发展自己的政治势力;同时,以佛教对抗被李唐尊奉为国教的道教,为改朝换代和女皇当政制造"顺天应运"的舆论。不难看出,她以上的所作所为大都是为此所做的努力。唐文宗朝宰相杨嗣复一语中的:"天后重行刑辟,轻用官爵,皆自图之计耳。"[1]可以说,武则天的这些过失除了她个人的性格原因外,也是势使之然,是她保护自身和武周政权的必然选择。

由于特殊的处境,她的精力过多用于对付政敌,多少影响了在其他方面的作为,这是她的不足,也是一种无奈。

宫廷妇女参政风的兴衰

唐朝前期,统治者对于妇女参政并无严格禁戒与制约,所以宫廷妇女关注国事、参与政治现象十分普遍。除武则天外,还有一些对政治产生过重大影响的女性。

1. 一代名后——长孙皇后

唐太宗长孙皇后是受到后世赞誉的一代名后。她明智有识,为防后妃干政之嫌,她毕生刻意避免预闻政事,因而成为旧史家

---

[1] 《旧唐书·杨嗣复传》。

标榜的皇后楷模。但实际上，她从来也没有置身政治之外，而是用符合传统道德模式的方式巧妙地影响了政治。

她出身于北朝、隋显贵之家，自幼喜爱读书，明识达礼。13岁嫁李世民，唐太宗即位后，立为皇后。她一生从未直接参与政事，但却时时在暗中助丈夫一臂之力，或是在适当时机婉转劝诫，使太宗改变主意。李世民做秦王时，与父亲高祖和太子集团嫌隙颇深，她在宫中孝事高祖、恭顺妃嫔，尽力消释猜嫌、弥合矛盾，成为丈夫有力内助；秦王发动玄武门之变时，她于危急之际亲自出面慰劳勉励将士，辅助丈夫取得政变成功，为唐太宗登上帝位立下功劳。

她做皇后以后，唐太宗常与她论及朝廷惩罚等事，她回答："牝鸡司晨，惟家之索。妾以妇人，岂敢豫闻政事！"无论太宗如何追问，终不回答。她以汉代外戚之祸作为"切骨之戒"，坚决反对太宗任命其兄长为宰相，使兄弟子侄布列朝廷。但是，她又常与丈夫谈论古代兴亡，借机提出见解，为唐太宗施政提供镜鉴。她多次劝谕太宗听取谏诤，指出："忠言逆于耳而利于行，有国有家者急务，纳之则俗宁，杜之则政乱。"太宗曾因魏征犯颜直谏，恼怒之下，要杀魏征。长孙皇后得知后，巧妙地换上朝服，向太宗恭贺"主明臣直"，使得太宗转怒为喜，避免了过失。

她病重临终时，仍不忘嘱咐太宗起用忠臣、容纳直谏、不受谗言、省游猎徭役等，并特别规劝丈夫不要抛弃当时正被停职的老臣房玄龄。又请求对自己的宗族亲戚"慎勿处之权要"，以"保全永久"。还特别叮嘱一定要俭薄送终，不要劳费天下。

长孙皇后死后，唐太宗立即召回房玄龄，恢复其职位。由于长孙皇后一生尽心辅佐，她死后，唐太宗痛呼："失吾良佐！"

从长孙皇后的事迹中，我们看到了一位极具见识、通达古今、深明治乱之道的女性。她绝非不关心、不懂政治，但是由于深知利害与前车之鉴，为避免朝政变乱，并保全自己的家族，她小心谨慎、如履薄冰，既与朝政保持距离，又时时关心着太宗的施政得失。尽管她从未公开参政，但对唐太宗的功业和贞观之治的作用却不可泯灭。

唐太宗嫔妃徐惠也曾就国事上疏进谏。贞观末年，唐太宗兴兵讨伐四夷，又营造宫室，因劳役过重，引起百姓怨言。徐惠上疏引前朝秦皇、晋武之鉴，批评唐太宗"黩武玩兵"、役使民力等，希望"矜弊恤乏，减行役之烦"[1]。从疏文看，她对国事与弊政了如指掌，而且批评直言无隐，十分尖锐。唐太宗阅后却很欣赏，并给予重赏。唐前期后宫妃嫔对于外廷政事的关心、了解，议论批评朝政受到宽容乃至褒奖，由此可见一斑。

2. 韦皇后与妇女参政高潮

自武则天开了女皇登基的先例后，唐朝进入了一个妇女参政最为活跃的时代。武则天之子唐中宗继位后，不仅皇后韦氏垂帘与皇帝一同听政，安乐公主、太平公主、上官昭容等宫廷贵妇甚至宫人、女巫也纷纷插手政事。

韦皇后在中宗被废期间，与丈夫共渡危难，夫妻情爱甚笃。

---

[1] 刘肃：《大唐新语》卷2。

中宗曾经私下发誓：一朝重见天日，将不相禁制。至其重登帝位后，韦皇后不但参与朝政，而且沿袭婆母的旧例，施帷幔坐于殿上，与中宗一起临朝听政。为此，拥戴中宗上台的大臣们纷纷进谏，奏表称：

> 伏见陛下每临朝听政，皇后必施帷幔，坐于殿上，参闻政事。愚臣历选列辟，详求往代帝王有与妇人谋及政事者，无不破国亡家，倾朝继路。以阴干阳，违天也；以妇陵夫，违人也。违天不祥，违人不义。书称："牝鸡司晨，惟家之索。"易曰："无攸遂，在中馈。"言妇人不得干政也。伏愿陛下览古人之言，以苍生为念，不宜令皇后往正殿干外朝，专在中宫，聿修阴教，则坤仪式叙，鼎命维新矣。[1]

不难看出，复兴唐朝的功臣们显然开始对女皇阴影再现，势必再次危及唐朝的命脉而担忧了。对于本来就一心要报答妻子而又见识平庸的中宗，谏诤自然没有什么效果。后来的事实证明，大臣们的担心并非多余，韦后的确处处以武则天为榜样，也有着登基称帝之心。她喻示大臣们请求给自己加尊号为"翊圣"，同时上表请求天下士庶为被出之母服丧三年；五品以上母、妻得封者，丧礼可以使用鼓吹；又奏请百姓年23成丁、59岁免役，减轻其赋役负担。宫中有人奏报皇后衣箱中有祥云升起，中宗遂命令大赦天下，并赐百官母、妻封号，授天下80岁以上妇女为乡、

---

[1] 刘肃：《大唐新语》卷2。《资治通鉴》卷208、两唐书《桓彦范传》记载略有不同。

县、郡君。这些似曾相识的行为显然都是韦后效法武后，提高皇后声望与女性地位之举。

然而，韦后远没有武则天的政治头脑与手段、才干。在她参政的数年中，除了遍封亲属官爵、倚势弄权外，并没有什么政治作为，也没有真正做到大权独揽。尤其不智的是，她与武则天的侄子武三思私通，将其引入政治权力中心，致使武氏势力得以复兴；武三思一度权倾君主，而且怀有二心，可见韦后的缺乏政治识见。事实上，中宗一朝始终是"政出多门"，而并非韦氏独专朝政。也正因此，才造成了后宫与亲贵妇女们各显神通、纷纷参政的风气。

这一时期另一个显赫人物是安乐公主。她是韦后幼女，最得父母宠爱。中宗与韦后为了宠树爱女，命令几位贵公主都开府置官属。安乐公主最为骄横，她"恃宠骄恣，卖官鬻爵，势倾朝廷"，宰相以下官员许多出自她的门下。她常常将自己拟好的诏书遮上内容，让中宗署名，中宗往往笑而署之，并不审视。安乐公主还请求父亲废太子，立自己为皇太女，以继承皇位。这在历史上可以说是空前绝后之举，她成为中国古代唯一一个提出皇位由女儿继承者。

武则天一手培养的宫廷女官上官婉儿也非常活跃。她本是武则天的政敌上官仪的孙女，受祖父株连，在襁褓中籍没入掖庭。年长以后，以辩慧善文、明习吏事而受到武则天器重，命其掌管百官表奏，因而得以参决政事。但在武则天的铁腕下，她显然不敢擅作主张。中宗即位后，仍令其掌管制命，而且深受信任，拜为昭容，专秉内政。她常劝韦后"行则天故事"，又保荐情人吏部侍郎崔湜做了宰相。由于与武则天的关系，兼与武三思有私情，她不仅将武三思引荐给韦后，使之得以重振武氏势力，而且每下诏敕，总是想方设法推尊武氏而排抑李氏。致使后来太子李重俊起兵造反时，首先便追杀上官昭容。后来虽在政争中为唐玄宗诛杀，但是玄宗赏识其才华，命人编纂她的文集，宰相张说在序中对她的辅佐之功则给予了很高评价："昭容两朝专美，一日万机，顾问不遗，应接如响。虽汉称班嫒，晋誉左嫔，文章之道不殊，辅佐之功则异。"[1]

武则天之女太平公主也强力干预朝政，并与安乐公主、上官昭容在朝中各树朋党，相互倾轧。其时，长宁、安乐公主，韦后妹郕国夫人，上官昭容之母郑氏，尚宫柴氏、贺娄氏，女巫第五英儿，陇西夫人赵氏等纷纷插手朝政。贺娄尚宫还被韦后封为"内将军"。她们依势弄权，广纳贿赂，卖官鬻爵。用钱30万，则另下墨敕封官，斜封交付中书省，人称"斜封官"，造成滥官充溢朝廷；用钱3万则可以度为僧尼。上官昭容等贵幸女官多建外宅、出入无节，朝官纷纷候于门下，引为奥援，以求高官要职。担任宫廷内职的宫人们，也时常出禁中，得以结交外廷朝官，进而影响朝政。

中宗将行南郊祭祀大礼时，有关官员为了献媚，建议由皇后助祭，引起朝廷争论，最终决定以皇后为亚献。有人还提出让安

---

[1] 张说：《唐昭容上官氏文集序》，《全唐文》卷225。

乐公主为终献，迫于舆论压力而未能实行。皇后、安乐公主的权势影响可见一斑。

中宗复位仅5年的景龙四年（710），有人告发"皇后淫乱，干预国政"，中宗有所察觉，怏怏不乐。韦后及其男宠、党羽感到了威胁，而安乐公主迫切希望母后临朝，以便成为皇太女，于是母女合谋，毒死了中宗。

中宗死后，韦后秘不发丧，意欲总揽朝政。而此时宫廷中参政女性出于各自的立场，发生了意见分歧。太平公主当然不甘政权落于其嫂韦氏家族，上官昭容审时度势，也转而依附李氏皇室。二人草拟遗制立太子，由皇后知政事，同时又推举中宗弟相王李旦辅政，以牵制韦后。韦党当然不肯让步，请求皇后临朝，罢相王辅政。最终还是韦党占了上风，太子即位，韦后临朝摄政。韦党随即劝韦后效法武后，再革唐命，并将南北禁军、台阁要司全部换上韦氏子弟掌管，准备害死新皇帝，夺取政权。李唐王朝再次面临危亡，相王与太平公主等李氏宗室也危在旦夕。但是此次"革命"却未能成功，很快被相王之子临淄王李隆基与太平公主等合谋发动的政变所摧毁。韦后与安乐公主的女皇梦彻底破灭，上官昭容等都被诛杀，韦氏家族也遭灭门之灾。

史家曾经将韦后与武则天做了比较："或称武、韦乱唐同一辙，武持久，韦亟灭，何哉？议者谓否。武后自高宗时挟天子威福，胁制四海，虽逐嗣帝，改国号，然赏罚己出，不假借群臣，僭于上而治于下，故能终天年，贻乱而不亡。韦氏乘夫，淫蒸于朝，斜封四出，政放不一，既鸩杀帝，引睿宗辅政，权去手不自知，戚地已疏，人心相挺，玄宗藉其事以撼豪英，故取若掇遗，不旋踵宗族夷丹，势夺而事浅也。"[1]确如所论，韦后的缺乏政治见识与能力，乱施政令，尤其是毒杀中宗的不智之举，导致人心尽失，使政敌得到有力把柄，从而灭之易如反掌，导致了她迅疾败亡的历史命运。

自此，中宗朝活跃一时的妇女参政风也随之沉寂下去。

3. 三朝权要——镇国太平公主

韦氏"革命"和中宗朝的妇女参政风为政变所终结；但是，武则天的爱女太平公主却因为参与倒韦政变有功，而成为新朝廷一个强有力的人物。事实上，她对武则天以后三朝政局变化都起了举足轻重的作用。

太平公主酷肖母亲，沉敏而多权谋，武则天认为很像自己，所以颇为宠爱。高宗之世，她便贵盛无比。武周朝更得以参与密谋，只是畏于母亲威严，不敢弄权。武周末年，她参与了五王政变，拥立中宗。中宗即位后，加号为"镇国太平公主"，参与朝政。韦后、安乐自知才能、谋略远不及太平，不得不畏惧她三分。她推荐了大批文人学士进入朝廷，有的位至高官，逐渐形成了自己的势力，并享有了很高声望。待到与侄儿李隆基合谋发动诛灭韦氏集团的政变，更为唐室立了大功。史载，政变成功后，在太极殿上，刚刚即位的小皇帝尚坐于御座，太平公主对他说："皇帝欲以此位让叔父，可乎？"大臣跪拜呼应，公主遂将少

---

[1] 《新唐书·后妃上》赞。

帝提下御座。其掌控朝廷的威势不难想象。

由于太平公主立有大功,睿宗登基后对这位妹妹极为信重,常与之议论军国大政。有时她未进宫朝谒,宰相便到府上咨询。宰相奏事时,睿宗则问:尝与太平议否?对公主言听计从。自宰相以下官员,进退在其一言,由她引进的政要不计其数,大臣多为其所用,在朝中形成了一个强大的政治集团,一时权倾天下。太平公主与母亲一样有着极强的权力欲,自然与太子李隆基发生矛盾,双方明争暗斗。公主多次怂恿睿宗废黜太子,而倾向太子的大臣则要求将公主请出京城,安置于外地,以免威胁太子,这使处在夹缝中的睿宗左右为难。太子李隆基虽然曾经领导政变成功,但在姑母的咄咄逼人之势面前,不得不处处退避忍让。唐睿宗在位仅两年,便决意退位,传位于太子,这大概与始终被夹在太平公主和太子两党的激烈争斗中有着直接关系。太平公主劝阻不成,又改而劝其以太上皇身份总揽大政,极力阻止太子李隆基掌握朝政大权。

唐玄宗李隆基即位后,太平公主倚仗太上皇之势,仍然"擅权用事",她在朝中的势力也仍处于压倒之势:"宰相七人,五出其门;文武之臣,太半附之。"玄宗当然很难容忍这种形势,遂与亲信大臣谋划诛杀太平公主;太平公主也与党羽谋划废黜皇帝,并密令宫人下毒鸩杀玄宗,双方成剑拔弩张之势。开元元年(713),唐玄宗先发制人,突发兵马诛杀太平一党。太平公主闻变,逃入山中,后被赐死于家,其亲属、党羽也被诛杀清除殆尽。

太平公主集团的覆灭，不仅宣告了两大政治集团斗争的终结，也宣告了唐朝前期妇女参政活动的终结。

4．"女色误国"的杨贵妃

唐玄宗结束了前朝后妃、公主干政的政治局面，却又惹来了更大的"女祸"——他的贵妃杨玉环因为美色而背负了千载的"误国"骂名。

杨玉环（719—756）出身下层官员家庭，父亲为蜀州司户，父母去世后，为叔父收养，大约16岁时被选为唐玄宗之子寿王妃。不料，数年之后，美丽聪慧、善解人意、能歌善舞的杨玉环却受到了唐玄宗的喜爱。为掩人耳目，玄宗先将她度为女道士，号"太真"，不久便纳入宫中。此时杨玉环年仅22岁，而玄宗已经56岁。杨玉环进宫后受到格外宠爱，被册为贵妃，礼仪一如皇后。杨氏家族借裙带关系飞黄腾达，贵妃三姊妹受封为国夫人，族兄杨国忠更受到重用，身兼40余职，后来更当上了宰相。杨家一门烜赫一时，权势炙手可热。以致当时民间歌谣唱道："生男勿喜女勿悲，君今看女作门楣。"

唐玄宗晚年自恃天下富足、承平日久，开始纵情声色、倦于政事，既得新宠，更是"从此君王不早朝"，日益沉溺于声色犬马之中。而此时唐王朝积蓄了多年的矛盾却爆发于一旦，天宝十四载（755），东北少数民族边帅、三镇节度使安禄山大举起兵叛乱，第二年就打到长安。唐玄宗无心抵抗，带领贵妃、太子等匆匆向西蜀逃跑。途经马嵬驿（在今陕西兴平），禁军哗变，以宰相杨国忠谋反为名杀死杨氏及家人，并胁迫唐玄宗割爱赐死杨贵妃。玄宗虽为之辩护，称贵妃常居深宫，与谋反无关，但为安抚禁军，继续护驾西行，也只得忍痛任人缢死贵妃（或称被迫自缢）。杨贵妃死时年仅38岁。

虽然唐王朝历尽8年艰辛，最终平息了叛乱，但盛世转衰，从此走了下坡路。杨贵妃因此成了迷惑君心、招乱祸国的罪魁祸首，背上了千古骂名。

"安史之乱"原因多端、"马嵬兵变"内幕复杂，向来众说纷纭。无论如何，杨贵妃的得宠造成了杨氏权贵集团势力膨胀，从而使朝廷内权力失衡、矛盾激化，不能不说是引发政局变乱的因素之一；而宰相杨国忠与太子及朝中政治势力的冲突，显然是造成杨氏灭族、贵妃被杀的根本原因。但据实而论，卷入政治旋涡的杨玉环自己却并不是个政治人物，也并未过问过朝政。她唯一的一次出头，是在叛军兵临城下，唐玄宗准备御驾亲征并让太子监国时。杨国忠深知太子一旦即位，杨家必然不保，于是请贵妃出面，杨贵妃遂听从族兄意旨劝说唐玄宗放弃了这一打算。在自己和家族的生死危亡关头，此举其实不难理解。将唐玄宗的过失及多年政治矛盾的爆发，归咎于杨贵妃实在是不白之冤。在复杂的政治斗争、权力角逐中，从未参与过政治的杨贵妃仅仅因为唐玄宗对她的迷恋和对她家族的宠幸而成了替罪羊。

不过，在对背负"女祸"罪名的杨贵妃的一片责难声中，也有不少智者仁人说了公道话，倾注了他们的同情与不平："祸端自是君王起，倾国何须怨玉环"；"未必蛾眉能倾国，千秋休恨马嵬坡";"今日不关妃妾事,始知辜负马嵬人"[1]。

杨贵妃在宫廷妇女参政风气中是个异数,她的命运其实体现了宫廷妇女与政治的另一种关系:不是她们操纵了政治,倒是政治摆弄了她们。

5. 最后一位参政皇后——张皇后

唐中期以后,妇女参政风气逐渐低落。只有一位张皇后曾经烜赫一时,左右朝政、参与废立,成为唐朝妇女参政的尾声。

张皇后原为太子良娣(即侧妃),史载其巧慧善辩,能迎合丈夫意旨。安史之乱中,她与太子李亨一起随玄宗出逃。途中百姓挡道请求太子留下收复长安,太子犹豫不决时,张良娣与宦官力劝李亨,遂定计与父皇分道扬镳、北上灵武。远行路途多艰,随从卫士又少,每至夜宿时,张氏便睡于太子之前,以身护卫。战乱中,她生子仅三日,便起身为战士缝补衣服。

肃宗李亨即位后,张氏因危难中的扶助之功,被册为淑妃,后立为皇后,受到倚重信任。皇子建宁王由于对张氏专权恣肆不满,为其所告而被赐死,致使太子、大臣都心生恐惧,可见张氏权势之盛。而张皇后内心也未尝没有效法武、韦之意,所以处处有意突出皇后地位。她曾于光顺门接受内外命妇朝见,举行盛大皇后亲蚕礼仪,并且讽谕群臣请求上皇后尊号为"翊圣"(或作"辅圣"),与武、韦所为如出一辙,其中含义不言自明。她与宦官李辅国互为表里,"横于禁中,干豫政事,请托无穷"。肃宗受制

---

1 徐夤:《开元即事》、韦庄:《立春日作》,《全唐诗》卷710、696。

于皇后与宦官，虽然心中不悦，但也无可奈何。

宝应元年（762）肃宗病危，此时张皇后与权宦李辅国反目，而与宦官朱辉光等谋立越王；李辅国获知，率禁军反扑，张后政变失败，被幽禁处死。

张皇后预政已是唐朝宫廷妇女参政的最后篇章，此后，朝廷再也没有出现过后妃把握朝政的局面，"女主"在唐朝政治舞台上彻底销声匿迹了。

这一时期，还有一位被誉为"聚众美于一身"的和政公主，也是一位颇有政治才干，并为朝廷平叛立下功劳的女子。她是肃宗之女、代宗之妹，安史之乱前后，她亲历危难、屡立功勋。朝廷平叛之际，军费匮乏，公主从事贸易经营，以千万家资资助国用。代宗在位期间，她常向兄长进言民间疾苦、政事得失；又亲至荆南，慰勉兵将，安定地方；并以家财抚恤百官家属、犒赏群盗以平息动乱。后因吐蕃入侵，烽烟将起，她刚刚分娩，急于进宫上言备边之事，不幸染病而死。代宗痛悼之，称："余此妹，国之鸿宝。"[1]

6. 妇女参政风的低落

唐朝后期的后妃们大多名声不显，也没有显著政治作为。

后妃中最为贵盛者当推唐宪宗郭后。郭后是平定安史之乱的功臣、尚父郭子仪的孙女，母亲又是唐代宗长女升平公主，门第、家世在唐朝后妃中无与伦比。她虽身居宫廷40余年，历经

---

[1] 颜真卿：《和政公主神道碑》，《全唐文》卷344；王谠：《唐语林》卷5。

七朝，五居太后或太皇太后尊位，尊贵荣显至极，但是并没有什么政治作为。唐宪宗死后，太子年幼，宦官们曾谋划让郭太后临朝称制，却为她断然拒绝，称："昔武后称制，几倾社稷。我家世守忠义，非武氏之比也。太子虽少，但得贤宰相辅之，卿辈勿预朝政，何患国家不安！自古岂有女子为天下主而能致唐、虞之理乎！"并撕毁了制书。敬宗宝历末年，宦官刘克明等害死皇帝，矫诏迎立绛王；另一派宦官则反手诛杀刘等与绛王，改立江王（即文宗）。值此紧急关头，郭太后传命，谴责奸凶，命江王即位。揣度情势，此举很难说是出于她自己的意愿，不过是为宦官胁迫或顺应其意旨而已。

此后，文宗朝宫官宋若宪也曾与闻政事，由于能议论奏对，受到文宗器重。但是，当时朝官与宦官、朝官之间的斗争极为激烈复杂，宋氏不幸被卷入其中。有人告她受驸马请托贿赂，为李宗闵谋求宰相之位，最终被文宗赐死。此事是否属实，是否为诬告很难判断，但宋氏在政治中心把握一定权力，由此干预朝臣任免，还是有可能的。

文宗朝，穆宗杨贤妃也曾过问朝事，并请求立其子、皇弟安王为皇嗣。史载，其侄宰相杨嗣复曾给她写信称："姑何不效则天临朝？"但文宗去世以后，宦官把握废立，拥戴武宗继位，杨贤妃与安王都被处死。

唐朝后期宫廷妇女参政风气渐趋低落，以至基本退出政治舞台，有着多方面的历史原因。首先与朝廷中枢政治结构的变化有关，最直接的原因便是宦官势力的崛起、膨胀。宦官在宫廷中已形成一股举足轻重的政治势力,甚至篡夺皇权、擅行废立,将皇帝玩弄于股掌之中。跋扈、垄断至此的宦官们自然不能容许后妃、公主们再染指政事,这种形势也就彻底阻断了妇女的参政之途。杨贤妃的遭遇正为此做了注脚。

此外,唐朝皇室贵族与统治集团的观念变化也是不可忽视的重要原因。从上述郭太后拒绝临朝的答复中可以看到,其观念已远不同于唐前期,不仅耻于效法武则天,视其为不忠不义,而且自觉遵守后妃不预政事的礼教规范。唐中后期皇帝德宗、宣宗等都以崇尚礼法著称,并且注意以礼约束皇室女性。这些对于妇女参与"外事"应该都起了或直接或间接的制约、遏制作用。妇女参政风气的衰减正与整个社会礼教逐渐复兴的趋势完全一致。

和蕃公主及其历史作用

唐朝沿用汉代的"和亲"政策,不断通过与周边少数民族政权联姻,即嫁女于少数民族首领的方式,以发展双方友好关系,化干戈为玉帛,维持边境的和平与政权的稳定。这就使得妇女群体中出现了一批出嫁异族的朝廷使者,唐代多称为"和蕃公主"。

唐朝远嫁少数民族的和蕃公主有嫁吐谷浑的弘化公主,嫁突厥的金山公主,嫁吐蕃的文成公主、金城公主,嫁契丹的永乐公主、燕郡公主、东华公主、静乐公主,嫁奚的固安公主、东光公主、宜芳公主,嫁突骑施的金河(或称交河)公主,嫁回纥的崇徽公主、宁国公主、小宁国公主、咸安公主、太和公主,嫁宁远奉化王的和义公主,嫁南诏的安化长公主等[1]。

和蕃公主大多不是皇帝亲生女,而是宗室贵戚之女,也有个别归附的少数民族首领之女。因为皇帝往往不愿让自己的亲生女远嫁异域,如唐高宗时,吐蕃曾求娶武则天女太平公主,高宗和武后连忙为太平公主立道观,以出家为理由拒绝和亲;而宗室、贵戚迫于皇家权势,不得不让自己的女儿充当和亲角色。她们出嫁前蒙受特殊荣宠——其实是冒名顶替,都被封为公主。至唐中期以后,由于国势衰败,回纥等少数民族政权对唐朝构成很大威胁;加之国内藩镇林立、皇权不稳,朝廷不得不加强和亲的砝码,以争取与周边政权的和睦相处,并取得他们的支持,才不得不割舍亲生女儿和亲。肃宗幼女宁国公主、德宗之女咸安公主、宪宗之女太和公主都先后远嫁回纥可汗。

由于命运的安排,这些女子便成了两国、两族间往来交流的使者,同时又成为协调双方关系、维护疆域安宁的关键人物。尤其是"北狄风俗,多由内政"[2],突厥等民族的国主或首领夫人多参决国事,妇女具有较高地位,这更给和亲公主们提供了进行政治、外交活动的空间。因而她们不仅对于两国关系,而且对于少数民族政权的政治、经济等各方面的发展都发挥了一定历史作用。

---

1 见两《唐书》突厥传、回纥传、吐蕃传、北狄传,《唐会要》卷6《和蕃公主》及《资治通鉴》有关章节。以下出此者不注。
2 吴兢:《贞观政要·征伐》。

成功的和亲使者——文成公主、金城公主

唐朝前期,由于国力强盛、威服海内,周边的少数民族政权敬畏大唐威势、倾慕华夏文化,纷纷进献礼物,请求与唐朝联姻。这一时期的和亲公主受到少数民族政权的礼遇和尊重,她们因此大多能够运用自己的地位与才干,促进双方的友好与交流,并逐渐以先进的中华文化熏陶、改变少数民族的生产方式、生活习俗等。这其中,和亲吐蕃的文成公主最为声名卓著。

唐太宗贞观时期,吐蕃赞普松赞干布派遣使臣向唐朝请求和亲。贞观十四年(640),唐朝将宗室女文成公主许嫁松赞干布。次年,文成公主进藏与松赞干布成婚。公主受到了极高礼遇与尊重,松赞干布亲自出迎数百里,并专为公主筑造一城及宫室让她居住。

文成公主从唐朝带去了大量的珍宝、器皿、纺织品、药物、谷种、蚕种、乐器、书籍等,还有一批手工业工匠和乐工。入藏后,公主不喜赭面习俗,松赞干布便命令国人暂且停罢,同时脱毡裘、换纨绮,日益倾慕效仿中原华风。吐蕃又派遣贵族子弟到长安进入国学学习诗书,并向唐朝求取蚕种,敦请派遣造酒、碾硙、纸墨工匠。在文成公主的影响、作为下,吐蕃人学习了不少汉族的科技文化,学会了使用新农具和种植方法,学会了养蚕、纺织、冶金、制陶、碾米、酿酒、制墨、造纸等手工业技术,改进了历法,还逐渐改变了住帐篷、穿毡裘等生活习俗。唐人陈陶《陇西行》诗赞道:"自从贵主和亲后,一半胡风似汉家。"

文成公主在吐蕃生活了近40年，由于她对汉藏两族的友好往来和经济文化交流做出的重大历史贡献，她赢得了人们的景仰尊敬，成为中华民族历史上杰出妇女人物之一。至今，拉萨大昭寺内还保留着公主和松赞干布的塑像，她从长安带到吐蕃的释迦牟尼像也仍供奉在大昭寺内。在喇嘛教中，她被认作绿度母的化身，"度母"即藏传佛教传说中观音的化身。她在后世的被神化，反映了藏族民众对于她的崇敬与爱戴。

自文成公主和亲后，吐蕃与唐一直保持着友好关系。唐中宗时，吐蕃赞普松赞干布的五世孙弃隶缩赞再度向唐朝求婚，景云元年（710），唐朝将金城公主嫁给吐蕃赞普。金城公主赴藏时，再次带去大批织物、乐器及匠人等，使两族间的交往与交流愈益频繁和扩大。此后至开元时期，吐蕃年年遣使来朝进贡，唐朝也派使臣到吐蕃示好。公主曾请求朝廷赐予文籍四种；唐朝使臣谒见时，受到赞普与公主热情款待，并向唐朝进献金鹅、盘盏等宝物。为了解决唐蕃间多年未决的边界问题，金城公主上言请求借唐使臣出使吐蕃之机，竖碑于赤岭，以定蕃汉两界，唐朝遂派遣大臣与吐蕃使臣共同完成了这一历史功业。公主还曾多次上表，对双方矛盾进行斡旋，表达赞普"欲得和好"之意，乞求唐朝皇帝亲署誓文，以图"舅甥和好""两国久长安稳"[1]。唐玄宗赐书表彰了金城公主的功绩："金城公主，远降殊方……能知其人，

---

[1] 《谢恩赐锦帛器物表》《乞许赞普请和表》《请置府表》，《全唐文》卷100。

而献其款。"[1] 开元末，金城公主去世时，唐朝辍朝三日，为之举哀。可见公主的地位与朝廷对她的尊重。

两位公主运用自己的地位和才智、努力，带来了唐蕃两朝的长期和好与汉藏两族经济、文化交流的繁荣，她们作为汉藏交流的使者与功臣名垂青史。

和亲的悲剧

和亲并不都是喜剧，和亲公主也并不都像文成公主、金城公主那样幸运。因为和亲作为一种外交策略，它的成功与否主要并不取决于一位公主的聪明才智，而是由双方的国力对比与政治、军事形势变化，统治集团及守边将帅的决策、举措等多方面因素所决定的。

开元中，唐为安抚屡降屡叛的奚族，以宜芳公主和亲，不久奚王李延宠便杀死公主，又叛唐而去。这其中原因复杂，很难说是公主无能而致。

如果说唐朝前期的公主下嫁是中原朝廷对少数民族示以恩宠，更多地是为了增进友好的话，那么唐朝后期的和亲，政治交易的味道就浓厚得多了。因为唐朝国势已衰、皇权不稳，而回纥等少数民族政权则对唐朝造成巨大威胁，不仅双方力量对比与前期迥然不同，而且唐朝中央政权还要借助回纥等的力量镇压、遏制中原内部的割据叛乱。先前公主下嫁是"天可汗"对外藩首领

---

[1] 《赐金城公主书》，《全唐文》卷40。

的恩宠，所以他们十分尊重公主；而此时公主几乎成了人质和礼物，也就很难受到礼遇，获得很高地位。她们往往处境艰难甚至危险，自然难以有很大作为，发挥更大作用。

乾元元年（758），为了借助回纥之力平定安史之乱，唐肃宗以幼女宁国公主远嫁回纥可汗，并亲自送到咸阳。公主行前泣别亲人说："国家事重，死且无恨！"完全是抱着为国牺牲的决心而去，父亲悲伤流涕而返。唐朝使臣将公主送到可汗牙帐，回纥可汗却坐于榻上，十分倨傲。使臣告诉他，以往唐与诸国和亲，都是以宗室女为公主；今日公主却是天子亲生女，又有德行才貌。可汗才改变态度，起身接受册命。这种情景与当年吐蕃迎娶文成公主已不可同日而语。可以想见，在这种情势下，公主也不会获得很高地位。次年可汗去世，宁国公主更面临危难，回纥大臣要以宁国公主殉葬，公主据理力争：我中国礼法，夫死应服孝三年，朝夕哭临。回纥慕中国之俗，故娶中国女为妇；若欲依从本来习俗，何必结婚万里之外！因为她的勇敢力争，总算免于一死，但也不得不依照回纥礼法，以刀割面，血泪交流，哭泣送葬，最后被送回朝。

倘若遇上两国交恶或外族境内动乱，这些孤苦无依的公主就更是求救无门。和亲回鹘（回纥改名）的太和公主遭遇最为艰难坎坷。太和公主是宪宗之女，出嫁回鹘可汗。后回鹘被黠戛斯部攻破，部众逃散，公主也被挟持，成了两军争夺的人质，随军颠沛流离。此后，回鹘屡次兴兵寇边，搅得唐朝不得安宁。唐武宗派人接济公主，赐其冬衣，同时写信谴责这位姑母："先朝割爱降婚，义宁家国，谓回鹘必能御侮，安静塞垣。今回鹘所为，甚不循理，每马首南向，姑得不畏高祖、太宗之威灵！欲侵扰边疆，岂不思太皇太后之慈爱！"公主被营救回国后，不得不去盛服、脱簪珥，向宪宗、穆宗陵寝泣谢和亲无状之罪。公平而论，太和公主虽然贵为"国母"，但未必能掌控回鹘政局，而且回鹘与唐朝交兵是由各方面因素所造成，满朝文武、封疆大吏都无能为力的事，又岂是一个弱女子所能左右得了的呢？让她承担"和亲无状"的罪名实在是冤枉。

这群特殊政治人物不同于参政的宫廷妇女，她们实际上是被动地被投入政治、外交活动中的。"仙娥今下嫁，骄子自同和。剑戟归田尽，牛羊绕塞多。""汉道方全盛，朝廷足武臣。何须薄命妾，辛苦事和亲。"[1] 两首唐诗都写和亲，一个歌颂和亲带来了和平景象，一个却悲叹和亲女子的远嫁与薄命。这确实是个矛盾。我们怎么评价这群有着特殊贡献与遭遇的女子呢？对于和亲政策，向来有人持批评态度："汉家青史上，计拙是和亲。社稷依明主，安危托妇人。"[2] 将天下安危托于几位弱女子身上的确既不可靠，也不公平；但是客观地说，和亲不失为一种成功的外交策略，它维持了边境和平，促进了各民族之间的交往。虽然和亲成功与否更多地取决于双方的国力与形势，但也不可否认，公主们个人的才智、努力还是起了重要作用的。从这点说，和亲公主

---

[1] 张仲素：《王昭君》、东方虬：《王昭君》，《全唐诗》卷367、100。
[2] 戎昱：《咏史》，《全唐诗》卷270。

们是对历史做出了贡献的。但若是从个人命运来说，她们其实是很不幸的，她们实际上是充当了政治工具与牺牲品。她们永别亲人、远嫁异域，牺牲了个人幸福，不仅要经受割腥啖膻、风餐露宿的艰苦生活与异族风俗，而且用她们弱小的肩膀挑起了两国关系的重任，甚至将生命作为抵押。这对她们恐怕很难说是一件轻松、愉快的事。那欢天喜地而去的王昭君形象也只是文学家的想象，唐朝的公主们多半是以眼泪和惶恐不安的心情告别家乡的。上述年幼的宁国公主抱着"国家事重，死且无恨"的悲壮心情与父亲泣别；而护送太和公主到回纥的唐朝使臣告别回程时，公主终日留连啼哭。她们的献身精神令人感佩，但也不禁使人对这些柔弱少女所做的牺牲感到同情与悲哀。

民间妇女的政治、军事活动

唐朝政治中枢之外，草野民间也出现了一些女中豪杰、巾帼英雄，她们或统领兵马、驰骋疆场，或运筹帷幄、谋划大事，她们的政治、军事活动对于历史发展、国家兴亡也起了程度不同的作用。

平阳公主与娘子军

唐朝第一位巾帼英雄、开国功臣当数唐高祖第三女平阳公主（公主起事时尚在民间，故未归入宫廷妇女参政群中）。

隋朝末年，李渊父子谋划于晋阳起兵，同时派人到长安，给女儿（即后来的平阳公主）和女婿柴绍送来密信。柴绍赶赴晋阳辅助岳父起事，李氏则悄悄离开长安，来到鄠县自己的庄园中，散发家资，招募兵士，很快集结起了数百名壮士。李氏亲做统帅，起兵响应父亲。当时关中一带豪杰蜂起，为了扩大武装，李氏派人游说，与之联合，队伍迅速扩大，并合兵攻下鄠县。李氏又派人联络周围的小股武装，使其率众归附，一时势力大增。这股势力很快引起了隋朝长安留守的注意，屡次派兵征讨，但都为其所败。李氏率军攻城略地，占领了盩厔、武功、始平几个重镇。队伍每到一处便申明法令，禁止兵士侵掠，因而深得人心，远近投奔者甚众。队伍很快扩大到7万人，威震关中，号为"娘子军"。

李氏等所率几支队伍占领了长安周围地区，为父兄进军长安扫平了道路。不久，李渊军队直捣关中，李氏率精兵万人与之会师。李渊特准许女儿开设幕府、任用官吏、掌管军队。随后，李氏率军与各路大军一起攻占长安，为唐朝基业再立战功。

唐朝建立后，李氏被封为平阳公主。由于其开国建基之功，受到特别尊崇，待遇不同于其他公主。武德六年（623）公主去世，唐高祖因为公主曾"身执金鼓，参佐命"，特命使用鼓吹军乐，按照功臣元勋的规格举行葬礼。并且依照"明德有功曰昭"的谥法，追谥为"平阳昭公主"[1]。

1　上见《旧唐书·柴绍传》《新唐书·诸帝公主传》。

"文佳皇帝"陈硕真

武则天是中国历史上唯一的女皇帝,却并不是第一个称帝的女性。在她登基的30多年前,唐朝便出现了一位自称皇帝的草莽女杰——陈硕真。

陈硕真,睦州(今浙江淳安、建德一带)人。史载她以祆教、鬼道鼓动组织民众,赢得了许多信徒的拥戴。唐高宗永徽中,她手下已经聚集了数千武装人马,遂与妹夫章叔胤一同举兵造反。陈硕真自称"文佳皇帝",封章为仆射,并设置官员,建立政权。

她亲率队伍先攻占桐庐;又率2000人马,攻陷睦州、于潜;继而西向,进逼歙州(今安徽歙县)。陈的队伍攻城略地,震动远近州县,也惊动了朝廷。唐高宗降旨命扬州刺史率大军征讨。由于民间传言陈硕真是神人,引起唐军惊恐,双方战斗十分激烈。经过力战,造反军最终被官军击败,陈硕真也被抓获杀害。[1]

这位早于武则天称帝的女皇虽然没有真正君临天下,但是她发动、领导的这场暴动,队伍一度达到数万人,波及东南数州,震动朝廷,成为唐朝前期规模、影响最大的一次民间武装造反运动。她的称帝之举,与信仰祆教有关,也显示出了一定的胆略、勇气。

---

[1] 《资治通鉴》卷199高宗永徽四年。

其他妇女政治、军事活动

1. 征战沙场的巾帼英豪

隋末唐初武装起义、群雄逐鹿的烽烟中便有妇女的身影。

窦建德率军起义，称夏王，妻子曹氏随丈夫征战，颇有见识。武德四年（621），唐军征讨洛阳的王世充，窦率军自河北来救，被唐军拦截，不能前进。曹氏力劝丈夫乘唐之虚，进军山西、西抄关中，料定唐军必回师来救，如此则洛阳之围可解。窦却执意不从，与唐军激战，最终自己被擒，夏政权也随之灭亡。兵败之后，曹氏率数百骑兵与官员们投降唐朝[1]。

在抗击侵犯、保家卫国战争中，也有妇女征战沙场。

武周万岁通天元年（696），契丹进攻平州城，城孤援寡，即将陷落，刺史邹保英妻奚氏亲率家僮及城中青壮年妇女协助军队守城，击退了契丹侵犯，被朝廷封为"诚节夫人"。

飞狐县令古玄应妻高氏，在突厥进犯时率兵固守县城，使得危城获安。武则天特下诏书表彰其"妇人怀忠，不惮流矢"，封为"徇忠县君"。

靺鞨族镇国大将军李谨行夫人刘氏曾跨马披甲，戎装上阵，坚守伐奴城，击退高丽军进攻，晋封燕郡夫人。

凉州都督王君㚟妻夏氏勇敢果决，随夫临阵征战，颇有战

---

1 《旧唐书·窦建德传》。

功。唐玄宗特设宴席宴请夫妻二人,并赏赐金帛[1]。

在唐朝平定安史之乱和藩镇反叛的战争中,也涌现了一些女中豪杰。

安史之乱中,平叛名将张巡姐已嫁陆氏,她在军中为弟弟缝补、辅助,军中号称"陆家姑",后为叛军所杀。

至德三年(758),安史之乱未平,卫州妇人侯四娘、滑州妇人唐四娘、某州妇人王二娘等三人刺血为誓,请求加入行营讨平叛乱。朝廷嘉奖其忠勇,皆补为武官果毅都尉。

大历中,藩镇连兵混战,成都尹崔宁入朝,泸州刺史杨子琳趁机袭击成都。崔宁妾任氏骁勇果敢,出家财10万招募勇士千人,组成军队,亲自领兵保卫成都,击退杨兵[2]。

史载还有一件奇事:贞元末,三原南薰店有位孟媪,据说当年其夫曾是汾阳王郭子仪左右亲兵,与她相貌相似。丈夫死后,她便女扮男装,冒称其弟,随从郭子仪15年,并兼任大夫[3]。此事颇有传奇色彩,不知是否真实。

此外,唐朝末年,庞勋领导戍卒起义,占领徐州,队伍达到20万人。其中有许多妇女,她们与男子一样,15岁以上全都执兵器,从军守城[4]。

---

1 上见《旧唐书·列女传》、《全唐文》卷96、《新唐书·东夷传·高丽》、《太平广记》卷191。
2 上见《新唐书·忠义中·张巡传》、《旧唐书·肃宗纪》、《太平广记》卷270、《新唐书·崔宁传》。
3 《旧唐书·肃宗纪》、钱易:《南部新书》庚。
4 《旧唐书·懿宗纪》。

2. 力挽狂澜的女杰

唐初,曾割据陇西的薛仁杲旧将房企地侵犯梁郡,逼娶官员魏衡妻王氏。房欲出兵夺取梁州,王氏乘其酒醉,取佩刀斩之,并携其首级入城,梁州得以保全。唐高祖封其为"崇义夫人",并饶恕了其夫通贼之罪。

建中年间,藩帅李希烈进攻陈州,县令李侃惶恐不知所措。妻子杨氏召集胥吏、百姓,激励人们守城,并亲自为之烧饭。李侃在妻子勉励下,率军登城战斗,最终保住城池,因功得以升迁。杨氏也被誉为"杨烈妇"。

藩帅李希烈占据汴州,强纳户曹参军之女窦桂娘为姬妾。窦女立志灭贼,她得宠后,常参与密谋,借机暗中结交亲将陈仙奇妻窦氏,谋划灭藩。李希烈被毒死后,其子准备拥兵自立。她将消息封于蜡丸,掺在桃中,命人送与陈妻。陈仙奇得到消息率兵入内,斩李之子,献首级于朝廷,使朝廷收复了这个据地称雄多年的强藩巨镇。窦女以平藩之功载入史册,杜牧特为之撰写了《窦烈女传》[1]。

3. 仕宦家庭妇女的参政风气

许多仕宦人家的妇女虽然没有跃马横枪、厮杀疆场,却在关键时刻以她们的胆识决断大事,或支持或改变了男性亲属的行动,从而间接对国事、军事施加了影响。

---

[1] 上见《旧唐书·列女传》;李翱:《杨烈妇传》、杜牧:《窦烈女传》,《全唐文》卷640、756;《新唐书·逆臣中·李希烈传》。

唐太宗贞观中，郧国公张亮妻李氏"干预政事"，张甚为宠信畏惧[1]。虽不知其发挥了何等作用，但是对丈夫的影响可想而知。

高宗时，侍御史王义方要弹劾权臣李义府，又怕身遭不幸，连累老母，母亲却表示："昔王陵之母，杀身以成子之名，汝能尽忠以事君，吾死不恨！"王义方于是上表劾奏。

高宗、武周时期，崔玄暐母告诫儿子：从宦者贫乏不能生存，此是好消息；若闻赀货充足、衣马轻肥，此是恶消息。仕宦者多将钱物奉上父母，父母只知喜悦，竟不问从何而来。如为非理所得，与盗贼何别？汝今坐食俸禄，荣幸已多，若不能忠清，何以戴天履地？并勉励儿子修身洁己。玄暐谨遵母亲教诫，为官以清谨著称，受到武则天赏识。

上林令侯敏谄事酷吏来俊臣，其妻董氏劝谏说：俊臣国贼，指日将败，君宜远之。后来来俊臣被处死，党羽皆遭清除，侯敏独得幸免。

武周末，桓彦范参与谋划诛杀二张、拥戴中宗复位的政变，即将起事时，禀告母亲，母亲勉励说："忠孝不两全，先国后家可也。"桓彦范遂成为政变功臣。

中宗景龙末，苑总监钟绍京参与了临淄王李隆基诛讨韦后的政变密谋，准备作为内应，但人马到达禁苑时，钟却反悔了，要拒之门外。妻子许氏激励他："忘身徇国，神必助之。且同谋素

---

[1]《旧唐书·张亮传》。

定,今虽不行,庸得免乎?"钟绍京醒悟,协助政变成功[1]。

德宗建中初,成德镇藩帅李宝臣死,其子惟岳起兵对抗朝廷,弟惟简与母亲郑氏作为人质被扣押于京师。其间泾原兵变爆发,唐德宗出逃奉天。李惟简欲赴国难,与母亲谋划,郑氏促其速行,并称:"不能效忠,吾不子汝矣。能死王事,吾不朽矣。"惟简斩关而出,投奔皇帝行在。后德宗还朝,因护驾有功,被封郡王,成为元从功臣。

藩帅宣武节度使刘玄佐之母虽享富贵,仍每日织绢一匹,并告诫儿子:"汝本寒微,天子富贵汝至此,必以死报之。"故刘始终忠于朝廷,不失臣节。

唐后期藩镇官员多父死子继,自署为官。泗州刺史张伾病亡后,军吏要立其子重政为郡将,母亲徐氏坚决不允,朝廷表彰其"母仪之德",封为鲁国太夫人。

董昌龄在藩镇辖下任蔡州县令,其母杨氏劝诫儿子归顺朝廷。董在官军围城时,开城投降。唐宪宗予以表彰,董称"母之训",遂封其母为北平郡太君。

藩镇之乱中,张元益母侯莫陈氏劝谕儿子及将士顺从朝命,唐文宗封其为赵国太夫人,并赐绢帛[2]。

综观唐代妇女的政治活动,笔者不想尽情讴歌她们的功业成

---

[1] 上见《资治通鉴》卷200高宗显庆元年、卷206则天后神功元年、卷207中宗神龙元年、卷209睿宗景云元年,《旧唐书·崔玄暐传》。
[2] 上见《新唐书·李宝臣传》《旧唐书·忠义下·张伾传》《旧唐书·列女传》,《资治通鉴》卷234德宗贞元八年、卷246唐文宗开成四年。

就，也不想倾力赞扬她们的价值观念、道德观念；只想说明，在政治这个古代妇女最难闯入的禁区，唐代妇女也仍然留下了她们的身影、足迹。她们的活动、行为体现了唐代妇女关心、参与军国大事的风气，显示了她们的胆略、才识及勇武风格，对历史发展起了直接或间接甚至是举足轻重的影响作用，同时也是唐代妇女在社会与家庭中占有重要地位的佐证。

社交与结社

按照"男不入、女不出"，"男女不杂坐""不通问"[1]等礼教规范，妇女是不应随意外出，与人尤其是异性交往的。唐代妇女的礼教禁锢相对松弛，她们与外人包括异性交往禁忌也不多，妇女始终有着自己的社会交际活动。而处于社会下层的平民劳动妇女，她们的生活、劳动方式以及礼教观念的薄弱，使得她们与外界的交往比上层妇女更少约束。

社交活动

妇女的社交活动可以分为两类，一类是正式的集体社交活

---

[1] 《礼记》曲礼、内则，《白虎通·丧服》。

动,包括宫廷朝会、官场应酬等,这主要是贵族官宦之家妇女独有的活动;另一类则是个人之间包括与异性间的人际交往。

官场社交

唐代曾发生过这样一段趣事:山南有位县令夫人,姓伍。一日会见诸官之妇,相见后,县令夫人问:"赞府夫人何姓?"答:"姓陆。"又问:"主簿夫人何姓?"答:"姓漆。"县令夫人愤而入内。诸夫人莫名其妙,不知所措。县令闻之,急忙入内询问。夫人道:"赞府妇云姓陆,主簿妇云姓漆,以吾姓伍,故相弄耳。余官妇赖吾不问,必曰姓八、姓九。"县令大笑道:"人各有姓,何如此!"赶忙让夫人重新出来见客。[1]

从这段趣事可知,唐代官场有着夫人社交风气。这段记载极为形象生动地描绘了县令夫人会见下属夫人的社交活动。

类似记载还有:开元中,南海丞李彊名妻崔氏死而复生,广州都督特让夫人带领下属夫人前去探望;都督夫人也在家中置宴相请,诸官夫人作陪;此后,别驾、长史等夫人依次宴请,都督夫人到席,一直延续了20日。天宝中,巴蜀有尉亡故,其妻有美色,节度使章仇兼琼想要聘娶却无计可施,便巧言让夫人盛设宴席,邀召女客,500里之内女郎皆会集于成都,尉妻也被迫到席。另一种记载说,章仇兼琼闻益州士曹柳某妻李氏貌美,欲亲见之,便令夫人设宴招待女宾,府县官员之妻无不毕集,李氏也

---

[1] 封演:《封氏闻见记》卷10。

被迫前往。到府后，章仇也来到院中，与众人相见[1]。以上虽然是传奇故事，但它们显然是有一定现实生活依据的。

这种官员夫人之间的交际活动与现代很相似，不仅为夫人们提供了结交友人、消遣娱乐的机会，更有着协助丈夫处理好公务和上下级、同僚关系的作用。

当然，应该看到，无论是宫廷的命妇朝会，还是官场的夫人社交，妇女都是以母亲或妻子的身份出场的，这些社交活动都有着夫荣妻贵、母以子贵，从属于男性的意味，而不是妇女独立的社交活动。不过它也表明，贵族官宦家庭的妇女并没有沦为足不出户、不预外事的附属品，作为母亲、妻子，她们在社会和家庭中具有重要地位，并有着公开的社交活动。

个人交际

由于礼教束缚相对松弛，唐代妇女们抛头露面外出、交游都比较自由，与异性之间的交往也禁忌不多，甚至可以同席共饮、谈笑酬和而无所顾忌。

李唐皇室宫廷中男女之大防便不森严，后妃、宫人往往不回避外臣，或与之一起宴饮聚会，甚至与异性亲近交往。唐中宗时，韦皇后与武三思同坐御床玩双陆，中宗在旁为之点筹。上官婕妤与后宫嫔妃多在宫外建立府第，出入无节，朝士们纷纷与

---

1 上见《太平广记》卷386；牛僧孺：《玄怪录》卷3、《太平广记》卷31附，两者记载有差异。

之交游,以求进达。宫官们也时常"出入内外,往来宫掖"[1],结交朝臣外官。唐玄宗与兄长宁王博弈,杨贵妃在旁立观;边帅安禄山在后宫与杨贵妃同食、戏闹,甚至通宵不出;宠臣姜皎也得以与后妃连榻宴饮。云阳公主成婚时,吴门才子陆畅为傧相,六宫宫人因其有吴地口音而纷纷以诗调笑,陆畅诗中有"不奈鸟鸢噪鹊桥"句,可以想象当时宫人们一定是在旁叽叽喳喳、笑做一团[2]。宫廷礼仪也不大注重男女之别,高宗、武后及肃宗时,朝会活动都曾是百官与命妇一起朝贺宴集,一些大臣为此提出批评,认为男女杂处有失礼教[3]。唐朝前期还有宫人随侍上朝、宣传诏命制度,至唐末哀帝天祐二年(905)才废除这一制度,规定"宫人不得出内"。这种风气为宋人所诟病,指斥"前代宫闱多不肃,宫人或与廷臣相见"[4]。

自立府邸的公主们与人交往更自由,公主府第常常是朝官名士出入萃集之地。如唐初贞观中,长孙玄同善机辩,常在诸公主席上;玄宗时,权臣王铁之子到永穆公主家中做客,公主亲执刀匕,为之备食;大历十才子多在升平公主门下,每宴集赋诗,公主于帘中坐视,赏赐诗美者[5],等等。公主由结交异性而产生情爱者也屡见不鲜,"婚姻、情爱与性"一节已讲述。

---

1 袁楚客:《规魏元忠书》,《全唐文》卷176。
2 范摅:《云溪友议》卷中。
3 《旧唐书·文苑上·袁朗传》《旧唐书·于休烈传》。
4 《资治通鉴》卷265昭宣帝天祐二年及胡三省注、周煇:《清波杂志》卷1。
5 《太平广记》卷249、郑处诲:《明皇杂录》卷上、《旧唐书·李虞仲传》。

贵族官宦之家男女交往也不大拘于礼法,女眷往往不回避男宾,有的甚至与之同席对饮谈笑。杨贵妃姐妹虢国夫人与族兄杨国忠居第相连,昼夜往来,甚至公开并辔走马,一同上朝。汾阳王郭子仪病重,朝臣探望,姬妾都不回避,唯独卢杞来时,郭才命姬妾避开,因为卢杞貌丑,郭恐怕姬妾们窃笑,惹下祸患[1]。唐玄宗开元二年(714)诏书中还提到了僧尼、道士出入百官之家,"往还妻子无所避忌"[2]的现象。史载一些逸事也从一个侧面反映了官宦人家男女的不拘礼节与妇女的放纵、泼辣:杜悰坐镇荆南时,对宗族姊妹从不接济馈赠,以致有宗亲妇女乘肩舆到其门上诟骂。温庭筠年少有才,扬子留后姚勖曾厚给资助,但温却以资财游青楼,姚勖大怒,鞭笞逐出。温因此坏了名声,屡试不第。其姐对姚十分恼恨,一次,姚到其家做客,温氏得知,跑到客厅,抓住姚的衣袖大哭,责骂他误了弟弟前程。姚受了惊吓,竟至患病而死[3]。

平民劳动妇女与男子交往自然更为自由。白居易的名诗《琵琶行》便描写了一位商妇在丈夫外出时,夜半与陌生男子并船交谈,并弹奏琵琶的亲身经历。另一篇《夜闻歌者》描写的也是与邻船一位丈夫外出、一人独处的年轻女子交谈之事。宋人洪迈惊异于其"了无所忌"、不避嫌疑,叹道:"瓜田李下之疑,唐人不

---

1 《旧唐书·卢杞传》。
2 《禁百官与僧道往还制》,《全唐文》卷21。
3 王谠:《唐语林》卷6、佚名:《玉泉子》。

讯也。"[1]宋人对唐人习俗显然已经看不惯了。"君家在何处,妾住在横塘。停船暂相问,或恐是同乡。"[2]这首唐诗描写了一位船家女与陌生人大大方方地打招呼、攀谈。天宝年间还曾发生了一段令人忍俊不禁的逸事:士人萧颖士外出游历,路遇一骑驴年轻妇女,因天黑请求随萧鞍马同行。萧问其何姓,答姓"胡"。萧怀疑女子为野狐,遂叱骂之,鞭马奔逃而去。前行至店中,良久,见一妇女牵驴而入,原来却是胡姓店主之女[3]。这段趣事也是平民妇女与异性交往的一个生动例证。

唐人传奇中,陌生男女在外自由攀谈结识、同席共饮之事便举不胜举了。如"柳毅传书"故事描写儒生柳毅落第回家,路遇牧羊妇人,见其神色不舒,遂问之,妇人悲泣诉说受夫家虐待遭遇,并托其带书信给父母。"兰桥遇仙"故事写秀才裴航乘舟远行,与同船官眷樊夫人言词交接、饮酒赠诗、帷帐亲昵,只是未成好事而已,作者却称樊氏"操比冰霜,不可干冒"[4]。足见时人对男女交往观念之宽松。另如,余干县尉王立困顿丐食,徒行晚归,偶与妇人同路,前后依随,言谈相得,遂邀至其家,情款甚洽[5]。《崔书生》《崔玄微》《异梦录》等故事中也都有类似情节。敦煌莫高窟第217窟唐代壁画绘有民间折柳送别场面,画面中有

---

1 洪迈:《容斋三笔》卷6。
2 崔颢:《长干曲》,《全唐诗》卷26。
3 《太平广记》卷242。
4 裴铏:《传奇·裴航》,《太平广记》卷50。
5 陆勋:《集异记》补编,中华书局,1980年。

5男4女，两女子正在折柳枝。这幅送别图也反映了当时民间妇女外出、男女同行的现实生活状况。

妇女结社

由于佛教的盛行，南北朝时兴起的佛教结社在唐代流行于民间。这种佛社是由佛教信徒自愿组成的寺院外围组织，主要从事烧香拜佛、修庙造像等崇佛活动，其中也包括一些由妇女结成的佛社。

敦煌遗书中保留了两件大体在五代至宋时期的"女人社"社条文书。其中一件为后周显德六年（959）所写，虽时已五代，但与唐时情况应该约略相似。文书内容大体如下：

> 显德六年己未岁正月三日，女人社因兹新岁初来，各发好意，再立条件。盖闻至诚立社，有条有格。夫邑仪者，父母生其身，朋友长其值。遇危则相扶，难则相救。与朋友交，言如信。结交朋友，世语相续。大者若姊，小者若妹。让语先登，立条件与后。山河为誓，中不相违。一，社内荣凶逐吉，亲痛之名，便于社格。人各油壹合、白面壹斤、粟壹斗，便须驱驱，济造食饭及酒者。若本身死亡者，仰众社盖白耽拽便送，赠例同前一般，其主人看待，不谏厚薄轻重，亦无罚责。一，社内正月建福一日，人各税粟壹斗、灯油壹盏，脱塔印砂，一则报君王恩泰，二乃以父母作福。或

有社内不谏大小，无格在席上宣拳，不听上人言教者，便仰众社，就门罚醴酸一筵，众社破用。若要出社之者，各人决杖叁棒后，罚醴局席一筵，的无免者。[1]

以下为社官尼功德进、社长侯富子、录事、社老以及社人10人签名画押。

从文书中可见，这种女人社大体是民间妇女的自愿结社。由十几个成员组成，大约都是居地不远的邻居。从社条中的罚酒、羊，丧事互赠面、油等内容看，参加结社者可能多半是中等人家的妇女。成员称社人，社中有社官、社长、社老、录事等管理人员，应该是由社人推举出的。首领社官由尼姑担任，可见具有寺院外围组织性质。结社比较稳固紧密，成员比较固定，有一定的条约约束，入社要立誓画押，退社要受责罚——由其他成员每人棒打责罚，并罚酒席。社内活动也有社条约束，成员不能随意违反或不履行社条，若不论大小、无故喧闹、不听训教等，都要罚酒席或财物。

值得注意的是，从社条内容可以看出，这种妇女结社已不是单纯从事礼佛活动，而是要大家像姐妹一样，有危相扶、有难相救，若是成员家中遇到吉凶大事，其他人要赠送油、面、粟等以相互扶助。此外，也集资进行一些佛事、祈福活动。"女人社"事实上已经不仅是一种宗教结社，而且成了妇女的互助组织。这

---

1 唐耕耦等编《敦煌社会经济文献真迹释录》第1辑，书目文献出版社，1986年。

种结社组织不仅可以帮助成员解决一定的生活困难，也使妇女找到了精神寄托与归宿，同时为她们外出活动、寻求友情打开了方便之门。

这种民间妇女结社比上述上层社会妇女以妻子、母亲等身份进行的社交有着不从属于男子的独立性，显示了唐代至少是北方地区沿袭了北朝遗风，妇女在家庭中具有较高地位，她们有着独自外出与人交往、结社的权利。

除了这种妇女结社外，可能也有妇女与男人混合结成的佛社。如敦煌文书《申年五月社人王奴子等状》，其中有"社人置条件：社内至亲兄弟姐妹男女妇远行回及亡逝，人各助借布壹匹吊问；远行壹千里外去日，缘公事，送酒一瓮；回日馔脚，置酒两瓮"[1]。从社条看，社中不仅有男有女，而且男女成员如同兄弟姐妹，权利、义务都是平等的。

妇女拜仪

妇女拜仪既包括拜见外人，也包括拜见家人的礼仪。

古代女子拜仪大体有两种：一种是跪拜，但与男子拜姿有别，称为"肃拜"。"古者妇女以肃拜为正，谓两膝齐跪，手至地，而头不下也。"[2] 拜姿有人认为是头微俯，手下垂而不及地。

---

1 转引自高国藩《敦煌民俗学》，上海文艺出版社，1989年，第19页。
2 罗大经：《鹤林玉露》卷4。

之所以拜姿与男子不同,头不至地,推测是源于妇女首饰多,不能俯伏于地。另一种是立拜,据研究者描绘,其姿势是正身直立,两手扣于胸前,微俯首、微动手、微屈膝。这种拜仪被称为"女人拜",可知是妇女专用的。前者起源很早,而后者则据说是始自武则天。

宋人《石林燕语》记载,宋太祖曾问赵中令:"礼何以男子跪拜,而妇人不跪?"赵答不出来,遍询礼官,都不知晓。只有王贻孙回答:古诗中有"长跪问故夫",说明妇人也是跪拜;武则天时,妇人始拜而不跪。并以大和中张建章《渤海国记》所载为证。《事物纪原》称:"古者男女之拜一也……孙甫《唐书》云:唐武后欲尊妇人,始易今拜。是则女屈膝而拜,始于唐武后也。"都认为以往男女拜仪一致,皆为跪拜,妇女立拜始于武则天。但也有许多人反对这种说法,列举史载事例,说明唐以前妇女也有不俯伏跪拜的情况,立拜并非自武后始。对此议论甚多,至今莫衷一是。

妇女立拜礼仪究竟起于何时尚无定论,但唐以前,妇女像男子一样跪拜的记载确有不少,可以肯定那时妇女是行跪拜礼的;而从诸多宋人记载可知,宋代妇女已经不跪拜了。那么这种变化很有可能发生在唐朝。也有人认为古代女子跪拜与坐姿有关,因为人们是席地而坐的,跪拜很方便。由此推想,唐至五代正是胡床等高式坐具兴起之时,人们日常生活由席地而坐逐渐改为垂脚高坐,不知妇女立拜的兴起是否与此有关?尚待进一步探究。

无论如何,至唐中期,女子拜仪一般似乎都已是立拜,俯伏跪拜已经是男子的专利了。中唐时人王建《宫词》描述宫人狩猎活动时说："射生宫女宿红妆，把得新弓各自张。临上马时齐赐酒，男儿跪拜谢君王。"宫人戎装骑马时，才用男子跪拜礼，说明平素已经不跪拜了。

宗教信仰与活动

唐代佛、道二教的兴盛，使得妇女的宗教热情得到了极大释放。二教都有不少妇女信徒，佛教徒尤其众多。她们的宗教信仰与活动以及表现出的热诚与痴迷颇为引人注目。除此之外，素来为妇女所热衷的传统神仙巫术等民间宗教也有不少信仰者，但是无论信徒之众、热情之高，都无法与佛、道二教相比。

本节主要讲述俗世妇女的宗教信仰与活动，尼、冠等神职人员情况"妇女阶层与群体"一章已讲述。

佛教信仰与活动

奉佛之风及缘由

在唐代妇女的宗教信仰与活动中，佛教占据绝对主流地位。妇女奉佛之风盛行，佛教信徒众多。

学者曾对《唐代墓志汇编》及《续集》[1]与《全唐文》等所收碑铭、祭文反映的妇女崇佛人数进行过统计，统计结果是：《汇编》与《续集》中明确记载女性墓主及相关妇女信佛者共235例（不含女尼）；另有三教兼崇者20例，合计255例。相对于两书共收墓妇女墓志（含夫妻合志）约1400余方，所占比例不小。《全唐文》及《唐文拾遗》《唐文续拾》中，除与以上重复者，墓志、祭文中记载妇女信佛者共31例；诸多造像碑记和佛像画赞等文章中也记载有大批崇佛妇女。这些数字都说明了唐代妇女佛教信徒的人数可观。墓志统计数字还显示，信佛倾向与年龄的增大成正比，老年妇女是佛教信徒的中坚；此外，寡妇所占比例极大，可见家庭生活遭际与佛教信仰有很大关系。[2]

妇女佛教信徒之所以如此众多，佛教盛行的社会潮流当然是最基本的背景。另外，从佛教教义与宣传看，较之明确主张男尊女卑的儒教，佛教对于妇女没有明显的歧视而主张众生平等，只要一心向佛，无论男女都可以脱离尘世苦海。有的教派甚至主张妇女也可以"转轮圣王"、立地成佛，武则天就曾因此而大兴佛教。或许，从佛教中感受到某种程度的男女平等和独立的人格地位，也是妇女对于佛教趋之若鹜的潜在原因吧。

妇女奉佛的具体缘由更直接与家庭影响、个人遭际有关。这大致可以分为以下三种情况。

---

[1] 周绍良等主编，上海古籍出版社，1992年、2001年。
[2] 严耀中：《墓志祭文中的唐代妇女佛教信仰》，载《唐宋女性与社会》下，上海辞书出版社，2003年。

一种是受家庭熏陶、长辈训教及他人影响而奉佛。如唐墓志记载，万俟氏信奉佛教，其女"随母师训诲，志法王戒律"；文水县君太原王氏的母亲终生奉佛，"顾命之日，手付遗文"，王氏"孝不忘心，言若在耳，克荷宿愿，果证真如"[1]。这是受长辈遗教、遵亡亲夙愿而奉佛。某薛氏妇女是受人影响而年幼奉佛："九岁闻人诵般若，便暗习于心，句无遗言，如经师授"，后成为优婆夷[2]。

另一种是遭遇不幸尤其是丧亲之痛，心灵孤凄，奉佛以寻求精神寄托与解脱。如诗人所叹："一生几许伤心事，不向空门何处销？"[3]有的妇女是幼年丧亲、寄人篱下从而寄心于佛门，如京兆韦氏女幼年父母双亡，"自伤早孤，悉心禅悦"[4]。因丧夫守寡而皈依佛门者更为普遍，据上引学者对《唐代墓志汇编》及《续集》的统计，信佛妇女中寡妇占了大半，235例信佛妇女中，寡妇有137例，占总数的58%，便证明了这一点。墓志中如弘农郡君杨氏、某张氏妇、赵璧、韦懿仁等都是夫死守寡，遁入空门、潜心修行，有的度过长达42年的寡居生活。另有魏氏妇接连遭遇丧夫、父、母之痛，因而欷然醒悟、归信佛门。裴章妻李氏则是因遭丈夫薄待遗弃，常粗衣素食读佛经，以求解脱现世悲苦[5]。

---

1 《唐代墓志汇编》天宝066、216。
2 《唐代墓志汇编》开元468。
3 王维：《叹白发》，《全唐诗》卷125。
4 《唐代墓志汇编》天宝098。
5 《唐代墓志汇编》天宝208、景云026、贞元106，钱易：《南部新书》癸。

还有一种是出于为自己或家人延寿治病、祈福消灾而奉佛。此类带有些许功利色彩的奉佛者也为数不少。如柳宗元为之撰写墓志的长安女子和娘,患病后皈依佛门,更名佛婢;荥阳郑氏因年幼时被人预测不能活过30岁,于是祈助佛道,以求延寿;某姚氏女因患病而发愿奉佛。还有为家人免灾而奉佛者,咸通中饥荒瘟疫流行,家家难以幸免,张氏妇栖心释氏而亲人骨肉得以保全。某薛氏妇女因婆母患病,遂诵念《妙法莲华经》7天7夜,婆母即时康复[1]。唐代宗妹和政公主于国事艰难之际,也曾将名香施给佛寺,为兄长祈福[2]。

以上只是就主要缘由大致区分,事实上,很多女佛教信徒都是诸种缘由兼而有之。

奉佛活动

在举世若狂的崇佛之风下,女佛教徒的奉佛活动也颇为狂热、虔诚、富于奉献精神。

她们施舍大量钱财,修造佛寺、佛塔,甚至舍宅为寺,或者塑造佛像、印写佛经等。唐高宗迎佛骨时,皇后武则天施舍衣帐,价值合绢千匹;并为佛骨舍利造九重金棺银椁,雕镂极尽精细。她执政时,又精制幡花幢盖,迎佛骨于明堂供奉;并耗费巨

---

1 《下殇女子墓砖记》,《全唐文》卷582;《唐代墓志汇编》会昌005、咸通102、万岁通天014。
2 王谠:《唐语林》卷5。

资在宫中建造明堂以供佛[1]。长安有多处皇室贵族妇女出资建造的佛寺。唐中宗时，韦皇后、太平公主等纷纷造寺度人，太平公主建罔极寺、昭成寺，安乐公主用钱数百万于洛州造安乐寺、昭成佛寺。安乐公主还曾造百宝香炉，高三尺，开四门，上面雕饰桥栏、花草、禽兽、麒麟、鸾凤等，所用宝贝值钱三万[2]。此外，新都公主舍宅建新都寺，宫官尚宫柴氏也舍宅为光德寺。

民间妇女虽然财力不及，但捐资或集资造像、修庙、写经、施舍僧人极为普遍。如魏国太夫人河东裴氏"虽金玉满堂，而施惠滋广"。赞皇县君李氏家有余财，便分施佛寺僧徒不足者，自己则"澣衣菲食"。南海县主李弥勒"舍大财为难戒"，财产几近舍空。某朱氏丈夫死后舍钱10万，以修胜果。某刘氏夫人"罄竭家资"以修营佛像、造作经文。女子张留客病重临终时，将衣装首饰等全部施舍，以写经铸佛，一无所留[3]。现存唐代造佛像碑记、佛像画赞中有大量妇女名列其中，有的还述及施主造像缘起。如《全唐文》收《画救世观世音菩萨赞并序》记述，湖州刺史樊某夫人范阳县君卢氏因怀孕梦见观音，于是请人画观世音菩萨像。《唐文续拾》收有《女弟子刘造像记》《叶师祖妻造像记》等多篇，都记载了妇女捐资造像之事。由于妇女为奉佛耗费大量钱财，蔚成世风，以致唐人《义山杂纂》竟将"主母不信佛"列

1　转引自杨泓:《隋唐舍利》，《中国历史文物》2004年第4期。
2　《太平广记》卷236。
3　《唐代墓志汇编》景云002、景龙019、天宝006、贞观079、咸通102；白居易:《海州刺史裴君夫人李氏墓志铭并序》，《白香山集》卷59，文学古籍刊行社，1954年。

为家庭"必富"之道。

供佛、拜佛是妇女日常更普遍的奉佛方式。除供奉佛像、入寺瞻拜外，各种佛教节日、法事活动更是妇女顶礼膜拜的时机。唐朝廷七次从法门寺迎接佛骨入宫供奉，妇女都是热诚参与者。佛骨进入京城，一路士女云集，瞻拜于道。僖宗时的一次迎送规模最大，倾城士女迎拜于道，回程时耄耋士女争相送别，甚至伏地叩首，呜咽流涕[1]。扬州每年正月十五寺院都要燃灯供佛，妇女们深夜外出，到各个佛寺观礼舍钱[2]。还有精心绣制佛像以供佛者，如京兆杜氏为亡母忌辰绣五彩阿弥陀佛像一躯；白行简妻杜氏为亡夫斋戒敬绣观音菩萨像一躯，长5尺2寸、阔1尺8寸，纫针缕彩、络金缀珠，十分精致[3]。

女佛徒们还组织佛社集体进行佛事活动。敦煌地区就有女信徒围绕佛寺组成的佛教结社——"女人社"。结社以寺院尼姑为首，称"社官"，成员即"社人"，一般有一二十人，大约都是寺院附近的奉佛妇女。她们有固定的组织，集资进行一些佛事活动。"社交与结社"一节已述及。

修行活动

许多虔诚的女佛教徒虽然身在俗世，但自觉遵照佛门清规戒律，静心寡欲、闭门修行；层次更高者还可以请僧人主持受五

1　苏鹗：《杜阳杂编》卷下。
2　圆仁：《入唐求法巡礼行记》，花山文艺出版社，1992年。
3　白居易：《绣阿弥陀佛赞并序》《绣观音菩萨像赞并序》，《白香山集》卷22。

戒,成为"优婆夷"[1],即在家修行的教徒。

她们的自我修行活动方式很多,常见者有如下一些。

取佛教名。此风十分盛行,如唐太宗长孙皇后小字"观音婢",长安女子和娘因依佛而更名为"佛婢"[2]。墓志中记载的妇女佛名还有:须摩提、灌顶、金刚、无量、无量寿、华严、未曾有、曼殊、心自在、清禅、真如海、功德山、功德藏、宝真空、清静心等。

诵经写经。如孀妇赵璧皈依佛门后"受持金刚、波若、涅般、法华、维摩等西部尊经,昼夜读诵不辍";南海番禺县主簿妻田氏"中年悟道,雅契玄关,常读维摩、法华,诵金刚、般若";著作佐郎崔某妻李金"尤好释典,深入真空,诵金刚、般若、菩萨戒经";试大理评事杨牢妻郑氏"以金刚、药师、楞伽、思益为常业,日不下数万字"[3]。此类记载繁多,不胜枚举。抄写经文也是奉佛修行的重要方式,临川长公主在母亲死后手写报恩经一部,并自画佛像一铺;河东郡君裴氏"手自缮写法华经,演抄金刚、华严、涅槃奥义",达20余载[4]。

交往僧尼、听学佛法。开元二年(714),朝廷曾因百官家与僧尼、道士往来,"妻子等无所避忌,或诡托禅观,祸福妄陈,

---

1 《隋书·经籍志四》。
2 前引《下殇女子墓塼记》。
3 《唐代墓志汇编》开元252、天宝017、贞元062、会昌005。
4 《唐代墓志汇编》永淳025、天宝078。

事涉左道",下诏严禁百官家让僧尼进门[1]。由此可见上层官宦家庭妇女听僧尼讲论佛法及与僧尼交往之风。有的女信徒还拜僧人为师学习禅法,如优婆夷薛氏从宗师大智茂修习禅法,豆卢夫人受教于圣善寺大禅师[2],等等。

粗衣素食。如魏国太夫人河东裴氏"归心释氏,不茹于荤";孀妇万侯氏"永断荤血,便习禅行";孀妇姚氏"舍之缯采,弃以珍华";上谷侯氏"弃绝荤膻,甘饴蔬食,长斋十载";县丞夫人丁氏"不食鱼肉,斥绝珍玩卅余年"[3]。有的妇女因长期素食而致病,孀妇来香儿"以久缚斋戒,因致柴毁,是长疠阶,浸以成疾"[4],即因长期斋戒导致瘦弱成病而亡。

摒绝亲情。女佛徒有因奉佛而终身不嫁者,有另辟居室、不与丈夫同居者,也有寡居摒弃尘缘、绝不再嫁者。某赵郡李氏女34岁未婚而亡,据墓志记载,她自七八岁便"心归释氏,情向玄门"[5],可能是因奉佛而未嫁。有的甚至连母子亲情也弃之不顾,优婆夷薛氏,儿子夭折,"以短长有源,置而不问。其割舍情爱,卓拔流俗"[6]。

许多女佛徒死后都不与丈夫合葬,如王美畅夫人长孙氏、柏善德夫人仵氏、薛某夫人河东郡君柳氏、国子司业赠庆王傅侯某

---

1 《唐会要》卷49《杂录》。
2 《唐代墓志汇编》开元468、贞元106。
3 《唐代墓志汇编》景龙019、天宝066、贞元018、天授011;《续集》咸通029。
4 《唐代墓志汇编》天宝108。
5 《唐代墓志汇编》咸通101。
6 《唐代墓志汇编》开元468。

夫人王氏、邢州任县主簿王某夫人宋氏、某边氏妇女等，都因崇佛而不愿与丈夫同穴。墓志载："夫人……深悟法门，舍离盖缠，超出爱网。以为合葬非古，何必同坟。""弥留大渐，遂命诸子曰：……时人以生死同于衾穴，厚葬固于尸骨。吾早遇善缘，了知世幻，权于府君墓侧，别置一坟。"[1]以此表示彻底割断俗世情缘。还有女信徒披戴僧服而葬，以偿出家夙愿。

实行火葬。佛教僧尼死后都是火葬，在家奉佛的优婆夷们也仿效他们，死后实行火葬，并修建灰身塔收藏骨灰。《唐代墓志汇编》中《故清信女大申优婆夷灰身塔记》《大张优婆夷灰身塔》《夫人程氏塔铭并序》《薛氏故夫人实信优婆夷未曾有功德塔铭并序》《优婆夷段常省塔铭并序》等所记，都是女佛教徒收藏骨灰的灰身塔。[2]

道教信仰与活动

由于李唐尊老子为先祖、崇尚道教，皇室贵族妇女崇道之风甚盛，民间也有修习道教的妇女。但道教社会影响远逊佛教，而且如学者所论，由于修炼成本太高，因而有着"贵族化"倾向，

---

1 《唐代墓志汇编》长安054、大足006、开元073、元和054；《续集》长寿002、开元139。
2 以上参焦杰：《从唐墓志看唐代妇女与佛教的关系》，《陕西师范大学学报》第29卷1期，2000年；严耀中：《墓志祭文中的唐代妇女佛教信仰》，载《唐宋女性与社会》上，上海辞书出版社，2003年。

是故民间女道教徒较之佛教徒要少得多。

崇道缘由与活动

与奉佛一样,妇女崇道除社会影响外,也有家庭生活、个人遭际等各种缘由。

祈求福佑、禳灾避祸,是妇女崇奉道教的最普遍原因。武则天的崇道就最具有这种功利性,她以各种方式修建功德、崇奉道教,不仅想利用道教护佑皇权,同时还向道士祈求长生之术,又命道士为被她鸩杀的太子李弘抄写道经,大约想以此赎过、求得超脱。唐后期,藩镇节帅马总妻王氏奉道,丈夫死后更披度出家。李商隐撰《为马懿公郡夫人王氏黄箓斋文》,披露了王氏出家崇道缘由:"久居藩镇,受专征之寄,擅外阃之权。殄寇下城,所伤者不记;用刑持法,所生者至多。虽事上之心,诚无顾避;而奉行之际,或爽重轻。故臣总平生之时,许妾以虚无为念……况今国家奉元元之裔,圣上崇清静之化。"[1]从中可见,朝廷崇奉道教的氛围是其崇道背景;而作为割据一方、杀伐决断的藩帅之妻,内心时常处于惶恐不安中,祈望从道教虚无中寻求解脱,并祈求神灵宽恕、护佑则是其奉道的主要缘由。

也有夫丧寡居而投身道门者。李元懿女守寡之后,"誓志道门",并自己制造法衣、缮写经箓,期望终身"顶冠佩服"以事道;刑部郎中元沛妻刘氏,寡居后"奉玄元之教",并受道箓于

---

[1] 周绍良总主编《全唐文新编》第4部第2册,吉林文史出版社,1999年。

道士吴筠[1]。她们的崇道应该与因寡居而寻求精神寄托、排遣孤寂有一定关系。

妇女崇道活动主要是以造像、设斋醮、建道观等各种方式修建功德。道教信徒少见佛教信徒那样的社团组织，因而具有一定规模的道教活动多局限于有权势、财力的皇室贵族妇女。

武则天虽以大兴佛教著称，对道教也曾推崇备至。由于其权力、地位，称她是妇女中对道教贡献最大者也并不为过。她执政时期，道教非常活跃，多次奉旨为她举办规模宏大的造像、斋醮等活动。改国号称帝后，她奉道更为殷勤，自次年开始，频频命道士于泰山岱岳观大规模建造元始天尊、老君、真人、仙童、玉女等石像，并前往名山大川设投龙大醮、举行斋戒活动。她的崇道活动显然与政治诉求密切相关，可以说道教与佛教一起为她登基称帝和巩固皇位铺垫了基石。此后，中宗韦后也曾出资在岱岳观建造玄真万福天尊石像。

修建道观或舍宅为观也是皇室贵族妇女常有的崇奉道教之举。长安多处道观是皇室贵妇所建，如太平公主建太平观，韦后将原房玄龄宅建为翊圣观，睿宗女金仙、玉真二公主建金仙、玉真观，玄宗女蔡国公主舍宅建九华观，新昌公主建新昌观，永穆公主出家后也舍宅置道观[2]，等等。

---

1 杜光庭：《李元儆为亡女修斋词》，《全唐文》卷935；赵璘：《因话录》卷3。
2 《唐会要》卷50《观》。

修行活动

妇女修道活动主要包括诵习道经、瞻拜道像、静思修行、服食养生等。与佛门弟子相似，女道教徒也有潜心修行、精求道术而独居终身和请道士受箓者。

武则天不仅多次命道士为她抄写道经，包括为被冤杀的太子李弘写一切道经36部；对道教长生之术也颇为钟情，先后命令包括道士叶法善在内的各色人等为她采药炼丹，并遣使征召传说有长生秘术的张果入朝。其女太平公主则服食"赤箭粉"，据说也是道教的一种长生、养生药。

由于道教与传统神仙信仰相融相通，唐代妇女修道成仙的传奇记载远多于史载，甚至成了传奇故事的一个套路。比如：

果州南充县女子谢自然，自幼不食荤血，曾遵母命师从尼姑，但所言多道家事。其家附近山顶有老君像，谢女因此请求徙居山顶，自此常诵道德经、黄庭内篇。14岁绝粒，仅食柏叶，7年后柏叶也不食，9年后连水也不饮了。贞元三年，于开元观谒见绝粒道士程太虚，受五千文紫灵宝箓。后得长生之术，轻举成仙。郡守李坚奏报朝廷，唐德宗下诏褒扬。

虢州田家女杨敬真，性沉静，常洒扫静室闭门闲坐。元和十二年，忽辞其夫，沐浴焚香，蝉蜕成仙而去。后因夫、父年老，重归俗世侍奉，但与夫离绝，道服黄冠，居于陕州紫极宫，终年不食。宪宗曾于内殿召见以访道。

鄠县尉李言妻裴玄静，自幼好道，在家设置静室独居，披戴修行，每日以香火瞻礼道像。成年不愿嫁人，唯愿入道。后闻未婚夫李言也慕道，因而许婚，出嫁后仍独居静室焚香修行。大中八年"仙去"。

翰林学士王徽侄女寓居义兴桂岩山，家与洞灵观相近，自幼不食酒肉，好无为清静之道。年长誓志不嫁，常诵大洞三十九章道德章句。乾符元年患小病，入观焚香祈祝，归来后，坐于石上，题绝句而终。

河中少尹冯徽妻薛氏，自号"玄同"，称疾独处20年，每日焚香诵黄庭经二三遍，于中和二年"仙化"。

冀州南宫女子戚逍遥，10余岁便"好道清淡"，父亲曾授《女诫》，她说："此常人之事耳。"取老子仙经诵之。出嫁后仍日夜斋戒修行、不以生计为意，独居小室修道、绝食静想。后升于云中"仙去"。

此外还有，冀州枣强县女道士边洞玄不食五谷，只吃丸散丹药40年，84岁羽化飞升；广州增城何泰之女梦神人教其食云粉，称可得轻身不死，因而服食，等等。[1]

以上所述多有神话色彩，亦真亦幻，但是可以从中窥见唐代妇女的崇道风气以及修行方式、内容等。

---

[1] 上见《太平广记》卷63、66、70，李复言：《续玄怪录》卷1，《全唐诗》卷863女仙诗序，戴孚：《广异记》。

其他宗教迷信活动

唐代入境的外来宗教有的在民间妇女中也产生了一定影响，但信徒、影响都很有限。

唐高宗时期在睦州起兵造反的"文佳皇帝"陈硕真就被认为是一位祆教徒，或者说是以祆教鼓动、组织造反者。史载，陈曾自称"仙去"，与乡邻辞别。与她共同起事的章叔胤妄称她是自天而还，化为男子，能役使鬼物；百姓也传言陈曾经升天[1]。研究者认为，"升天"之说正是火祆教教义的反映，史籍便称祆教神为"胡天"。当时人墓志对此更有明确记述："属祆贼陈硕真挟持鬼道，摇动人心"[2]，直接称陈为"祆贼"。可以断定，陈硕真至少是利用了祆教作为武器，同时也说明当时妇女确有信奉祆教者。

历代绵延不绝的神鬼、巫觋信仰，唐代妇女也颇有信奉者。

唐太宗时期，郧国公张亮之妻李氏"尤好左道"，所到之处"巫觋盈门"。中宗时期，秘书员外监郑普思妻第五氏以"鬼道"受宠于韦后，常居于禁中。玄宗四子棣王的侧室二孺人争宠，各自密求巫书，并书符置于棣王鞋中以求媚[3]。唐诗有："扬州桥边小

---

1 两唐书《崔义玄传》。
2 《大周故银青光禄大夫行利州刺史崔府君墓志》，《千唐志斋藏志》上，文物出版社，1983年。
3 《旧唐书》张亮传、苏瓌传、玄宗诸子传。

妇，长干市里商人。三年不得消息，各自拜鬼求神。""良人久不至，惟恨锦屏孤。憔悴衣宽日，空房问女巫。"[1]反映了妇女无助时乞灵于神鬼、巫术的风气。

妇女还往往迷信占卜、物兆、梦兆等。"镜听"是妇女常用的一种占卜术，据说方法是怀镜于通衢大道之间，听往来之言，以卜吉凶。唐诗《镜听词》有："重重摩娑嫁时镜，夫婿远行凭镜听。回身不遣别人知，人意丁宁镜神圣……可中三日得相见，重绣锦囊磨镜面。"[2]诗中女子因为夫婿远行，通过"镜听"进行占卜。敦煌曲子词还描写了妇女以金钗为远征丈夫占卜："枉把金钗卜，卦卦皆虚。"[3]此外，传奇故事中有请人占卜者，如估客王可久远行贩茶，逾期不归，其妻寻访不见，遂请善卜者杨某占卜。有迷信物兆者，如宗韦后妹七姨做豹头枕以辟邪，白泽枕以去魅，伏熊枕以宜男[4]。有迷信梦兆者，如《谢小娥传》中，小娥父亲与丈夫为贼所杀，小娥梦见父与夫托梦称："杀我者车中猴，门东草"；"杀我者禾中走，一日夫"。后遇李公佐为之解梦，得知杀人者为申兰、申春。虽是传奇故事，但是所反映的迷信习俗是可信的。

---

1 王建：《江南三台》、李愿：《思妇》，《全唐诗》卷26、314。
2 王建：《镜听词》，《全唐诗》卷298。
3 《敦煌曲子词集》中卷《凤归云徧》，上海商务印书馆，1954年。
4 《太平广记》卷172、张鷟：《朝野佥载》卷5。

妇女才华与业绩

妇女与文学

在崇高的文学殿堂中,唐代妇女放射出了最光耀夺目的异彩。

中国古代妇女展现的才华与取得的成就,恐怕没有哪一个领域可以与文学相比。这不仅仅是因为她们被排斥在社会诸多领域之外,才智无从施展;也因为文学更适宜富于情感而命运多舛的女性寄托情思、抒发胸臆、驰骋才华。

唐代妇女生逢文学尤其是诗歌的盛世,就更是如此。在唐代这个文学大繁荣,尤其是诗歌大兴盛、大普及的时代,不仅文人墨客遍及天下、五尺童子耻不知书,妇女也普遍熏染了重文好诗之风。正如《唐才子传》所说:"唐以雅道奖士类,而闺阁英秀,亦能熏染,锦心绣口,蕙情兰性,足可尚矣。"唐代自后宫妃嫔、贵妇仕女至小家碧玉、尼姑女冠、娼优姬妾,甚至青衣婢女,多有读书识字、能诗善吟者,女子习文好诗蔚成一代风气。白居易曾得意地说到他的诗传诵于孀妇、处女之口,可见女子好诗习诗多么普遍。唐人著述中对才女津津乐道,他们笔下的美好女性,连同山野村姑、女仙女鬼都无不善于词翰、挥毫成诗。时人倾慕才女成风,甚至到了狂热地步,三乡驿壁上有位女子题诗一首,竟招来一大群文士竞相唱和,艳羡、倾慕之情溢于字里行间[1]。这一切不仅反映了女子习文好诗风气之盛,更令人从中体味出当时男性社会对这种风气的崇尚和赞赏。而这,正是唐代才女辈出、佳作涌现的背景与土壤。

生活在诗的时代,唐代妇女的文学成就也主要体现于诗歌。诗词歌赋历来被礼教人士指为最易乱人心性,因而是妇女应该忌讳的不经之学。的确,诗词崇尚浪漫,容易使人心绪纵横、感情奔放,从而逾越礼教藩篱。唐代社会的开放、好诗风气和赏识才女的价值观,不仅使妇女获得了前所未有的习诗、赋诗机遇,从而涌现出一大批诗人才女(仅《全唐诗》收录的女作者就有100余人,不仅人数众多,而且遍及各个阶层,有成就卓著的名媛才女,也有许多留下佳作的无名女子);同时也使得妇女得以放纵情思、直抒胸臆,酣畅淋漓地写出一大批或豪放,或纤巧,或风流,或清雅,多姿多彩的诗歌,为唐代诗苑增添了女性的芬芳,也为中国妇女文学史涂上了浓墨重彩的一笔。

---

1 范摅:《云溪友议》卷中。

薛涛与娼妓诗人

唐代妇女在诗歌方面成就最高的恰恰是身份最卑微的娼妓。

这其实并不奇怪。诗词之大忌在于思想的拘束，妇女中只有她们可以不受礼法束缚；文学需要丰富的生活，只有她们才有那么广泛的社交和多面的社会生活；文学的灵魂在于情感，她们的经历、遭际使得她们比一般妇女有着更多的人生感慨和复杂多端的心情思绪；文学需要修养，也只有她们有着充足的时间和出于谋生需要，专心流连于诗书、翰墨之间，同时得以与文人骚客交往，从而受到熏陶。这一时期娼妓诗词尤为兴盛的更关键原因还在于其时男性社会普遍推崇才女的风尚，以及由此形成的重文才的妓女评价标准。史载：有人要聘妓女，妓女夸口说："我诵得白学士长恨歌，岂同他哉？"因此而增价。可知解诗、能诗对于妓女身价的影响甚大。这种风气使得娼妓成为妇女诗歌创作中的一支重要力量，也使得她们虽然生活在社会最底层，却在文学殿堂中登上了最高席位。

她们中最著名的代表人物是蜀中官妓薛涛。世称"蜀出才妇"，薛涛便是其中的佼佼者。"薛校书"的美名和她创制的小幅诗笺"薛涛笺"，千百年来被人们传为佳话。如今成都望江楼公园还有不少据说是这位古代著名才女的遗迹，为后世的仰慕者留下了一个凭吊之所。

薛涛（约758或770—832），字洪度，唐中期人。原籍长安，本是宦门之女，自幼随父宦游蜀中。幼年即聪慧绝伦、才思敏捷。其父曾指庭院梧桐吟诗道："庭除一古桐，耸干入云中"，她应声续出："枝迎南北鸟，叶送往来风"。父亲既惊诧其才，又疑虑并非吉兆，担心她日后沦落风尘。后来其父去世，薛涛与母亲孤苦无依，诗名又传播于外，为西川节度使韦皋所召，遂落入乐籍，成为蜀中有名的诗妓。她时常在官场侍席佐觞，与节帅及其座上宾们饮酒赋诗、酬和谈谑，不仅诗如泉涌、文才冠群，而且应答敏捷、妙语连珠。她先后历事十一镇，以才华受到历任节度使赏识。当时一班文人名士争相与之交往唱和，著名才子元稹、白居易、令狐楚、裴度、刘禹锡、牛僧孺、张籍、王建、杜牧等都与她有过诗词酬答，对她的才华十分赞赏，甚至为之倾倒。曾与她有着多年恋情的元稹赞美其才华说："锦江滑腻峨嵋秀，幻出文君与薛涛。言语巧偷鹦鹉舌，文章分得凤凰毛。"诗人王建也称誉道："万里桥边女校书，枇杷花里闭门居。扫眉才子知多少，管领春风总不如。"节度使因其才思不让须眉，奏请朝廷授予她"校书郎"官称，虽然未获批准，"校书"美名却流传下来，竟成为后世娼妓的雅称。

对其诗才及诗作特色，《历朝名媛诗词》评论道："涛诗颇多才情，轶荡而时出闲婉，女中少有其比。然大都言情之作，妮妮动人。"她因喜写小诗，请人专制小幅深红色诗笺。后米这种诗笺风行于世，称为"薛涛笺"，被视为艺林珍品。

这位盖世才女，在宴席逢迎、觥筹交错中度过了半生，相交了许多才子名士，但身世卑微，同心难求，最后落得晚景凄凉、孤独终老。她晚年居于成都浣花溪畔碧鸡坊,建造了吟诗楼,作为栖息之地,并着女道士服,隐居修行。约唐文宗大和六年(832)去世,葬于今成都望江楼公园附近。到头来"一抔净土掩风流",只留下诗词百余首、诗名千年传颂。薛涛以她毕生的心血、才智,在中国妇女文学史上书写了令人瞩目的一页。

薛涛诗作极多,据载有500余首,流传下来的仅有七八十首。其中最为脍炙人口的是《春望词》。且让我们赏读一下《春望词》,一面领略她的才华,一面体味她寄托于其中的悲凉、惆怅心情吧:

> 花开不同赏,花落不同悲。欲问相思处,花开花落时。
> 揽草结同心,将以遗知音。春愁正断绝,春鸟复哀吟。
> 风花日将老,佳期犹渺渺。不结同心人,空结同心草。
> 那堪花满枝,翻作两相思。玉箸垂朝镜,春风知不知?[1]

妓女能诗者远不止薛涛一人,唐代以诗得名的娼妓很多,她们留下了不少诗词佳作与诗林佳话。

张窈窕,蜀中诗妓,她下笔成章,其诗清丽有情,为当时诗人雅相推重。如《赠所思》一首:"与君咫尺长离别,遣妾容华为谁悦。夕望层城眼欲穿,晓临明镜肠堪绝。"

徐月英,江淮名妓,善诗。她著名的《叙怀》诗悲叹娼妓命运,质朴感人:"为失三从泣泪频,此身何用处人伦?虽然日逐

---

[1] 上见辛文房:《唐才子传》卷5、《全唐诗》卷803。

笙歌乐，长羡荆钗与布裙。"名句"枕前泪与阶前水，隔个窗儿滴到明"，也为人称道。

刘国容，长安名妓，有姿色，能吟诗。她送别情人进士郭昭的书信中有"欢寝方浓，恨鸡声之断爱；恩怜未洽，叹马足以无情"的妙句，长安子弟一时争相传诵。

薛仙姬，名妓，她曾作回文四时诗，咏春夏秋冬四景，颠倒可读、清雅巧妙。

赵鸾鸾，平康里名妓，有《闺房五咏》诗流传，纤巧旖旎、情趣盎然。

王福娘，平康里妓女，聪慧而多情。为了试探意中人是否愿为自己赎身，她赠诗云："日日悲伤未有图，懒将心事话凡夫。非同覆水应收得，只问仙郎有意无？"

此外，长安平康里妓女颜令宾、杨莱儿、楚儿、王苏苏，宣城名妓史凤，蜀妓灼灼，青州妓段东美等，都各有诗作留存下来。

还有一些未留下芳名、只留下佳作的妓女：

裴思谦新科及第，夜宿平康里。一妓题诗贺赠："银缸斜背解鸣珰，小语偷声贺玉郎。从此不知兰麝贵，夜来新染桂枝香。"时人争相传诵。

欧阳詹在太原与一妓女相恋，离别后音信杳无。妓女思念成疾，割发赋诗以寄赠。诗道："自从别后减容光，半是思郎半恨郎。欲识旧来云髻样，为奴开取缕金箱。"

韦蟾在宴席上赋诗道："悲莫悲兮生别离，登山临水送将归"，请客人续，席上一妓口占云："武昌无限新栽柳，不见杨花扑面飞"，满座激赏不已。韦蟾赠金十千纳为姬妾。[1]

女冠诗人李冶、鱼玄机

唐代妇女文学的另一支重要力量是生活在道观、寺院等清静之地的"方外"女子——女冠、女尼们。她们没有家事之累、衣食之虑，有着充足的时间、良好的条件读书习文："时京师诸宫宇女郎，皆清俊济楚，簪星曳月，惟以吟咏自遣。"[2] 她们比较自由，可以云游四方，与山水为伴，陶冶情怀；并且时常得与文人骚客交游聚谈或书简往来。女道士比女尼们所受约束更少，以下两位女冠诗人的生活经历便证实了这一点。这种特殊生活为她们在文学、诗词方面取得成就提供了便利条件。

女道士李冶、鱼玄机是堪与薛涛比肩的唐代著名才女、诗人，她们的韵事与佳作一并流传于后世，成为诗坛两位奇女子。

她们虽然身为女道士，但并非心如古井的出世之人，反而比娼妓更风流多情；由于她们的身份远比娼妓高，不以卖笑谋生，与异性的交往、相爱更平等、更自由，因而她们的情诗往往比娼妓诗人更富于感情、更有韵味、更放纵不拘。《唐才子传》评论她们道："如李季兰、鱼玄机，皆跃出方外，修清静之教，陶写

---

[1] 以上分见《全唐诗》、孟棨:《本事诗》、王谠:《唐语林》、王仁裕:《开元天宝遗事》、孙棨:《北里志》、《太平广记》卷273、何光远:《鉴诫录》卷10等。
[2] 辛文房:《唐才子传》卷8《鱼玄机》。

幽怀，留连光景。逍遥闲暇之功，无非云水之念，与名儒比隆，珠往琼复。然浮艳委托之心，终不能尽，白璧微瑕，惟在此耳。"评论很贴切，只是这"微瑕"未必是瑕，恐怕倒正是她们写得好诗的重要原因。

李冶（？—784），字季兰，乌程（今浙江湖州）人，约生活于盛唐开元、天宝时期。据说她姿色很美，自幼工诗善琴。五六岁时，曾作了一首咏蔷薇的诗，其中有"经时不架却，心绪乱纵横"的佳句，父亲看了很不高兴，说：此女聪黠非常，恐为失行妇人。后来，果真被父亲言中，她做了女道士，开始了浪漫不拘的生活和文学生涯。她与很多文人雅士如隐士陆羽、僧人皎然、文士阎伯钧、刘长卿等都是好友，时常聚会交游、诗简往来。从她给阎伯钧等人情意缠绵的诗看，他们中不仅有与她相知相重的文墨之友，也有她倾心爱恋的情人。

天宝年间，由于诗名远播，传入宫中，唐玄宗征召其赴京进宫。当时她居于扬州，已值暮年，因此感慨赋诗，叹息自己诗名达于九重却韶华已尽。进宫后，她受到礼遇，赏赐甚厚，后送归故里。不料，至唐德宗时，由于她与叛将朱泚有书信往来而被处以极刑。可叹一代风流才女，竟为政治风浪所吞没。

她的诗如同其人，意境清雅、洒脱真率、无脂粉气，被评为"形气既雄，诗意亦荡"，有"女中诗豪"之誉。其情诗《相思怨》便体现了这种风格：

人道海水深，不抵相思半。海水尚有涯，相思渺无畔。

携琴上高楼,楼虚月华满。弹著相思曲,弦肠一时断。[1]

从诗中我们不仅可以看到她出众的才华,也可以看到诗人那一颗炽烈多情而又凄凉伤感的心。

如果说李冶已经是"形气既雄,诗意亦荡",那么鱼玄机就比她更豪爽、更放浪不拘。

鱼玄机(约844—868),字幼微、蕙兰,长安人,生活于晚唐时期。她自幼善诗,才貌双全。成年后,嫁于补阙李亿为妾,但正室夫人忌妒不容,后来被迫进入咸宜观,做了女道士。她虽被遗弃,心中苦痛凄楚,但对李亿一直怀有眷恋之情,其诗作有多首是寄赠李亿的。诗中表达了对前夫的关切,也流露出了对爱情的失望和哀怨之情:"易求无价宝,难得有心郎。"但是,这段不幸遭遇和出家入道并没有使她自此心如古井、清心寡欲起来;出家后,她过着无拘无束的生活,并且无所顾忌地追求着两性情爱,曾大胆地呼出"自能窥宋玉,何必恨王昌"这样直率对抗礼教的爱情宣言。她的美貌与诗才吸引了众多风流名士,他们修饰打扮、走马载酒,与之交游。这些异性朋友有的是翰墨之交,也有的与她有着枕席之爱,她对李郢、温庭筠、李近仁的缱绻之情在诗中都有明确表述。

可惜这位多情才女最终却为多情断送了性命。她因为猜妒女僮绿翘与其情人有私,一怒之下,竟将绿翘毒打致死。事发之

---

[1] 上见辛文房:《唐才子传》卷2、《全唐诗》卷805、《太平广记》卷273。

后,被京兆尹处斩。当时许多朝士或与其相交,或怜其才华,都为之说情,但最终仍未能挽救她的性命。其实依照唐律,主人殴死奴婢本无死刑,只是这位京兆尹素以苛酷著称,大约又特别恼恨身为出家人的鱼玄机的放纵,所以才严惩不贷。可惜盖世才女,最终竟殒身于刀斧之下。

鱼玄机的诗题材较广、风格各异,既有豪爽而有须眉气的,也有清雅而有道家风骨的,更有缠绵哀怨、女性味十足的。这正反映了她的多方面生活与多重心境。试读一首《遣怀》诗:

闲散身无事,风光独自游。断云江上月,解缆海中舟。琴弄萧梁寺,诗吟庾亮楼。丛篁堪作伴,片石好为俦。燕雀徒为贵,金银志不求。满怀春酒绿,对月夜窗幽。绕砌澄清沼,抽簪映细流。卧床书册编,半醉起梳头。

她自信才华不让须眉,登楼目睹新进士题名时,曾吟出"自恨罗衣掩诗句,举头空羡榜中名"的豪诗,抒发了自己身为女子,不能与男儿同登金榜、一展雄才之憾。[1]

其他留下诗词作品的方外女子还有洛中女道士元淳、慈光寺尼海印等,她们的身世、经历已无从得知,我们只能从残留下的诗词中看到她们的聪慧与才华了。海印人称"才思清峻,不让名流",其《舟夜》诗有:"水色连天色,风声益浪声。旅人归思

---

[1] 上见辛文房:《唐才子传》卷8,《全唐诗》卷804,皇甫枚:《三水小牍》,《太平广记》卷271、130。

苦，渔叟梦魂惊。举棹云先到，移舟月逐行。"[1]可见其清峻风格。

宫廷才女

在"年年不见春"的深宫禁苑中，也同样绽开着女性文学之花。

唐代宫廷十分重视嫔妃、宫人们的文化修养，宫中既备有诗书经籍可供浏览，又设内文学馆，由宫中女学士专门教习；同时，由于朝廷、后宫与民间社会一样崇尚诗词文雅，每有游赏宴会，六宫嫔娥也要应制赋诗酬和，这就更使得她们受到熏陶和激励。史载：唐文宗到寺院观赏牡丹，见裴兵部《怜白牡丹》诗，吟玩久之，并让宫嫔讽念，"及暮归大内，即此诗满六宫矣"[2]。足见宫廷妇女普遍好诗的风气。在这种风气下，涌现出了一些宫廷女文学家、女诗人。

她们的代表人物是徐惠、上官婉儿、宋若昭五姐妹等。

徐惠（627—650），湖州人，唐太宗妃嫔。她出身官宦家庭，4岁能诵读论语、毛诗，8岁便好属文。由于诗名盛传于世，为唐太宗召入宫中，封为才人。她终日遍览经史，手不释卷，著文挥翰即成，文词典美。她曾上疏谏奏国事，疏文既有见识，又有文才，受到太宗重视。其诗作风格端雅，被认为有男子之风。据

---

1 何光远：《鉴诫录》卷10、《全唐诗》卷805。
2 钱易：《南部新书》丁。

说，一次太宗召其见驾，她姗姗来迟，太宗有些生气，她献诗一首："朝来临镜台，妆罢暂徘徊。千金始一笑，一召讵能来。"使太宗转怒为喜。高宗时追谥为"贤妃"。其妹为高宗婕妤，也有文才。[1]

上官婉儿（664—710），陕州陕县（今属河南）人，生活于唐前期，出身仕宦高门。祖父上官仪是初唐著名诗人，在唐高宗朝为官，因获罪于皇后武则天而被诛杀。婉儿受其株连，在襁褓中便随母亲没入掖庭。她自幼天资聪慧、才华超群，"博涉经史，研精文笔"[2]。受到武则天欣赏信任，令其掌拟诏命。中宗朝封为昭容，仍专掌诏命、表奏等。当时每有朝廷宴集，君臣们要赋诗唱和，上官婉儿常常代皇帝、皇后、公主们连作数首，文词华美，时人争相传诵。唐中宗还让她品评文士们的诗词等第，文士们都十分折服。上官也自矜天赋才华不输男儿，后人赞道："汉家婕妤唐昭容，工诗能赋千载同。自言才艺是天真，不服丈夫胜妇人。"[3] 这位宫廷才女后来因为执掌权柄、参与政争，在李隆基（玄宗）发动的政变中被杀。但唐玄宗很欣赏其才华，即位后命人编纂她的文集，共20卷，又命一代文宗张说为之作序。张说在序中赞颂这位才女"才华绝代，敏识聪听"，"开卷海纳，宛若前闻；摇笔云飞，咸同宿构"。另外，她还致力于文化事业，"内峻图书之府，外辟修文之馆"，并搜求英才，使得"右职以精学为

---

1 上见两唐书《后妃传》、王谠：《唐语林》卷4、《全唐诗》卷5。
2 张鷟：《朝野佥载》补辑，中华书局，1979年。
3 吕温：《上官昭容书楼歌》，《全唐诗》卷371。

先，大臣以无文为耻"[1]，对于唐前期文学的振兴起了不可替代的作用。

她的诗文虽多，但文集已佚，存世的很少。《彩书怨》是其流传下来的名作：

> 叶下洞庭初，思君万里余。露浓香被冷，月落锦屏虚。欲奏江南曲，贪封蓟北书。书中无别意，惟怅久离居。[2]

由于生活范围所限和初唐文坛浮艳诗风的影响，其诗又多是应制之作，所以多半文字绮丽，却缺乏质朴真情。

宋氏五姐妹为宋若莘（？—820）、若昭（？—825）、若伦、若宪（？—835）、若荀，贝州清阳（今河北清河）人，生活于唐中期。她们是儒学世家之女，自幼父亲便教以经艺、诗赋，五女皆聪慧，未成年便个个通经能文。她们矢志不嫁，愿以艺学扬名显亲。三女若伦、五女若荀早卒。贞元四年（788），因节度使李抱真上表推荐，唐德宗召宋氏姐妹入宫，试以诗赋，兼问经史大义，深为叹赏。德宗与侍臣唱和，常命她们应制赋诗，所作无不称善。宫中因其节概不群，不以宫妾看待，呼为"学士""先生"。若莘、若昭、若宪三姐妹在德宗至文宗五朝，先后执掌宫中簿籍文书类事务。长女若莘死后追赠"河南郡君"。次女若昭尤为通达干练，封为女官尚宫，嫔妃、亲王、公主都以之为师，

---

1 张说：《唐昭容上官氏文集序》，《全唐文》卷225。
2 上见两唐书《后妃传》、《全唐诗》卷5、计有功：《唐诗纪事》。

对其礼敬有加，宪、穆、敬三朝皇帝皆呼其为"先生"，死后追赠"梁国夫人"。四女若宪不仅善属文，而且能议论奏事，受到文宗器重，后因政治斗争被处死，文宗深为惋惜其才学。宋氏五女一时名重天下、荣耀乡里，被尊为"女师"。

她们的著作最著名者是宋若莘撰、宋若昭注《女论语》，虽然内容是阐发妇道、宣扬礼教，但文字是四言诗形式，通俗流畅、朗朗上口。此外还有传为宋若昭所撰《牛应贞传》及零星几首诗。后人评其诗认为有男性大臣端立之象、古肃之气，不以烦艳经心。但其诗多为应制奉和之作，虽然风骨不凡内容却显得乏味。[1]

鲍君徽与宋氏姐妹大体同时，也出身士人家庭，青年守寡，与母亲相依为命。她擅长诗文，德宗朝召其入宫，时常与侍臣们唱和，获得很多赏赐。她不愿久住宫中，乞求回家奉养老母。其《乞归疏》有："一入御庭，百有余日，弄文舞字，上既以洽明圣之欢心；搦管挥毫，下既以倡诸臣之赓和。"她的诗仅存4首，但很有意境和韵味。其《惜花吟》婉转清丽，为人喜爱：

枝上花，花下人，可怜颜色俱青春。昨日看花花灼灼，今朝看花花欲落。不如尽此花下欢，莫待春风总吹却。莺歌蝶舞韶光长，红炉煮茗松花香。妆成罢吟恣游后，独把芳枝

---

[1] 上见两唐书《后妃传》、《全唐诗》卷5。《女论语》与《牛应贞传》作者存在争论，暂置之。

归洞房。[1]

宫廷妇女中还有不少留意翰墨、精通诗文者。如唐太宗长孙皇后喜读书、能著述，留下一首《春游曲》："上苑桃花朝日明，兰闺艳妾动春情。井上新桃偷面色，檐边嫩柳学身轻。花中来去看舞蝶，树上长短听啼莺。林下何须远借问，出众风流旧有名。"诗写得清新、活泼，毫不做作。女皇武则天著述颇丰，有政论、女教著述，也有诗歌，其中可能有些是别人代笔。她留下的一首《如意娘》很有情致："看朱成碧思纷纷，憔悴支离为忆君。不信比来常下泪，开箱验取石榴裙。"此外，据载，唐玄宗的柳婕妤很有才学，杨贵妃等也有诗词留存下来。还有一些宫中无名才女也不应该忘记，红叶题诗、矿衣题诗故事便显示了她们的才华。"宫廷妇女"一节已有叙述。[2]

民间才女

唐代民间才女、闺阁才媛虽然人数众多，但是由于身份、地位所限，一来生活内容较为贫乏、局限较多，不大容易写出好作品；二来作品也不容易流传到外边，所以存世作品不多，题材内容也较为狭窄，没有形成大家。

杨容华，初唐文坛四杰之一杨炯的侄女，自幼善于诗文。一

---

1 上见《全唐文》卷945、《全唐诗》卷7。
2 上见两唐书《后妃传》，《全唐诗》卷5、797等。

次，杨炯向朋友吟诵容华的《临镜晓妆》诗，对方大为赞赏；后来杨又念了自己写的数十首诗，对方都说不如第一首，杨炯为之汗流浃背。可知其文采超人。可惜留存下来的仅有一首《新妆》诗，据说当时为人争相传诵：

> 啼鸟惊眠罢，房栊乘晓开。凤钗金作缕，鸾镜玉为台。
> 妆似临池出，人疑向月来。自怜终不见，欲去复徘徊。

杨德邻，司农少卿杨敬女。杨女13岁时，逢太皇太后建造奉慈寺，她为寺题诗，有"日月金轮动，旃檀碧树秋。塔分鸿雁翅，钟挂凤凰楼"句，受到皇帝赞赏，并赐其衣物。

牛应真（贞），出身宦门，为牛肃之女。自幼聪颖绝伦，过耳成诵。她擅长赋颂，据说常梦见制书而食之，每梦见食数十卷，文体便为之一变，遂工于赋颂。著有《遗芳集》。其名作《魍魉问影赋》不仅是文学作品，也是探讨哲理的著述。

关图妹，甚聪慧，文学、书札无不动人。关常向同僚感叹说："某家有一进士，所恨不栉耳。"后嫁常修，与丈夫一同读书修习20年，常最终以才学优博登科成名，人们认为妻子多有助力。常修去世后，关氏自撰祭夫文，时人争相传抄。

薛元暖妻林氏，博涉五经、善属文，所作篇章，当时人多讽咏之；并且教导子侄皆以文学成名[1]。

晁采，小字试莺，大历时人。她深娴笔墨，终日吟咏。与

---

[1] 《旧唐书·薛播附元暖传》。

邻生文茂相爱，约为伉俪，时常寄诗传情。她留下了18首妙语连珠、婉转动人的子夜情歌，其中有"金针刺菡苕，夜夜得见莲（怜）"；"含笑对棘实，欢娱须是枣（早）"；"熊胆磨作墨，书来字字苦"；"侬赠郎丝衣，郎遗玉钩子；郎欲系侬心，侬思著郎体"等妙句。

杜秋娘，金陵人，浙西观察使李錡妾。其《金缕衣》诗道："劝君莫惜金缕衣，劝君莫惜少年时。有花堪折直须折，莫待无花空折枝。"成为唐诗中的名篇，为人传诵。

武周时期，南海有一7岁女童能诗，武则天特召其入宫。命她以送别兄弟为题赋诗，她应声而就："别路云初起，离亭叶正飞。所嗟人异雁，不作一行归。"

另外，南海有无名"才妇人"作"转输钩枝八花鉴铭"，大约是刻于铜镜上的图案铭文，为回文四言诗。才子王勃赞称："丽藻反复，文字萦回，句读曲屈，韵谐高雅，有陈规起讽之意"，特为之作序。范阳卢某之母王氏，也有天宝回文诗812字，玄宗时，为东平太守献进朝廷[1]。

唐代许多文士的妻室都是丈夫的闺中诗文之友，常有夫唱妇随之乐。诗人元稹的前妻韦氏、继室裴氏都是才女，与丈夫都有诗词唱和。大历十才子之一吉中孚的妻子张氏也是闺中才妇。还有代丈夫作诗属文的女子，进士孟昌期妻孙氏，常代丈夫与人酬和；进士殷保晦妻封绚以才妇著称，常代丈夫书写文卷，合乎规

---

[1] 王勃:《鏊鉴图序》、高适:《为东平薛太守进王氏瑞诗表》,《全唐文》卷180、357。

式，内外皆知。

才女、才妇们不仅以诗文赋颂消愁遣闷、娱悦情怀，还能以她们的聪明才智利用诗文表达爱憎、抒发不平，甚至向命运抗争。

宋庭瑜妻张氏，擅长诗赋，因丈夫贬官外迁，她写了《南征赋》，文词优美，寄送宰相张说，表达了对丈夫外迁的怨情。张说誉为曹大家班昭之辈。

军士张暌妻侯氏因丈夫戍边十年不归，绣龟形回文诗献给天子，诗云："暌离已是十秋强，对镜哪堪重理妆。闻雁几回修尺素，见霜先为制衣裳。开箱叠练先垂泪，拂杵调砧更断肠。绣作龟形献天子，愿教征客早还乡。"唐武宗见诗，不仅诏令张暌还乡，还赐绢300匹表彰侯氏才学。

鄱阳女子程长文被诬陷入狱，她在狱中撰写长诗一首，字字血泪地述说了自己的身世、遭遇与冤情，希望官府为她洗雪冤枉。

杜羔妻赵氏善诗，丈夫连年科第不中，落第后即将回家时，赵氏寄诗道："良人的的有奇才，何事年年被放回？如今妾面羞郎面，君若来时近夜来。"杜羔见诗羞惭发奋，果然登第。赵氏听说丈夫登第，担心他寻花问柳，又寄诗一首道："长安此去无多地，郁郁葱葱佳气浮。良人得意正年少，今夜醉眠何处楼？"

薛媛的丈夫南楚材宦游不归，另有所爱。薛对镜自画容颜，又赋诗一首说："欲下丹青笔，先拈宝镜寒。已经颜索寞，渐觉鬓凋残。泪眼描将易，愁肠写出难。恐君浑忘却，时展画图看。"

南楚材见到诗画，十分惭愧，于是回家与妻子团聚。

富商任宗之妻郭绍兰，因丈夫经商多年不返，作诗系于燕足上捎给丈夫，抱怨丈夫薄情，其夫得诗，感泣而归。

敦煌文卷中有民间妇女康大娘的遗书诗，抒发了"日落西山昏，孤男留一群"的临终悲叹伤感之情[1]。

至于以诗寄情传爱就更普遍了。

裴羽仙丈夫远征在外，陈玉兰丈夫戍边多年，她们在寄送征衣时赋诗一并寄去，表达对丈夫的思念与关爱之情。陈玉兰的诗说："夫戍边关妾在吴，西风吹妾妾忧夫。一行书信千行泪，寒到君边衣到无？"

进士彭伉赴官在外，妻子张氏寄诗表达殷切相思之情："驿使今朝过五湖，殷勤为我报狂夫。从来夸有龙泉剑，试割相思得断无？"

闺中少女借诗暗传情愫的韵事就更不胜枚举了，唐人传奇、笔记中俯拾皆是。才女以诗传情成为后世戏曲、小说的惯用模式，不能不说是唐朝大开其端。

不仅闺阁才媛、才妇们吟诗作赋，姬妾、家妓、侍婢中也颇有习文能诗者。

王霞卿，蓝田人，为邑宰韩嵩姬妾，才华清赡。韩遇寇而死，霞卿于春日在会稽登楼题诗，倾诉伤悲凄凉之情。进士郑殷彝见诗生情，依韵和之，并前往求见。霞卿托疾不见，命婢女持

---

[1] 见《敦煌文学作品选》，中华书局，1987年。

诗赠之："君是烟霄折桂身，圣朝方切诏良臣。正堪西上投知己，何必留程见妇人。"郑见诗抱惭而去。

最负盛名的是张愔爱姬关盼盼，她独居燕子楼十余年，有《燕子楼》诗三首为人传诵。诗写得伤感悲凉，是她寂寞生活的真情流露。

卢东表侍女窦梁宾、郭元震妾薛瑶、李华侍儿程洛宾、李愿家妓崔紫云等都能赋诗。窦梁宾的《雨中看牡丹》诗写得颇有情趣："东风未放晓泥干，红药花开不奈寒。待得天晴花已老，不如携手雨中看。"

此外，见于史载或留下作品的还有寇坦母赵氏、郎大家宋氏、鲍参军妻张文姬、潘令妻王氏、长孙佐转妻、刘元载妻、魏求己妹、乔知之妹、刘媛、刘云、张琰、刘瑶、崔仲容、梁琼、杨德鳞、薛蕴、葛鸦儿、崔萱、崔公远、廉氏、天娥、张瑛等一群才女、才妇。她们的身世已不可考，还有一些作者连姓名也亡佚了，但她们留下的诗篇却不乏佳作：

长相思，久别离。关山阻，风烟绝。台上镜文销，袖中书字灭。不见君形影，何曾有欢悦。（郎大家宋氏《长相思》）

天汉凉秋夜，沉沉一镜明。山空猿屡啸，林静鸟频惊。（张瑛《望月》）

两城相对峙，一水向东流。今夜素娥月，何年黄鹤楼？悠悠兰棹晚，渺渺荻花秋。无奈柔肠断，关山总是愁。（刘淑柔《中秋夜泊武昌》）

蓬鬓荆钗世所稀，布裙犹是嫁时衣。胡麻好种无人种，正是归时不见归。（葛鸦儿《怀良人》）

这些诗大多情真意切、直抒胸臆、质朴自然、雕饰较少，这或者可以说是女子诗作的一个特色吧！

除了大量诗词外，也有女性著述的少量其他著作，包括多篇女教著述，还有《全唐文》收录的数篇女性文字，如李邕妻温氏的《为夫谢罪表》、曹因妻周氏为亡夫所撰墓志铭等，虽不属文学作品，但都显露出了作者的才识不凡。[1]

妇女与艺术

在缤纷多彩的唐代艺术长廊中，妇女占有重要位置，出现了一些千古流芳的艺术家。

歌舞、音乐

歌舞、女乐，这是唐代上至天子公卿、下至庶民士子普遍喜

---

[1] 以上除注出者外，分见《全唐诗》卷799—801、《本事诗》《唐诗纪事》、两唐书《列女传》《朝野佥载》《开元天宝遗事》《南楚新闻》《南部新书》《云溪友议》《北梦琐言》《林下诗谈》《晁采传》《补侍儿小名录》《侍儿小名录拾遗》等。

爱的艺术享受，因而从宫廷到民间都十分盛行。尤其是唐玄宗在位的盛唐时期，宫廷中内教坊、宜春院、梨园与东西两京外教坊集中着大批歌舞、音乐妓人，由于宫廷广泛搜访天下名家，女性艺术人才之精华荟萃于其间。她们有着优越的条件、专门的训练，宫廷中又时常举行大型演出，因而艺术才能得到充分发挥，涌现了不少造诣极高的名家。各地官妓的歌舞、音乐才能也极受重视，官场逢迎、宴会游玩，她们的表演是不可或缺的节目。此外，贵族富户家中蓄养家妓成风，他们延师教习，凡有宾客会聚、喜庆寿辰，必出家妓表演以助兴，日常生活中也喜爱以妓乐消遣自娱。白居易描写自己以妓乐歌舞为娱乐的家居生活道："菱角执笙簧，谷儿抹琵琶，红绡信手舞，紫绡随意歌。"不仅妓优、姬妾以音乐、歌舞为能事，贵妇仕女也以习音律、通丝竹作为高雅的艺术修养和闺中娱乐活动。

这种风气造就了一大批优秀艺术人才。她们中有歌喉一啭、响彻九陌的歌唱家，有度曲作乐、精通乐器的音乐家，有舞姿曼妙、技艺高超的舞蹈家，还有兼通多种才艺的艺术家。

声　乐

永新、念奴都是盛唐时期著名的宫廷歌女。

永新本名许和子，原是吉州永新（今江西永新）乐家女。据说姿容美丽、天性敏慧，不由人教而尽歌唱之妙，并且能变新声，"喉音妙绝，为天下第一"。开元末选入宫中，最受唐玄宗恩宠，玄宗常称："此女歌值千金。"遇秋高月朗、台殿清虚之时，"歌喉一啭,响传九陌"。她的歌使得"喜者闻之气勇,愁者闻之肠绝",有着极大的艺术感染力。唐玄宗曾命乐工为其吹笛伴奏,据说永新唱完,笛子都被吹裂了。一次,皇家在勤政楼举行盛大宴会,表演百戏,楼下观众成千上万,一片喧嚣。玄宗有些恼怒,欲罢宴退席,宦官高力士奏请永新出楼歌一曲,以止喧哗。于是永新撩鬓举袂,出楼演唱,歌声一起,广场寂寂,若无一人。可惜遭逢安史之乱,一代歌后最终沦落风尘而死。[1]

念奴与永新齐名,为天宝中名娼,美貌善歌,号称当时第一,也深受唐玄宗喜爱。据说,玄宗不欲夺"狭游"之盛,故未将其置于宫禁之中。但每外出巡游必以其随行,终日不离左右。念奴不仅歌声迷人,表演也动人。每唱歌时,执板当席顾盼,眼色媚人;歌声出于云霞之上,钟鼓笙竽、嘈杂之声都无法压过。念奴也有与永新相似的传说:每年宫廷大宴,万众喧腾,众乐为之罢奏。为平息喧闹,高力士于楼上大呼:"欲遣念奴唱歌,邠二十五郎吹小管逐,看人能听否?"[2]

盛唐宫廷中还有一位莫才人,善为秦声,当时号为"莫才人啭"[3]。

盛唐时教坊妓中也有不少善歌者,如任智方的四个女儿都善歌,并且各具风格特色:"二姑子吐纳凄婉,收敛浑沦;三姑子容止闲和,旁观若意不在歌;四姑子发声迨润虚静,似从空

---

1 段安节:《乐府杂录·歌》、王仁裕:《开元天宝遗事》卷下、龙衮:《江南野史》卷6。
2 王仁裕:《开元天宝遗事》卷上、王灼:《碧鸡漫志》卷5。
3 段成式:《酉阳杂俎》前集卷12。

中来。"[1]

唐玄宗兄长宁王府中有乐妓宠姐,美丽而善歌,主人格外宠贵。宴会时,诸妓尽在席上,唯独宠姐不见外客,主人特设七宝花帐,让她在帐后歌唱[2]。

张红红是大历时期的名歌女。她出身贫苦,年少时曾与父亲沿街卖唱以乞食,路过将军韦青府第,韦赏识其歌声嘹亮而貌美,纳为姬妾。她颖悟绝伦,善于记曲。曾有乐工自制乐曲,颇有创新,为韦青演唱。韦命红红于屏风后听之,红红用小豆记节拍,乐工唱完,她便学会了,命其歌之,一声不失,乐工大为惊异叹服。后来名闻宫中,唐代宗将其召入宜春院,封为才人,宫中号为"记曲娘子"。据说韦青去世后,她感其恩义,一恸而绝[3]。

唐武宗孟才人以善歌、笙而获宠。武宗病危时,孟于病榻前歌唱一曲《何满子》,声调凄切,闻者莫不悲哀流涕[4]。

刘采春、周德华母女是唐中期名优,淮甸(今江苏淮安)人,为优人周季崇妻女,都善歌。刘采春"嗓音宛转动人,歌声响遏行云,余音绕梁不绝",尤其善唱《望夫歌》(或称《啰贡曲》),所唱120首,都是当代才子所作。据说,"采春一唱是曲,闺妇行人莫不涟泣。"周德华善歌杨柳词,很多豪门女子都向她学歌。

---

1 崔令钦:《教坊记·任氏四女》。
2 王仁裕:《开元天宝遗事》卷下。
3 段安节:《乐府杂录·歌》。
4 佚名:《玉泉子》。

她情趣高雅，不媚流俗，只唱名流佳作，不唱浮艳之曲[1]。

贞元年间洛阳金谷县有位叶姓女子，也以善歌著名。她曾为人家妓，后来到了长安。长安声乐家们闻其名声，纷纷与她会歌。她一发声，弦工乐师都听得忘了演奏。其后为一大家子纳为家妓，在长安数十年，据说由于无人向宫廷透露叶女的声乐技艺，这颗艺术明珠才得以始终留在民间[2]。

另有"谈歌妇人"杨苎罗，"善合生杂嘲，辩慧有才思"，当时无人可比，每一讴唱，"言词捷给，声韵清楚"，时人比为古之秦青、韩娥[3]。这应是一位出色的说唱艺人。

民间传说中的歌仙刘三姐相传也是唐朝人，据说生于唐中宗神龙元年，姐妹三人皆能唱歌，数百里能歌者都闻风而来，与三姐赛歌。见于记载的善歌女子还有穆氏、方等、张好好、金谷里、御史娘、柳青娘、谢阿蛮、胡二姊、宠姐、盛小丛、樊素、唐有态、李山奴、洞云等[4]。

善歌者外，还有许多通晓音律、能创乐曲、善奏丝竹的音乐人才。

武则天的诗作《如意娘》是一首可以入调歌咏的歌词，据《乐苑》载，这首商调曲的作者就是武则天，敦煌卷子中还保存有曲谱。

---

1 范摅：《云溪友议》卷下。
2 沈亚之：《歌者叶记》，《文苑英华》卷832。
3 张齐贤：《洛阳缙绅旧闻记》卷1。
4 《古今图书集成》闺媛典闺奇部、王灼：《碧鸡漫志》卷1。

武周时有士人陷于冤狱，其妻被没入掖庭。她善吹觱篥、通晓音律，创作了一曲《离别难》(或称大郎神、悲切子、怨回鹘)，以寄托哀怨之情[1]。

唐玄宗贵妃杨玉环，字太真，祖籍弘农华阴（今陕西临潼）。千百年来她以美色、"女祸"著称于史，人们往往忽略了她是个才艺卓绝的音乐、舞蹈艺术家。她善歌舞、通音律，能演奏多种乐器。最善击磬，音声清泠又能创新，宫廷乐师无人能及。琵琶也弹得好，在梨园演奏时，音韵凄清、飘若云外，诸王、公主、贵妇争相做其琵琶弟子。她还能吹笛子，据说，一次偷吹玄宗兄长宁王的玉笛，惹怒玄宗而被遣回杨宅。唐人张祜有"梨花静院无人见，闲把宁王玉笛吹"诗句，可见此事已成为后人津津乐道的一段韵事[2]。

刘泰娘，唐中期吴郡人。为韦太守收为歌妓，命乐工教以琵琶，使之且歌且舞，很快便歌舞弹奏，无所不精，而且能自度新曲。随韦入京后，由于京师多新声乐、好乐工，遂弃去故技，以新声度曲，贵游子弟争传泰娘之名。元和初，韦去世后，泰娘出居民间，跟从刺史孙某，后随之谪居武陵。孙死后，泰娘孤苦无依，且武陵荒远，无人识其才貌，泰娘如明珠暗投，终日抱乐器而哭，音声焦杀、悲怆。诗人刘禹锡作《泰娘歌》感伤其遭际，

---

1 段安节：《乐府杂录·离别难》。
2 郑处诲：《明皇杂录》逸文，上海古籍出版社，1985年；郑繁：《开天传信记》、王灼：《碧鸡漫志》卷1、乐史：《杨太真外传》。

描写泰娘演奏时"低鬟缓视抱明月,纤指破拨生胡风"[1]。

沈阿翘,唐文宗时宫人。本为淮西藩镇歌妓,后配没入宫。她能歌善舞,并能作曲演奏。表演歌舞《何满子》,音调、舞姿柔婉流畅;演奏《凉州曲》,音韵清越,听者无不凄然。文宗誉为"天上乐",并选技艺最佳宫人为其弟子。后出宫嫁金吾卫长史秦诚,秦出使新罗,阿翘作《忆秦郎》一曲遥寄相思之情[2]。

还有几位以通晓音律、善奏乐器留名于史的女性。善筝者:盛唐时宫人薛琼琼号称开元第一筝手。善鼓者:宰相宋璟的女儿宋氏专习羯鼓,长安尊贤里其夫家郑氏宅第有小楼,为其习鼓之所。善琵琶者:乐史杨志的姑姑原是宫中宣徽弟子,弹奏琵琶妙绝一时;文宗朝有内人郑中丞善胡琴,内库有二琵琶,名大、小忽雷,郑曾弹小忽雷。善箜篌者:文宗朝箜篌高手乐史季齐皋的女儿也善此技。通晓音律者:宰相于頔嫂颇知音律,于曾命客弹琴,其嫂在帘后听完评论说:三分中一分筝声,二分琵琶,绝无琴韵[3]。

唐诗中有许多篇章描绘女子演奏乐器的高超技艺和美妙音声。白居易名诗《琵琶行》生动地描述了琵琶妓的绝妙技艺和艺术感染力:

---

1 《全唐诗》卷356。
2 苏鹗:《杜阳杂编》卷中、《古今图书集成》闺媛典闺藻部。
3 上见张君房:《丽情集》、南卓:《羯鼓录》、段安节:《乐府杂录·琵琶》、李肇:《唐国史补》卷下。

> 轻拢慢捻抹复挑,初为霓裳后六幺。大弦嘈嘈如急雨,小弦切切如私语。嘈嘈切切错杂弹,大珠小珠落玉盘。间关莺语花底滑,幽咽泉流水下滩。冰泉冷涩弦凝绝,凝绝不通声暂歇。别有幽愁暗恨生,此时无声胜有声。银瓶乍破水浆迸,铁骑突出刀枪鸣。曲终收拨当心画,四弦一声如裂帛……

舞 蹈

唐代是古代舞蹈艺术发展的巅峰时代。宫廷节日庆典中常常演出大型乐舞,宫妓出场动辄数百人,场面十分壮观。当时深受人们喜爱的著名乐舞如霓裳羽衣舞、剑器舞、胡旋舞、柘枝舞、何满子、凌波曲、白纻舞等,都是宫廷、民间舞妓经常习练、表演的节目。不仅专业舞妓,宫廷、贵族妇女也有不少喜爱并习练舞蹈者,其中最负盛名的是盛唐时代的杨贵妃。

名传千古的《霓裳羽衣舞》是女子集体舞蹈,也可作独舞。唐朝宫廷在盛大节庆时多次上演由数百宫妓表演的大型《霓裳羽衣舞》。宫妓们服饰极尽华丽,她们身穿孔雀翠衣,佩戴珠翠、缨络,头戴步摇冠,垂珠随步摇曳,宛如仙女一般翩翩起舞,望之如入缥缈仙境,曲终舞罢,珠翠满地。白居易《霓裳羽衣歌》赞道:"千歌万舞不可数,就中最爱霓裳舞",并描绘了霓裳羽衣舞舞妓们柔曼、优美的舞姿:

> 案前舞者颜如玉,不著人家俗衣服。虹裳霞帔步摇冠,

钿璎累累佩珊珊……飘然转旋回雪轻,嫣然纵送游龙惊。小垂手后柳无力,斜曳裾时云欲生。烟娥敛略不胜态,风袖低昂如有情。"[1]

西域传入的《胡旋舞》则是另一番风格,舞女在地毯上随着乐曲快速、轻盈旋转,如同旋风。盛唐时此舞风靡一时,不仅有发源地康居国的舞女表演,中原女子也争习此舞:"胡旋女,胡旋女,心应弦,手应鼓。弦鼓一声双袖举,回雪飘摇转蓬舞,左旋右转不知疲,千匝万周无已时。人间物类无可比,奔车轮缓旋风迟。"[2]

《柘枝舞》也是来自中亚的女子舞蹈,但属于软舞,动作轻缓。许多唐诗描写了柘枝舞女的细腰软骨、曼妙舞姿:"柘枝初出鼓声招,花钿罗衫耸细腰。移步锦靴空绰约,迎风绣帽动飘摇。""舞停歌罢鼓连催,软骨仙娥暂起来。"[3]

我们还可以从唐诗中看到舞女们表演《杨柳枝》《绿腰》等舞蹈时的美妙画面:"小妓携桃叶,新声踏柳枝……绣履娇行缓,花筵笑上迟。身轻委回雪,罗薄透凝脂……枝柔腰嫋娜,荑嫩手葳蕤……袖为收声点,钗因赴节遗。""南国有佳人,轻盈绿腰舞。华筵九秋暮,飞袂拂云雨……低回莲破浪,凌乱雪萦风。坠

---

[1] 《全唐诗》卷444。
[2] 白居易:《胡旋女》,《全唐诗》卷426。
[3] 章孝标:《柘枝》、张祜:《观杭州柘枝》,《全唐诗》卷506、511。

珥时流眄，修裾欲溯空。唯愁捉不住，飞去逐惊鸿。"[1]

她们中也出现了一些舞技超群的名家。

多才多艺的杨贵妃最擅长舞蹈，以霓裳羽衣舞名传千古。据说，玄宗曾以汉代赵飞燕身轻之事戏之，贵妃答道："霓裳一曲，足掩前古。"可见舞技冠绝一时。胡旋舞也技艺超群，白居易《胡旋女》诗称："中有太真外禄山，二人最道能胡旋。"

贵妃侍女张云容也善舞霓裳，贵妃曾赋诗赞美她的舞姿："罗袖动香香不已，红蕖袅袅秋烟里。轻云岭上乍摇风，嫩柳池边初拂水。"[2]

新丰女伶谢阿蛮最善舞《凌波曲》，时常出入宫廷与贵族府第，深受唐玄宗、杨贵妃喜爱。一次，她跳舞，玄宗、贵妃亲自伴奏，贵妃还特地赏赐她金粟装臂环（一说"红粟玉臂支"）。安史之乱平息后，唐玄宗重返华清宫，又召其舞蹈，舞罢，阿蛮出示臂环，惹得玄宗伤心泣下[3]。

盛唐宫妓中还有一位公孙大娘，善剑器舞，名冠一时。她身着军装、舞动宝剑，表演风格雄健英武、动人魂魄。杜甫名诗《观公孙大娘弟子舞剑器行》描绘道：

> 昔有佳人公孙氏，一舞剑器动四方。观者如山色沮丧，天地为之久低昂。爎如羿射九日落，矫如群帝骖龙翔，来如

---

1 白居易：《杨柳枝二十韵》、李群玉：《长沙九日登东楼观舞》，《全唐诗》卷455、568。
2 《全唐诗》卷5。
3 郑处诲：《明皇杂录》补遗，上海古籍出版社，1985年。

雷霆收震怒，罢如江海凝清光。……先帝侍女八千人，公孙剑器初第一。

盛唐教坊妓中的颜大娘、庞三娘、张四娘等也都是歌舞俱佳的艺术家。

唐德宗时出家的宫妓萧炼师，曾以善舞《柘枝》著名，宫中无与伦比。

宫妓沈阿翘也善歌舞，文宗因观赏牡丹而感伤，沈为之舞《何满子》，声态婉转，文宗特赏赐其金臂环[1]。

敬宗宝历年间，浙东贡入飞鸾、轻凤两个舞女。宫廷为之特作歌舞台，据说，她们歌声一发，如鸾凤之音，百鸟都翔集台上；舞姿艳逸，非人间所有。歌舞罢后，皇帝怕她们为风日所侵，特命藏于金屋宝帐中。宫中传言："宝帐香重重，一双红芙蓉。"[2]

官妓、家妓中也有因舞技出色受到诗人歌咏而留名青史者，如善舞《柘枝》的杨瑗、灼灼，善舞《采桑》大曲的谢秋娘，等等。[3]

歌舞戏、讲唱

唐代有一种"俳优之戏"，就是有一定情节、戏剧化了的歌

1　王谠：《唐语林》卷4、王灼：《碧鸡漫志》卷4。
2　苏鹗：《杜阳杂编》卷中。
3　张祜：《观杨瑗柘枝》、韦庄：《伤灼灼》，《全唐诗》卷511、700；《太平广记》卷309。

舞。后世称为"歌舞戏",被认为是中国古代戏剧的雏形。

这种歌舞戏也有不少女艺人参加表演。武则天做皇后时曾奏请高宗下诏"禁天下妇人为俳优之戏"[1],可见妇女演戏已成风气。唐中期著名女伶刘采春便最善演《陆参军》戏[2]。《踏摇娘》(或作踏谣娘、谈容娘)戏更流行,其故事源自北齐(或隋),传说有位苏郎中,貌丑而好酗酒,醉后便殴打妻子。妻子美而善歌,每每边唱悲歌,边摇顿身体。好事者便戴假面表演其事,形成了《踏摇娘》戏。此戏原是男扮女装表演,唐时改由男女合演,由女子扮演苏郎中之妻。表演多在街上进行,演员边歌边舞,观众围成圆场。女子唱一段,众人齐声唱和:"踏摇和来,踏摇娘苦和来!"盛唐时教坊妓张四娘就最善演踏摇娘。唐诗描写了女艺人在街头表演这个戏的场景:

举手整花钿,翻身舞锦筵。马围行处匝,人簇看场圆。歌要齐声和,情教细语传。不知心大小,容得多少怜。[3]

唐代民间还盛行一种特殊艺术形式——变文讲唱,即以通俗语言、故事讲解佛经,宣传佛教,也有讲唱世俗故事的。这种讲唱类似今天的评书、大鼓等曲艺形式,多是由女子从事。唐诗《看蜀女转昭君变》描绘了蜀女讲唱变文的情形:

---

1 《旧唐书·高宗上》。
2 范摅:《云溪友议》卷下。
3 常非月:《谈容娘》,《全唐诗》卷203。

  妖姬未著石榴裙，自道家连锦水濆。檀口解知千载事，清词堪叹九秋文。翠眉颦处楚边月，画卷开时塞外云。说尽绮罗当日恨，昭君传意向文君。[1]

  从诗中看，蜀女说唱的是昭君的故事，她装扮妖冶、表情生动，而且文词清雅，同时还有画卷展示。这种说唱已不只是宣讲佛经，而是成为一种艺术表演。可惜这些民间艺术家都已湮没无闻了。

杂　技

  唐代盛行杂技百戏，从高贵的宫廷到卑陋的街巷都是杂技艺人施展技艺的场所。教坊是当时杂技艺术家的荟萃之地，宫廷中每逢节日盛典必有杂技表演，其中身怀绝技的女艺人格外引人注目和受人欢迎。她们中有竿木妓、绳妓、球妓等，宫人们还有集体马技表演。

  竿木技多由女艺人表演，她们头顶或手握长竿，做出各种惊险动作。唐诗《险竿歌》描写道："宛陵女儿擘飞手，长竿横空上下走……翻身挂影恣腾蹋，反绾头髻盘旋风。"盛唐有位竿木妓王大娘，她头顶百尺长竿，竿上装有木山，山上还有小儿出入歌舞。在兴庆宫演出这个节目时，受到人们热烈欢迎与高度赞

---

[1]　吉师老：《看蜀女转昭君变》，《全唐诗》卷774。

赏，当时神童刘晏即席赋诗道："楼前百戏竞争新，唯有长竿妙入神。"三原竿妓王大娘的表演另有妙处，她头上长竿载了18个人，还能轻松自如地行走。教坊妓中的范汉女大娘子等也都是技艺高超的竿木家。唐敬宗时，幽州妓女石火胡与她的养女们的竿木技更绝妙：石火胡头顶百尺竿，上支5条弓弦，5个八九岁的养女各站在一条弓弦上，表演破阵乐舞。石火胡又登上十重朱画床子，让养女们迭踏到半空中，手足并举，踏浑脱舞，如履平地一般。[1]

绳技表演类似今日的走钢丝。先在地上两端埋好"鹿卢"（辘轳），在其内数丈立柱以拉起百尺长绳，绳直如弦。绳妓从绳端蹑足而上，往来倏忽，望之如飞仙。有时两人中路相遇，侧身而过；有时著屐而行，从容俯仰；或以画竿接腿，高五六尺，踏在绳上；或踩肩踏顶，叠上三四重人，然后翻身掷倒，到绳上又稳当站住；还有的倒挂在绳上，如同垂柳一般。动作惊险但从无蹉跌，而且皆应鼓点节奏，时人叹为奇观。唐玄宗时，宫中有绳妓表演，有卫士为之作《绳妓赋》，称其惊险动作令"万人肉上寒毛生"[2]。

球技又称踏球、蹵球。制作彩画木球，高一二尺，由妓女登踏，球转而行，萦回来去，无不如意[3]。时人有《内人踏球赋》，

---

[1] 顾况：《险竿歌》，《全唐诗》卷265；郑处诲：《明皇杂录》卷上、李冗：《独异志》卷上、苏鹗：《杜阳杂编》卷中。
[2] 封演：《封氏闻见记》卷6、《唐诗纪事》卷46《观绳技》。
[3] 《封氏闻见记》卷6。"一二尺"或作"一二丈"，似不可信。

赞颂宫人表演的球技。

宫人们的集体马技表演颇为壮观，她们身着盔甲，佩带刀剑，挥舞旗帜，骑马驰射，忽而做各种惊险动作，忽而指挥马匹排成各种队形。雄姿勃勃的表演令擅长骑射的少数民族来宾都为之心悦诚服而"屈膝天庭"。唐人所撰《内人马伎赋》《季秋朝宴观内人马伎赋》都描写了当时的壮观场面和观者的惊讶赞叹。

这些杂技艺术明珠大多湮没无闻，但是她们的卓绝技艺却透过历史的尘埃在杂技艺术史上熠熠发光。

书法、绘画

唐代是中国书法艺术发展的黄金时代，妇女也多有好书者，并涌现了一些工于翰墨书法的名人。南宋人《宣和书谱》列举了武则天、吴彩鸾、詹鸾、薛涛的书法成就；清人《玉台书史》更收集了唐代妇女书法事迹与笔迹记载约有一二十条之多[1]。

宫廷妇女中不乏善书者，武则天、上官婉儿、杨贵妃还有碑刻、经文笔迹流传于后世。

开国皇帝唐高祖窦后便善书学，其字颇类高祖，以致人不能辨。

唐太宗之女临川公主工籀隶，"籀"即大篆；另一女晋阳公主则喜临父亲飞白书，下人不能辨识。

---

[1] 下引此两书者不注。

武则天常临摹晋王导后裔王方庆家藏书迹,从此笔力长进,"其行书骎骎,稍能有丈夫胜气"。

才女上官婉儿也善书,唐人有《上官昭容书楼歌》记述其事。据载她还曾为千福寺书写匾额。

真定大历寺有藏经殿,所藏皆为唐宫人所书。其中有涂金匣藏心镜一卷,字体尤为婉丽,其后题"女人杨氏为大唐皇帝李三郎书",可知是杨贵妃所写[1]。

宫中女学士廉女真也以书法著名,尤擅隶书。唐诗赞其"玉窗抛翠管,轻袖掩银鸾"[2]。

唐末进士李茵遇一宫娥,名云芳子,自称曾为宫中"侍书家"[3],应是以书法特长侍奉皇帝者。

官宦士大夫之家的妇女也颇有精于书法者,如:

参军房璘妻高氏为太原府交城县石壁寺书写了铁弥勒像颂、安公美政碑,是妇女书法刻于金石的唯一一人。她的字笔画遒丽,被认为"不类妇人所书"。

刘秦为翰林书人,其妹也善书,尤善临王羲之兰亭与西安帖,"貌夺真迹"。

邓敞的两个女儿都善书法,邓所写文卷都是女儿代笔。

德宗时人陈燕子丁为超度亡母与僧人共同以小楷抄写法华经,字迹如出一人之手。

---

1 张端义:《贵耳集》卷下。
2 李远:《观廉女真葬》,《全唐诗》卷519。
3 孙光宪:《北梦琐言》卷9。

白居易小女金銮10岁而书写《北山移文》，白将其刊刻于终南山紫石上。

此外还有：殷保晦妻封绚善草隶，关图妹善笔札，崔简妻柳夫人善隶书、其女崔瑗也善笔札，柳宗元夫人杨氏善翰墨，等等。

妓女中以诗妓薛涛书法最为著名，她不仅长于词采，书法也颇有造诣。后人评其书法"无女子气，笔力峻激，其行书妙处，颇得王羲之法"。

长安妓女曹文姬，好文词而"尤工翰墨"。笺纸以外，罗绮、窗户可书之处必书写之，每日写数千字。被人号为"书仙"，称其笔力为关中第一。有诗赞其为"玉皇殿前掌书仙"[1]，可见书法妙绝一时。

女书法家中传说最离奇的是女仙吴彩鸾。传说她自言是西山吴真君之女，唐文宗大和年间，与进士文萧相遇，因为泄露天机，被罚为民，与文萧结为夫妻。文萧不善谋生，彩鸾善书小字，便书写《唐韵》一部，卖得5000钱糊口。一部《唐韵》有数十万字，她一天能写一部，所以世上有不少号称彩鸾所书《唐韵》流传。后来，夫妻二人升仙而去。南宋时御府还收藏有吴彩鸾所书《唐韵》，据说字画虽小，但宽绰有余，别有一种仙品风格。当时民间连她的断纸余墨都视为宝物。拨去传奇色彩，吴彩鸾可能是民间一位出色的女书法家。

1　任生：《投曹文姬诗》，《全唐诗》卷783。

另一位以书闻名的女子詹鸾,也以蝇头小楷书写《唐韵》,很有功力,类似吴彩鸾笔迹。后人推断可能是一位慕彩鸾之名而仿效其书法的女子。她的笔迹在南宋时还能见到。

妇女丹青妙手史载不多,清人《玉台画史》共辑录唐代女子能绘画者约十余人。如:

唐太宗孙女东光县主"诣绣绘之妙",大约是能绣善绘。

肃宗女和政公主既通音乐,又能绘画:"金石丝竹之音、绘画工巧之事,耳目之所闻见,心灵之所领略,莫不一览悬解,终身不忘。"

姚月华,她寓居扬子江上,不仅文词绝妙,而且擅长丹青,最善花卉。

薛媛,濠梁(今安徽凤阳)人,善书画、有文才。其夫南楚材宦游不归,欲弃妻另娶。薛对镜自画容颜,并赋诗一首寄赠其夫。南楚材见到诗画,惭愧悔悟,遂返家与妻子重圆。乡里称颂薛的才智道:"当时妇弃夫,今日夫离妇。若不逞丹青,空房应独守。"

河中府娼崔徽,与裴敬中相恋,因别离成疾,对镜写真,并传语情人:"崔徽一旦不及画中人,且为郎死矣!"[1]

---

[1] 上见范摅:《云溪友议》卷上、《古今图书集成》闺媛典闺藻部。

妇女与科技

科 学

深邃、奥妙的科学之宫，历来是妇女不容易涉足的地方，唐代妇女对此有所涉猎者也为数不多。

唐代有一位在养生、医道方面有所造诣的女道士，名胡愔，号见素子。为宣宗大中时人，居于太白山中。她"炼志无为，栖心淡泊"，一心探研道家养生之道。于大中二年（848）编绘成《黄庭内景图》（全名《黄庭内景五脏六腑补泻图》）一卷。《黄庭经》是道教著作，讲述道家养生理论。胡愔为这部道经做了图解注释。她在自序中说：

> 夫天主阳食，人以五气；地主阴食，人以五味。气味相感，结为五脏，五脏之气，散为四肢十六部三百六十关节，引为筋脉津液血髓，蕴成六腑三膲十二经，通为九窍。故五脏者，为人形之主，一脏损则病生，五脏损则神灭。故五脏者，神明魂魄志精之所居也。……若能存神修养，克己励志，其道成矣。然后五脏坚强，则内受腥腐，诸毒不能侵；外遭疾病，诸气不能损。聪明纯粹，却老延年，志高神仙，

形无困疲。日月精光,来附我身,四时六气,来合我体,入变化之道,通神明之理,把握阴阳,呼吸精神,造物者为我所制。……是以不悟者,劳苦外求,实非知生之道。……览黄庭之妙理,穷碧简之遗文,焦心研精,屡更岁月。……今敢搜罗管见,罄竭謏闻,按据诸经,别为图式。先明脏腑,次谕修行,并引病源,吐纳徐疾,旁罗药理,导引屈伸,察色寻证,月禁食忌。庶使后来学者,披图而六情可见,开经而万品昭然。

可见胡愔对《黄庭经》进行了多年殚精竭虑的研究,最后撰绘成《黄庭内景图》,以图文并茂方式展示五脏六腑,讲述吐纳导引、诊病用药之道[1]。她应该算是一位对养生与医道颇有研究的女医。

还有两位对于学问、名理有所探讨的女子:

一位是在文学方面曾经提及的才女牛应真(贞),她不仅有文才,而且博学多能,儒佛道三教皆通。13岁便诵读儒书子史数百卷、佛经二百卷,并著文章百余篇。后"学穷三教,博涉多能";"学包六艺,文兼百氏,颐道家之秘言,采释部之幽旨"。据说,她常在梦中与古代哲学家王弼、郑玄、王衍、陆机等辩论名理、文章。她的代表作《魍魉问影赋》有感于庄子的魍魉责影之义,假托魍魉与影子问答,探讨了幺妙的哲理,是少有的女子谈论哲

---

[1]《新唐书·艺文志》;参胡文楷:《历代妇女著作考》卷2,上海古籍出版社,1985年。

学的著作[1]。

还有一位杭州的黄三姑,关于她的记载只有只言片语,说她"穷理尽性",曾有一位颇负盛名的僧人与她谈论,不禁为之折服[2]。可能也是一位通晓名理的妇女。

此外,士大夫、儒门妇女中博涉儒经史籍、诸子百家,通晓佛道义理,并有见地、造诣者众多,只是没有留下多少著述。

织绣技艺

唐代是纺织业兴盛、发展的重要时代,妇女对纺织工艺技术的创新、提高功不可没,可惜这些能工巧匠大多籍籍无名。

白居易《缭绫》诗曾以优美生动的诗句描绘了缭绫的精美绝伦和"越溪寒女"巧夺天工的织造技术:"缭绫缭绫何所似,不似罗绡与纨绮。应似天台山上明月前,四十五尺瀑布泉。中有文章又奇绝,地铺白烟花簇雪……织为云外秋雁行,染作江南春水色……异彩奇文相隐映,转侧看花花不定。"存留至今的一些唐代纺织品更使我们得以亲见其华美和织造技术的精湛。这些纺织品大多出自民间的织妇织女之手。这些能工巧匠用她们的心血、巧手在纺织工艺史和科技史上涂上了浓重的一笔,姓名、事迹却鲜为人知,后人只有从零散文字与文物中体味一代巧女的聪明才

---

1 宋尚宫:《牛应贞传》、牛应真:《魍魉问影赋》,《全唐文》卷98、945;《太平广记》卷271《牛肃女》。
2 李肇:《唐国史补》卷上。

智与高超技艺了。

在织染、刺绣工艺技术方面有所创造或怀有绝技的女性,只有几位个别人物由于偶然的原因,留下了零星记载。

唐玄宗柳婕妤之妹不仅有才学而且生性巧慧,她发明了以镂板刻杂花,印在纺织品上的染织新法,工艺巧妙、图案精美。她曾将自己的作品献给王皇后,玄宗见了十分欣赏,便命令宫中依样制之。当时技术保密,后来逐渐传出宫廷,庶民百姓也都穿起了用这种染织品所做的衣服。[1]

永贞元年(805),南海曾进贡一奇女,名卢眉娘。她年仅14岁,却工巧无比,刺绣技法高超,能于一尺绢上绣《法华经》七卷,字体小如粟粒,却点画分明、细于毛发。更善作"飞仙盖",用丝一钩,分为三缕,染成五色,在掌中结成五重伞盖,其中有十洲三岛、天人玉女、台殿麟凤等图形,还有千数执幢捧节童子。盖宽一丈,秤之却不到三数两。皇帝赞叹其工巧,称有"神助"。元和中,宪宗赐以金凤环束腕,以奖赏其聪慧奇巧。[2]

还有一位巧女马雷五,自幼聪明灵巧,她织绣的东西,常被人叹为不似人间所有。但年仅15岁便夭亡。由于姨母是柳宗元的姬妾,柳特为这位手巧命薄的少女撰写了墓志铭[3],这位巧女的芳名才得以流传后世。

---

1 王谠:《唐语林》卷4。
2 苏鹗:《杜阳杂编》卷中、《太平广记》卷66。
3 柳宗元:《马室女雷五葬志》,《全唐文》卷589。

唐人的女性观

尽管由于特殊历史背景，唐代时有各种"非礼"现象发生，但毋庸置疑的是，统治阶层与社会主流观念从未摒弃过儒家礼教。唐代社会的女性观、道德观也与传统礼教并无歧异，区别只在于其影响、约束力强弱有所不同而已。

两重女性观

歧视与侮辱

"武则天做皇帝，谁敢说'男尊女卑'！"[1]——话虽如此，但是，一个女皇帝的出现显然并不能从根本上改变男尊女卑的社会格局和人们心中根深蒂固的男尊女卑观念。

即使在武则天威势赫赫高踞于皇帝宝座之上时，也照样有人

---

[1] 鲁迅：《十四年的"读经"》，《鲁迅全集》卷13。

因为她是女性而鄙夷不屑或暗中讥讽。据说,她的宰相狄仁杰去探望姨母卢氏,便遭到身为女性却鄙视女主的姨母及表弟的冷落讥讽,一介平民的表弟对权高位重的表兄态度轻傲,狄仁杰表示可以帮助表弟,姨母却回绝道:"吾止有一子,不欲令事女主。"使得狄抱惭而去。女皇治下的一位官员孟诜还曾豪气十足地声称:"妻室可烹之以啖客。"[1] 自然他未必真想把妻子当下酒菜,大概只是想向女性或女主表示一份不屑之意吧!中国传统的男尊女卑不仅牢牢地镌刻在历史上,也深深镌刻在人们包括妇女自己的头脑中,这不是一个女皇所能抹去的,也不是唐朝这个特殊时代所能改变的。

所以,尽管唐代妇女相对来说享受着较高的地位和较多的自由,但她们毕竟没有脱离男尊女卑的时代,因而无论是在礼制、法律上,还是在社会观念与现实生活中都仍然遭受着各种性别歧视和不平等待遇。

作为统治思想、主流观念,儒家礼教并未退出历史舞台,它所规定的男尊女卑、男外女内、男主女从等原则,也从来没有被统治集团摒弃过。李唐朝廷在制定礼仪中着重重申"天无二日,土无二王,国无二君,家无二尊",夫妇"尊卑法于天地,动静合乎阴阳";"女正位于内,男正位于外,男女正,天地之大义";"在家从父,出嫁从夫,夫死从子",妇女"无自专抗尊之法"[2]

---

1 王谠:《唐语林》卷4、佚名:《御史台记》,《太平广记》卷197。
2 《旧唐书·礼仪七》卢履冰疏。

等传统礼教原则,全部是老生常谈,并无任何偏离与新意。整个社会占据统治地位的主流观念也自然一成不变地以儒家礼教为根本。

在这种观念下,妇女在社会及家庭中时时处处遭受性别歧视。敦煌变文《卢山远公话》在讲到妇女分娩时形容说:"阿娘迷闷之间,乃问是男是女,若言是女,且得母子分解平善;若道是儿,总忘却百骨节疼痛,迷闷之中,便即含笑。"[1]从这段形象描写中,可以看到女子从一降生起,在父母那里便受到轻视。与之相对应的是,杨贵妃得幸时,民间歌谣唱道:"生男勿喜女勿悲,君今看女作门楣。"[2]个中滋味不难体会,正是人们普遍重男轻女的一个反证。唐初大将军李大亮临终之时叹道:"吾闻礼,男子不死妇人之手。"于是命令屏退妇女而死[3]。这可以看作英雄气魄,但其中蕴含的对于妇女的轻蔑也无可否认。

不仅轻视,人们还常常将女子尤其是美女视为不祥之物、败家亡国的祸水。唐中宗时,桓彦范上表谏奏后妃干政时说:"帝王有与妇人谋及政者,莫不破国亡身……由是古人譬以'牝鸡之晨,惟家之索'。"[4]表达了士大夫们对妇女参政必然导致祸患的忧惧心理。李白有《雪谗诗》极言妇人猖狂、淫昏败国:"彼妇人之猖狂,不如鹊之强强;彼妇人之淫昏,不如鹑之奔奔。"并

---

1 《敦煌变文集》上册卷2,人民文学出版社,1957年。
2 《资治通鉴》卷215玄宗天宝五载。
3 《旧唐书·李大亮传》。
4 《旧唐书·桓彦范传》。

列举古之女祸危害:"妲己灭纣,褒女惑周。天维荡覆,职此之由。汉祖吕氏,食其在傍;秦皇太后,毒亦淫荒。蟛螂作昏,遂掩太阳。"[1]至于女子而有美色者,更是逃不脱"女祸"的罪名了。白居易诗以狐为喻,提醒人们切记"戒艳色":"古冢狐,妖且老,化为妇人颜色好……忽然一笑千万态,见者十人八九迷。假色迷人犹若是,真色迷人应过此……狐假女妖害犹浅,一朝一夕迷人眼。女为狐媚害即深,日长月增溺人心。何况褒妲之色善蛊惑,能丧人家覆人国。"又以汉武帝李夫人为例,告诫人们万勿惑于女色:"生亦惑,死亦惑,尤物惑人忘不得,人非木石皆有情,不如不遇倾国色。"[2]诗人笔下的美女能丧家亡国,竟然如此危险可怕!唐人最有切肤之痛的女色之祸自然首推杨玉环。这位"天生丽质"的女子为她的美貌付出了生命代价,还受到无尽无休的责难,"妖姬""尤物惑人"等罪名一股脑儿地泼到了她头上。天生丽质竟成天生罪过。美女为祸既如此厉害,自然是让她们走得越远越好。传说汉朝因为画师毛延寿之过导致美女王昭君远嫁匈奴,唐人程晏就此发了一段别出心裁的议论,假托毛延寿为自己辩护说:"宫中美者可以乱人之国,欲宫中之美者迁于胡庭,是使乱国之物不逞于汉而逞于胡也……臣为陛下迁乱耳!"[3]将毛延寿当成了祸水外引的功臣。妇女还会妨害军队、导致兵败,官军诛藩将吴元济,主帅于军中得一美妾,不禁叹道:军中

---

[1] 《全唐诗》卷168。
[2] 白居易:《古冢狐,戒艳色也》《李夫人,鉴嬖惑也》,《全唐诗》卷427。
[3] 程晏:《设毛延寿自解语》,《全唐文》卷821。

有女子，安得不败！[1] 杜甫《新婚别》虽然对丈夫出征的新婚女子充满同情，但也借新妇之口说到"妇人在军中，兵气恐不扬"，可见这是当时社会的普遍观念。

妇女不仅祸国乱军而且败家害人。唐人李义方的家训奇文《黑心符》视妻室如寇仇，不仅痛心疾首地谴责妻子擅家、夫妇不正现象，还描绘了一幅老夫娶少艾为继室，以致沉溺女色，最终落得家破人亡、死无葬身之地的可怕图景。切切告诫天下男子万不可引狼入室，并命子孙立石为誓，绝不续娶："今训汝等，有妻固所不免，当待之如宾客，防之如盗贼，以德易色，修己率下。……若是重婚续娶，定见身败殒家。至时亲友不欲言，子孙不敢谏，兼已惑已误、难信难处。岂知吾熟谙而预言之。龟鉴在前，无复缕缕。立石中寝，永戒来裔。稍越吾言，祖先明神，共赐诛殛！"

女色如此危险，明智之士便不得不忍情节欲、避而远之。有人向宰相令狐绹献上一个美貌佳人以行贿，令狐为之心动，却又自谓"尤物必害人"，而不敢收纳。司空李愿有一绝色侍婢真珠，年老后欲进献皇帝，宰相牛僧孺想要收纳，便托人陈说利害，告诫李"大凡尤物必能祸人"，进献与不进终究是祸，不如送与他人，并劝李将其送给宰相。李愿思之有理，这个"尤物"于是到了牛相手中[2]。这是以"女祸"的危言耸听吓唬别人，自己倒不

---

1 《旧唐书·王智兴传》。
2 裴庭裕：《东观奏记》卷下、刘轲：《牛羊日历》。

怕大祸临身的。元稹在《莺莺传》中借遗弃莺莺的张生之口声称:"大凡天之所命尤物也,不妖其身,必妖于人……予之德不足以胜妖孽,是用忍情。"把他始乱终弃的弱女子说成妖物,自己倒成了节情避祸的有识之士。以上种种视女子尤其是美女为祸水之论,说穿了,无非是男子抵御不了女色的诱惑,便将罪名都推到了那些"诱惑"他们的"尤物"头上。

在社会现实中,由于妇女的性别劣势兼身体弱势,很容易遭受强权势力的侮辱、抢掳、霸占。这种不幸在战乱中尤甚,她们往往比男子更容易成为战乱的牺牲品。无论是官军还是"胡兵",掳掠、奸淫妇女都是频发之事。唐初,突厥助唐讨刘武周,驻并州三日,城中美妇人多被掠走[1]。杜甫曾指责官军大肆掳掠妇女:"妇女多在官军中";边疆胡兵则是"年年旌节发西京,多来中国收妇女"。被回纥等军队掳走的妇女大多永别亲人、老死塞外:"生为名家女,死作塞垣鬼"[2]。另一种"牺牲"更令人触目惊心:安史之乱中,名将张巡困守危城,城中粮尽,竟将爱妾杀了给军士们吃;继而又搜括城中妇女充作军粮,吃尽后才以老幼男子继之[3]。唐后期藩镇战乱频发,妇女也是首当其冲的受害者。官军破淮西,有剥妇女衣服至裸体者;藩将李祐的妻子怀孕,被乱兵剖腹而死。建中年间,藩镇节度使李希烈攻汴州不下,竟用妇

---

1 《旧唐书·突厥上》。
2 杜甫:《三绝句》、王建:《凉州行》、戎昱:《苦哉行》,《全唐诗》卷229、298、19。
3 《旧唐书·张巡传》。

女与辎重填实壕堑[1]。韦庄《秦妇吟》淋漓尽致地描写了唐末战乱中妇女的悲惨遭遇：东邻女被掳入军中，"长戈拥得上戎车，回首香闺泪盈把。旋抽金线学缝旗，才上雕鞍教走马。"西邻女抗暴而死，"一夫跳跃上金阶，斜袒半肩欲相耻。牵衣不肯出朱门，红粉香脂刀下死。"南邻女投井自尽，"忽看庭际刀刃鸣，身首支离在俄倾。仰天掩面哭一声，女弟女兄同入井。"北邻少妇被火烧死，"已闻击托坏高门，不觉攀缘上重屋。须臾四面火光来，欲下回梯梯又摧。烟中大叫犹求救，梁上悬尸已作灰。"那些无奈跟随黄巢军队征行的妇女下场更悲惨，黄巢兵败后，唐僖宗命令将俘获的姬妾全部斩首。再没有比这些血淋淋的惨剧更能让人体会妇女的卑微与不幸了。

尊重与同情

唐人的女性观也表现出了两重性。首先，在总体的性别歧视下，他们对妇女个人也时有赞颂与尊崇。这可分为两种情况。

一是妇女表现出男性社会所推崇的忠孝节义等美德或超人的睿智才识，人们对她们并不吝惜赞美之词，往往击节称颂不已。唐人篇什中不乏赞美古今节妇烈女、贤母孝女的诗词、赋颂、碑铭一类作品，往昔因伍子胥乞食而自沉的楚贞女、投江寻觅父尸的孝女曹娥、扶助韩信于危难之中的漂母等妇女道德楷模，以及

---

1 《太平广记》卷219、269。

当代贤妇孝女,都备受赞颂崇仰。孤傲如李白,也为楚"贞义女"撰写碑铭,极尽颂扬之词,称其"卓绝千古""义形壮士";在歌颂为夫报仇的"东海勇妇"诗中更赞叹道:"十子若不肖,不如一女英。"[1] 唐人谢偃还写了一篇《愚夫哲妇论》,讲述某生长豪门而"禀性顽鲁,不闲货殖"的愚夫不识珠玉,而妻子"敏而有识",被邻人誉为"哲妇"的故事,全不以男女而论贤愚[2]。二是根据至高无上的孝道和长幼尊卑伦理秩序,男子对于母亲以及伯母、婶母、姨母、姐、嫂等女性长辈都秉持极大的孝敬、尊重态度。这种对女性尊长的尊重正是造成妇女在社会和家庭中地位具有两重性的根本缘由。

这种女性观的两重性在人们一面贬损妇女,一面颂扬节妇烈女;一面鄙夷妇女,一面又敬重女性尊长的矛盾中表现得淋漓尽致。

此外,出于骨肉亲情,父母未必都轻视女儿,有的还对女儿疼爱有加。如唐太宗因爱女晋阳公主病逝悲伤过度,三旬不正常进食,每日哀恸数十次,因此日渐瘦弱,在群臣劝谏下才节哀进食[3]。白居易为外孙女出生而欣喜,诗称:"怀中有可抱,何必是男儿。"[4] 这些自是人之常情,不难理解。

唐人女性观的两重性还表现在,对于饱受歧视、压抑,多

---

[1] 《溧阳濑水贞义女碑铭》,《全唐文》卷350;《东海有勇妇》,《全唐诗》卷164。
[2] 《全唐文》卷156。
[3] 《旧唐书·方伎·一行传》、庄绰:《鸡肋编》。
[4] 白居易:《小岁日喜谈氏外孙女满月》,《全唐诗》卷457。

灾多难的妇女,很多有识之士发出了同情和不平的呼声。这些呼声虽然微弱无力,但应该说代表了时代的良知,表现了唐人在妇女问题上的开明与理性。诗人们用大量诗篇与热情,为古代的西施、王嫱、班婕妤、绿珠等身遭不幸的女子表达哀怨之情和对她们的深深同情。在对背着"女祸"罪名的杨贵妃的一片责难声中,也有不少智者仁人在作品中倾注了他们的同情和不平:"未必蛾眉能破国,千秋休恨马嵬坡";"泉下阿蛮应有语,这回休更怨杨妃";"今日不关妃妾事,始知辜负马嵬人";"一从屠贵妃,生女愁倾国……当时嫁匹夫,不妨得头白。"[1]

对于广大妇女的苦难命运,唐人更表达了发自肺腑、震撼人心的呼声和饱含同情、理解的感叹:"人间丈夫易,世路妇难为";"为人莫作女,作女实难为";"人生莫作妇人身,百年苦乐由他人"[2]。白居易还特作《妇人苦》诗,专讲妇女之苦、男女的苦乐不均,抒发对妇女的同情与尊重:

蝉鬓加意梳,蛾眉用心扫。几度晓妆成,君看不言好。妾身重同穴,君意轻偕老……人言夫妇亲,义合如一身。及至生死际,何曾苦乐均。妇人一丧夫,终身守孤子。有如林中竹,忽被风吹折。一折不重生,枯死犹抱节。男儿若丧妇,能不暂伤情。应似门前柳,逢春易发荣。风吹一枝折,

---

[1] 徐夤:《开元即事》、罗隐:《马嵬坡》、韦庄:《立春日作》、于濆:《马嵬驿》,《全唐诗》卷710、657、696、599。
[2] 乔知之:《定情篇》、张籍:《离妇》、白居易:《新乐府》,《全唐诗》卷81、383、426。

还有一枝生。为君委曲言，愿君再三听：须知妇人苦，从此莫相轻。

元稹在为妾所作哀悼文字中，也表达了对于为人妾者的理解与同情："大都女子由人者也，虽妻人之家，常自不得舒释，况不得为人之妻者！"[1]他们感叹身为女子的不幸，感叹世道的不公，感叹妇女的卑屈、服从地位。当然，他们并非主张扭转乾坤、男女平等，但至少是把妇女当作与自己同等的人看待而寄予了深深的同情，甚至呼吁男子不应该轻视妇女，而不是把她们视为理当遭受磨难的低等贱类。对于千年以前的士大夫们，这种认识可以算是难能可贵了。在谈论妇女史时，是不应该忘记这些曾为妇女的不幸发出过痛切呼声的有识之士的。

值得深思的是，曾振振有词地责难杨贵妃"尤物惑人"的白居易，曾冷酷地诬莺莺为"妖孽"、始乱终弃的元稹，同时却又是妇女不幸命运的同情者。其实，这并不奇怪，它正好反映了唐朝士大夫们对处于弱势的妇女一面歧视、一面同情的两重心理。男性社会女性观的这种两重性其实并非唐朝所独有，而是古代社会一以贯之的共有现象。

1　元稹：《葬安氏志》，《全唐文》卷654。

道德观与道德楷模

道德观、价值观

唐代社会的主流妇女道德观、价值观沿袭传统礼教,并无发明与歧异,虽然说法各有不同,但大略不出三纲、三从、四德之本。

开元时期,朝廷议论为母亲服丧礼仪时,朝臣便重申君臣、父子、夫妇的三纲之道和"在家从父、出嫁从夫、夫死从子"的三从之义;并批评说:"牝鸡司晨,四德之礼不愆,三从之义斯在?"[1] 着重强调了三从、四德的妇女道德准则。

关于妇女道德的具体说辞还有:白居易曾赞誉某夫人道:"为女孝如是,为妇顺如是,为母慈如是,举三者与百行可知矣。"[2] 五代人所撰《新唐书·列女传》则总结为:"女子之行,于亲也孝,妇也节,母也义而慈,止矣。"都概括了女子一生作为女、妇、母三种角色时的道德极致:为女则孝,为妇则顺、

---

1 《旧唐书·礼仪七》。
2 《襄州别驾府君事状》,《白香山集》卷29,文学古籍刊行社,1954年。

节,为母则慈、义。有学者根据唐代墓志总结了描述在室女子德行的词汇,包括:礼、孝、仁、爱、诚、敬、庄、慎、婉、穆、淑、和等,这应该正反映了时人所持未婚女子的道德标准[1]。至于为妻为妇者,墓志赞颂某妇人美德时称:"宗庙哀敬,仁孝也;娣姒祇和,谦顺也;蠲洁酒食,妇仪也;黼黻元黄,女工也。宏此四德而务六亲……训子以睦、教女以顺、爱下以慈、与人以让,外以赞府君之德,内以光中馈之政。"[2]大体可归纳为:孝敬祖宗、谦和亲族、整洁酒食、精于女工之四德以及教养子女、慈爱下人、谦让他人,对外助成丈夫之德,对内主持好家政以光耀家门。这可以看作是时人心目中的为妇之道、之德。

此外,从唐代的女教著述中,也可以清晰窥见社会对于妇女的道德期望与价值取向。《女孝经》强调女德以"孝"为主,其下则包括"和柔贞顺、仁明慈孝"等德行:"夫孝者,广天地,厚人伦,动鬼神,感禽兽。恭近于礼,三思后行;无施其劳,不伐其善;和柔贞顺,仁明慈孝;德行有成,可以无咎。"《女论语》开篇便提出女子立身之本惟在"清贞":"凡为女子,先学立身。立身之法,惟务清贞。清则身洁,贞则身荣。"文中又有"以和为贵,孝顺为尊"等言论阐述、倡导妇女的和柔、敬顺之德。《戒子拾遗》与之相近,也认为"妇人之德,贵在贞静"。《义山杂纂》中"教女"之事则有"温良恭俭""小心软语""闺

---

[1] 李志生:《唐人理想女性观念——以容貌、品德、智慧为切入点》,《唐研究》第11卷,2005年。
[2] 陈子昂:《唐故陈州宛丘县令高府君夫人河南宇文氏墓志铭》,《全唐文》卷216。

房贞洁""善事尊长"等,反映了作者推崇女子温良恭俭、柔顺贞洁的道德观。

当时文士歌咏、赞颂妇女模范人物的文学作品,同样可以作为观察男性社会妇女道德观的窗口。如上述李白撰《溧阳濑水贞义女碑铭》,赞颂因伍子胥乞食而自沉于水的楚女之"贞义"。孟郊《列女操》诗颂扬"贞妇贵殉夫";《静女吟》诗赞扬静女守礼:"任礼耻任妆,嫁德不嫁容。"邵谒有《贞女墓》诗赞颂贞女节操:"生持节操心,死作坚贞鬼。"白居易也有《江陵孝女》《蜀路石妇》等诗赞颂"为妇孝且贞"的孝女贞妇[1]。这些言词无疑是当时士大夫心目中妇女道德观的明确展现。

道德之外,对于妇女的才智、学养,从社会主流观念看,唐人并无"女子无才便是德"观念,普遍崇尚女子读书习文、通古达今,赞赏女子擅长诗书文学;上层社会还颇为重视妇女的音乐才能。

从以上罗列的种种言词、作品可以大略推知,唐代社会所崇尚的女性道德观、价值观,或者说是人们认为理想女性所应具有的品德、修养、能力等,大体可以概括为:(一)德行品格:知晓遵守礼法,性格温顺和柔,行为谨慎清贞,孝事尊长、敬奉丈夫、和睦家人、训教子女;(二)才能修养:善于勤俭持家,长于女红酒食,通晓诗书,能理丝竹;(三)言行容止:言行轻缓端庄,善于修饰容仪。这基本上代表了唐人心目中理想女性的模

---

[1] 《全唐诗》卷350、372、384、424、605。

式。综合观之，与礼教所倡德、言、容、功等妇女道德规范并无二致；比较明显的特色仅在于较为注重与推崇妇女的文化艺术修养。

道德楷模与观念

唐代朝廷及地方官府时有旌表或封赠忠、孝、贞、烈等妇女模范人物之举。这些被推崇、褒奖的道德楷模，可以说是最具体地展现了其时社会标榜的妇女道德。

两唐书《列女传》记载模范人物合计共50余人，除此之外，其他史籍也零星记载了一些节妇烈女事迹[1]。根据她们的事迹，这些道德模范人物可以大致分为以下几类。

1. 贞节

妇女的贞节行为可以分为两种类型：一类是婚姻从一而终，夫亡守节或殉节；另一类则是抗御外界强暴或强娶。

夫亡守节者为数不少，如楚王灵龟妃上官氏，丈夫早逝，家人因其年少无子，劝其改嫁，上官氏截鼻割耳，誓不改嫁。崔绘妻卢氏，丈夫早卒，诸兄逼骗其改嫁，卢氏乘夜从洞中逃出，以粪污面，奔归夫家，断发自誓，后出家为尼。王琳妻韦氏，25岁守节，坚拒家人逼嫁，独处一室，不事修饰、不听音乐，甚至终日不食。郑廉妻李氏，18岁守节，终年布衣蔬食，因夜梦男子

---

[1] 以下出自两唐书《列女传》者不注。

求偶，遂截发蓬鬓、垢面灰身以损毁容颜，官府旌表为"坚贞节妇"[1]。其余散见于各地方志的守节模范也还有不少。

另类节妇还有：名相房玄龄妻卢氏，丈夫病危时劝其日后改嫁，庐氏剔一目以明绝无异志。贾直言妻董氏，丈夫被贬岭南，嘱其另嫁，董氏以帛封住头发并让丈夫署封，20年后丈夫放还，署帛仍在，拆封沐浴后头发尽脱。

殉节者史载不多，有：樊会仁母敬像子，盛年丧夫，母兄诓其改嫁，誓死不从，后因母亡子死，号恸绝食而死。范三娘，年17，夫亡不食而死，会昌元年诏谥"贞烈"。刺史女陈氏，夫死自缢而死，朝廷旌表为"贞烈"。罗文姬，夫死7日不进食水，入葬时投环而死[2]。

抗御强暴类型的节烈妇女多出现在社会动乱中，尤其是唐后期至唐末战乱中，各地出现了不少因抗拒强暴而自杀或被杀的妇女。如樊彦琛妻魏氏寡居，徐敬业之乱中为乱军擒获，逼其弹筝，魏氏引刀断指，弃筝于地，乱军又以刃临颈逼其为妻，她厉声骂贼而被杀。王泛妻裴氏，为乱兵所俘，骂贼坚不受辱，被肢解而死，朝廷下诏表彰"义烈"，并录入史册。李廷节妻崔氏，乱军逼其为妻，骂贼而被乱军刳心食之。殷保海妻封绚为乱军所掳，坚拒逼辱，骂贼遇害，三婢女也投井而死。李拯妻卢氏，因不从乱兵胁迫，被砍断一臂而死。邹待征妻薄氏，大历动乱中为

---

1 张鷟：《朝野佥载》卷3。
2 《古今图书集成》闺媛典闺节部引方志。

海贼所掠,义不受辱,投江而死。文士多著文以纪之,李华《哀节妇赋》称:"丧乱以来,士女以贞烈待毙者众",可见动乱中类似的节烈妇女为数不少。

下层民间有窦伯娘、仲娘姊妹,因遇草贼劫掠逼辱,投谷而死,官府旌表门闾。莱芜赵氏女,与嫂避兵乱,不饮外人送水,以致渴死。淮安贞女,避兵乱外出,因旅舍人杂而露宿于荒野,为蚊虫咬死,乡间为之立祠,称为"露筋女"[1]。

2. 孝行

孝女孝妇事迹多表现为对父母、舅姑生时孝养,死后营葬守墓,也有少数舍身救护双亲或为父报仇者等。

孝事父母者史载最多。有离婚归养父母者:夏侯碎金已嫁并生二女,因父病失明,与丈夫离婚,归养父亲与继母15年。父母死后庐于墓侧,守孝三年,每日只食一餐。有父丧恸死者:于敏直妻张氏,闻父死一恸而绝。饶娥,年14,父遇风浪船翻而死,饶娥哭于水上,三日不食而死,后雷电大震,父尸浮出。朝廷旌表门闾,柳宗元为之立碑,撰《饶娥碑并序》[2]。有苦丧守墓者:杨绍宗妻王氏,父战死,收父母尸柩,招魂迁葬,庐于墓侧终老。汴州李氏,年幼父亡,截发不嫁,终身奉母。母丧,自营棺椁,庐于墓侧,蓬头跣足负土自建墓园,植松数百株。李妙法,战乱中被劫他乡,闻父死欲奔丧,有子不忍去,割一乳留

---

[1] 《古今图书集成》闺媛典闺烈部引方志。
[2] 《全唐文》卷587。

之而行，并烧一指以告父灵。至家时父已入葬，持刀刺心乞求开墓，见棺木以舌去尘、以发拭尘。其后母又病亡，刺血书于母臂而葬，庐墓终身。越王李贞后裔李玄真，祖、父流亡于岭外，未得昭雪，李以63岁高龄，远途护丧，历经万里，归葬祖茔。王和子、郑神佐女，父兄戍边战死，远途收遗骸，归葬家乡，并终身庐于墓所，也受到旌表[1]。

此外，有为父报仇者：卫元忌，年幼父为人杀，年长后以砖击杀仇人，自投官府请就刑戮。唐太宗嘉其孝烈，特令免罪，并赐田宅，令州县以礼嫁之。贾氏，父为人所害，誓不出嫁，抚育幼弟成人，与弟同杀仇人，并取心肝以祭父墓。唐高宗免姐弟罪，并移其家于洛阳。谢小娥，父与夫为盗所杀，谢女扮男装，寻觅仇人，佣工于其家，乘仇人醉，以刀斩首。刺史嘉其烈而免罪。此事为人演绎成著名传奇故事，流传于后世。

有舍身救亲者：卢甫妻李氏，父为县令，为草贼所擒，李氏请代父死而遇害。朝廷下诏表彰"义烈"，录入史册。赵女，父盗盐有罪当死，赵女见官乞求原免死罪，官府为之减死，女以利刃截耳为誓，皈依佛门以报恩。文士皮日休特撰《赵女传》褒扬之[2]。郑义宗妻卢氏，夜有贼越墙而入，卢氏冒死救婆母，险些为贼捶击致死。某幼女，与母于林间采拾，遇猛兽，号呼搏击而救母。观察使上奏异行，本州刺史以此得以升迁[3]。

1　钱易：《南部新书》癸、孙光宪：《北梦琐言》卷1。
2　《全唐文》卷799。
3　《旧唐书·刘滋附刘赞传》。

3. 仁义

此类妇女秉仁义之心，或舍己为家人救难、申冤，或克己扶危济困、救助他人。

有为夫申冤者：衡方厚妻程氏，夫被枉杀，徒步诣朝，截耳陈冤，御史台为之申冤。唐文宗诏封"武昌县君"，并赐一子九品官。

有舍身救夫者：县令毕某妻窦氏，与夫避藩镇军乱，夜半仇家欲杀其夫，窦拼死护卫，重伤不避，夫得逃脱。时人撰《窦烈妇传》赞之，并以之作为臣妾楷模[1]。周迪妻，兵乱中夫将饿死，妻卖自身，得数千钱奉于夫而被屠于市。

有不嫁养姊者：王阿足，夫亡，因姊年老孤寡不再嫁，昼耕夜织，养姊20余年。乡人钦服其义，争相遣妻女前往受其训诲。

有抚养孤侄者：韩愈年幼父母双亡，嫂郑氏抚育教养其成人。嫂亡，韩愈奏报朝廷，士大夫皆以之为效法楷模[2]。

有救护幼主者：隋末战乱中，王世充属将独孤武都谋叛投唐，事发被杀。其幼子乳母王兰英乞讨养育孤儿，携其归唐，受到唐高祖封赏。

4. 忠勇

此类妇女或于危难之际为朝廷尽忠，安定叛乱、驰骋疆场；或于关键时刻劝勉亲属忠于朝廷。与以下"贤识"类"政治活

---

1 《全唐文》卷810。
2 《新唐书·韩愈传》。

动"一节已述及，简列如下。

退兵抗敌者如：魏衡妻王氏，杀叛乱首领、退乱军，封"崇义夫人"；刺史邹保英妻奚氏，守城退契丹，封"诚节夫人"；县令古玄应妻高氏，守城抗突厥，封"徇忠县君"；县令李侃妻杨氏，辅助丈夫守城击退藩镇兵，被誉为"杨烈妇"；藩帅李希烈妾窦桂娘，伺机灭藩，受到嘉奖，等等。

劝勉夫、子忠于朝廷者如：刺史高叡妻秦氏，与夫被突厥所擒，可汗诱降，秦氏勉励丈夫以死报国，夫妻一起被杀。藩镇军士李湍逃奔官军，李妻被镇兵割而食之，至死号呼其夫忠于朝廷，事迹付于史官。董昌陵母杨氏，劝诫其子做忠臣，背离藩镇，献城以降朝廷，封"北平郡太君"，等等。

5. 贤识

此类妇女明察有识、通达事理，或劝夫或教子忠义清廉、避祸远灾。

贤母如：李畬母、崔玄暐母，教子为官清廉；王义方母，鼓励儿子尽忠事君、弹劾奸臣；桓彦范母，鼓励其子参与"五王"政变；李景让母，明察有识，教三子成名；节度使刘玄佐母，勉励其子以死报国、不失臣节；李惟岳母，勉励其子不从叛乱，等等。

贤妇如：薛仁贵妻柳氏，勉励丈夫从军报国、求取功名；侯敏素妻董氏，劝谏其夫远避酷吏来俊臣；钟绍京妻许氏，激励丈夫参与诛讨韦后政变；翰林学士潘炎妻，因丈夫势盛劝其避位，等等。

从史载记述及评论文字中，我们不仅可以了解这些道德楷模的事迹，同时可以充分体味其中蕴含的唐代社会的妇女道德观念。综合这些记载，还可以发现如下一些特点。

首先，在诸种妇女美德中，贞节最为人所重。

以上所述礼教模范人物中以贞节载入史册者为数众多。唐人撰《隋书·列女传》16位传主中以贞节入传者有7人；五代人撰《旧唐书·列女传》31位传主中贞节者有10人，都占有很大比例。这无疑反映了社会对于妇女贞节行为的关注彰扬，史家对于贞节之德的重视。

上文已述，《女论语》开宗明义以"清贞"为女子立身之本、道德之首，《戒子拾遗》也称"妇人之德，贵在贞静"。无不重"贞"。唐代史家在《隋书·列女传》序中称："妇人之德，虽在于温柔，立节垂名，咸资于贞烈。温柔，仁之本也；贞烈，义之资也。非温柔无以成其仁，非贞烈无以显其义。"文末又评论道："夫称妇人之德，皆以柔顺为先，斯乃举其中庸，未臻其极者也。至于明识远图，贞心峻节，志不可夺，唯义所在。"简言之，可以概括为：女子寻常之德以柔顺为先，以成其仁；而名垂史册之大节则在于贞烈，以显其义。

无论从《列女传》所载列女事迹与作者评论看，贞节都是第一要义。由此可见，尽管社会现实中贞节观念相对淡薄，节妇烈女也并不频见——《旧唐书·列女传》序便感叹"末代风靡，贞行寂寥"——但作为社会的主流妇女道德观，贞节仍然最为人所重。

唐后期曾发生过一个案件，判决结果颇耐人寻味。案件为：某辛氏的丈夫遇盗而死，辛氏为报夫仇，寻求杀盗之人而嫁之，有人责备她有失贞节，辛氏不服。作为主审官员的白居易最终判曰："苟失节于未亡，虽复仇而何有？夫仇不报，未足为非；妇道有亏，诚宜自耻。诗著靡他之誓，百代可知；礼垂不嫁之文，一言以蔽。"[1] 白居易观点明确：为了替夫报仇而改嫁他人之举不足取，夫仇不报不足为非，失节改嫁、违反妇道才更为耻辱。这种观点大概在一定程度上也代表了社会普遍道德观念，即在妇女诸种道德中，贞节是居于首位的。唐人李公佐在记述为父、夫复仇事迹的《谢小娥传》中评论道："誓志不舍，复父夫之仇，节也；佣保杂处，不知女人，贞也。女子之行，唯贞与节能终始全之而已。"也表达了对与复仇之"节"同等重要的"贞"的重视。只不过，唐人的贞节标准以及对于妇女的束缚并不那么严苛而已。这在"婚姻、情爱与性"一节已有详述。

应该注意的是，在以上所谓"贞节烈女"中，有将近一半是因为反抗或防御外界侵犯、侮辱而殒身，唐末乱世中这种人物出现尤多。她们的刚烈举止有着维护自身贞节的意义，体现了对于贞节道德观念的服膺；但同时也体现着反抗强暴、维护人格尊严，宁为玉碎、不为瓦全的气节，不能完全以贞节观念的受害者视之。

其次，贞节之外，孝行最受重视。

孝是男女共同的道德规范，女子的孝行在唐代极受称道。唐

---

1 《白香山集》卷49《判》，文学古籍刊行社，1954年。

人撰《隋书·列女传》中以孝入传者3人，在全部16人中比例不是很大；而至两唐书《列女传》中，孝女明显增多，达到17人，在全部56人中约占将近三分之一，比例明显增大。这应该与唐朝大力提倡孝道有直接关系。与贞节妇女多出于高门不同，这些孝女出于下层民间者较多，她们的孝行多是由地方官府进奏朝廷，因而得以名标史册。

孝女中，夏侯碎金的事迹很值得注意。她已为人妻，并生有二女，因父亲失明，祈求丈夫离异，归家侍奉父疾，此后奉养父母十余年，并庐墓守孝终老。这位女子在孝父与事夫不能两全的矛盾中，选择了与丈夫离婚，回家侍奉父母。贞观中，朝廷旌表其门闾，说明了对这种行为的肯定。这虽是特例，但从中可见朝廷对于孝道的重视与提倡，也一定程度反映了在统治者及社会崇尚的妇女道德观中，女子对父母之孝要重于对于夫家的责任，或者说孝道在道德中占据压倒地位。

此外，多位因父亲遇害而亲手杀人复仇的孝女被载入史册，而且无一例外地受到朝廷或地方官府的原免，有的还受到赏赐、表彰或保护，更证明了孝道的压倒性地位，甚至可以逾越法律。

审美观

审美观包罗万象，此处仅针对世人普遍认为唐代女性以肥为美的成见，观察一下唐人对于女性形体的真实审美取向。

由于作为古代著名美人的杨贵妃以"燕瘦环肥"之肥，名传千古，而流传至今的唐代绘画、陶俑等艺术品中的女性形象又多是面如满月、肌肤丰盈，使得后人形成了一个共识：唐代女性以肥为美。实际上，这种说法似是而非，不能说全无根据，但也并不尽然。

中国古代对于女性形体大体有一个贯穿始终的审美观，即以"长白"为美。故有论者将女性美归纳为三点：长，身材修长；白，皮肤白皙；美，容貌姣好。这基本符合历史事实。对于"长白"女子的择取、赞赏，在古史记载中时有所见。如《史记》载，齐国"田常乃选齐国中女子长七尺以上为后宫"。苏秦说赵肃侯云："前有楼阙轩辕，后有长姣美人。"[1] 汉代采女入宫，标准是"长壮皎洁有法相者"[2]。晋武帝为太子选妃时，对卫、贾二女做过一番评论："卫公女有五可，贾公女有五不可。卫家种贤而多子，美而长白；贾家种妒而少子，丑而短黑。"[3] 曹植《洛神赋》则有所不同，赞美神女"秾纤得衷（中），修短合度。肩若削成，腰如约素"。即除了胖瘦、长短适度外，还强调削肩、细腰，即不重"长"而更重纤细。这种说法也极具代表性，属于古代对于女性形体的主流审美观。总之可以说，古代对于女性形体大致一直以颀长纤细为美。

1　《史记》田敬仲完世家、苏秦列传。
2　《风俗通义校注》下册佚文，中华书局，2010年。
3　《晋书·后妃上》。

对于"白"与"美",唐人的审美与前代后世并无二致。肌肤白皙即所谓"冰肌雪肤"始终是唐人反复吟咏的;至于眉目、容颜之美,也看不出与其他时代标准有何不同。只有"长",若说唐人以肥为美,则似乎与传统审美观有些相悖。唐代是否完全颠覆了传统审美观呢?

我们先来看一下有关肥美人杨玉环的记载。同朝代的唐人作品最著者自然要数白居易《长恨歌》,其中描写杨妃之美有"天生丽质""雪肤花貌""回眸一笑百媚生""芙蓉如面柳如眉",并无一语称其丰肥。而陈鸿所作《长恨歌传》则称其"鬓发腻理,纤秾中度"。纤者,细也;秾者,意指艳丽丰满。实际上是说肥瘦适度。其后,五代人和宋人所修正史《旧唐书》《新唐书》记载杨妃"姿质天挺""姿质丰艳"。宋人著《资治通鉴》也称其"肌态丰艳"。五代人《开元天宝遗事》载:"贵妃素有肉体,至夏苦热,常有肺渴,每日含一玉鱼儿于口中,盖借其凉津沃肺也";"每至夏月,常衣轻绡,使侍儿交扇鼓风,犹不解其热。每有汗出,红腻而多香"云云。总之,都明言杨妃丰满多肌。宋人《杨太真外传》则说贵妃三位姐姐"皆丰硕修整"。还有一段情节很生动,唐玄宗因贵妃"微有肌",曾以汉代赵飞燕"身轻欲不胜风"事相戏弄,称:"尔则任吹多少。"贵妃回答道:"霓裳羽衣一曲,可掩前古。"此篇虽有传奇性质,但皆为采集唐人笔记润色而成,有关贵妃之事大略皆备于此。以上这些大体就是杨贵妃以肥美流传后世的源头。

综上可见,唐朝人并未言及杨妃之"丰",说其丰满者主要是五代和宋人。但这些记载距离当时较近、文学创作因素较少，相对还是有一定可信度。由此推断，杨美人大约确是偏于丰满微胖的。不过，杨妃却并不是因为丰肥才得到唐玄宗宠爱的。史载杨妃聪慧、美貌，善歌舞、通音律，又善解人意，正因为有如此过人之处，并且与玄宗性情、爱好相得，才能赢得"后宫佳丽三千人"的唐玄宗的宠爱。总之可以说，是得宠的杨妃偏于丰腴，而并非因丰肥之美而得宠。

有个有趣的事实恰好可以作为反证：专宠肥美人杨贵妃的唐玄宗给太子选妃时，提出的明确标准却是"细长洁白"（或作"颀长洁白"）的女子。而他的兄弟宁王李宪强夺邻居卖饼者之妻，也是因为看中其"纤白明媚"[1]。可见他们都并不以丰肥为美。而从上述《杨太真外传》中玄宗因贵妃微胖相戏到贵妃的对答可见，他们也并非以肥为美。唐玄宗是风流天子、艺术家，他和宁王的审美标准应该是有代表性的，正代表了盛唐也大体是唐代的主流审美观。他们的审美标准并非别出心裁，不过是沿袭了传统的女性审美观而已。此外，史载，武则天家族中静乐县主武氏"短丑"；而武则天"最长"，号为"大歌（哥）"。二人并马而行，前者仪容受到讥讽，极为羞惭[2]。也说明身材以长为美，矮小是不足取的。以上都可见唐人对于女性形体的审美与前代并无二致。

在唐人笔下，专门赞美、吟咏女性肥美的文字并不多见，所

---

1 李德裕：《次柳氏旧闻》、孟棨：《本事诗·情感第一》。
2 张鷟：《朝野佥载》卷4。

见者如：唐人《莺莺传》中诗称莺莺"肤润玉肌丰"，即肌肤滋润丰盈；《霍小玉传》说小玉"姿质秾艳"，此"秾"可做两解，或为艳丽或为丰盈。相反，吟咏女性纤细尤其是细腰之美的唐人文字倒是俯拾即是。唐诗中"杨柳小蛮腰""西北风来吹细腰""罗裙缓细腰""腰如细柳脸如莲""轻盈仕女腰如束"[1]之类，不胜枚举。唐人传奇形容女子之美有"纤腰修眸，容甚丽"；"容止纤丽，若不胜绮罗"；"纥妻纤白，甚美"[2]；等等。可见，与前人一样，纤细的体形、腰肢仍然是唐人心目中美女的重要标准。其余以纤小为特征的美女形体，如小口、纤手、纤足等，也同样受到人们的喜爱与赞赏，唐诗有"樱桃樊素口""注口樱桃小""东南月上浮纤手""一双十指玉纤纤""纤纤玉笋裹轻云"[3]等赞语。可以说，唐人并没有多少文字刻意描绘、赞赏丰肌之美；或许是因为诗歌等作品描写歌姬舞女较多，反倒是吟咏女子纤细、婀娜之美者更为多见。

明确肯定"肥美"者有唐代医学家孙思邈的《千金方》，其中《妇人方》称："凡妇人欲求美色，肥白罕比。"此篇关注重点在于令妇女身体健康，从而有利于生育子嗣，故而以"求子"为开篇。在《房中补益》篇中，对于男子为益寿延年而择取行房

---

1 孟棨.《本事诗·事感第一》；刘希夷.《捣衣篇》、袁晖；《七月闺情》,《全唐诗》卷82、111；顾敻：《荷叶杯》,《花间集》卷7；《敦煌曲子词集》上卷《菩萨蛮》，上海商务印书馆，1954年。
2 韦瓘：《周秦行纪》、皇甫枚：《三水小牍》、佚名：《补江总白猿传》。
3 孟棨：《本事诗·事感第二》；李贺：《恼公》、刘希夷：《捣衣篇》、秦韬玉：《咏手》、杜牧：《咏袜》,《全唐诗》卷391、82、670、524。

的女子体形也提出:"少年未经生乳,多肌肉,益也";"体柔骨软,肌肤细滑……四肢骨节皆欲足肉"云云[1]。以上对女性形体所尚"肥白""多肌",主要是着眼于女性的生育与房中术两项功能,并不足以代表社会对于女性形体的主流审美观。

事实上,人们更欣赏的体形还是肥瘦适度,即《洛神赋》所称"秾纤得衷,修短合度"。杜甫《丽人行》中的长安丽人是"态浓意远淑且真,肌理细腻骨肉匀"。"骨肉匀"应即骨肉匀称、不胖不瘦。又,唐人笔记载,澧州有酒妓崔云娘,"形貌瘦瘠",被人赋诗讥讽道:"只怕肩侵鬓,唯愁骨透皮。不须当户立,头上有钟馗。"形容其状如鬼。同时有酒妓"肥且巨",也被戏嘲为:"一车白土将泥项,十幅红旗补破裈。"[2]虽都是戏言,但足见过瘦过肥都不为美。

文献中所见大体如此,但如果从留存至今的唐代尤其是后期的绘画、壁画、陶俑等艺术品看,又不得不承认,其中的贵妇仕女形象的确多秾丽丰肥者,即使侍女等人物也往往面似银盆、身形丰满。虽然她们并不能代表现实生活中广大妇女的真实形象,但作者的描摹、创作显然说明是以此为美的。宋人《宣和画谱》曾从著名仕女画画家代表人物、唐后期人周昉的角度对此做了猜度与解释,认为这与绘画者所见及地域有关:"(周)昉贵游子弟,多见贵而美者,故以丰厚为体。而又关中妇人纤弱者为少,而其

---

1 参范家伟《从〈千金方〉论唐代前期女性身体观》,《唐研究》第8卷,2002年。
2 范摅:《云溪友议》卷中。

意秾态远，宜览者得之也。"[1]元代鉴赏家汤垕《画鉴》也指出，周昉"善画贵游人物，又善写真；作仕女多秾丽丰肥，有富贵气"。两者所言确有一定道理。一方面，仕女画及陶俑等艺术品有一定写实性，其所塑造的多是关中地区的宫廷、贵族妇女及侍女，虽然其形象不能代表广大妇女，但应该在一定程度上反映了富贵人群的现实状况。社会的长期安定、物质生活的富足以及关中女性的体形特点确实造就了一批肥美人。另一方面，也的确说明，唐人对于女子体态丰腴有所偏好，至少并不以之为丑。以色事人的女子们因此不必为"楚王好细腰"而饿饭，艺术家的写实作品中自然也就多见肥美人了。从这些艺术作品中，后人得出了唐人以肥为美的结论："此固唐世所尚，尝见诸说，太真妃丰肌秀骨。今见于画，亦肌胜于骨。""曲眉丰颊，便知唐人所尚，以丰肥为美。"[2]不过，对于绘画、唐俑中女性艺术形象的偏肥有一点也需要注意：唐代妇女着装特点是长裙高束，甚至及于腋下，类似朝鲜的民族服装。富贵妇女的裙子往往宽肥多褶，常见为六幅，大约相当于三米多宽，宽者则有十几幅，达到四五米。这种裙装虽然显得下身偏长，但也遮掩了女子的细腰与曲线。这可能也是人们从唐代艺术品中感觉女性形象偏于肥胖的原因之一。

此外需要注意的是，所谓"丰肌"，绝非概指肥胖，而应是以上述"肌胖于骨"或"丰肌秀骨"为美，即肌肤丰盈而骨骼、

---

1 《宣和画谱》卷6。
2 董逌：《广川画跋》卷6。

形体纤秀;同时,"丰肌"也并不意味着健硕,还以柔弱为上。所以白居易《长恨歌》特别描写贵妃浴后"侍儿扶起娇无力",陈鸿《长恨歌传》则形容其"体弱力微,若不任罗绮"。这实际上与前人所尚并无二致,即"丰肤曼肌,弱骨纤形"[1]。总之,是以肌肤丰盈而骨骼纤秀柔弱为美。这其实正是古代流行始终的审美观。

由上可见,作为主流审美观,唐人并未完全颠覆传统,纤细柔美仍然为社会所崇尚;但与其他时代相比,唐人确有偏好女性形体丰腴的倾向,至少并不以身形丰肥为丑。

唐代艺术作品中对于女性肌肤丰盈的表现与偏爱,除了受关中地区现实中多见丰腴的贵妇仕女,且以丰腴为富贵相以外,可能还有几点因素促成了这种审美观:其一是佛教的影响。众所周知,佛教所塑造的赐福于人、象征福相的诸佛像、菩萨像等,无不圆润丰满。而唐代是佛教极盛时代,崇信者众多,社会的审美取向必定会受到影响。唐代所造龙门石窟奉先寺卢舍那大佛最具代表性,其面容圆润丰美,据说是根据武则天形象塑造。这种说法未必可靠,但可窥见唐人审美观之一斑。其二可能还与唐人对于女性身体性感美的欣赏有关。唐诗多见赞美女子"粉胸"半露的诗句,如"粉胸半掩疑晴雪""粉著兰胸雪压梅""半胸酥嫩白云饶"等;而唐代流行的半袒前胸、乳沟毕露的女装也反映了人们对于女性肉体、胸乳丰满的欣赏。显而易见,瘦骨嶙峋的女子是不大适合这种审美情趣与服饰风格的。这种审美是否受到外来

---

[1] 王粲:《七释》,《艺文类聚》卷57,上海古籍出版社,1982年。

文化影响，还须探究。以上只是推测而已。

唐人对于肥美的偏好以及对于纤柔的传统审美观的承袭，并不妨碍唐代社会同时存在着与之完全相悖的另一派审美取向。从唐代文学、艺术作品塑造的女性中，我们可以不时看到英武、刚健的女侠以及诸多身着戎装胡服、骑马飞驰或挽弓射猎的女性形象。她们绝不丰肥，更无弱柳扶风、西子捧心之态，而是苗条、俏丽、健美，别有一番勃勃英姿。唐诗描绘的此类女性形象是："辇前才人带弓箭，白马嚼啮黄金勒。翻身向天仰射云，一箭正坠双飞翼。""射生宫女宿红妆，把得新弓各自张。临上马时齐赐酒，男儿跪拜谢君王。""新鹰初放兔犹肥，白日君王在内稀。薄暮千门临欲锁，红装飞骑向前归。"[1] 由此可见，唐人同时也崇尚女性的刚健、英武之美，这些女性形象也是唐代妇女风貌的艺术缩影和唐人审美观的一种鲜明体现。

综上可见，与其时代相比，唐人可能偏好丰腴之美，但也仍然承袭传统审美观，崇尚女性的长白纤细，与此同时，同样欣赏女性的刚健、英武之美。故而，与其说唐人以肥为美，毋宁说，唐代的女性审美观是多元的。不过，总体说，唐朝的确以独具特色的女性丰满、健硕、英武之美，区别于后世一味崇尚的女性纤细、柔弱、病态之美，而这正与唐代的社会文化氛围与妇女总体面貌相契合。

---

[1] 杜甫：《哀江头》、王建：《宫词一百首》、张籍：《宫词》，《全唐诗》卷216、302、386。

附录
风流女冠鱼玄机传

长安一片月,一缕月光透过铁窗投进京兆府女牢中,使得原本就冷暗潮湿的牢房显得更加阴森凄清。

牢房一角倚卧着一个身着囚服的女犯,她看来不过二十多岁光景,虽然乌云散乱、玉容惨淡,却仍然掩盖不住那一段天然风韵。她并非绝艳惊人,但那挺秀袅娜的身姿,那冰莹光润、略显苍白的脸庞,那宽宽的额头,高挑的蛾眉,细巧的鼻梁,薄薄而微抿的朱唇,尤其是那一双微微凹陷而黑如点墨、明如秋水的杏眼,合成了一种使人一望便不容易忘记的脱俗的美。此刻,她一动也不动,月光下如同一座巧夺天工的白玉雕像。玉一样的容貌,花一样的年华,这样美丽,这样优雅,这样楚楚动人,让人怎么也想象不出,她会是个杀人犯,不久就要香消玉殒于血淋淋的刀斧之下!

此时正是唐懿宗咸通九年,即公元868年。这位孤独地关在死囚牢里的女犯,就是生时名噪京师、身后流芳千载的著名女冠诗人鱼玄机。

她目光散散地望着铁窗外那一小片天空和那一弯冷月,头脑里是一片空白。周围的一切好像都在梦幻中,似真又似假;身体轻飘飘的,有一种羽化登仙般的升腾、迷茫的感觉。她怎么会到了这里？这一切是怎么发生的？她已经不能想得很清楚。二十五年光景浑如一场春梦，命运——这只无形而有力的手，把她从一个贫家少女变成了宦门侍妾，又把一个失宠的小妾变成了闻名京城的风流女冠、著名才女。

这场梦就要醒了，它是从哪里开始的呢？

一

"女郎本是长安人，生长良家颜如玉。"

二十五年前的长安，平民聚居的里坊中，一座寒素的小院，一户普通的市井人家，一个平平常常的女婴诞生了。没有人庆贺，没有人欢呼，她的出生只是换来了父母的几声叹息。盼子不得的父亲并未嫌弃这个女儿，为她起名蕙兰，希望女儿蕙质兰心、清雅芳洁。

一朵不起眼的小花就在不起眼的路边墙角悄悄地发芽生长并含苞待放了。蕙兰像左邻右舍的贫家少女一样，靠着她们自身的生命力，悄无声息地长成了年近及笄的少女。与周围的女孩儿们不同的是，她生就一副令人羡慕的秀丽容貌，虽然说不上国色天香，在那一带里坊中也算是十分出色了。她又有着一种令人惊叹的聪明心性。她自小不喜针黹女红，那粗通文墨又一世潦倒的父亲闲暇无事便教她读些书、认些字，不过当作消遣。不想蕙兰在这上面却有十二分的灵性，不多时，竟能自己浏览典籍了。她特别喜爱诗词歌赋，终日手不释卷，读到好处，如醉如痴，废寝忘食。尤其是读到前世名姬才女的诗作和韵事，她常常羡慕神往不已，恨不与之同时。后来，自己竟也背着爹爹，信手涂鸦，写起诗句来，一吟一咏，煞费苦心。鱼家本是小户人家，没有那么严格的闺训,爹爹又是个不拘形迹的人,对女儿也自放任,不甚拘管,不像讲究礼法家规的大户人家,对女孩儿的一言一行甚至读什么书都要限制。蕙兰就这样无拘无束地长大成人了。她因此而比周围的同龄少女多了几分知觉和才智,却也同时生出一大堆不安分的想法,养成了个心高气傲、倔强任性的脾气。

临近及笄之年,虽说是贫寒人家,但因为蕙兰的出众容貌,来上门提亲的也还不少,其中有的还是殷实人家。蕙兰本来可以像周围的寒门少女一样,找个门当户对的人家,嫁夫生子,虽然辛劳艰苦却可以平平安安地度过一生,但她却走上了另一条坎坷不平的道路。

无论贵贱、贫富,婚姻对少女们都是最重要的,因为她们一生的祸福命运都悬在这根线上,这怎能叫她们不关心!自从初通人事,蕙兰那早熟的芳心里便不时羞涩不安地想着自己的婚姻大事。她常常一个人出神,信马由缰、无边无涯地胡思乱想,有憧憬,有梦幻,更多的却是说不出的苦恼。真该怪那多事的父亲,自己既不能脱下白衣换朱紫,何苦要教女儿读什么书!更该怪那些云里雾里的诗文书籍,让这天资聪慧、心高气傲却又偏偏生在寒门的少女平添了许多的烦恼。

对于蕙兰的婚事,从来放任女儿的父亲并不擅作主张,总是探询女儿的心意,蕙兰总是摇头。为什么?她不说,因为她自己也说不出有什么明白的打算,只是从心底觉得,自己要嫁的人不该是那个憨头憨脑的未来的店主,不该是那个一脸酸相的刀笔小吏,也不该是那个满嘴酒气、粗俗不堪的绢帛商人。她更不能想象,自己将来要像东邻的姐姐一样,出嫁后终日在店中烧火沽酒、招呼客人,不时与客人笑骂几句粗话;或者像西邻的姐姐一样,时常蓬头垢面、毫无羞色地在门口奶着那流着鼻涕的脏孩子。她不愿也觉得自己不该过这样的生活。

她时常想起节日里在曲江池游玩时见到的那些呼奴唤仆的贵妇、千金们，她们虽然一个个浓妆艳抹、遍身绮罗，却大多粗蠢丑陋。自己哪一点比不上她们？不是连那些衣冠楚楚的风流雅士们也常对自己顾盼流连甚至驻足观赏、交口赞叹吗？更有那一班纨绔子弟，常常挨肩擦背，故意调笑挑逗自己。那时，蕙兰虽然害羞、害怕，但事后想起，心里是愉悦的，她懂得了自己的美、自己的价值。她更知道自己不比那些贵妇千金们笨，她的聪明自幼受到亲友们赞赏惊叹，近来信手涂抹的小诗，不是连爹爹和他的朋友们也啧啧称赞，连连地说这孩子不该生在这样的人家吗？为什么老天如此不公平，偏让那些蠢物生在锦绣丛中，而让自己生在这下里贫家呢！蕙兰时常被一大堆这样的思绪苦恼着，她不平，她不甘心，却又无可奈何。

就在这个时候，李亿来提亲了。父亲的一个朋友在李亿府中做管事，偶然的机会说起蕙兰的才貌，竟引起了这位年过而立的主人的兴趣。李亿前年进士科及第，近日又得授朝官"补阙"，可算春风得意。家中早已娶了正室夫人，岳丈家道富实，也是仕宦人家。李亿与夫人倒也和睦，且已生下一子一女，只是这位夫人才貌平庸，虽说人品不坏，但总像喝着一杯掺了白水的酒，淡而无味。李亿每每想起，总觉得是平生一憾。新科及第、得授美官，使得功成名就的李亿那颗风流才子之心陡然膨胀了。虽说新及第时，按风流场中惯例，眠花宿柳，着实风光了一阵，毕竟青楼女子多是逢场作戏，不能尽如人意。及至授为谏官，行为须要检点，为了仕途，李亿就更不能随意出入平康里之类去处了。此时，有人向他提到了鱼家这位小家碧玉，他听得很入耳，及至见了蕙兰的翰墨诗草,又到鱼家托故相看了蕙兰容貌,他心醉了,着迷了,不能自持。于是,不顾夫人的百般阻拦,硬是托人去提亲了。

蕙兰记得那一天父亲是带着几分惶愧向自己嗫嚅着提到这门亲事的。父亲是读过书的人,虽然家道寒微,有意攀缘高门,毕竟清白良家将女儿给人家做妾总不是十分体面的事。蕙兰没有应允,她一声未吭地回到了自己房中。做妾,心比天高的鱼玄机一下子有点接受不了。

她想起了那天见到的那个人,她清楚记得,他和自己家时常出入的那些人不一样,一眼就看得出是上流人物。他不过三十余岁年纪,正是男人最光彩的年华,白面微须,长身玉立,潇洒倜傥,与父亲交谈时彬彬有礼、温文尔雅。听说他是有名的才子,诗文书画都来得,前年又新中了进士,进士——这可是长安人心目中神仙般的人物,就是贵富豪门也巴不得有位进士做乘龙快婿呢!这不正是自己心底朦胧梦想中的那个凤求凰的司马相如吗?况且,他是另一个世界的人物,他能把自己带到他的世界,那个自己羡慕却无缘进入的世界,去过那梦一样的生活。还有什么可犹豫呢?

十五岁的少女啊,虽然聪明过人,毕竟天真幼稚,还不能懂得人生的种种苦处。第二天,她出乎父亲意料地点了头。

二

十天之后,一辆马车悄无声息地离开了蕙兰生活了十五年的小院和陋巷。昏头昏脑的蕙兰被从后门载进了李府,随着大门的砰然关闭,她开始了全新的生活。

因为是纳妾,没有鼓乐傧相,没有客人贺喜,一切都是那么简单。

晕晕乎乎中她被人引着拜见了李亿夫妇，她只看见了他们的衣裾和脚。他们好像说了些什么，她已经记不大清了。多少时候梦想的那人生最重要的、激动人心的时刻竟是这样暗淡无光地过去了，当她终于疲劳地坐在李亿为她安排好的一间陌生房间里时，不由得哭了。她想念自己家那寒酸但温暖的小院，但她已经永远回不去了。不知心慌意乱地等待了多少时间，惶惑不安的心情终究战胜不了几天来的疲乏困倦，她伏在枕上睡着了。

她是被一张带着胡茬的脸碰醒的，她那梨花带雨的泪脸、楚楚可怜的睡相惹起了李亿无限的激动和爱怜。天色已昏黑了，当李亿热烈温存地拥吻她，低声软语地安慰她，又亲自殷勤地服侍她洗脸卸妆时，羞涩、惶乱、委屈一下子又涌上她那少女娇嫩的心头，她不禁又一次低声啜泣了。所幸的是，那一夜春风弥补了她的委屈、她的等待，解除了她的惶恐、她的不安，李亿是那样温存体贴、怜香惜玉，他说了那么多足以让一个十五岁的少女心醉神迷的情话。当又一次晨光出现，蕙兰在李亿的怀抱中醒来时，她那小小的芳心中充溢着从未有过的幸福和柔情，她以一个十五岁少女所能理解的全部爱情爱上了李亿。

婚后的生活是幸福的。她虽是小妾，但有李亿的宠爱，她不用去做什么粗活，还有丫鬟仆妇服侍她。她不必为衣食费心，李亿还为她添置了她从未有过的许多漂亮衣服、首饰。李亿不在时，她喜欢打扮停当，在铜镜前静静地坐上半天，一个人欣赏自己的美丽。她也喜欢关起门来，焚香抚琴，读书习字。李亿在她身边时，是她最快乐的时光。他疼她、爱她，教她习文赋诗，教她弹琴下棋，陪她谈天说地，看她调皮嬉戏。她不高兴时，向他撒娇撒痴，使性弄气，他也并不真生气，只将她当作孩子一样宠爱，一会儿就使她挂着泪珠笑出声来。她从不知道人世间有这样的快乐，她庆幸自己嫁给了李亿。在她的心里，李亿是她的世界、她的一生、她的一切。李亿虽是风流人物，也有过拈花惹草的经历，但对蕙兰也并非逢场作戏，他真心喜爱这个伶俐剔透、纯真活泼又有几分顽皮任性的小妾，因为她也给了他从未有过的快乐，这是他从他那平淡无味的妻子那里，从那些妖冶作态的青楼情人那里没有得到过的。

蕙兰的幸福又是不完整的，她不能尽情享受寻常新婚夫妻那种形影不离、如胶似漆的闺房之乐。李亿有一堆公事应酬，公余，无论他是否乐意，也要用大半时间陪伴夫人——他是个有身份、知书达礼的人，他不能让旁人说他的不是。这样，他就只有一小半时间能给蕙兰，尽管这也许是他最愉快的时刻。蕙兰的大半时间不得不独守空闺，在寂寞孤独中度过。

更使蕙兰不曾想到的是，她的幸福时时笼罩在阴影中。这阴影时常使她半夜惊醒，出一身冷汗。那是正室夫人那冰冷、仇恨的面孔和咬牙切齿的斥骂。刚进李家门，李夫人只是冷冰冰的，不理睬她，她也尽量小心，处处恭顺有礼。不多久——正是李亿最宠爱她的时候，夫人竟动辄就恶狠狠地训斥起她来，接着是辱骂，再接着便是咬牙切齿地破口大骂，开口便是"淫妇""贱婢""妖精"。起初，蕙兰怎么也不明白，对旁人乃至下人都温厚随和的夫人，怎么就独独对她这样刻毒。她和她无冤无仇，她也并没有得罪她。渐渐地，她大了，她懂了：她们俩共有一个男人，她们都爱他，都需要他，这就注定了她们得是仇人。而自己又比夫人年轻、貌美，比夫人聪明、活泼，李亿更喜欢自己，这就注定她得是夫人的眼中钉、肉中刺。不管怎样得宠，毕竟夫人是夫人，妾是妾，尊卑贵贱不同，就得忍气吞声听人家呵斥责骂。起初，蕙兰忍着，她心里有李亿的爱，她可以向李亿诉说委屈，只要他一句话，她就会满足，就会忘了自己受的委屈。可是时间长了，她受不了了，她从来也不是个逆来顺受、甘居人下的人，何况李夫人常常是无理寻衅呢！她开始反抗，先是不理不睬，继而辩驳顶嘴，再后来便反唇相讥、奚落嘲讽。李夫人气得浑身颤抖时，便使出杀手锏，要佣人用家法打她。她不能反手对抗，只得忍痛吃一顿毒打。尽管挨打，但她不改口、不服软，仍然高傲地、冷冷地盯着李夫人，这使夫人更受不了。于是这个家从此失去了安宁。夫人与李亿不停地吵闹，要回娘家，蕙兰也毫不示弱。起初，李亿处处回护蕙兰，也常在背后抚慰她。后来闹得大了，李亿就责备起蕙兰来，怪她不懂礼法尊卑，要她给夫人赔礼。她委屈，她不明白为什么她无缘无故挨打，倒要她赔礼。李亿也有他的苦衷，他虽喜欢蕙兰，但妻族旺盛，不能得罪；又怕在士林中落个宠妾弃妻的恶名声，于仕途不利；而且，与夫人是十几年的结发夫妻，情义还是有的，小妾虽能博一时之欢，到底不像妻子那么贴心，那么知疼着热，可以患难与共、祸福同当。说到底，妾能私下里宠爱，总不能惯出她的脾气来，反过来以卑凌尊，乱了家法，贻笑大方。所以李亿只能压着蕙兰，平了妻子的气，求得个家宅安宁。无奈蕙兰不是个能捏能压的柔顺性情，她倔强气盛，李亿爱她时，有时觉得她的小脾气也怪可爱，到了此时，蕙兰的脾气又实在让他受不了。时间长了，家中终日不得安宁，也让他厌烦了。他时常深夜不归，回来时总是醉醺醺的，衣裾上还常有胭脂、胡粉香气。偌大的长安城，哪里没有寻欢作乐的地方！

于是蕙兰便更多地独守空帏,她暗自伤感叹息,常常流着泪吟诵着卓文君的《白头吟》、班婕妤的《怨歌行》,感叹着"花红易衰似郎意,水流无限似侬愁"。她觉出,李亿对她渐渐情淡了,她只以为是自己的放纵任性触怒了李亿,她还不能洞晓男人们喜新厌旧的脾性。她虽然依然美丽年轻,但对于李亿,却已失去了新鲜感。正像李亿当年不惜重金购得,挂在墙上的那幅汉人古画,挂在自家墙上久了,也就淡淡的,觉不出有什么可贵。如今,对李亿,一个粗俗的歌舞妓也许比当初视如至宝的蕙兰更具有吸引力。

三

生活是怎么突然改变的?蕙兰永远也忘不了那一晚。

那一晚,李亿又是很晚才微醉地回到家中,蕙兰早已卸了妆,以为他不会到自己房中了,李亿却径直来了,她感到意外,也感到高兴。李亿对她格外温存,他已经很长时间没有这样待她了。她万万没有想到,就在刚才的酒宴上,李亿终于下定了决心,要把蕙兰送到道观中去安身。他的那些朋友不愧是一群风雅明达之士,当初他们啧啧艳羡李亿得宝,而今却又一致劝他节情割爱,不要为了一个小妾败了家,坏了名声、前程。当然,说这番话的人也是各有各的心思,只是不好明言。李亿不能忍受这种妻妾终日相争的境况,但又无论如何也不能忍受他的蕙兰有朝一日睡到别人的鸳鸯枕上。思来想去,他终于听从一位聪明友人的劝告,决定把蕙兰送入道观,觉得这不失为一条最好的出路。这倒也并非忽发奇想,当时良家女子因为各种境遇、原因到道观安身是十分普遍的一种风气。

蕙兰永远忘不了李亿把这个残酷决定告诉她时那张冷静又似略含歉疚的脸。她一时如同突然泡在冰水中，完全呆住了。她呆呆地看着李亿，李亿似乎在说着一大堆安慰她的温存话，说他也是由于无奈，说他还会常去看她，说他会想念她，说日后一旦有变还会接她回来……蕙兰什么也想不清楚，什么也说不出来，只是在泪眼蒙眬中看着李亿的脸，那张脸曾经是那样亲切温柔，可以依恋，今天却变得这样陌生，这样无情。李亿似乎说完了该说的话，他走过来拥抱她，想再抚慰一下他曾经那么宠爱过的小妾，也许还想弥补一下良心上的歉疚。蕙兰在他的怀抱中逐渐清醒了，她突然紧紧搂住李亿的肩头放声悲泣起来。她还存留着最后一点希望，希望能唤起李亿的温情，希望李亿能改变主意。但是，她终于明白李亿的拥抱不是感情的爆发，不过是一种安慰而已，一切都已无可挽回了。她那倔强的天性复苏了，她的心逐渐硬了起来，她不再哭泣，冷冷地推开了李亿。

李亿走了，只留下形影孤单的她。她一头扑在枕上歇斯底里地大放悲声。她那么年轻，那么美貌，她爱笑、爱玩、爱打扮、爱热闹、爱两性间的甜蜜生活，她从来也没想过到陌生的道观中去过那种孤苦伶仃、半死不活的生活。她不！绝不！哭得累了，她呆呆地伏在枕上，头脑渐渐地冷静下来——如果她不去道观，将会怎么样呢？难道还要在这个家中继续忍受这种屈辱可怜的生活？或者回到自己家那穷街陋巷忍受亲邻们的讥笑、怜悯，重新去过那种她不愿过的生活？她不能。那么，或许暂去道观安身倒是一条出路，何况，这一切已无可改变。这一晚，蕙兰第一次想到了老人们常说的"命"字。

第二天，一夜无眠的蕙兰开始默默地收拾行装。她没有再说什么，也没有再哭泣。

三天之后,又是一辆马车悄无声息地出了李府后门。蕙兰清楚记得,此时离她坐另一辆马车进门,不过两年零一个月。她执意不去拜别李亿夫妇,硬起心肠头也不回地去了。

咸宜观的大门为她敞开了,给她披戴冠帔袍服的观主为她起名"玄机"。昨日的如花美妾蕙兰,如今变作了黄衣女冠鱼玄机!

咸宜观不是天宫,但也不是地狱。唐朝的道教因为沾了老祖宗李聃与皇帝同姓的光,深叨荣宠。长安城中道观林立,道士、女冠人数众多,因为有皇家惠顾、贵人供奉,所以生活是不愁温饱的。至于咸宜观,更不同于一般道观,它可以说是一座贵族道观,在这里披戴出家的多是贵族士大夫家的女子,还有年老出宫的宫女等有来历的女子。这里殿堂辉煌、庭院幽雅、花木葱茏,女道士们的生活自是一般道观所不能比。那些出自高门大户的上层女道士在这里呼奴唤仆、衣锦食肉,全不亚于世俗贵妇。

唐朝的道观还别有一番不同寻常的风气。唐代世俗风气开放,不尚礼法,男女之间也无大禁忌,连带着佛寺、道观中清规戒律也都不甚严格,道观尤其如此。女道士们既属"方外"之人,行动、交游也就比闺阁女子们自由得多。唐朝有不少金枝玉叶的公主自愿出家入道,道观倒给了她们一份自由的生活,她们生活照样不失富贵荣华,却逃脱了世俗礼教、婚姻的束缚,可以无拘无束地生活,甚至自由恋爱。从她们身上便可以看出唐朝道观和女道士的生活风气。女道士们大多是妙龄出家,她们生活优裕安逸,不少人出落得俊秀齐整;又兼没有家事之累、衣食之忧,闲居无事,多以诗文翰墨为伴,所以更别有一番清雅仙气,绝非俗艳女子可比。这就使得道观成了招蜂引蝶的风流去处，文人骚客、达官显贵、五陵少年都时常出入于此。女道士们盛行与文人名士酬酢交游，她们正当青春，"尘心"未退，既得以结交众多异性，也就不时有风流名声传出。据说，宣宗皇帝有一次微服私访一处道观，见到女道士们一个个浓妆艳抹，不禁龙颜大怒，即刻命人全部遣散回家。可知当时道观中女冠风流已是寻常风气。这就难怪有人说唐朝女冠"迹近娼优"了。咸宜观既是贵族出家之地，自然更是京师道观风雅之首。

鱼玄机就在这里开始了她的道士生活。李亿时常送钱米给她，又买了两个女僮服侍她。鱼玄机在这里可以安逸地生活，既无冻馁之虞，也无劳作之苦。苦苦地折磨她的是无穷的孤独寂寞，是无尽的离愁别恨。她恨在李家那不得安生的生活，但又忍受不了道观中的冷清孤寂；她恨李亿的薄情，但又割不断对李亿的缕缕情思。尤其是每天夜阑人静，灯下独坐，一个人孤零零地听着远处传来的更声时，她更是愁肠百结，伤感不已。"洞房偏与更声近，夜夜灯前欲白头"，她只能流着泪思念着李亿，回想着往昔的甜蜜生活，悲叹着自己的薄命。

晨钟暮鼓，春花秋月，鱼玄机一天天、一月月地苦挨着漫长寂寞的岁月。羽化登仙、长生得道，这一切是那么渺茫遥远，她将信又将疑；每日里登坛焚香、诵经修炼，在她来说，一半是例行公事，一半是寻求精神寄托。余下的日日夜夜，诗书经卷、笔墨纸砚便成了她消磨时光、排忧解闷的最好伴侣了。"笔砚行随手，诗书坐绕身"，她的枕边榻上堆满了道家经卷、诗书典籍，终日手不释卷。长夜无眠、衾寒枕冷，写诗更成了她寄托情思、苦挨更漏的唯一可做的事。她每每灯下苦吟，搜求佳句，一行行绝句排律、长歌短词跃然纸上，渐渐地竟积满了书箧。

做道士鱼玄机似乎并无仙缘，对诗词她却素有慧根。她的诗随着到观中游赏的士子们渐渐传了开去，竟赢得长安才子们的一片啧啧赞叹声，一些佳句一时间传诵于京城文士之口。长安文人骚客众多，历来好事又好风雅，诗词出自巾帼已属雅事，鱼玄机又是年轻美貌的女道士，这就更让风流才子们拍案称羡不已了。鱼玄机的美貌与诗名在京师上流社会不胫而走，很快成了文人雅士群最喜爱谈论的话题。见过鱼玄机的不免添枝加叶渲染一番，没有见过的便巴不得一饱眼福。

于是咸宜观的游客陡增了，来的大多是文士墨客，富豪人士、贵游子弟虽不懂什么平仄韵律，为附庸风雅、饱餐秀色，也争相趋之若鹜。起初鱼玄机淡淡的，并不十分兜揽，只是略略应酬片刻而已，终日里仍是郁郁不乐。渐渐地，她尝到了作为众多异性倾慕对象的乐趣，更重要的是有一件事使她彻底改变了对这一切的态度，那就是李亿的绝情。

自入观中，鱼玄机的一片芳心仍然留在李亿身上。她虽恼恨他的负心薄情，但也体谅他的难处苦衷。毕竟他是她十几年生命中唯一的男人，他曾经给了她那么多的温馨幸福。她时时关心着他的冷暖起居，日日思念着他的容颜身姿，也朦胧地幻想着有一天能断弦重续、破镜重圆。她的诗便有很多是赠给李亿的。在诗中她尽情倾吐着自己的离愁别恨——"醉别千卮不浣愁，离肠百结解无由"；表达着对李亿的关切之情——"莫听凡歌春病酒，休招闲客夜贪棋"；寄托着恩情长在、重新聚首的殷切希望——"聚散已悲云不定，恩情须学水长流"，"虽恨独行冬至日，终期相见月圆时"。这些诗句字字伤情，读之不由使人为之掩卷叹息。李亿起初还常来看她，并偷偷地与她在观中重温鸳梦、再续缱绻。渐渐地，他来得稀了，后来竟至几乎绝了踪迹。鱼玄机终日倚门盼望，并时常托人捎书简诗词给他，但如石沉大海，杳无回音，终于有一天她明白了，李亿已不愿再与她有什么瓜葛。后来又风闻李亿再纳新宠，她彻底绝望了，她心中唯一存留的一点光明、温暖熄灭了。为此，她曾"枕上潜垂泪，花间暗断肠"，痛不欲生。但是，几年来的道观生活和读书交际，使她成熟了许多，她已不再是几年前李府中那个可怜的依人小鸟。她痛彻心脾地仰天悲叹："易求无价宝，难得有心郎！"却并没有从此心如死灰、冷漠消沉起来，而是重新燃起心中之火，勇敢热情、痛快淋漓地宣称："自能窥宋玉，何必恨王昌！"有几个女子敢这样直率大胆地道出如此离经叛道的爱情宣言！她不再柔肠百转、折磨自己，也不想再去恨李亿。她还年轻，她是自由的，她要快乐，要爱情，她要自己去追求，去寻找"有心郎"！

于是，她不再冷淡，不再忧郁，对慕名而来的客人她笑靥相迎，周旋应酬。鱼玄机原是冰雪聪明、伶俐剔透的人，她不仅有诗才，而且谈吐风雅、应对敏捷；这几年在观中常与琴棋书画为伴，她善抚琴，喜清歌，能敲棋，会击球，又有一番让男人吃惊的好酒量。所以不费吹灰之力，便使得一群风流雅士拜倒在她的石榴裙下。鱼玄机的名声越发大了，京师人士以与她结交为荣，咸宜观终日门庭若市、车马如云。各方人士争相修饰打扮，载酒携诗而至，想方设法显露才华风采，以博鱼玄机的欢心。鱼玄机便终日里与来客们同席共饮、联袂出游、吟风弄月、谈诗论道、敲棋煮酒、抚琴歌唱，结交了不少情趣相投的朋友。不过，鱼玄机为人真率不拘，又恃才傲物，能受到她青睐的尽是才子名流、豪客侠士；对利禄小人、无学之辈，她不肯曲意逢迎，常常使得他们自惭形秽，不敢再来，因此也就得罪了不少人。

鱼玄机不仅呼朋唤友聚众豪饮、结伴出游，而且还曾孤身一人云游四方。她远行至湖北武昌一带，一路观赏奇山秀水，一路炼词造句，写下了一首首为人传诵的佳作。

她的诗写得越发好了，当世著名诗人词家温庭筠等人与她都是好友，连这些须眉才子有时也不得不拍案激赏，自叹弗如。有一次，她与朋友们一起到崇真观游玩，见到了那一年新科进士在楼上的题名，不禁感慨万端，想到士子们都有金榜题名的希望，自己身为女子，虽然胸怀锦绣，却永远不能蟾宫折桂、一展才华，心中又是羡慕，又是遗憾。她当即赋诗一首，感叹道："自恨罗衣掩诗句，举头空羡榜中名。"同行的士子们都不禁为她的豪气、才华所折服。这样豪纵的诗句也确实只有鱼玄机能写得出。当时闺阁女子、娼妓优伶能诗者甚多，不过大多是吟咏春花秋月、红颜白发，难脱脂粉味道。鱼玄机的生活、经历、见识都比她们要丰富得多，她的诗因而千姿百态、风格各异，既有缠绵哀怨，颇有女性味道的；又有超凡脱俗，大有道家风骨的；也有豪爽放纵，须眉气十足的。而她的爱情诗，感情奔放、大胆真挚，毫不矫揉作态，更是闺阁诗人们望尘莫及的。因此，她的诗傲世独立，受到人们的另眼看待。

鱼玄机的生命中除了她的诗，还有她的爱。自从与李亿彻底决绝后，她便开始不受任何约束，勇敢自由地追求爱情。在与异性诗友的觥筹交错、耳鬓厮磨中，她有过不止一次的爱情爆发，李郢的风流俊雅，温庭筠的才华横溢，李近仁的器宇轩昂，左名场的慷慨豪爽，都曾使她心醉神往，萌生出无限的柔情与希望。但是梦却一个个地破灭，她的一片痴情一次次付与无情流水。她爱恋的人，有的顾惜名节，将名利二字看得比她重要得多，不肯为她坏了仕途名声；有的逢场作戏，将她视作娼优之类，只图一晌枕席之欢，并不想与她天长地久；有的懦弱胆小，虽然对她一往情深，但碍于家族、舆论压力，不敢与她结百年之好；也有的洞晓世事，知道她这样美貌多才的女子不会安分，而且是惹祸的根苗，所以只愿与她作笔砚之交，不肯作鸾凤之会。她最倾心爱恋的李郢，登第做官之后，竟不顾数年恋情，从此不再踏进她的门槛。鱼玄机一次次的爱情萌发，给她带来的只有转瞬即逝的一点光明和温暖，很快就变成撕心裂肝的痛苦与失望。她终于不再认真、不再痴情，男人们既然可以三妻四妾、眠花宿柳，可以在她这里求取一时之欢，她为什么不可以同样行事，为什么不趁着年轻貌美尽情地追欢寻乐！于是她不顾一切地放纵情欲、恣意求欢，她的诗名满京城，风流放浪也出了名。

四

光阴荏苒，鱼玄机在观中已度过了七八个春秋。

多年的诵经悟道、诗酒交游使她洞晓了许多天道事理，也看破了人情冷暖、世态炎凉，但是这些都并没有能完全改变她那心高气傲、倔强不驯的性情。她虽然过着放浪形骸、及时行乐的生活，内心却时时感到痛苦迷茫。入道多年，但她始终不曾完全相信修仙得道一类美妙前景，她深知，长生无望，红颜易衰，眼前的众星捧月、花团锦簇转瞬之间便会变成一片空虚，迟早她会落得"门前冷落车马稀"，老大寂寥无人问。每每想到这些，她便不禁不寒而栗。这痛苦她无处诉说，只有依旧以诗酒行乐去排遣。她的脾气于是越发乖戾、任性、暴躁，为此她得罪了很多人，也给自己惹下了杀身大祸。

鱼玄机身边有个女僮名唤绿翘,约莫十五六岁光景,是近年才从下里贫家买来。虽然是村野少女,但生得娇小玲珑,眉目秀丽;她聪明伶俐,在鱼玄机身边又长了不少见识,所以侍奉客人周到得体,很受客人们喜爱。绿翘虽没有鱼玄机的高雅清俊风采,但是那种娇憨活泼、天真未凿的少女情致却是鱼玄机早已失去的。鱼玄机的客人自然都是风流人物,对他们来说,鱼玄机虽是国色天香,但毕竟花期将过,况且司空见惯;而绿翘却像一朵虽不名贵但含苞待放的野花,使他们感到新鲜有趣。客人们时常对她调笑挑逗,有的更有着得陇望蜀、一箭双雕之意。这自然使得鱼玄机十分不快,她习惯于众星捧月、独压群芳的地位,自然受不了与绿翘这样的村野少女争风。于是她时常在客人走后向绿翘发脾气。偏偏绿翘也不是个柔顺懦弱的性格,况且情窦已开,见鱼玄机自己生活放纵,对侍女们却限制极严,不准与客人们接近,不准接受客人馈赠,也自有几分不满,只是不敢公开顶撞,心中却只不服。

也是合该有事,那一天鱼玄机应邻近道观之邀,前去与女道友们聚会。近几日,鱼玄机心中本来有些烦闷,因为近来相与的一位书剑飘零的豪侠之士与她两情相悦,使她那久已干涸的芳心又一次被滋润了。她虽明白他也同样不会与自己缔结白首之约,但是他的海誓山盟、狂热爱恋还是使她感动、使她动情了。没有料到,相交不过数月,这位侠士又是好多日子不来了。鱼玄机焦渴地盼望、等待着,生怕他来了自己不在,失之交臂,她甚至不敢出门。这次邻院相邀,不得不去,于是她临行前对绿翘千叮咛万嘱咐:若是那位客人来,告诉他就在邻院,即刻就回,请他千万不要走。偏是女友盛情款待,执意相留,直到黄昏时分,鱼玄机才回到观中。叫了半天,绿翘才来开门,却是慌慌张张、面色绯红、衣冠不整，鱼玄机已有几分不快。待到绿翘说出，方才那位客人来过，听说她不在，没有下马便走了，鱼玄机不禁又是气恼怨恨，又是满腹狐疑。

回到房中，鱼玄机越想越觉得可疑，她料想一定是那位客人与绿翘有了私情，一起瞒哄她。怪不得他好多日子不来，偏偏她不在的时候来呢！平日里对绿翘的恼怒，对薄幸情人的怨恨，被人欺瞒的屈辱、气愤，一下子都涌上她的心头。她向来是烈性人，又是放纵惯了的，哪里能忍耐得住，于是一腔怒火陡然爆发了，即刻叫人将绿翘唤入室内责问，硬要她说出与客人的私情。绿翘方才偷闲小睡了片刻，客人来时只是隔门答应了几句，连面也不曾见，当然不肯承认。况且平日里无论客人怎样挑逗，畏于鱼玄机之威，从未敢越雷池一步，今日反受此冤枉，心中自然十分委屈，便不禁抗声申辩。鱼玄机已气昏了头，哪里听得进去，她越辩，鱼玄机越恼怒，便命令左右心腹侍婢将绿翘衣服剥下，用鞭子沾了水狠狠地抽打。绿翘本是犟性女子，虽然挨打却不肯屈招，反而顶撞不已。鱼玄机哪里受得了这个，一时性起，竟不顾一切往死里打，百十鞭子过后，绿翘已是皮开肉绽、气息奄奄，昏倒在地。过了好半晌，她才微微睁开眼睛，苏醒了过来。她声音微弱地向左右侍婢讨了一杯水，却并不送到口边，反手以水泼地，祭告天地神灵，口中喃喃祝祷，而后，用最后一点力气挺起身子恨恨地指着鱼玄机说道："炼师既是出家之人，想求长生成仙之道，却又不肯舍弃枕席之欢，你自己淫佚无节，反倒猜疑、污蔑别人不贞。我死之后，冤魂一定要到天上告你，绝不能让你这样放纵得逞下去！"说罢，气绝倒地而死。鱼玄机此时如梦方醒，才慌了手脚，连忙叫心腹侍婢将尸体抬到后院掩埋了，又叮嘱她们千万不要泄露消息。此时正是咸通九年初春正月。事过之后,有人问起绿翘行踪,鱼玄机和侍婢们只说是借着雨天逃跑了。

此事过了几个月,没有什么动静,鱼玄机也就放下心来,依旧招客宴饮、追欢寻乐。谁知事情竟坏在一个来赴宴的客人身上。这位客人本与鱼玄机相交不深,酒宴之中,到后院小解,正好来到掩埋尸首的墙角。此时天气已转暖,客人偶然发现地面聚集着一大群青蝇,他轰了一下,青蝇飞走了,一会儿却又飞了回来。客人有些奇怪,忙低头仔细观看,发现土地上似有血痕,而且有一股腥臭气。回来后,他将此事告诉了贴身的仆人,仆人回家后当作新鲜事又告诉了他哥哥。他哥哥原是巡街的府卒,本是吃地皮的泼皮无赖之辈,早先见到鱼玄机这里车马如云,结交的尽是贵人豪客,料想必有钱财积蓄,便寻衅到观中向鱼玄机勒索钱财。鱼玄机素来目无下尘,平日就看不起这等下流之辈,又倚仗有高朋贵友做靠山,所以根本不理睬他。府卒为此久已怀恨在心,只是无由报复。此时听说有这样的事,哪有不追究的道理,便迫不及待地到道观周围刺探,果然打听得绿翘失踪。有了眉目,他便招呼了几个同辈,带着铁锹工具,闯进鱼玄机院中,不由分说,掘地数尺,果然发现了绿翘尸身。因为掩埋不久,尸身还未腐坏,面貌尚可辨认。府卒得了这个证据,立即气势汹汹将鱼玄机锁到了京兆府。府吏初审,鱼玄机便招承不讳,于是被押入大牢,等候京兆尹最后判决。

就在鱼玄机一个人孤零零地困在冷清阴森的牢狱中时,京师为之哗然了。咸宜观最出名的风流女冠因为奸情妒杀侍婢,这实在是最使人们感兴趣的话题了。茶楼酒肆、街巷里坊,人们绘声绘色地谈论着,添枝加叶地传播着。与此同时,朝野也为之轰动了。朝臣士子有人同情,有人惋惜，有人耻笑，有人斥责，也弄得一片沸沸扬扬。其中不少人倾慕、怜惜鱼玄机的盖世才貌，或者曾与鱼玄机相交有旧，于是四处奔走请托，期冀京兆府赦免鱼玄机之罪。

此事惊动众多朝官名士，本来赦免也并非难事，无奈此事犯到京兆府尹温璋手中，却最终使得这许多人的努力都付之东流。这位温老爷历来标榜执法如山，以施政苛酷著称一时，又素来恼恨他辖下的长安士子恃才傲物、放荡不羁，尤其是不把他放在眼里。鱼玄机与士子们聚众夜饮、淫佚无节的坏名声早就传入他耳中，只是无由惩治，以正风化，此时正有杀一儆百之心，连带煞煞长安士子们的威风。朝野名士为之奔走，不啻火上浇油；加上左右府吏多有遭鱼玄机冷遇、白眼的人，此时又不断在耳边吹风，更使温璋决意要重惩鱼玄机。其实，当时社会良、贱有别，擅杀奴婢的事并不少见，主人殴杀自家奴婢，按律并无死罪。无奈温璋执意要重惩，便由不得律条如何，于是朱笔一挥，将鱼玄机判处了死刑，只等秋季斩决。

咸通九年秋，长安城秋风萧瑟，黄叶飘零。在牢狱中关押了数月之久的鱼玄机被押赴刑场。长安万人空巷，涌向街头、刑场。万头攒动中，有人掩面而泣，有人顿足悲叹，有人愤愤不已，这是鱼玄机的旧日相识。他们有心护花，无力回天，今天只能眼睁睁地看着她惨遭刀斧之祸。人们最后看到的鱼玄机已失去了往日的风采，她长发披散，面色如纸，双目滞滞，神情麻木，她似乎不怒、不怨、不惧、不悲，对周围的一切置若罔闻，似乎已十分厌倦。她从刽子手手中喝下了最后一碗烈酒，接着撕心裂肝地长恸号哭数声，最后，她双目迷茫地仰视着苍天，口中似乎在嗫嚅着什么。在人们掩面悲泣、不敢正视时，刽子手手中刀光一闪,一位盖世红颜才女、绝代风流女冠一缕香魂随风飘散,离开了她仅生活了二十五年的尘世。

刑场上,几片黄叶被无情的秋风卷起,不知飘落到哪里去了。

事过很久,长安人还在议论着鱼玄机临刑前口中默念的是什么,有人说是道经,有人说是诗词,也有人说是"命",更有人说是"梦"。

图书在版编目（CIP）数据

唐代妇女生活 / 高世瑜著. -- 北京：中国工人出版社，2021.10
ISBN 978-7-5008-7743-1

Ⅰ.①唐… Ⅱ.①高… Ⅲ.①女性—生活状况—研究—中国—唐代 Ⅳ.①D691.968

中国版本图书馆CIP数据核字（2021）第208808号

唐代妇女生活

出 版 人	王娇萍
责任编辑	傅 娉
责任印制	黄 丽
出版发行	中国工人出版社
地　　址	北京市东城区鼓楼外大街45号　邮编：100120
网　　址	http://www.wp-china.com
电　　话	（010）62005043（总编室）
	（010）62005039（印制管理中心）
	（010）62379038（社科文艺分社）
发行热线	（010）82029051　62383056
经　　销	各地书店
印　　刷	北京盛通印刷股份有限公司
开　　本	880毫米×1230毫米　1/32
印　　张	16　插 页　16
字　　数	315千字
版　　次	2022年1月第1版　2024年11月第2次印刷
定　　价	98.00元

本书如有破损、缺页、装订错误，请与本社印制管理中心联系更换
版权所有　侵权必究